VALUE INVESTING

TOOLS AND TECHNIQUES FOR INTELLIGENT INVESTMENT

价值投资
的十项核心原则

成为聪明投资者的工具与技巧

[英] 詹姆斯·蒙蒂尔 James Montier 著

中国青年出版社
CHINA YOUTH PRESS

图书在版编目（CIP）数据

价值投资的十项核心原则：成为聪明投资者的工具与技巧 /（英）詹姆斯·蒙蒂尔著；金朗译.
—北京：中国青年出版社，2020.7
书名原文：Value Investing: Tools and Techniques for Intelligent Investment
ISBN 978-7-5153-6010-2

Ⅰ.①价… Ⅱ.①詹… ②金… Ⅲ.①金融投资—基本知识 Ⅳ.①F830.59

中国版本图书馆CIP数据核字（2020）第067995号

价值投资的十项核心原则：
成为聪明投资者的工具与技巧

作　　者：[英]詹姆斯·蒙蒂尔

译　　者：金　朗

策划编辑：庞冰心

责任编辑：肖　佳

文字编辑：刘凤怡　张祎琳

美术编辑：佟雪莹

出　　版：中国青年出版社

发　　行：北京中青文文化传媒有限公司

电　　话：010-65511270/65516873

公司网址：www.cyb.com.cn

购书网址：zqwts.tmall.com

印　　刷：大厂回族自治县益利印刷有限公司

版　　次：2020年7月第1版

印　　次：2021年10月第3次印刷

开　　本：787×1092　1/16

字　　数：419千字

印　　张：26.5

京权图字：01-2018-5324

书　　号：ISBN 978-7-5153-6010-2

定　　价：69.90元

献给我挚爱的温迪

目 录

前言 / 009
序言 / 017

/第一部分/

为什么你在商学院学到的一切都是错的   023

第一章　早餐前六件不可能的事，或者，有效市场假说如何损害了我们的行业 / 024
第二章　为什么资本资产定价模型是无效的 / 044
第三章　伪科学和金融：数字的暴政和安全的谬论 / 056
第四章　分散化的危险和相对业绩竞争的坏处 / 068
第五章　危险的现金流折现估值法 / 076
第六章　价值型股票的风险真的比成长型股票的风险更高吗？错觉而已 / 086
第七章　通货紧缩、萧条和价值投资 / 095

/第二部分/

价值投资的行为基础   103

第八章　学会去爱不受欢迎的股票，否则你将为增长的希冀付出过高代价 / 104
第九章　安慰剂、酒和魅力股 / 115

第十章　　让人睡前垂泪的成长型股票投资 / 123

第十一章　明确而现实的危险：风险的三要素 / 136

第十二章　极度悲观、盈利预警和冲动时刻 / 143

第十三章　熊市心理学 / 150

第十四章　价值投资中行为层面的绊脚石 / 158

/第三部分/

价值投资的哲学　　　　　　　　　　　　　　171

第十五章　投资之道：我的投资十原则 / 172

第十六章　过程重于结果：赌博、体育和投资 / 199

第十七章　谨防行动派 / 208

第十八章　乐观偏好和怀疑主义的必要性——我是否被诊断为抑郁症 / 216

第十九章　保持简单，保持愚蠢 / 232

第二十章　逆向投资者的迷茫困惑及深度价值的艰难岁月 / 242

/第四部分/

实证证据　　　　　　　　　　　　　　　　253

第二十一章　全球化：价值投资无界限 / 254

第二十二章　格雷厄姆的"纯净利"：过时还是过人 / 266

/第五部分/

价值投资的"黑暗面"：做空　　　　　　　273

第二十三章　投资的格林童话 / 274

第二十四章　与黑暗面为伍：海盗、间谍和空头 / 281

第二十五章　粉饰账目，抑或在黑旗下扬帆远航 / 294

第二十六章　经营不利：关于基本面做空和价值陷阱的思考 / 300

/第六部分/

实时价值投资　　　　　　　　　　　　　317

第二十七章　为增长的希冀支付过高的价格：新兴市场的泡沫 / 318

第二十八章　金融股：天赐良机还是价值陷阱 / 328

第二十九章　债券：投机而非投资 / 336

第三十章　　资产甩卖、萧条和股利 / 347

第三十一章　经济周期、价值陷阱、安全边际和盈利能力 / 352

第三十二章　通往剧变之路和价值创造 / 362

第三十三章　剧变和估值 / 384

第三十四章　在市场被低估时买入——此时不买，更待何时 / 398

第三十五章　通胀路线图及廉价保险之源 / 403

第三十六章　价值投资者与铁杆看跌者：估值之争 / 415

VALUE INVESTING
TOOLS AND TECHNIQUES
FOR INTELLIGENT INVESTMENT

前　言

第一部分　为什么你在商学院学到的一切都是错的

平心而论，我本应把第一部分命名为"为什么你在商学院学到的一切都是错的"（除非你上的是哥伦比亚大学）。或者用"早餐前六件不可能的事"这个标题。

古典金融理论优雅迷人、势力强大，但价值投资要求我们拒绝遵循现代投资组合理论（modern portfolio theory，后文简称MPT）的清规戒律，并且摒弃几乎所有与其相关的工具和技巧。如果现实世界的投资者没有把MPT的结论应用到投资实践中，那么MPT的存在根本就不会给我造成任何困扰。遗憾的是，情况经常恰恰相反。MPT的清规戒律最终左右了投资者，使他们偏离了本应真正专注的事情。

米尔顿·弗里德曼认为，我们不应以假设而应以其预测的准确性来评判一个模型。第一部分试图证明MPT的基本法则存在实证缺陷。MPT所推崇的资本资产定价模型（capital asset pricing model，后文简称CAPM）引导投资者尝试分离阿尔法和贝塔，而不是专注于最大化税后实际总收益（投资的真正目的）。风险可以通过价格波动来衡量——这一理念导致投资者专注于跟踪误差，并且投资过度分散化，而忽略了永久性资本损失的风险。现金流折现估值法（discounted cash flow，后文简称DCF）模型的普遍使用导致粗心大意的人走上虚假精准的道路，并且他们对该模型的极端敏感性浑然不觉。正如第三大道管理公司的报告所述：DCF就像哈勃望远镜，即使只移动一英寸，也会导致你最终在研究不同的星系。因此，MPT实际上是在阻碍投资者，而非帮助他们。

第二部分 价值投资的行为基础

根据MPT，所有收益都必然由风险产生。因此，这种理论的笃信者认为，随着时间的推移，价值股的优异表现必然是因为其与生俱来的风险。我一直认为这是同义反复思维的一个经典例子。第二部分试图展示另一种观点——价值股的卓越表现源自行为和制度偏见，这些偏见阻碍了许多投资者理智投资。

我们将探讨投资者犯下的最危险的错误（也是最常见的错误之一）——为增长预期（或者也可以称之为资本预期）支付过高的价格。第二部分还尝试为投资者提供一些方法，让他们能够从不同的角度去思考自己的投资方式。价值投资是一种将风险管理置于核心的投资方式。然而，你必须重新思考风险的概念。你将学会把风险看作是永久性资本损失，而并非随机波动。你还将了解风险的三个来源：估值、收益和财务状况。

第二部分还会介绍克服情绪干扰的方法，这些情绪干扰会阻碍你对价值投资方法的追求。正如格雷厄姆所说："投资者的主要问题——甚至可以说最大的敌人——可能就是他自己了。"

第三部分 价值投资的哲学

第三部分剖析了价值投资理念的核心原则。其中，第十五章列出了我的价值投资十原则，并详细说明了进行价值投资需要遵循的基本要领，具体如下：

价值投资十原则

◆ 原则一：价值至上

◆ 原则二：逆向投资

◆ 原则三：要有耐心

◆ 原则四：不受束缚

◆ 原则五：不要预测

◆ 原则六：注重周期

◆ 原则七：重视历史

◆ 原则八：保持怀疑

◆ 原则九：自上而下，自下而上

◆ 原则十：像对待自己一样对待你的客户

其余章节就其中的一些问题进行了更深入的探讨，比如耐心和独立思考的必要性。第三部分最重要的章节之一对过程与结果的作用进行了探讨。我们无法控制结果，我们唯一能控制的只有过程。取得良好结果的最佳方法是有合理的投资过程，因为这样可以使成功的概率最大化。正如本杰明·格雷厄姆所说："我记得……桥牌专家所强调的是出对牌，而不是赢牌。因为，从长远来看，如果你出对了牌，你就会赢钱；如果你出错了牌，你就会输钱。"

第四部分　实证证据

纳西姆·塔勒布谈到了经验怀疑主义的必要性。实际上，这是一种用实证来检验观念的愿望。第四部分的两章对价值投资的实践表现进行了简要回顾。这部分首先提出，不受约束的全球价值投资可以创造回报。其次深入探讨了本杰明·格雷厄姆所推崇的价值投资技巧，并表明这些技巧在当今仍然奏效（这也直接回应了那些认为格雷厄姆的方法已经过时或落伍的论调）。我本可以在第四部分中加入更多的章节，但是考虑到感兴趣的读者很容易就能找到许多为价值投资提供实证的优秀调研，因此我未做赘述。价值投资的终极支撑是，全球几乎所有最成功的投资家都是价值投资者。正如沃伦·巴菲特所说：

请大家设想一个全国性的抛硬币比赛。假设我们在明天早上叫醒2.25亿美国人，并让他们都下1美元的赌注。他们在日出时出发去抛硬币，猜对抛硬币的结果的人将从猜错的人那里赢得1美元。每一天，输家都会退出，而在接下来的一天，所有先前赢来的奖金都会变成赌注。在连续10个早晨抛10次硬币后，大约将有22万美国人连续10次猜中正确结果。他们每人将赢得超过1000美元。

此时，这群人可能会对此感到有些飘飘然，人性本就如此。他们可能会试图表现得谦逊，但在鸡尾酒会上，他们偶尔还是会向有吸引力的异性谈论自己的技巧，以及他们在抛硬币领域的建树。

假设赢家能从输家那里得到适当的奖励，再过10天，将有215个人连续20次成功猜到抛硬币的结果。通过这个游戏，他们每人都将1美元变成了超过100万美元。他们本可能输掉2.25亿美元，也本可能赢得2.25亿美元。

到那时，这群人会真的失去理智。他们可能会写这样的书：《我是如何在20天内每天早上只工作30秒便把1美元变成100万美元的》。更糟糕的是，他们可能会开始在全国各地参加有关高效猜对抛硬币结果的研讨会，并与持怀疑态度的教授们交流，"如果做不到，那么为什么会有215个像我们这样的人？"

这时，一些商学院教授可能会很粗鲁地说出这样一个事实：如果2.25亿只猩猩进行了类似的游戏，结果会大同小异——会有215只傲慢自大的猩猩连续20次猜对抛硬币结果并赢得奖金。

然而，在我展示的例子中有一些重要的不同之处。首先，如果（a）你已找到2.25亿只与美国人口分布大致相近的猩猩，（b）20天后，剩下215个赢家，并且（c）你发现其中40个来自奥马哈一个特定的动物园，那么你会很确定这其中必有奥妙。于是，你可能会去问动物园管理员这些猩猩吃什么，是否接受过特殊的训练，它们都读了什么书，或者其他什么问题。也就是说，如果你发现了任何异常集中的成功现象，你会希望判定某些异常特质的集中是否是成功的原因。

科学研究自然地遵循这样的模式。假设你试图去分析一种罕见癌症的可能成因，这种癌症在美国每年只有1500例，你发现其中400例出现在蒙大拿的某个采矿小镇上，你就会对那里的水质、身患此病的患者的职业，或是其他一些变量非常感兴趣。你知道400个人均来自同一个小区域绝非偶然。也许你不一定知道哪些是成因，但却知道从何处着手进行研究。

我想告诉大家，除地理之外，还有其他定义起源的方法。除地理起源外，还有智力起源。我想你会发现，在投资界，占比很小的抛硬币赢家都来自一个很小的智慧村，这个村可以被称为"格雷厄姆-多德村"。如果一些赢家的集中无法用偶然来解释，那么通过追根溯源，你会发现他们可能都来自这个特别的智慧村。

第五部分 价值投资的"黑暗面"：做空

近期市场的不景气导致人们对空头的强烈抵制，这是在意料之中的。事实上，这种模式似乎自古以来就存在，正如《纽约时报》所述：

在横帆帆船沿着香料之路驶向东方的那个年代，为了不让新发现的财富被掠夺，荷兰颁布法令将一些"反叛者"治罪。

而这些"反叛者"既不是巴巴里海盗，也不是西班牙间谍——他们是阿姆斯特丹证券交易所的一些交易员。他们的罪行是：做空荷兰东印度公司的股票。这家公司据说是世界上首家发行股票的公司。

自那以后，那些怀着价格下跌期望做空股票等资产的空头就一直饱受诟病。在18世纪和19世纪的大部分时间里，英国都禁止做空行为。拿破仑把空头视为国家的敌人。德国的最后一位皇帝曾指使空头去扰乱美国市场（抑或一些美国人有这样的担忧）。

珍妮·安德森，《纽约时报》，2008年4月30日

然而，我遇到的空头远非西斯皇帝[①]，他们是我所遇到的最注重基本面的分析师。总体而言，这些人对待分析非常认真（他们应该认真对待，因为他们实际遭受的损失可能是无限的）。因此，对于一些人持续地强烈抵制空头并将其看作谣言传播者和阴谋家的做法，我是极力反对的。我只能假设，提出这些主张的人要么是那些迎合被做空公司的政策制定者，要么就是被做空公司本身。以我的经验来看，空头并不应该被视为市场中的邪恶势力，其所扮演的角色更接近于财务监管者——美国证券交易委员会（SEC）曾一度认为财务监管是自己分内的事。

欧文·拉蒙特在芝加哥大学的一项深入研究证实了这一观点。2003年，他撰写了一篇论文，探讨空头与被其做空的公司之间的争斗。他研究了1977年至2002年之间在美国所发生的此类争斗，关注那些被做空的公司为证明自己的清白所作的辩护的情况，它们宣称自己是做空浪潮的受害者、是阴谋的受害者或者声称自己遭受了空头的诽谤。在研究中，他还发现，有些公司要求当局对做空行为进行调查，敦促股东不要出借股票，甚至制定回购计划（大概是为了制造空头轧平）。在此，我想借用莎士比亚的一句不朽名言："我认为他辩解得太多了！"

雷曼就是一个典型的例子。《华尔街日报》曾刊登过以下报道：

他们是怎么想的？雷曼兄弟周一公布的文件显示，6月，当这家投

---

① 西斯皇帝是《星球大战》中的人物。——译者注

行与韩国开发银行就大约50亿美元的筹资进行谈判时，雷曼的高管大卫·戈德法布给雷曼的首席执行官理查德·富尔德发了一封电子邮件。在该邮件中，他提出了这样一个建议：雷曼公司应该"大举"进入股市，用20亿美元的收益回购股票，从而"给艾因霍恩一记重创"！在此，他指的是对冲基金空头、一向对雷曼颇有微词的大卫·艾因霍恩。周一将在国会作证的富尔德先生回信表示同意。最终，雷曼没有筹集到那笔资金，而是申请了破产保护。

大卫·艾因霍恩对此类事件的回应颇为精妙："我不是因为要做空才具有批判性，而是因为具有批判性才去做空。"

拉蒙特的研究结果表明，空头发挥了有益的作用。图1显示了被做空股票的平均累积收益率。在争斗开始一年后，被做空股票的平均表现比市场低24%。在争斗开始三年后，这些股票的表现累计比市场落后42%！空头是对的——往往是那些公司在撒谎、在图谋欺骗投资者，而不是空头！

第五部分探索了如何寻找做空对象，但就算你不想做空，也能从中了解到应该避免购买具有哪些特征的股票。

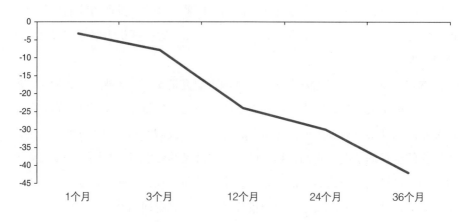

图1　拉蒙特的做空研究：被做空股票的累积收益率（％）

资料来源：拉蒙特（2003），法国兴业银行股本研究

第六部分　实时价值投资

亲身下河知深浅，亲口尝梨知酸甜。第六部分对投资历史上最为动荡的时期中的市场行为进行了实时分析。它们是彰显价值投资方法优势的案例研究。

如果遵循以价值为导向的方法在这样的市场中起作用，那么它对人们在未来的投资也非常具有借鉴意义。此部分讨论的主题包括：如何看待价值陷阱的风险；如何从深度价值的角度认识金融股；廉价保险来源的作用；为什么你需要在市场下行时采取行动，而不是感情用事，以及反对投资政府债券的理由。

我希望本书能为你提供一个思考如何进行投资的框架，并向你展示在此框架下那些思维和行为都与众不同的投资者能从中收获的诸多裨益。一如既往，本书成功与否最终取决于读者的评判。敬请雅正，联系方式：james.montier@gmail.com。

VALUE INVESTING
TOOLS AND TECHNIQUES
FOR INTELLIGENT INVESTMENT

序 言

　　人们乐于书写、购买及阅读有关投资方面的书籍，因为这些书籍承诺会让读者变得更富有，詹姆斯·蒙蒂尔的这本书就在此列。有时，这种承诺是明确的，比如乔尔·格林布拉特的杰作《股市天才》。但更多的此类著作并未明确作出承诺，仅是有所暗示。但无论如何，这一承诺都必须接受一个与投资相关的重要且残酷的事实。只有在"明尼苏达州的乌比冈湖"（这是由美国幽默作家加里森·凯勒创造的虚拟小镇，在那里，所有的孩子都比正常人聪明），所有的投资者才都能跑赢市场。在扣除管理费用和交易成本之前，所有投资者的平均收益率在数学上都必须等于所有投资资产的平均收益率。这并不是一种对曾经占主导地位但越来越被广泛质疑的学术假设（有效市场假说）的描述；除非运气绝佳，否则所有人都别指望自己能够战胜反映在市场价格中的所有其他投资者的集体智慧。一些个人投资者——其中最著名的是沃伦·巴菲特——多年来的投资回报率确实远高于市场平均水平。但不可避免的是，这些投资者所获得的高于平均水平的回报一定总是被其他一些投资者低于平均水平的回报所抵消的。

　　换言之，每当读过这本书的一个投资者买入一项资产，并认为这项资产在未来会产生相对较高的回报时，一定会有另一个投资者卖出该资产，并认为它在未来会产生相对较低的回报。他们之中总有一方是错的。因此，任何合理的投资方式都必须从回答这样一个问题开始：为什么该方式多半能让采用它的投资者成为正确的一方？在一定程度上，这是一个受到认可的投资规则。例如，多年来，哈佛商学院投资管理课程的设置都围绕着这样一个问题——"我的优势是什么？"遗憾的是，这样的措辞并没有什么挑战性。每个人都倾向于认为自己有优势。在詹姆斯·蒙蒂尔的学生中，有80%或更多的人预期自己在课程中所取得的最终成绩会排在前50%，但他们之中一定有30%的人做不到。顺便说一下，他的这些学生还算谦逊。当我在我的课堂上做同样的调查时，通常90%或更多的学生都预期自己最终能在班里排在前50%。95%以上的受访者认为自己比一般人更有幽默感。几乎可以肯定的是，薪酬丰厚、有道德自觉的投资经理们一定认为自己是有些优势的。即使是那些为自己做投资的业余投资者也一定预期自己的投资收益能跑赢被动的市场指数，作为对自己投入的时间和精力的一种补偿。任何"优势"都必须经得起严格的检验。但事实上，其中至少有一半的"优势"无法满足此要求。

然而，在另一种意义上，"我的优势是什么"这个问题也极难回答。在至少75年间，很多有据可查的投资方法都受到了认可。投资者只需谨慎地遵循这些方法，在许多年后，其平均收益水平将以显著的优势跑赢市场。这些方法——通常均被归为"价值投资"——正是这本优秀著作的主题。

此书用新颖有趣的形式对这些方法进行重新包装的理由主要是，只有一小部分投资者系统地遵循了这些方法；随着时间的推移，这一群体虽有所增长，但增速缓慢。此外，价值原则的有效应用是一门不断发展的学科，它不仅提升了人们对相关因素的理解，也改善了人们在实践中应用这些因素的方式。此书对这两个领域都做出了重大贡献。

这一让价值型投资者持续以3%及以上的优势跑赢市场的基本"优势"根植于投资者的投资行为心理之中。其中有三个至关重要的因素：其一，许多投资者总是倾向于去获取高额回报，却完全不计总体成本。众所周知，彩票风靡各地，但买彩票绝对是一项糟糕的投资。而成长型股票是与彩票相当的投资——比如微软、英特尔、思科以及其他没有前者那么成功但承诺带来即时财富的互联网时代的股票。蒙蒂尔再次证明，无论是在美国、其他发达国家还是最近新兴的市场，由这类股票组成的投资组合的收益水平都系统性地低于市场。这种对增长和魅力的追求必然会导致那些枯燥、低增长、前景不明、迄今为止令人失望的投资对象被低估。

第二个因素——损失厌恶——强化了这种偏见。与常人无异，投资者也会不理性地去回避一些表面看起来欠佳、对本金有威胁性的投资——这些投资可能会导致损失，但在某些情况下却也会带来巨额收益。在一项心理学研究中，研究人员为受试者提供了两种选择—— 一定能得到的收益和与之等同的需要冒险才能得到的收益。结果是受访者普遍青睐一定能得到的收益。当把选项改成一定会遭受（起始金额较高）的损失和与之等同的需要冒险才会遭受的损失，他们又都受到可能遭受"损失"的预期的驱使而倾向于选择去冒险。在投资中，这意味着人们会卖出在受到威胁的行业或环境中表现不佳的股票，而不考虑其是否有任何补偿性的上涨潜力。因此，这些股票往往会被过度抛售，正如蒙蒂尔再次证明的那样，包含这些股票的投资组合在所有国家和所有较长的时期内的整体表现都要优于市场的表现。

第三个因素是，基本的人类心理倾向强化了前两个因素。和其他人一样，投资者们难以应对不确定性，并且在应对时表现得非常糟糕。举个最简单的例子，无论是在实验还是在现实市场中，投资者们都会为了可确定的结果接受超乎想象的低回报（即使其他选择的不确定性几乎可以忽略）。他们甚至还以各种方式试图去压制不确定性。他们用毫无根据的自信去推断过去的趋势。他们倾向于把看似有吸引力的股票视为注定会上涨的股票，把看似没有吸引力的股票视为注定会下跌的股票。当然，正如詹姆斯·蒙蒂尔所充分证明的那样，现实要更加混乱——往往翱翔长空者一落千丈，病入膏肓者起死回生。这致使魅力股被高估，而问题股被低估。避开前者而选择后者的价值投资者必须克服这些根深蒂固的心理偏差。因此，他们成为了少数，即使变得富有，也不足为奇。

机构化的力量强化了这些基本的人类心理偏差。随波逐流总比特立独行要更令人感到惬意。和个人相似，机构也天然专注于投资那些估值过高的股票。这种偏见被制度激励所强化。由于投资者惰性，表现与同行相当或接近的投资公司，即使长期表现欠佳，通常也不会遭受重大的资产管理损失。但如果一位基金经理的表现明显不及其他基金经理，其后果将可怕得多。因此，为了简单地降低风险，机构基金经理会效仿其竞争对手的投资组合。为了最有效地营销自己，金融机构还必须对客户们编故事，这些故事将潜在的不确定性隐去，而一再强调一夜暴富的可能性，并鼓吹机构本身对潜在的不具有吸引力的情况的有效规避（所谓的报表粉饰）。在这样做的过程中，这些机构既复制了个人投资者的偏见，又强化了它们。

　　此外，机构更倾向于兜售令人放心的方法。这些方法涉及相当复杂的数学问题，但在实践中的价值却令人怀疑。基金经理用这些方法对未来的变量进行详尽预测，并以此作为其在统计、经济和金融行业具有专业技能的证据。机构建立了复杂的定量模型，这些模型通常源于过时的正统学说，比如资本资产定价模型，来显示其对风险管理和最新投资技术的精通。它们还会为客户提供令人难以理解的运用了复杂数学推导的衍生策略。它们忽略了已确立的历史规律、基本的定性经济原则以及不可减少的不确定性这一现实。詹姆斯·蒙蒂尔尤为擅长揭露这些方法的缺陷，以及这些方法能为其他投资者创造的机会。

　　实现高于平均水平的回报并不是衡量投资业绩的唯一标准，风险也很重要。本书最有价值的地方即在缓解风险方面的见解。经济体所产生的总体风险水平必须由所有投资者作为一个整体来共担，就像总体平均回报由所有投资者共享一样。但与平均回报相比，不佳的投资策略实际上会造成风险。在这方面，赌博是最典型的例子。无论是在赌场还是在衍生品市场中，赌博都给私人财富带来了不确定性因素（和缩水风险），而这一因素本可以通过恰当的行为轻松得以消除。但遗憾的是，大多数投资者都倾向于那些会增加而并非降低风险的行为。也许，投资实践中第二个最重要的事实是，对于典型的投资基金而言，其算术平均收益率比规模加权平均收益率高出600个基点以上（即在计算年化收益时，资产为20亿美元的基金的平均收益是10亿美元的基金的两倍）。在某种程度上，这意味着投资灵活性遭受了负面影响，并且投资者倾向于选择规模较大的基金。这也意味着投资者在交易基金时犯了择时错误。这些行为本身也放大了风险。正如蒙蒂尔所展示的那样，不受当下潮流驱动的自律行为对任何有效的风险缓解策略来说都至关重要。

　　分散化投资也非常重要。无论我们将风险定义为资本的方差还是永久性损失，与集中化的投资组合相比，分散化的投资组合遭受的损失总是更小。大多数导致投资收益能力永久性损伤的事件都是针对具体的公司、行业或国家的。在由5只或更少的股票所组成的投资组合中，这样的事件将导致令人心痛的损失。而在由50只或50只以上股票所组成的投资组合中，这样的事件对整体所造成的影响微不足道。

　　但这并不意味着要完全分散化，因为那涉及全市场配置，并放弃价值策略的优势。但投资者必须做到充分分散化——在多个行业和国家持有至少15种证券——这样才能使风险得到真正的大幅削减。除了自律和分散化外，如果投资者成功地避免了为当下的热门股票支付过高的价格这一行为，那么只有长期的宏观经济衰退才会让投资者遭受永久性的亏损。但正如蒙蒂尔所说，这很罕见。即使是在20世纪90年代的日本，严格秉承价值投资策略而构建的分散化投资组合也能在总体上取得系统性正回报。像"大萧条"那样的宏观衰退确实给投资者造成了近乎永久性的损失，此类严峻的宏观经济形势还无法被精确预测——尤其是在时间方面，似乎在此类衰退发生之前的很长一段时间里，大多数投资者都忘却了这种风险的存在。在这种情况下，投资者可以采取一些策略：利用防守型股票、短期政府债券、现金和黄金来构建投资组合；购买能够保值的资产；当投资者总体认为宏观经济风险很小的时候，衍生品往往很廉价，也正是在此时，买入这些衍生品是最有价值的，因为它们可以使资产免遭大幅下跌的损失。蒙蒂尔尤为关注风险，并且他在辨别这些策略中的可投资对象方面做得非常出色。

总的来讲，本书有四点引人注目之处，值得投资者一读。首先，它以一种系统而有说服力的方式展示了理性投资的实践原则。其次，它运用了大量历史和实证数据来支撑这些原则。再次，它清楚地展现了如何将这些原则应用于当前颇富挑战的投资实践中。最后，它以寓教于乐的方式对这些原则进行了反复强调。最后一点看似寻常，却暗藏玄机。我发现，我至少需要把一件事对我的学生重复四遍，否则他们中的大多数都会错过重点。同样，价值投资总是被忽视，这到底是因为价值投资方法违背了多数人的思维习惯还是因为人们对价值投资关注甚少，对此我不得而知，但无论原因何在，反复强调都是有效传达价值投资原则的关键。在本书中，詹姆斯·蒙蒂尔在这一点上做得空前卓越。

布鲁斯·格林威尔

VALUE INVESTING

TOOLS AND TECHNIQUES
FOR INTELLIGENT INVESTMENT

第一部分

为什么你在商学院
学到的一切都是错的

第一章

早餐前六件不可能的事[1]，或者，
有效市场假说如何损害了我们的行业

有效市场假说（efficient markets hypothesis，后文简称EMH）是金融版巨蟒剧团[2]的死鹦鹉。不管你怎么指出它已经死了，信徒们都只是回应说它只是在休息！如果EMH仅是一个学术古董，那我丝毫都不会在意它，但正如凯恩斯所说，"实干家们往往是某个已故经济学家的奴隶"。从资本资产定价模型到基准化分析法，从风险管理到股东价值，EMH给我们留下了一系列糟糕的观点。它留给我们最糟糕的遗产是关于如何超越市场基准的可怕建议——其本质是要成为比其他人更好的预测者。当然，现在是时候把EMH和它的分支丢进历史的垃圾箱了。

● 学术理论的路径依赖程度非常高。一旦一种理论为人们所接受，它似乎就永远不可能被动摇。正如马克斯·普朗克[3]所说，"每一次葬礼过后，科学都会进步一次"。对于EMH的辩论有时甚至会出现宗教论调。在一次会议上，尤

---

① 早餐前六件不可能的事，出自刘易斯·卡罗尔的小说《爱丽丝梦游仙境》中红皇后所说的话。——译者注
② 巨蟒剧团是著名的英国六人喜剧团体，成立于20世纪60年代后期，很快在英国家喻户晓，随之风靡全球。——译者注
③ 马克斯·普朗克是德国著名物理学家、量子力学的重要创始人之一。——译者注

金·法玛[1]曾大喊："上帝知道市场是有效的！"于我而言，这听起来像是信仰偏见的一个典型例子（有根据信仰而不是证据来做出判断的倾向）。

● EMH作为一个学术概念给我带来的烦恼要小于它阻碍明智投资给我带来的困扰。它留给我们一系列对我们的行业造成不良影响的糟糕观点。例如，资本资产定价模型导致了阿尔法和贝塔的分离，最终分散了人们对真正投资目标——约翰·邓普顿爵士[2]所说的"税后实际总收益最大化"的注意力。

● 这种方法使一些人开始迷恋基准化分析法，由此诞生了一个新物种——"人面羊"——这个物种唯一关心的问题是其在群落中的相对位置，并生动地体现了凯恩斯的格言——"以传统的方式失败要比以非传统的方式成功更有利于维护名誉"。

● EMH也是风险管理、期权定价理论、莫迪利安尼和米勒的股利和资本结构不相关定理（M&M定理）以及股东价值概念的核心，这些都对投资者造成了严重的损害。然而，EMH最阴险的一面是它提供的关于跑赢基准的方式的建议：首先是内幕信息，这当然是非法的；其次，要想跑赢基准，你要比其他人更好地预测未来。几十年来，这对投资行业徒劳无益。

● 泡沫的存在从表面上推翻了EMH。投资公司GMO[3]将泡沫定义为至少偏离（真实）趋势两个标准差。在EMH下，大约每44年才会发生一次偏离两个标准差的事件。然而，GMO发现自1925年以来出现了30多次泡沫——平均不到3年就会出现一次！

● EMH的支持者又回到了他们所谓的"核弹"，即主动管理未能跑赢指数。然而，这混淆了证据的缺失和缺失的证据。此外，最近的研究表明，保持职业风险最小化才是机构投资者的决定性特征。为此，他们甚至不会去尝试跑赢基准！

以下是在议题为"EMH到底怎么了"的特许金融分析师英国会议上我献给

---

[1] 尤金·法玛是著名经济学家、金融经济学领域的思想家，芝加哥经济学派代表人物之一、芝加哥大学教授，2013年诺贝尔经济学奖得主，他提出了著名的"有效市场假说"。——译者注

[2] 约翰·邓普顿爵士是英国银行家、基金经理和慈善家。1954年，他进入共同基金市场，创立了邓普顿增长基金。——译者注

[3] GMO公司创始于1977年，全球前100大资产管理公司之一。——译者注

彼得·伯恩斯坦[1]的演讲全文。所有从事投资的人都会深深地铭记并怀念彼得。虽然他和我经常在辩论中针锋相对，但他是一位真正的绅士，而且与他探讨观点总是令人愉快。我确信彼得一定会不认同我的一些观点，甚至可能不认同我的全部演讲，但我同样确信他喜欢这种讨论。

金融领域的死鹦鹉

考虑到这是CFA协会的英国分部，我敢肯定，大家都很熟悉巨蟒剧团的短剧《死鹦鹉》。EMH就相当于金融领域的死鹦鹉（图1-1）。我觉得我就像是约翰·克里斯[2]所扮演的回到宠物店斥责店主的角色（一位因最近买了一只鹦鹉而非常恼火的顾客）：

"'E'已经走了！这只鹦鹉已经不复存在了！它的生命已经终止了！'E'已经归西了，已经去见造物主了。'E'已经僵硬了！'E'失去了生命，'E'安息了！如果你不把它钉在栖木上，它早已被安葬了！它的新陈代谢过程现已成为历史了！'E'已经陨落了！'E'已经蹬腿儿了，'E'已经摆脱了尘世的烦扰[3]，'E'已经谢幕了，并且加入了悲伤的隐形唱诗班[4]！这是一只已故的鹦鹉！"

店主（如果你愿意，可以将其想象成尤金·法玛）一直坚持说这只鹦鹉只是在休息。让我们回想一下斯蒂芬·罗斯[5]曾说过的一句话，这句话使这个死鹦鹉小品变得更有意义。他说："把一只鹦鹉变成一个博学的金融经济学家只需教会它说一个词——套利。"

有效市场假说（EMH）对我们的行业造成了巨大的伤害。但是，在我探究此方法中一些根深蒂固的错误和其所造成的破坏之前，我想就EMH存在的原因

---

① 彼得·伯恩斯坦是美国著名金融史学家，彼得·伯恩斯坦公司的创始人及总裁，是《投资组合管理期刊》的创办者，为全球范围内的机构投资者提供咨询服务。他也是风险管理经典著作《与天为敌——风险探索传奇》的作者。——译者注

② 约翰·克里斯是英国喜剧界的大师级人物，巨蟒剧团成员，自20世纪70年代走红，至今仍具影响力。——译者注

③ 出自莎士比亚的戏剧《哈姆雷特》的经典独白，是一种对死亡的委婉说法。——译者注

④ 出自英国维多利亚时代著名作家乔治·艾略特的诗歌《隐形唱诗班》，这里与前面的描述一样，都是对死亡的委婉说法。——译者注

⑤ 斯蒂芬·罗斯是美国著名经济学家、套利定价理论（APT）创始人，因创立了套利定价理论而举世闻名。——译者注

图1-1 金融领域的死鹦鹉！

资料来源：法国兴业银行全球战略

说几句。

学术理论受制于路径依赖（如果你喜欢用"滞后"的话也可以）是出了名的。一旦一种理论被采纳，要脱离它就需要付出巨大的努力。正如马克斯·普朗克所说，"每一次葬礼过后，科学都会进步一次"。

EMH自中世纪以来就一直以这样或那样的形式存在（我能找到的最早的争论是圣托马斯·阿奎纳①和其他僧侣之间就玉米的"恰当"价格展开的争论，其中圣托马斯认为"恰当"价格就是市场价格）。试想我们处于一个平行的宇宙之中，那么大卫·赫舒拉发②正是圣托马斯的反方：欢迎来到"无效市场假说"的世界。

芝加哥大学的一派社会学家提出了无效市场假说，即价格不能准确地反映所有信息。斯坦福大学一位杰出的心理学家比尔·布伦特发明了错觉预期与感知模型（DAPM）。在该模型中，市场错误估值的替代变量被用作预测证券收益。想象一下，当研究人员发现这些错误定价的替代变量（如净值市价比、价格收益率和历史收益）和情绪指标（如日照量）居然是对未来进行收益预测的主要依据时，他们会有多兴奋。在这一点上，无效市场假说似乎是社会科学领域中得到最佳证

---

① 圣托马斯·阿奎纳（约1225—1274年），中世纪经院哲学的哲学家、神学家。他把理性引进神学，用"自然法则"来论证"君权神圣"说，是自然神学最早的提倡者之一，也是托马斯哲学学派的创立者。——译者注

② 大卫·赫舒拉发是一位美国经济学家，主要研究领域为行为金融学和信息流。——译者注

实的理论。

可以肯定的是，心怀不满的从业者会抱怨说，真正赚到钱可比象牙塔里的理论家们所宣称的难多了。甚至可以想象，一些学术异端在事件研究[①]中记录短期股市在接收到消息后所做出的快速反应，并宣称证券收益的可预测性源于承担风险的理性溢价。学术卫道士会轻易投降吗？有跨期版本的DAPM助力，他们并不会。在DAPM中，错误定价只能被缓慢地纠正。在这种背景下，短窗口[②]事件研究无法揭示市场对新信息的无效反应。总而言之，鉴于无效市场的强大理论基础，反对派将面临一场艰苦卓绝的战斗。

在金融界，我们似乎总是长情于优雅的理论。我们进行批判性思考的能力似乎已经被数学的魅力所战胜。很久以前，在我刚开始学习经济学的时候，我还是个易受影响的年轻人，那时我也为EMH和理性预期方法（类似于《星球大战》中的黑暗面）令人着迷的魅力和力量所吸引。然而，在实践中，我们应该永远记住——优雅没有意义！

我自己对EMH和它所依赖的超理性经济人的幻想破灭于大学三年级。我作为学生代表加入了学位课程的监督委员会。在我就读的大学里，如果选择了一套规定的课程，我们就有可能在毕业时拿到商业经济学专业学位。获得这一学位所需的课程要分两年修完。要在一年内修完所有的课程是不可能的，所以学生们需要将选修课错开。然而，第三学年伊始，我震惊地发现学生们来找我抱怨说他们没有意识到这一点！这些年轻的经济学家们居然不能解决我能想到的最简单的两周期最优化问题！学经济的尚且如此，我们还能去指望世界上的其他人都是超理性经济人吗？也许我的经历生动地证明了学金融就像吸烟，戒烟者对吸烟的反对似乎总是最强烈的。也许，金融领域也是如此！

红心女王[③]和不可能的信念

我确信红心女王一定会是一位杰出的EMH经济学家。

---

① 事件研究是一种统计方法，用来评估事件对公司价值的影响。——译者注
② 窗口在这里指窗口时间，即在这一时间段内，可以对事件或事物进行处理或者反应。——译者注
③ 红心女王是《爱丽丝梦游仙境》和《爱丽丝镜中奇遇记》里的反面人物，她是一位爱砍头、爱吃果塔的暴君。——译者注

爱丽丝笑了："试也没用，"她说，"一个人不能相信不可能的事。"

"我敢说你没怎么练习过，"王后说，"我年轻时每天都会练习半个小时。有时候我在早餐前就相信了多达六件不可能的事。"

——刘易斯·卡罗尔，《爱丽丝梦游仙境》

我之前提及金融行业的批判性思考惊人地匮乏。这种"逻辑"的缺乏并不是金融所特有的；总体而言，作为一个物种，我们有可信度偏见。我们倾向于依据自己是否赞成某个论点而不是它能否在逻辑上从前提推论出来，去判断一个论点的正确性。来看一下这四个三段论：

1. 没有警犬是凶残的。

   某些训练有素的狗是凶残的。

   因此，某些训练有素的狗不是警犬。

2. 没有什么有营养的东西是不贵的。

   某些维生素片不贵。

   因此，某些维生素片没有营养。

3. 没有什么上瘾的东西是不贵的。

   某些香烟不贵。

   因此，某些上瘾的东西不是香烟。

4. 没有哪个百万富翁是努力工作的人。

   某些有钱人是努力工作的人。

   因此，某些百万富翁不是有钱人。

这四个三段论为我们提供了逻辑性和可信度的不同搭配。表1-1将这两个维度上的问题进行了区分，以使我们能够评估人们在做出决定时所使用的标准。

表1-1 逻辑性和可信度

		可信度	
		可信（B）	不可信（U）
逻辑性	符合逻辑（V）	狗（VB）	维生素（VU）
	不符合逻辑（I）	香烟（IB）	百万富翁（IU）

资料来源：法国兴业银行股本战略

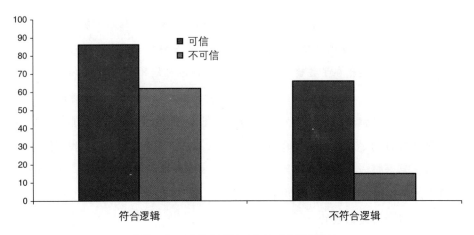

图1-2 认为结论正确的人数百分比

资料来源：埃文斯等人（1983）

正如图1-2所示，似乎驱动行为的是其概念的可信度而不是逻辑性。当逻辑性和可信度重合时，近90%的受试者得出了正确的结论。然而，当论题站不住脚但具有可信度时，大约66%的人仍然认为这个结论是正确的。当论题具有逻辑性但不具可信度时，只有大约60%的受试者认为结论是正确的。因此，我们倾向于以可信度而不是逻辑性来判断事物——这是当可信度很强势时逻辑就被抛在一边的明确证据。

所有这些关于可信度的讨论都让EMH听起来像是一种宗教。事实上，它与宗教有一些重叠，人们对它的相信基于信念而不是证据。以此为主题的辩论就相当于在探讨宗教狂热。罗伯特·豪根（长期被许多金融界人士视为异端）在他的《新金融学：有效市场的反例》一书中回忆了自己在一次会议中发言时的场景：当他在一一列举各种各样市场无效的例子时，尤金·法玛在观众席上大喊道："你错了……上帝知道市场是有效的。"

某位已故经济学家的奴隶

老实说，如果EMH仅是一个学术古董，那么我丝毫都不会在意它。有效市场假说所带来的真正伤害源于一个事实——正如凯恩斯很久以前指出的那样，"实干家们……通常是某位已故经济学家的奴隶"。

因此，让我们来看看EMH硬留给我们的投资遗产：首先是资本资产定价模型（CAPM）。我会在别处（见第二章）批评CAPM，所以在此不赘述其缺陷，但我有足够的理由认为CAPM仍然是CRAP（完全冗余资产定价）[1]。

在此，我们需要对CAPM阻碍投资进程的一些方面进行简要说明——其中最显著的是其对衡量业绩的痴迷。往好了说，分离阿尔法和贝塔无关紧要；往坏了说，这种做法对投资的天性产生了严重干扰。约翰·邓普顿爵士在观察后道出了真理："投资的目的是税后实际总收益最大化。"然而，我们并没有把注意力放在这个目标上，而是催生了一个除了将投资者分类之外什么都不做的行业。

正如已故的伟大的鲍勃·柯比所言："业绩衡量这个基本想法是不错的，但不知怎么的，它已变得完全失控了。在许多情况下，业绩衡量技术的集中应用实际上阻碍了它本该服务的目的。"

对基准化分析法的痴迷也导致了我们行业中最大的偏见之一 ——职业风险。对于基准投资者来说，他们以跟踪误差来衡量风险。这就产生了"人面羊"（图1-3）—— 一个仅关心自己在群落中的相对位置的物种。这一物种生动地体现了凯恩斯的格言——"以传统的方式失败要比以非传统的方式成功更有利于维护名誉"。稍后我们再谈这个可怜的物种。

图1-3　人面羊

资料来源：Worth1000.com

---

① CRAP（completely redundant asset pricing）是完全冗余资产定价的缩写，crap有"垃圾、废话"的含义，这里一语双关，是作者的一种幽默表述。——译者注

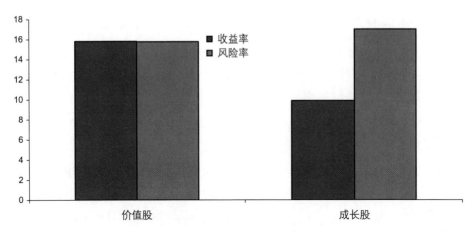

图1-4 价值股和风险股的风险率与收益率（美国，1950—2008，%）

资料来源：法国兴业银行股本研究

当谈论基准化分析法时，我们就不得不注意EMH和CAPM催生的市场指数。只有在有效市场中，市值加权指数才是"最佳"指数。如果市场不是有效的，那么市值加权会导致我们多持最昂贵的股票而少持最便宜的股票！

在结束风险这个话题之前，我们还应注意到，EMH的拥护者们会无视能证明价值和动量等异常现象存在的证据，他们用不同的措辞反复提出，只有风险因素才能在有效市场中产生收益，所以这些因素必定是风险因素！

我们这些从事经济学工作的人则认为，行为和制度上的偏见是各种异常现象表现突出的根源。我甚至写了一些论文去阐明，在EMH的拥护者们可能选择使用的任何定义下，价值股都并不比成长股更有风险（见第六章）。

我们采用EMH的拥护者们所使用的最简单的定义去定义风险，即收益率的标准差，图1-4立刻显示了EMH存在的问题。价值型股票的收益率要高于成长型股票的收益率，但价值型股票的"风险率"则低于成长型股票的风险率——这与EMH的观点完全相互矛盾。

在我看来，这种对风险的刻意关注再次催生了另一个大体上来说很多余的行业——风险管理。风险管理方式和技术存在严重的缺陷。风险价值模型（VaR）[①]等方法的使用会使人产生安全的错觉。人们经常使用滞后的短期数据作

---

① 风险价值（VaR）指的是，在一定置信水平下经过某段持有期资产价值损失的单边临界值，在实际应用时它体现为作为临界点的金额数目。——译者注

为输入变量，并且忘记了其模型的输入变量具有内生性。"风险"的输入，比如相关性和波动性，是一个关于市场的函数，而市场的运行更像是打扑克而不是轮盘赌（也就是说，其他玩家的行为也很重要）。

风险不应该被定义为标准差（或波动性）。我从来没有遇到过一个只做多的投资者会在乎股市的上行波动。风险是一个整体上更为复杂的话题——我认为风险的三要素，即估值风险、商业或收益风险以及资产负债表风险（见第十一章），很好地总结了投资者应该关注的各个方面。

在CAPM下，贝塔可以准确地衡量风险。然而，正如本杰明·格雷厄姆所指出的，贝塔衡量的是价格波动，而不是风险。贝塔可能是分析师在计算资本成本时最为常用的，首席财务官（CFO）在类似的计算中也经常使用贝塔。然而，即使在这些计算中，贝塔也没有多大帮助。风险和收益之间在理论上的这种正相关关系在实践中可能并不成立，没有任何证据（包括法玛和弗兰奇收集的证据）能证明这种关系，有些证据甚至显示出了与模型预测截然相反的关系。

这还忽略了实际计算贝塔的困难性和复杂性。使用每日、每周还是每月的数据？使用哪一时段的数据？这些问题的答案对分析师计算的影响并非微不足道。在最近的一篇论文中，费尔南德斯和贝尔梅霍指出，最好的方法可能是假设所有股票的贝塔系数都为1.0。（这又一次提醒我们，优雅是不切实际的！）

EMH也催生了主张股息和资本结构与公司价值无关的莫迪利安尼和米勒模型（M&M模型）。一些无良的从业者非常善于利用这一概念以谋取私利。例如，那些支持股票回购的人，或那些支持留存收益而反对分红的人，都依靠M&M模型来为其观点——股东不应该关心其收到回报的形式——进行了有效的辩解。（他们略去了对其不利的证据——公司往往会挥霍留存收益，而回购在本质上也与股息相去甚远）

同样，M&M模型中的资本结构无关论也在鼓励企业的财务管理者和企业自身加速举债。毕竟，根据这一理论，投资者不应该关心"投资"的来源是留存收益、股权融资还是债权融资。

EMH还把人们的注意力分散到错误的关注点上——股东价值。具有讽刺意味的是，这一举措最初竟是为了阻止人们过分关注短期收益。在EMH下，一家企业的价值当然只是所有未来现金流的净现值之和。因此，追求最高股票价格就等同于追求未来盈利最大化。不幸的是，在一个短视的世界里，这一切都土崩瓦解，我们最终还是在追求短期收益的最大化！

但或许，EMH最阴险的一面是，它影响了积极管理者追求增值的行为。这听起来可能有点儿奇怪，但略加分析，它就有点像矛盾修饰法①了。

除了最顽固的EMH的拥护者外，所有人都承认积极管理是有用的。毕竟，还有什么能维持市场的效率呢？这一观点首次出现在格罗斯曼和斯蒂格利茨合著的经典论文《论信息有效市场的不可能性》中。极端的顽固分子可能无法容忍这一观点，但他们的论点却经不起归谬法的推敲：如果市场有效，价格当然是正确的，因此交易量应该等于零。

EMH非常清楚地指出，积极管理者有两种增加价值的途径。首先是内幕信息——但我们现在要忽略这一点，因为这在大多数市场中都是非法的。其次，如果积极管理者能比其他人更准确地预见未来，那么其业绩可能会跑赢基准。

EMH还告诉我们，机会转瞬即逝，因为一定会有人试图套利。当然，这与那个经济学家和他的朋友沿街散步的陈年笑话如出一辙。当朋友发现人行道上好像有张100美元的钞票时，经济学家说："那肯定不是一张100美元的钞票，要真是的话，早就有人把它捡起来了。"

遗憾的是，这些简单的法则可不是闹着玩儿的，它们可能是EMH遗产中最具破坏性的方面。因为，EMH敦促投资者努力预测未来。在我看来，这是对时间最大的浪费，但这在我们的行业中几乎是普遍的（图1-5）。我遇到的80%到90%的投资过程都围绕预测进行。但是，并没有任何证据证明我们真的可以预测未来（图1-6和图1-7）。EMH对机会转瞬即逝的强调，加之困扰"人面羊"的职业风险，导致了人们只注重眼前。图1-8显示了纽约证券交易所股票的平均持有期——只有6个月！

对基准和相对业绩的过分关注也导致"人面羊"加入了凯恩斯的选美比赛。正如凯恩斯写道的：

> 专业投资就如同参加报纸上刊登的选美竞猜比赛。比赛中，参赛者必须从100张照片中挑选出6张最漂亮的面孔，如果你的选择与得票最多的6张照片最接近，就可以获奖。所以每个参赛者挑选的不一定是自己认为最漂亮的，而是他认为最符合其他参赛者审美观的照片。所

---

① 矛盾修饰法是将两个互相矛盾、互不调和的词放在同一个短语中，产生特殊的深刻含义的一种修辞手段。——译者注

图1-5 经济学家在预测方面毫无用处——美国GDP（第四季度平均值，%）

资料来源：法国兴业银行全球战略

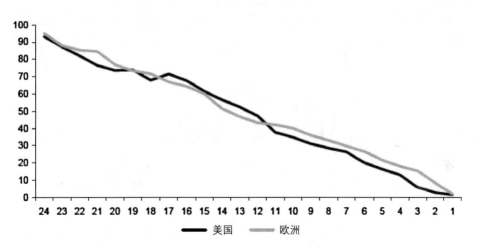

图1-6 随时间变化的预测误差：美国与欧洲市场，2001—2006（%）

资料来源：法国兴业银行全球战略

有人都遵循同样的逻辑。这不是一个简单地选择自己眼中最漂亮的照片的问题，甚至也不是选出真正意义上大众认为最漂亮的美女。而是利用自己的智慧去预测大众普遍认为的一般看法是什么，这就是所谓的三阶理性。我相信还有人达到四阶理性、五阶理性甚至更高阶的理性程度。

这个游戏很容易被复制：让人们从0到100之间选择一个数字，并告诉他们，

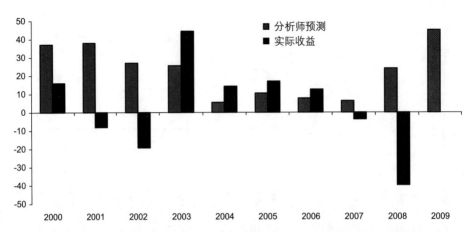

图1-7　分析师预测收益（通过目标价格）与实际收益（美国，%）

资料来源：法国兴业银行全球战略

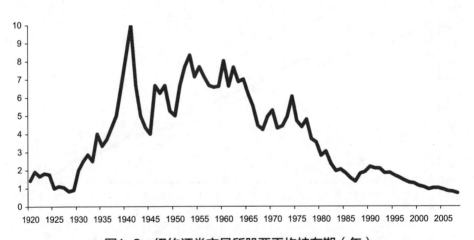

图1-8　纽约证券交易所股票平均持有期（年）

资料来源：法国兴业银行全球战略研究

选出的数字最接近所有人平均数三分之二的人将获胜。图1-9显示了我玩过的规模最大的此类游戏的结果分布——实际上这是我所知的参与人数第三多的游戏，也是唯一一次参与者都是专业投资者的游戏。

最有可能的正确答案是67。如果你选择67，就意味着你相信其他所有人都选择了100。事实上，我们收到了大量超过67的回复，这让我们非常吃惊。

从峰值中，你可以看到不同层次的思考。选择50的是所谓的"零级思考者"，

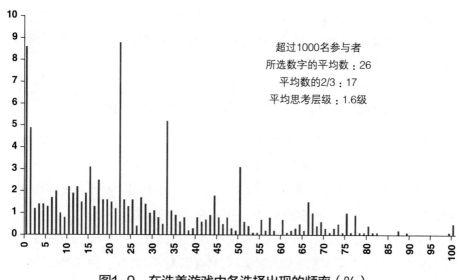

图1-9 在选美游戏中各选择出现的频率（%）

资料来源：法国兴业银行全球战略

这样说可能有些粗鲁。他们相当于投资版的荷马·辛普森①，当需要选择0到100之间的数字时，他们不做任何分析就选定了50！

33处有一个峰值——选择这个数字的人可能认为世界上除了他们之外的其他人都是荷马。在22处有一个峰值——显然他们认为其他人都会选择33。正如你所看到的，相当多的人选择了0——这些人都是经济学家、博弈论专家和数学家。他们是唯一通过逆向思维解决这一问题的人。事实上，这一问题唯一稳定的纳什均衡是0（0的三分之二仍然是0）。然而，只有当每个人都选择0时，这才是"正确"答案。

最后一个显著的峰值是1。这些选1的人也是一些经济学家，他们（阴差阳错地……）受邀去参加一场晚宴（而此前他们从未参加过任何晚宴）。他们走到外面的世界，并且意识到世界上的其他人并不像他们那样思考，所以他们试图估计非理性的程度。然而，他们最终遭到了知识的诅咒—— 一旦你知道了正确答案，你就会倾向于锚定它。在这个相当经典的游戏中，平均数是26，而其三分之二则是17。然而，1000多个人中仅有3个人选了17。

---

① 荷马·辛普森是美国动画片《辛普森一家》中的一个虚构的人物，他最显著的特征是智力水平很低。——译者注

我玩这个游戏的目的是想说明要先人一步进并且先人一步出，哪怕仅是一小步，都是非常困难的。尽管事实如此，但这似乎正是大量投资者梦寐以求的事情。

推翻EMH的确凿证据：层出不穷的泡沫

现在让我来谈谈推翻EMH的初步证据。奇怪的是，它在学术界并没有引起多少关注。正如拉里·萨默斯在他对金融经济学精彩的戏仿中所指出的那样，"传统金融更关心的是去检验两瓶8盎司的番茄酱的价格是否接近一瓶16盎司的番茄酱的价格，而不是去了解一瓶16盎司的番茄酱的价格"。

第一家证券交易所成立于1602年，第一次股市泡沫——南海泡沫在118年后就产生了。从那以后，我们遇到的泡沫均具有惊人的规律性。我在GMO的朋友们将泡沫定义为（真实的）价格波动，即至少偏离趋势两个标准差。那么依据EMH，大约每44年会发生一次偏离两个标准差的事件。然而，自1925年以来，GMO发现了30多次泡沫。这相当于不到3年就有一次！

在工作中，我研究了泡沫可能遵循的模式。通过观察历史上的一些主要泡沫（包括南海泡沫、19世纪40年代的铁路泡沫、20世纪80年代末的日本泡沫和纳斯达克泡沫[①]），我能够提取出以下基本模式（图1-10）。泡沫在大约3年的时间里不断膨胀，当价格接近顶峰时，泡沫破裂，呈抛物线状。然后，价格将毫无例外地下降。这种爆发通常略快于通货膨胀，大约需要两年时间。

虽然每一次泡沫发生的细枝末节各不相同，但基本的动态遵循着一个非常相似的模式。正如马克·吐温所说，"历史不会重演，但总是惊人地相似"。事实上，我所能找到的关于泡沫潜在模式的第一个详尽的文献分析源于1867年J. S. 米勒斯的一篇论文。他提出了一个非常接近明斯基/金德尔伯格模型[②]的框架，我多年来一直用这个模型来理解泡沫的形成和破裂过程。然而，让人难

---

① 曾有两位经济学家发表论文指出，纳斯达克泡沫或许根本就不是泡沫——只有不切实际的学者才会把此次事件归为泡沫。——作者注

② 美国经济学家海曼·明斯基建立了一个模型用来分析资产价格泡沫以及泡沫破裂后引发的金融危机，该模型不是用数学公式推导的，而且隐含着市场并非有效的假设。美国著名的经济学史学家查尔斯·金德尔伯格在他所著的《金融危机史》一书中，运用明斯基的理论分析了从16世纪的荷兰郁金香到2000年的美国互联网股票的历次资产泡沫和金融危机。2008年国际金融危机爆发之后，人们发现明斯基模型对此次危机具有强大的解释力，进而又发现该模型对历次危机都有很好的解释力。——译者注

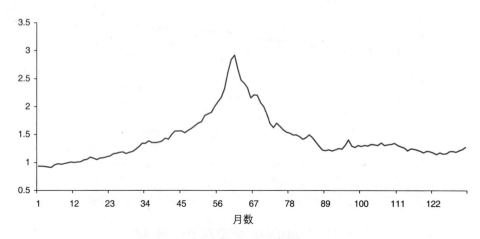

图1-10 泡沫指数

资料来源：法国兴业银行全球战略

以理解的是，为什么那么多学者相信人们无法在泡沫破裂之前将其识别出来。在我看来，泡沫的明确存在性和事先可诊断性无疑是证明"无效市场"的最有力证据。

EMH的"核弹"

作为一个行为学家，我不断地告诉人们要警惕确认偏误，即一味寻找能支持你想法的信息的习惯。因此，为了避免受到这种偏差的影响，我现在将谈谈有效市场假说的拥护者们认为能捍卫其信仰的最强有力的证据——积极管理未能跑赢市场指数这个简单的事实。马克·鲁宾斯坦[①]将其描述为EMH的核弹，并且指出我们这些行为学家的武器库中没有任何东西可以与之相比，我们关于无效和非理性的证据充其量只是微不足道的步枪。

然而，我认为这种观点无论是在理论上还是在实践中都有缺陷。这里存在一个简单的逻辑错误：证据的缺失与缺失的证据被混为一谈。也就是说，如果有效市场假说引导积极管理型投资者去关注错误的业绩信号（即预测），那么积极管理没能跑赢市场指数就不足为奇了。

从实践来看，"核弹"也值得怀疑。我想用两项证据来强调EMH在本质上

---

① 马克·鲁宾斯坦是一位在金融界享有盛誉的经济学家，他对金融衍生品和资产定价颇有研究，著有《期权市场》等。——译者注

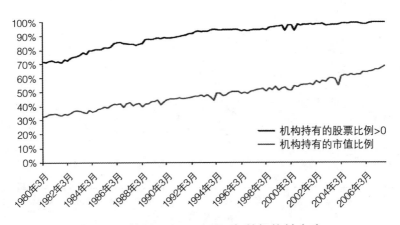

图1-11　美国1980—2007年的机构持有率

资料来源：卢韦伦（2009）

的可疑性。第一项是达特茅斯学院乔纳森·卢韦伦的研究。

在卢韦伦发表的一篇论文中，他研究了1980年至2007年间美国机构投资者的总持股情况，他发现他们基本都持有市场投资组合。从某种程度上来说，这并不令人意外，因为机构的持股份额一直在稳步上升——从1980年的大约30%上升到2007年的接近70%（图1-11）。这证实了积极管理是零和博弈（扣除成本后，甚至是负和博弈），也证实了凯恩斯的观察——在市场中，专业投资者试图超越彼此。

然而，卢韦伦也指出，总的来说，机构不会试图跑赢市场！他基于多种特征将股票等分为五类，然后比较了机构投资组合中每一类股票的占比（在机构投资者对所有五类股票投资中的占比）和市场投资组合中每一类股票的占比（每一类股票的市值在所有五类股票的市值中的占比）——即他衡量了机构投资者对某一特征所赋予的权重与市场赋予该特征的权重之间的关系。

图1-12显示了卢韦伦使用不同特征对股票进行分类的一个样本结果。除了规模（大盘股和小盘股）以外，在总体上，机构投资组合在各类股票上的权重和其在市场组合中的权重相差不大。因此，投资机构甚至没有真正试着将投资组合偏向那些我们认为在长期能产生超额回报的因素。

卢韦伦总结道：

简单地说，投资机构除了持有市场投资组合之外似乎什么都没做，

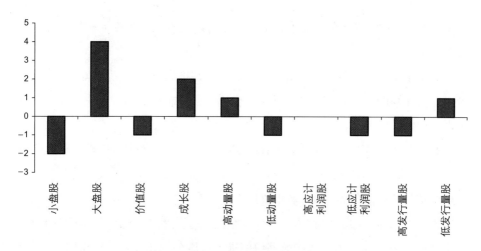

图1-12 机构投资者与美国市场（权重差异）

资料来源：卢韦伦（2009）

至少从其扣除成本和费用前的回报来看是这样。它们的总体投资组合几乎完美符合了加权股价指数。总体上，机构投资组合的市场贝塔系数为1.01，估值准确的季度CAPM阿尔法系数仅为0.08%（经济学意义很小）。总体而言，机构基本上不会押注于任何在预测回报方面最为重要的股票特征（比如净值市价比、动量或应计项目）。这意味着当机构偏离市场投资组合时，似乎主要是押注于某种特殊的回报——这种押注并不是特别成功。这也意味着，总体而言，如果机构试图理性地最大化其投资组合在扣除成本前的最小方差收益（无论是相对的还是绝对的）的话，它们就不该以现在这种方式去利用那些异常因素。

按照我们的说法，机构会担心职业风险（失去工作）或商业风险（失去所管理的基金），与此相比，它们不太关心自己是不是在做正确的事！

第二个证据出自兰迪·科恩、克里斯托弗·波尔克和伯恩哈德·西利的论文。他们研究了1991—2005年间美国基金经理的"最佳想法"。"最佳想法"的衡量标准是基金经理对各股票的持股权重与其在指数组合中所占权重之间的最大差异。

这些"最佳想法"的表现令人印象深刻。通过关注前25%的所有积极管理者的"最佳想法"，科恩等人发现其年均回报超过19%，而市场年均回报仅为

12%。也就是说，基金经理最有信心的股票的表现在很大程度上超越了市场的表现。

其推论是，积极管理者持有的其他股票正在拖累其业绩。因此，积极管理者对相对业绩的关注——以及对其业绩会低于任意基准的担忧——是致使它们表现欠佳的关键因素。

有一件轶事至今令我唏嘘：一家大型基金的价值型投资经理被要求运用"完全投资组合"来进行操作。这是一种委婉的说法，其实际含义是让基金经理通过调整其投资组合来模拟市场指数！

正如科恩等人总结的那样，"共同基金经理过去整体表现不佳，不是因为其缺乏选股能力，而是由于那些鼓励他们进行过度分散化投资的机构因素"。因此，正如约翰·邓普顿爵士所说，"除非你做一些与众不同的事，否则不可能有卓越的表现"。

最重要的是，EMH核弹与其说是一种大规模杀伤性武器，不如说是一颗聚会炸弹。EMH会令夏洛克·福尔摩斯绝望。正如福尔摩斯所言，"在拥有数据之前就进行理论研究是大错特错的。人们开始在无意间扭曲事实以适应理论，而不是让理论来符合事实"。

希勒[1]曾说，EMH是"经济思想史上最显著的错误之一"。EMH应该被扔进历史的垃圾箱。我们应该停止教授EMH，停止用它去给无辜的人洗脑。罗布·阿诺特讲述了一个有趣的故事：当为大约200位金融学教授做演讲时，他问道，有多少人曾教过EMH——几乎所有人都举手了。然后，他接着问，有多少人相信EMH——只剩下两只手还举着！

英国注册金融分析师协会最近的调查显示，67%的受访者不认为市场的行为是理性的。当一个记者采访我对这个问题的看法时，我只是简单地说："（EMH）荒谬至极！"然而，76%的受访者表示，行为金融学还不足以取代现代投资组合理论（MPT）而成为投资思想的基础。这当然是一派胡言。成功的投资者早在EMH和MPT之前就存在了。事实上，绝大多数成功的长期投资者都是价值投资者，他们拒绝接受EMH和MPT的大多数清规戒律。

---

[1] 罗伯特·希勒，耶鲁大学经济系著名教授，诺贝尔经济学奖得主。——译者注

　　我们最终会成功地铲除EMH吗？我持悲观态度。当杰里米·格兰瑟姆[①]被问及投资者将从经济危机中学到什么时，他说："我们将在短期内学到很多，在中期学到一些，而长期则什么也学不到，并且历来如此。"或者，正如加尔布雷斯[②]所说，"金融记忆是极为短暂的……历史在人类付出努力的所有领域中都举足轻重，唯独在金融领域微不足道"。

[①]　杰里米·格兰瑟姆，GMO公司的联合创始人兼总裁。他因多次成功预测包括美国互联网泡沫、日本经济泡沫和2008年金融危机等经济泡沫而备受关注。——译者注

[②]　加尔布雷斯，美国经济学家，新制度学派的主要代表人物。——译者注

第二章

为什么资本资产定价模型是无效的

资本资产定价模型（CAPM）很狡猾，它会不经意地出现在各种各样的金融讨论中。每当你提起阿尔法和贝塔，都是在说CAPM。然而，这一模型却经受不住实践的检验。无论以什么形式，它都并不奏效。与其着迷于阿尔法、贝塔和追踪误差，我们不如把精力集中于以可承受的风险水平获取总收益。

● 大量证据表明CAPM根本不起作用。贝塔并不能很好地描述风险。难怪当分析师们使用贝塔作为常规的关键输入变量时，他们很难对股价进行预测。

● CAPM严重低估了低贝塔股票的回报率，并且严重高估了高贝塔股票的回报率。可悲的是，我们的行业似乎有一个坏习惯，即把理论当作现实。这与用实践评估理论模型的科学方法相悖。

● CAPM不成立是因为其假设与现实相悖，而其最关键的两个假设则尤其突出。第一，我们能以任何仓位（多头或空头）持有任何股票，并且此行为绝不会对价格产生任何影响。第二，每个人都使用马科维茨优化（MO）来进行投资组合配置。但就连哈里·马科维茨自己都不用MO！CAPM实际上是完全冗余的资产定价（CRAP）[①]。

---

① CRAP英文本意是"垃圾"，这里一语双关，是作者的一种幽默表述。——译者注

● 专业基金经理似乎痴迷于追踪误差。对于一个追踪误差的投资者来说，无风险资产并不是一个利率（如在CAPM中那样），其本身就是一个市场。难怪共同基金的现金水平似乎经历了结构性衰退——积极管理已成为基准贝塔。

● 整个行业似乎都专注于可携阿尔法①。然而，如果CAPM是虚假的，那么阿尔法和贝塔的分离充其量只是在分散注意力，并且在最坏的情况下，这实际上是在干扰投资者为获取回报所做的真正工作。我们对阿尔法和贝塔的迷恋似乎源于我们想要用不断减少的时间尺度去衡量一切的欲望。我们不应屈从于投资的这一黑暗面，而是应将注意力重新集中于以可接受的风险水平向投资者提供可观的总（净）收益上。

资本资产定价模型很狡猾，它会不经意地出现在各种各样的金融讨论中。每当你提起阿尔法和贝塔，你都是在说CAPM，因为阿尔法和贝塔的分离源于CAPM。

简史回顾

让我们来回顾一下CAPM的起源。这一切都始于20世纪50年代，当时哈里·马科维茨正在攻读博士学位。马科维茨创造了一个很棒的工具，它能帮助投资者计算出在给定风险水平下获得最大收益的投资组合中每只股票的权重（给定预期收益率、预期风险和相关性）。使用马科维茨方法的高效投资者将拥有有效的均值–方差投资组合；也就是说，在给定期望收益的情况下，他们可以使投资组合收益率的方差最小化，在给定方差的情况下，他们可以使期望收益最大化。

马科维茨为这个世界带来了一个强大的工具，它被世界各地的量化分析师们广泛使用并受到普遍钟爱。然而，从那时起，金融学者们开始走下坡路。大约在20世纪50年代中期，莫迪利安尼和米勒提出了股息和资本结构无关的观点。他们假设市场是有效的（那时候有效市场假说还没被发明出来），并认为投资者并不关心公司是将收益留存还是作为股息进行分配（这在以后将会很重要）。

在20世纪60年代早期，有效市场学派的最后两个部分降世。第一个是夏普、

① 可携阿尔法是指零市场风险的投资组合的收益。它是通过运用期权、互换或者期货等金融衍生工具对市场风险进行对冲所得到的，并且独立于市场表现。——译者注

利特纳和特雷诺的CAPM。在CAPM的美妙世界中，所有投资者都使用马科维茨优化。继而，一个单一的因素将股票区分开来——这个包罗万象的单一因素毫无疑问就是贝塔。

第二个是对所有观点的总结——有效市场假说诞生于尤金·法玛的论文（也是一篇博士论文）。我不想大谈特谈市场有效性，因为我对这个话题的看法众所周知。

实践中的CAPM

总体而言，我们这个行业似乎有个坏习惯，即把理论当作事实来接受。作为一个对经验持怀疑态度的人，我的兴趣在于CAPM是否有效。证明其无效的证据令人震惊。一项又一项研究证明，贝塔并不适用于衡量风险。

图2-1取自法玛和弗兰奇于2004年对CAPM的研究。他们使用2到5年的历史月收益率估计了从1923年到2003年间每年12月纽交所、美国运通和纳斯达克每只股票的贝塔。之后，他们基于贝塔建立了10个投资组合，并在接下来的12个月对其收益进行了跟踪。

图2-1将每十分位数的平均收益率与贝塔的平均值进行了对比。直线显示了CAPM的预测。模型的预测显然违背了事实。CAPM严重低估了低贝塔系数股票

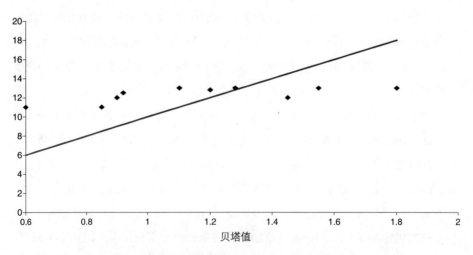

图2-1　贝塔十分位数与投资组合平均收益的对比（1923—2003，%）

资料来源：法玛和弗兰奇（2004），德累斯顿银行宏观经济研究

的回报率，并且严重高估了高贝塔系数股票的回报率。从长期来看，贝塔和回报率之间基本没有什么关系。

这表明投资者最好考虑一下在投资时倾向于多持有低贝塔值的股票，并少持有高贝塔值的股票——这是费雪·布莱克在1993年首次提出的策略。

这也不仅仅是价值的另一种体现。表2-1摘自沃尔泰纳霍2006年的研究成果，它表明，贝塔套利策略对于不同市净率（B/P）的股票类别均适用。例如，在成长型股票（低市净率）范畴内，同时做多低贝塔系数股票而做空高贝塔系数股票，则可以得到平均5%的收益率。

在价值型股票（高市净率）范畴内，同时做多低贝塔系数股票而做空高贝塔系数股票，样本的平均收益率为8.3%。因此，成长型投资者和价值型投资者都可以利用对贝塔的战略倾斜而获利。

表2-1 不同贝塔和市净率组合所对应的詹森指数
（年均百分比，1927—2004）

	低市净率	2	3	4	高市净率
高贝塔值	−6.0	−3.0	−3.0	−3.0	−0.5
4	−3.0	−3.4	0.5	1.0	3.4
3	0.5	−0.2	−0.5	2.0	3.8
2	1.0	1.0	2.0	3.0	5.0
低贝塔值	−1.0	1.0	2.0	5.0	7.8

资料来源：沃尔泰纳霍（2006），德累斯顿银行宏观经济研究

GMO才华横溢的杰里米·格兰瑟姆在他2006年发表的一篇论文中揭示了美国市值最高的600只股票的信息：自1963年以来，贝塔系数最低的股票回报率最高，而贝塔系数最高的股票回报率最低——这与CAPM的预测完全相反。这是反驳CAPM的进一步证据。（图2-2）

这不仅是美国的问题。在我们的量化团队成员瑞·安图尼斯的帮助下，我测试了欧洲市场不同贝塔系数股票的表现。如图2-3所示，低贝塔股票的平均表现要优于高贝塔股票！这无疑是另一个直接反驳CAPM的证据。

CAPM的另一个预测是，市值加权市场指数是有效的（用均值-方差衡量）。

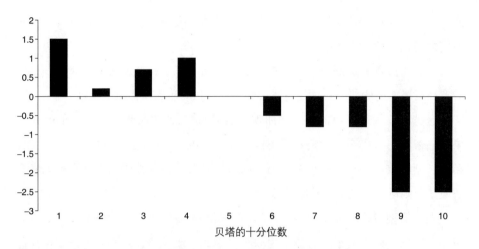

图2-2　美国投资组合按照贝塔十分位数获得的相对收益率
（1963—2006，%）

资料来源：格兰瑟姆（2006），德累斯顿银行宏观经济研究

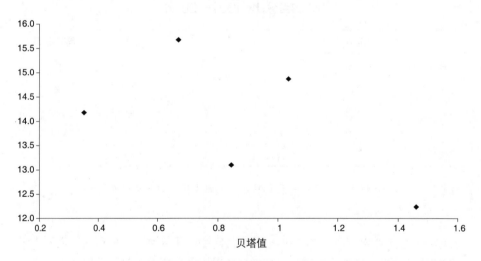

图2-3　欧洲投资组合按照贝塔十分位数获得的收益率
（1986—2006，%）

资料来源：德累斯顿银行宏观经济研究

当每个人的收益分配都相同时，所有投资者都会看到相同的机会，所以他们最终都会持有相同的投资组合，而这必然会导致他们所构建的投资组合均为市值加权市场投资组合。

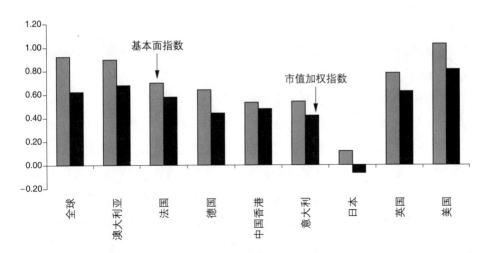

图2-4　基本面指数与摩根士丹利指数的风险调节收益率
（1984—2004，%）

资料来源：许和坎波洛（2006），德累斯顿银行宏观经济研究

有大量的证据表明CAPM在这方面也是错误的。例如，克拉克等人2006年在《投资组合管理期刊》中指出，与市场指数相比，最小方差投资组合能带来更高的收益，并且风险更低。

锐联资产管理有限公司的罗布·阿诺特和他的同事们已证明，基本面加权指数（例如，基于收益和股息）能够实现比市值加权指数更高的收益和更低的风险[①]。请记住，基本面加权指数仍然是一个被动的指数（因为它有一套透明的规则并以公式化的方式执行）。

图2-4显示了所选的基本面指数与摩根士丹利指数（MSCI）的单位风险回报率。这清楚地表明，市值加权指数并不意味着均值方差有效。1984年至2004年期间，平均而言，基本面指数的年化收益率比MSCI市值加权指数的年化收益率高出278个基点。基本面指数以比MSCI同类指数更低的风险实现了这种优异表现，而基本面指数的波动性平均比MSCI低53个基点。由此可见，CAPM存在一些问题。

当然，那些信奉CAPM的人要么认为CAPM是无法被真正检验的，要么认为

---

① 相关示例请见许和坎波洛2006年的论文：《投资新领域：基本面指数的检验》（*New Frontiers in Investing: An Examination of Fundamental Indexation*）。——作者注

它的更高级版本——ICAPM（跨期资本定价模型）——是可以成立的。不幸的是，ICAPM的因子尚未明确，所以我们再一次得到了一个空洞的理论。这两种对于CAPM的辩护对一个实践者来说均没有什么说服力。

本杰明·格雷厄姆曾经提出过这样的观点：

> 贝塔或多或少是衡量普通股历史价格波动的有效指标。但令我困扰的是，人们现在已将贝塔思想等同于风险概念。贝塔可以衡量价格波动，是的；但它并不能被等同于风险。真正的投资风险不是用某只股票在某一给定时期相对于总体市场价格下跌的百分比来衡量，而是用经济形势变化或经营状况恶化所致的质量和盈利能力下降的危险来衡量。

为什么CAPM是无效的

证据确凿，CAPM是无效的。而这引出了一个问题：为什么？和所有优秀的经济学家一样，当我第一次接触CAPM时，我被告知要根据它在实践中的成功而不是它的假设来对其进行判断。然而，考虑到以上的证据，也许我们有必要简单看一下CAPM的假设：

1. 没有交易成本（没有佣金，没有买卖差价）。

2. 投资者可以以任何规模做多或做空任何股票而不影响市场价格。

3. 没有税收（因此，对于投资者来说，股息和资本利得无异）。

4. 投资者厌恶风险。

5. 投资者的投资期限相同。

6. 投资者仅以均值方差角度来看股票（因此他们均使用马科维茨优化模型）。

7. 投资者通过分散投资来控制风险。

8. 包括人力资本在内的所有资产都可以在市场上自由买卖。

9. 投资者可以以无风险利率借贷资金。

这些假设中的大多数显然荒唐可笑。其中，假设2和6是最为关键的。以任何规模进行股票交易又不在市场上留下任何足迹，这是所有大型机构的梦想……但这也仅是个梦想而已。

认为所有人都使用马科维茨优化的观点也极为离谱，甚至当其创始人哈里·马科维茨[①]被问及如何配置资产时，连他都说"我的目的是尽量减少未来的遗憾，所以我把我的出资一分为二，一半用来投资股票，另一半用来投资债券"。另一位诺贝尔经济学奖得主乔治·阿克勒夫表示，他将自己相当大一部分财富投资于货币市场基金；他所给出的解释极为坦率，"因为我知道它（使用马科维茨优化进行资产配置）十分愚蠢"。因此，即使是那些最聪明的人，似乎也并未遵守CAPM的要求。

那些少数的"理性"市场参与者似乎也不太可能将市场推向CAPM的解决方案。CAPM的成立需要满足一个严格的假设，即我们所有人都使用马科维茨优化。

另外，机构资金经理们并不会把方差视作衡量风险的指标。我从未遇到过一个只做多的投资者会把价格上行所形成的标准差视作风险；这应该被归为回报。

我们的行业痴迷于将追踪误差作为衡量风险的标准，而不是收益率的方差。这两者有着天壤之别。跟踪误差衡量的是基金经理的投资组合收益与股票指数收益之间差异的变化性。当投资组合按照追踪误差进行设置时，低贝塔系数股票和高贝塔系数股票就没有任何意义。

对于关注追踪误差的投资者来说，无风险资产不是一个利率，而是一个市场指数。如果你买入市场，那么你的追踪误差一定为零（也许这就是共同基金现金水平似乎一直处于结构性下降的原因之一，参照图2-5）。

CAPM的现状和启示

大多数大学教授仍然将CAPM作为核心的资产定价模型来教授（可能同时也教授APT）。法玛和弗兰奇在2004年曾写道：

CAPM吸引人的地方在于它提供了度量风险以及预期收益与风险之间关系的强大且直观的预测工具。不幸的是，该模型在实践中的表现却很差——差到足以使所有在实践中对它的应用方式都无效。

请记住，这可是出自笃信有效市场的权威人士之口。

---

① 值得注意的是，哈里·马科维茨最近在《FAJ观察》发表的一篇文章中指出，如果取消无限制借贷这一假设，CAPM模型的结论将发生大幅改变，此时市值加权市场组合将不再是最优组合，并且贝塔和收益率之间不再存在线性关系（2005）。——作者注

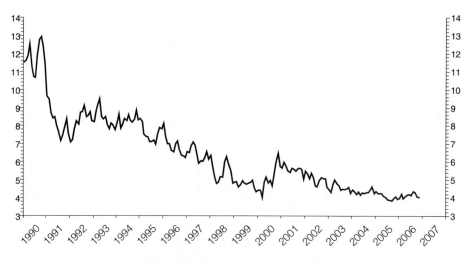

图2-5 美国共同基金的现金水平（占总资产的百分比，%）

资料来源：德累斯顿银行宏观经济研究

分析师们经常将计算出的贝塔作为资本成本分析的一个输入变量。然而，证据表明贝塔是一种非常糟糕的风险度量方式，难怪分析师们一直对预测股价感到头疼！

整个行业似乎都更加痴迷于阿尔法和贝塔。如果从可携阿尔法作为会议议题的次数来看，它无疑是最热门的话题之一。图2-6显示了可携阿尔法每12个月被提及的次数。即使仅是对该图粗略一瞥，我们也会发现，这一话题引发的讨论次数呈急剧上升的态势。

然而，每当你提到阿尔法或贝塔时，请记住，这源于CAPM。脱离了CAPM，阿尔法和贝塔就没有意义了。当然，如果你真的愿意，你可能会选择将你的情况与任意市值加权指数进行比较，但这与投资并无关系。

上面提到的罗布·阿诺特的著作清楚地阐明了这些概念之间所存在的模糊界限。基本面指数跑赢了市值加权指数，虽然两者都是被动的，但这一事实表明要将阿尔法与贝塔区分开有多么困难。

可携阿尔法策略可能并不如其倡导者向我们所宣传的那么有意义。例如，设想一个基金经理的投资范畴是罗素1000指数的成分股，某投资者想把该基金经理模型中的阿尔法移植到标普500指数的贝塔上。鉴于这两个指数都是美国国内大盘股指数，两者之间会存在显著重叠。这样一来，该投资者最终可能会同

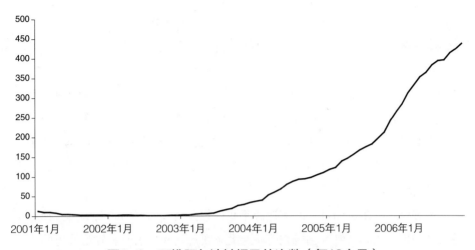

图2-6 可携阿尔法被提及的次数（每12个月）

资料来源：德累斯顿银行宏观经济研究

时做多并做空同一只股票——这是一种非常低效的输出，因为做空成本完全被浪费了。

现在，可携阿尔法的支持者会转而说，显然，当阿尔法和贝塔没有相关性时，该策略最有效，也就是说，投资者需要把一个投资日本股票的基金经理的阿尔法移植到标准普尔500指数的贝塔上。然而，如果该投资者已经在其整体投资组合中做多了日本股票，那么，该投资组合很可能会包含日本的贝塔。因此，该投资者最终会遇到和上述同时做多和做空同一只股票一样的问题。只有当阿尔法与现有投资组合中的所有元素都无相关性时，可携阿尔法策略才有意义。

我的同事塞巴斯蒂安·兰切蒂又给我举了一个例子。人们常说对冲基金是阿尔法的引擎；然而，所谓的"克隆攻击"却表明，对冲基金在很大程度上是贝塔的鼻祖。克隆提供者声称，他们可以用六因子模型来复制其表现。如果真是如此的话，那么这就和阿尔法没有太大关系了。

阿尔法也是一个稍纵即逝的概念。一只基金的阿尔法值会随着衡量基准的不同而大幅变化。在2006年的一项研究中，陈等人发现，各种成长型大盘股基金的阿尔法在0.28%到4.03%之间，具体取决于基准。对于大盘价值型基金经理来说，阿尔法的范围则在-0.64%到1.09%之间。

对于投资者来说，阿尔法和贝塔或许是一种表达由基金经理添加的价值观和市场波动概念的便捷方式，但它们实际上却很有可能阻碍投资的真正使命——获取总收益。

对于所有基金经理来说，一种简单的检验方法是扪心自问："如果这是我自己的钱，我会这么做吗？"如果答案是否定的，那就不应该用客户的钱来这么做。你会在意自己投资组合的追踪误差吗？我认为答案是否定的。在一个没有CAPM的世界里，基于贝塔调整后回报的概念将不复存在。尽管这是一种相当标准化的风险调整指标，但它根本什么都衡量不了，并且它还有可能严重扭曲我们对业绩的看法。

也许，对阿尔法和贝塔的痴迷源于我们想衡量一切事物的渴望。这种对业绩评估的痴迷并不新鲜。在研究另一篇关于凯恩斯和本杰明·格雷厄姆的论文时，我偶然发现了鲍勃·柯比1976年写的一篇论文。20世纪70年代，柯比在资本集团担任首席基金经理，负责管理资本守护者基金。他认为：

> 业绩评估是那种总体来讲很好但在某种程度上完全失控了的想法之一。在许多情况下，对业绩评估技术的大量应用实际上阻碍了其应起的作用，即实现令人满意的投资资本回报率。在过去的十年中，业绩评估运动的发展产生了一些负面的影响，其中包括：
>
> 1. 它培养了这样一种观念，即可以在两到三年的时间内对一个资金管理机构进行评估——而要对资金管理进行恰当的评估却至少需要五年甚至十年以上的时间。
>
> 2. 它试图以一种万能计算机可以接受的方式去量化和公式化一个函数，但这一函数可能只有一部分可以被量化评估，并且需要对其加入实质性的主观评价才能得出有意义的结论。

可以肯定的是，和像CAPM那样的坏主意一样，柯比这样的好主意同样会持续风行很久。当然，柯比也体会过业绩的压力。1973年，柯比拒绝购买迅速发展并风靡一时的高倍数[①]公司的股票。一位养老金管理人曾说，资本守护者"就像一名飞行员，在进行动力俯冲时，他的双手紧紧地握着操纵杆；游戏的名字是'身在何处'"。当然，柯比若是真的不知道自己"身在何处"的话，那么他的客户将会血本无归。

---

① 倍数（Multiplier），是股票常用术语，股票倍数=总资产÷普通股总股本。——译者注

人们对相对业绩的关注也令本杰明·格雷厄姆感到不安。一位资金经理在一次会议上说："对我来说，相对表现才是最重要的。如果市场崩溃，但我的亏空较少，那这就不是我的问题了。我已经尽职尽责了。"格雷厄姆回答说：

> 这令我担心，难道你不担心吗？……我在这次会议上听到的消息使我震惊。我无法理解，从合理投资的角度来看，机构对资金的管理是如何堕落到只追求在最短时间内获得尽可能高的回报的激烈竞争中去的。那些人给我的印象是，他们已经变成了操作的囚徒，而不是掌控者……他们在上涨和下跌时所承诺的收益根本就是不切实际的。

那么，在一个缺乏市场指数基准的世界中，我们应该做些什么？我认为，答案是关注总（净）收益和可承受的风险。凯恩斯曾说：

> 理想的政策……是它在帮助自己的基金赚取可观收益的同时，又能确保其资本价值真正发生严重贬值的风险处于最低水平。

约翰·邓普顿爵士的首条格言就是："对所有长期投资者来说，目标只有一个——实现税后实际总收益最大化。"客户应当通过基金经理承诺的净收益率与客户认为可接受的回报偏差来对基金经理的业绩进行监督。

第三章

伪科学和金融：
数字的暴政和安全的谬论

在现代金融界，对数字的热爱取代了对批判性思维的渴望。任何能与数字联系到一起的理论都会被奉为真理。研究表明，人们经常被伪科学愚弄。一件事被弄得越复杂，越容易让人信以为真！风险管理者、分析师和咨询师都在利用伪科学来制造安全假象。我们要对那些刻意部署的、毫无意义的数字提高警惕。批判性思维和怀疑主义是我们这个世界上最未被重视的（也是最稀缺的）工具。

● 韦斯伯格等人的一项研究揭示了我们大多数人是多么容易被任何听起来貌似科学的东西愚弄。他们在解释标准心理学中的各类偏见时加入了神经科学专业术语。这些解释有些是"好的"（真实的），有些则是"坏的"（对现象本身的循环重申）。结果是，人们倾向于给那些包含无意义神经科学专业术语的解释更高的评价，不管它们实际上是"好"是"坏"。

● 加纳等人已经证明，人们很容易因为"诱人的细节"而分神。在读了几段"有趣"但与主题不相关的信息后，人们根本无法回忆起重要的内容！突然之间，我开始对分析师的世界有了一些认识！

● 金融充斥着伪科学和诱人的细节。例如，风险管理显然是最高层次的伪科学。风险价值模型（VaR）令人觉得舒适，但实际上它仅仅创造了安全错觉。肥尾的存在、内生性和使用拖尾型输入的风险共同导致了VaR的无效。瑞银（UBS）所犯的"最大错误"无疑是其对VaR的过度依赖，这也是其核心问题之一。

● 分析师们也犯下了使用伪科学的罪行。他们是诱人细节的提供者。当阅读大多数分析师的报告时，你会发现这些报告充满了"有趣"但不相关的信息。他们能预测未来5年的回报，并将其精确到小数点后两位，这无疑是很可笑的。这样做毫无益处。在最新发布的财报中，我们发现了有史以来对利润增长的最大高估！

● 业绩衡量指标是伪科学在金融领域盛行的另一个例子。像阿尔法、贝塔和追踪误差等遁词在这一领域的使用引发了诸多困惑。对风格漂移、基于所持股票的风格分析和基于回报的风格分析的使用让业绩衡量指标在金融行业中听起来似乎举足轻重，但当我们去追溯这些数字背后的含义时，我们会发现，这一切都存在严重的缺陷。

● 某种东西可以被量化并不意味着它就是合理的。没有什么能代替严谨的批判或怀疑思维。盲目信仰"因数字而数字"的投资者会走向毁灭。

在现代金融界，对数字的热爱取代了对批判性思维的渴望。这一趋势非常令人遗憾。请别误解我的意思，我非常喜欢用实证证据来证实在我们这个行业中所流传的许多狂言妄语的真实性（我将这个过程称为基于实证的投资）。然而，我们似乎常常把伪科学当作真理，将任何带有数字的东西都看作事实。

伪科学会蒙蔽你的双眼

韦斯伯格等人2008年的一项研究揭示了一些有趣的发现——伪科学蒙蔽人们的方式，以及伪科学的解释轻而易举就能使人们上当受骗。

韦斯伯格等人设计了一个精妙的实验，他们为三组受测对象（对神经科学一无所知的学生、神经科学专业的学生和神经科学专家）提供了一些对不同心理学现象的解释，这些解释在两个维度上有所不同：(i)解释的质量(ii)神经科学专业术语的运用。

表3-1展示了对"知识的诅咒"这一现象的四种样本解释。在所有实验过程中，"好的"解释是研究人员给出的真实解释。"坏的"解释只是对现象的循环重述，根本不含任何解释成分。

表3-1　知识的诅咒

	好的解释	坏的解释
不含神经科学专业术语	研究人员声称，出现这一"诅咒"是因为受试者在考虑他人知识量方面的思维转换存在一定问题，误以为自己知道的别人也一定知道。	研究人员声称，出现这一"诅咒"是因为受试者在判断他人知识量时经常出现失误。人们更擅长于判断自己的知识量。
含有神经科学专业术语	脑部扫描显示，这一"诅咒"源于大脑前额叶，这一部位影响着人的自我认知。受试者在考虑他人知识量方面的思维转换存在一定问题，误以为自己知道的别人也一定知道。	脑部扫描显示，这一"诅咒"源于大脑前额叶，这一部位影响着人的自我认知。受试者在判断他人知识量时经常出现失误。人们更擅长于判断自己的知识量。

资料来源：韦斯伯格等人（2008）

在遇到包含神经科学专业术语的解释时，大脑中负责处理此类一般现象的区域中的信息便被插入进来。然而，由于这些信息是已知的，所以参与者对该解释的有效认知不应该受其影响。

研究人员要求参与者给这些现象的解释打分，并告知他们，在某些情况下，他们会读到错误的解释。他们对这些解释的评分范围在-3（令人非常不满意的解释）和+3（令人非常满意的解释）之间。

图3-1至图3-3分别显示了三组不同的结果。在不含神经科学专业术语的解释中，第一组的新手们（他们没有接受过任何心理学或神经科学训练）很好地区分了"好的"解释和"坏的"解释（图3-1）。然而，他们在区分那些含有神经科学专业术语的解释是"好的"还是"坏的"方面的能力却明显不足。他们给那些含有神经科学专业术语的"坏的"解释的评分要比给那些不含任何神经科学专业术语的"坏的"解释的评分高得多。

第二组由学习过中级认知神经科学课程的学生组成。这些学生应该已经了解神经科学实验的基本逻辑和构造。然而，从图3-2可以看出，他们的回答与新手组并无明显差别。他们似乎很看重神经科学专业术语，并且给那些不含这些专业术语的"好的"解释的打分很低。神经科学专业术语的出现，再次拉高了"坏的"解释的得分。这些学生似乎只对他们所学的东西感兴趣。

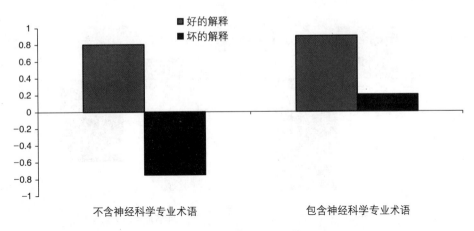

图3-1 外行对解释质量的评分

资料来源：韦斯伯格等人（2008）

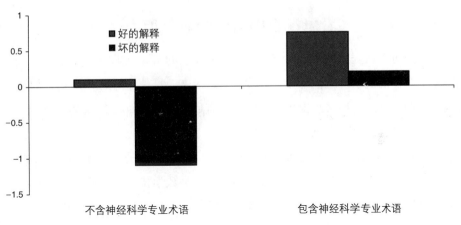

图3-2 神经科学专业学生对解释质量的评分

资料来源：韦斯伯格等人（2008）

第三组是专家组——他们在认知神经科学或认知心理学领域拥有高等学历。该组参与者的行为表现与前两组尤为不同。如图3-3所示，在不含神经科学专业术语的解释中，该组参与者很好地区分了"好的"解释和"坏的"解释。此外，当面对含有不必要的神经科学专业术语的解释时，这组参与者给"好的"解释打了偏低的分数，以作为对加入那些冗余的专业术语的有效惩罚。这一结果证明，神经科学专业术语本身毫无价值。

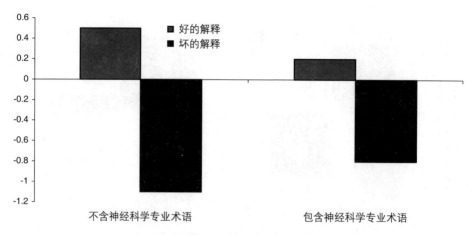

图3-3　神经科学专家对解释质量的评分

资料来源：韦斯伯格等人（2008）

看电视会提高你的数学能力

我们可以从麦凯布和卡斯特尔在2008年发表的研究成果中找到另一个伪科学蒙蔽我们的例子。他们让参与者读了三篇短文，每一篇都是对虚拟脑成像研究结果的总结。这些文章提出的论断并没有数据支持，因此参与者可以基于自己的判断对这些论断的合理性持怀疑态度。

一篇文章提出"看电视和数学能力有关"。研究得到的结论是，因为看电视和完成算术题都能激活颞叶，所以看电视能提高数学技能。这种激活的相似性被分别以柱形图、脑部成像图以及纯文字的形式展现出来，每种形式一页，图片被嵌入其中，成为三篇短文，每篇大约300字。

在每读完一篇短文后，参与者被要求评价其中的科学推理是否有道理。回答分为四个等级，包括"非常不同意""不同意""同意"和"非常同意"（分值分别为1、2、3和4）。

图3-4显示了三种不同展现形式的得分情况。参与者再一次被脑部成像图的存在愚弄了。研究表明，参与者对含有这样一张图片的短文的评价是"听起来要科学得多"！

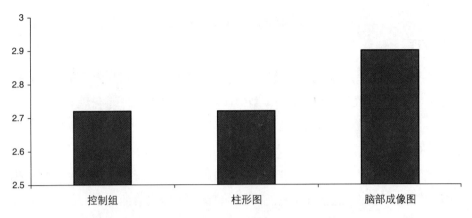

图3-4 科学推理评分（1=最低分，4=最高分）

资料来源：麦凯布和卡斯特尔（2008）

诱人的细节

总的来说，这些发现可以被归到一个更大的范畴，即"诱人的细节"。在1989年的一篇论文中，鲁斯·加纳和他的同事们首次注意到，人们经常因"有趣"但"不含信息"的噪音而分心。在他们的实验中，参与者被要求阅读三段文字，比如：

> 有些昆虫是独居的，有些则是群居的。独居的黄蜂被称为独居黄蜂。泥蜂是一种独居的黄蜂。叩头虫也是独居的。当一只叩头虫仰面朝天的时候，它会腾空而起，翻转过来，同时发出"咔哒"一声噪音。蚂蚁则是群居的。

很明显，重要的信息在第一句话。叩头虫的故事很有趣，但并不重要。一些参与者阅读的段落只包含重要的信息，其他一些参与者阅读的段落和上述段落相似。

阅读完这些段落后，参与者被要求回忆他们阅读过的文章中所包含的重要信息。回忆重要信息的能力在很大程度上取决于这段话是否包含了诱人的细节。在那些阅读段落只包含重要事实的参与者中，93%的参与者能够回忆起重要的概述。而在那些阅读了含有诱人细节的段落的参与者中，只有43%的参与者能够回忆起重要的元素！

在金融领域的应用

风险管理

多年来，我一直都在直言不讳地批评风险管理（请参阅《行为投资学》第三十六章）。这是证明我们被数字蒙蔽的最好例子。用数字来量化风险的大小固然是一件让人觉得很惬意的事情，但也几乎毫无意义。认为数字绝不会错的错误信念创造了安全错觉。

风险价值模型（VaR）在本质上是有缺陷的——毕竟它切断了我们真正感兴趣的部分：尾部！这就好比我们买了一辆装有安全气囊的汽车，卖家做出承诺说，除非发生车祸，否则安全气囊肯定能正常工作。人们忽略了这样一个事实：就诸多金融事务而言，风险是内生的，而非外生的（关于这一点以及对VaR方法中包含的错误的全面分析，请参阅《行为投资学》第三十六章）。整个风险管理行业就是一个伪科学的例子：人们假装去测量和量化一些根本无法被测量或量化的东西。

最近，我最为钟爱的关于风险价值模型无效的分析来自大卫·艾因霍恩在2008年的一次演讲：

> 通过忽略尾部，风险价值创造了一种让人们愿意去承担巨大但遥远的风险的动机。让我们用抛硬币来类比投资。如果你下注100美元赌硬币出现背面向上的次数为偶数，那么在99%的置信区间内，你的风险价值是100美元。由于你输掉100美元的概率为50%，这显然在阈值之内。在这种情况下，风险价值将等同于最大损失。

> 与此相比，如果你用这100美元以217比1的赔率下注，赌正面朝上的情况不会连续出现7次，你赢的概率超过99.2%，超过了99%的阈值。因此，即使你可能会损失21,700美元，你在99%置信区间内的风险价值仍是0美元。换言之，投资银行不需要提供任何资金就可以下这个赌注。

基于上述分析，以下事实就不难理解了：最近，瑞银公布的承认自己所犯错误的列表（请参阅《关于瑞银资产减记的瑞银股东报告》）中再一次囊括了其对VaR的使用：

过度依赖时间序列：用于驱动风险价值和压力测试①的历史时间序列是基于五年的数据，但这些数据都取自相对积极的增长时期。而相关时期的日常工作重点是在全面经济发展和历史有利条件的基础上去确认现有方法的有效性。事后看来，尽管集团和IB高层已经收到了对方法论进行更新的建议，但这些调整建议并没有对美国住房市场（尤其是次贷市场）的显著增长给予足够的重视。市场风险函数没有根据美国住房市场更为本质的属性来进行调整。

缺乏住房市场风险因素损失限制：与此同时，公司没有试图去设立一种风险因素损失（RFL）控制结构，以从总体上去捕捉关于美国住房市场更有意义的属性（如违约、贷款价值比率或其他与之相类似的会对现有投资组合产生统计意义上的冲击的属性）。

过度依赖风险价值和压力测试：尽管美国抵押贷款市场的拖欠率一直在上升，贷款发放标准却一直在下降。在此背景下，市场风险委员会（MRC）仍在依赖风险价值和压力测试的那些数字进行审时度势。在次贷资产头寸大量累积的过程中，MRC一直如此行事，并仅进行了部分对冲。在MRC的代表向瑞银高层提交的报告中，瑞银在各种业务中所持有的次贷头寸并未被充分提及。该报告亦未向集团高层发出任何警示，说明报告中所提供的数字具有局限性，或提及有必要在更广泛的背景框架下对其研究结果进行进一步检验，否则该研究结果经不起推敲。

肥尾的存在、内生性和拖尾型输入的风险多年来一直为人们所知晓。然而，尽管如此，人们还是一直在使用这些方法，并且认为聊胜于无。然而，对于病人来说，有药真的比没药要好吗？药不对症可能会危及生命。这种对伪科学的盲目信仰会再次使人们付出高昂的代价。

分析师和他们对数字的执念

然而，犯下制造伪科学罪行的并非只有风险经理。分析师也在其列。他们

---

① 压力测试指将整个金融机构或资产组合置于某一特定的（主观想象的）极端市场情况下，然后测试该金融机构或资产组合在关键市场变量突变的压力下的表现状况，看其是否能经受得起这种市场的突变。——译者注

是诱人细节的提供者。他们能预测出未来5年的回报率并将其精确到小数点后两位，这无疑是很可笑的。别忘了，在华尔街工作的约2000名分析师们在2008年就向我们展示过其骇人的预测能力。

2007年第三季度伊始，美国企业的平均收益率据预测将增长5.7%。截至第三季度末，分析师将这一预期增长率降至2.7%，削减了原来的一半以上。但财报显示，公司的平均利润最终下降了2.5%。分析师们的预测结果比实际高了8.2个百分点！

分析师们对第四季度的预测甚至更糟。据分析师预测，利润增长率将达到10.9%，之后他们又急速将其下调至-7.9%。最终，据财报显示，标普500指数成分股公司的平均利润下降了22.6%，这意味着分析师们预测的利润增长率与实际增长率之间相差了33.5个百分点，这是有史以来发生的最大失误（图3-5）。

当然，不要担心，分析师说，到2008年下半年一切都会好起来。他们预测2008年第一季度和第二季度的收益将分别下降11.3%和3.5%，但随后会出现复苏——第三季度将增长13.9%，第四季度的增长率将跃升至54.5%！

客户真的会认为这种无用的噪音是有价值的吗？当然不会。但每当分析师被问及为何要坚持制造这种垃圾时，他们的回答总是一成不变——他们的客户想要。难道真的是买方钟情于这些伪科学及其诱人的细节吗？

在与买方交流后，我发现事实并非如此。与我交谈过的基金经理们通常会

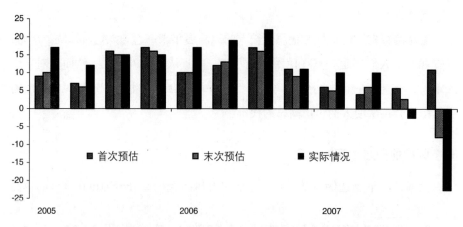

图3-5 谁需要分析师？近期增长率预测的表现（美国，%）

资料来源：彭博

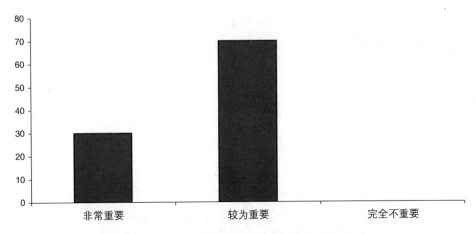

图3-6　基金经理对共识预估做出评价的百分比为……

资料来源：阿什顿合伙公司

忽略分析师们在预测方面制造的毫无意义的噪音，他们更愿意关注那些正做着不同的事情的分析师。但也有可能我的样本有失偏颇！

实际上，在刚刚完稿之时，我偶然发现了阿什顿合伙公司的布莱恩·阿姆斯特朗的一项研究。他试图去探索卖方的预期对于买方机构的重要性。30位投资组合经理参与了该调查研究，他们均表示，普遍预期（图3-6）对他们的投资决策过程是重要的！现在我真的开始担心了。

业绩衡量指标也是伪科学

我想在本章中讨论的对伪科学的最后一个应用是业绩衡量指标。这无疑是迷信一个数字（或最多几个数字）的另一个例子。阿尔法、贝塔和追踪误差在这场表演中被用作推销伪科学的花言巧语（请参阅本书第二章中对CAPM进行反驳的内容）。

积极型基金经理使用诸如追踪误差之类的指标，就像是被送上拳击场的拳击手得到的指示是要确保自己的比分与对手相差一到两分以内，而不是赢得比赛。

最近，当我读到约翰·米纳汉2009年发表的关于"投资信念"的一篇耐人寻味的论文时，我意识到了业绩衡量指标伪科学本质的另外一面。他描述了以下情形：

　　我是这个行业的新手……一位基金经理引起了我的注意，因为她的持仓风格从价值型转变为成长型，这敲响了"风格原则"的警钟。该基金经理业绩表现良好，这发生在成长型股票的表现优于价值型股票的时期，所以从表面来看，该基金经理之所以抛弃价值投资理念，是因为成长型股票的回报更高。

　　我在对其投资组合进行仔细研究后发现，该基金经理在这段时间内的换手率非常低。当该经理买进那些股票时，它们已由成长型变为价值型。事实上，该基金经理对这些股票中大多数的判断都是正确的：收益上升了，价格则上升得更多，故这些股票被归为了成长型股票。无论我问及哪只股票，她都能用自己最初的投资理念对其进行解释；对于那些她仍然持有的股票，她可以证明自己完全遵循了同一投资理念。这令我对我所使用的风格划分机制产生了怀疑，是不是这种划分并没有精巧到可以捕捉该基金经理的风格？而她的投资风格在这段时间内实际上是一致的。

表3-2　风格转换（美国1927—2006）

投资组合	减少	不变	增加	变动规模
平均超额收益				
成长型	−0.9	−12.0	0.8	15.6	−37.4
中型	1.2	−11.5	0.4	16.6	−31.1
价值型	4.8	−36.3	3.2	16.9	−31.7
平均转换概率				
成长型	10.9	87.5	0.7	0.9
中型	8.6	75.1	15	1.2
价值型	0.1	75.2	22.5	2.2
对投资组合超额收益的平均贡献率				
成长型	−1.2	0.6	0.1	−0.4
中型	−0.9	0.3	2.2	−0.4
价值型	0	2.3	3.3	−0.7

资料来源：法玛和弗兰奇（2007）

当我与一位资深顾问讨论我的担忧时，他驳回了我的解释。他声称，风格分析者是"客观的"，而基金经理的解释却是"主观的"。他还告诉我，在积累了更多经验后，我将会对那些有魅力的基金经理（成长型基金经理）更加心存怀疑。

这位资深顾问显然迷信了伪科学。某样事物可以被量化，并不意味着它就是绝对正确的。我们仍然需要批判性思维。米纳汉的分析很可能是正确的。事实上，法玛和弗兰奇在2007年已经表明，大部分价值溢价都来自那些有效跨越"风格界限"的股票（见表3–2）。

结论

作为金融实证方法的拥护者，在金融领域遇到伪科学令我感到难过。然而，这却屡见不鲜。对数字的盲目信奉业已侵蚀我们的行业。若想避免陷入伪科学在金融领域布下的诱人细节中，我们就必须要拥有更富批判性和怀疑性的思维。

数字并不代表安全。我们不能仅仅因为风险经理说VaR是X，就认为这是有意义的。同理，相似的情况还有：Y公司的分析师说，Y公司将以$Y \times 2010$年收益率的价格进行交易；一位顾问说，某位基金经理的阿尔法是3%。只有被置于一定的背景中，这些说法才成立。如果我们用批判性思维来看待这些说法，那么它们都可能被归为伪科学的范畴。我们必须要防范那些通过使用无意义的数字来人为制造出的安全假象。

第四章

分散化的危险和相对业绩竞争的坏处

> "分散化"是许多金融灾难的核心。人们往往会以一种过于狭隘的视角去看待分散化。投资者似乎忘却了风险是内生的（如扑克），而非外生的（如轮盘赌）。在股票市场，分散化往往被带入另一个极端。美国共同基金平均持有100—160只股票！对于它们持有这么多只股票的唯一解释是，它们沉迷于相对业绩的竞争之中（只在意追踪误差）。这是美国共同基金业绩欠佳的根源之一。

● 金融世界发生的许多灾难都是因为分散化。例如，长期资本管理公司（LTCM）认为自己是"分散化的"，但其所有头寸实际上都是"趋同"交易。现代风险管理似乎在其结构中嵌入了类似的缺陷。通常情况下，短期滞后数据的使用提供了安全的假象。

● 最近一次的金融危机再次遍布天真的"分散化"的迹象。似乎没人曾思考过一种未言明的风险，即美国可能将要见证一场全国性的房地产市场低迷。据格林斯潘观察，房地产"特别不容易出现泡沫"——他公然无视了日本和英国的前车之鉴。

● 在股票这个奇妙的世界里，分散化被带入另一个极端。美国共同基金平均持有100—160只股票，这简直是疯狂之举。持有30—40只股票已能充分获取分散化带来的绝大多数好处。持有更多股票只是相对业绩竞争的反映。在这场竞争中，大家都只在意追踪误差和职业风险。

● 科恩等人的研究表明，"最佳方案"（即基金经理的持仓与指数权重之间的差异最大化）产生了显著的回报。在1991年至2005年之间，它带来的平均年化回报率超过19%，而市场的平均年化回报率仅为12%。这表明，积极型基金经理表现欠佳的原因之一是他们对相对业绩的过度关注。

● "物理嫉妒"[①]在金融领域极为盛行。想把一切都缩减为一个数字的需求深深困扰着我们的行业。与风险一样，分散化也不能被简单地归结为一个数字。所谓的"最优"持股数量根本就不存在。投资者最好摒弃对"最优化"的信奉，并转而追求凯恩斯所述的"平衡的头寸"，即针对具有不同风险类型的投资标的进行多元化配置，而不是大量持有面临单一风险的标的，如果可能，这些风险的方向最好截然不同。

"狭隘"的分散化的危险

金融世界发生的许多灾难都是因为分散化。分散化常被赞誉为投资者的免费午餐。然而，它经常被滥用。例如，长期资本管理公司面临的一个问题是，其所有交易实际上都是"趋同"交易。尽管该公司将其头寸在不同的地区和市场进行了"分散化"配置，但它们却有着一个共同的特点，即趋同。因此，当市场经历了一段明显的背离期后，长期资本管理公司发现其谨慎的"分散化"成为了一个白日梦。

过去，我经常批评风险价值模型在其结构中嵌入类似的错误。很遗憾，这种对低追踪相关性（即"分散化"的高潜力）的使用太过虚幻。俗话说，熊市中唯一上涨的就是相关性。然而，尽管存在如此明显的缺陷，"现代风险管理方法"仍被精英们称赞为重大突破。让我们一窥伯南克在2006年的言论："市场风险和信贷风险的处理方法变得愈加复杂……在过去20年里，各种规模的银行机构在衡量和管理风险方面的能力均有显著提升。"

在最近的金融危机中，分散化再次推波助澜。布鲁斯·雅各布于2009年在《金融分析师期刊》上发表的一篇文章指出："尽管评级机构关注的是抵押贷款池内借款人的多元化，但它们并没去关注抵押贷款发放机构和证券化机构的

---

① 物理嫉妒（Physics Envy），指的是在不同专业领域中，大家都认为理论最终应该都像物理学一样，能通过数学模型的方式加以解释或呈现。——译者注

表4-1　5年期滚动违约率

信用评级	公司债券 （1982—2006）	资产支持证券（ABS） （1993—2006）	ABS违约率/公司债券 违约率
AAA	0.1	0.9	9
AA	0.2	6	30
A	0.5	5	10
Baa	2.1	20.8	10
Ba	11.3	48	4
B	27.7	58	2
Caa	50.9	82.8	2

资料来源：穆迪公司，法国兴业银行全球战略

分散化。2007年7月，次级居民住房抵押贷款支持证券（RMBSs）发生崩溃，而这些证券仅集中于四家发行方。"

　　"狭窄框架效应"（人们习惯于对呈现在眼前的信息视而不见）再次抬头。不同评级的公司债券的违约率和与其等同的资产支持证券（ABS）的违约率之间相差甚远，而人们对此却熟视无睹。如表4-1所示，在投资级资产（评级在Baa以上）中，ABS的违约可能性是与其评级相等的公司债券的10倍以上——并且该数据是截至2006年的。请想象一下现在的情况将是如何！

　　此外，似乎没人曾思考过一种未言明的风险，即美国可能将要见证一场全国性的房地产市场低迷。格林斯潘指出，房地产"特别不容易出现泡沫"——他似乎忽视了日本在20世纪80年代末的经历，以及英国反复出现的资产泡沫问题。相反，他表示，美国房地产市场的特点是"泡沫很小"！

　　对相关性内生性本质的误解也有助于解释2003—2007年期间投资者对大宗商品的偏爱。我曾将这描绘为外生风险的迷思。投资者似乎一再犯的一个近乎致命的错误是，他们认为市场风险就像轮盘赌。在轮盘赌中，赔率是固定的，其他玩家的行为与你的决定无关。可悲的是，我们的世界更像是在玩扑克。显然，在扑克中，你的决定会受到周围人的影响。

　　因此，大宗商品与其他资产类别的低追踪相关性被用作证明"分散化"合理的理由。然而，参与者却忘记了他们的行为对相关性本身也有影响。实际上，

那些通过期货执行商品策略的人们也忘记了，他们的行为会对市场结构产生影响，并导致许多商品发生期货溢价，从而带来负的滚动收益率。

对分散化过于狭隘的定义所带来的危险在金融市场灾难中一再推波助澜。投资者需要更为审慎地去思考分散化在其投资组合中所起到的作用。

股票投资组合：另一个极端

与上述讨论相反，许多股票投资者似乎都钟情于分散化。美国共同基金平均持有100—160只股票！对于一个积极型基金经理来说，该数目似乎过于庞大。

沃伦·巴菲特曾说："只有当投资者不明白自己在做什么时，他们才需要进行广泛分散的投资。"认为需要160只股票才能实现分散化，这一想法简直是荒唐可笑的。如图4-1所示，总体而言，一个投资组合只要包含30—40只股票就可以从分散化中受益。也就是说，通过持有30—40只股票，你可以获得与股市整体波动大致相同的回报率。为了制作该图，我们使用了美国过去20年的数据，并假设权重相等。

从另一个角度来说，随着投资组合中股票数量的增加，非市场风险在逐渐被消除。如图4-2所示，与仅持有一只股票相比，持有两只股票可以消除42%的非市场风险；持有4只股票可消除68%的非市场风险；持有8只股票可以消除83%的非市场风险；持有16只股票可以消除91%的非市场风险；持有32只股票可以

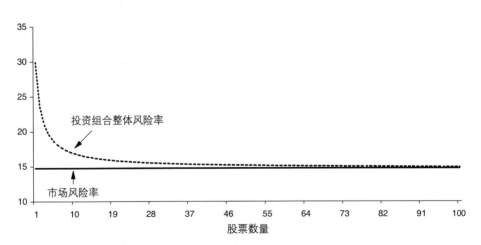

图4-1 多元化：作为持有股票数量的函数的投资组合整体风险率

资料来源：法国兴业银行全球战略

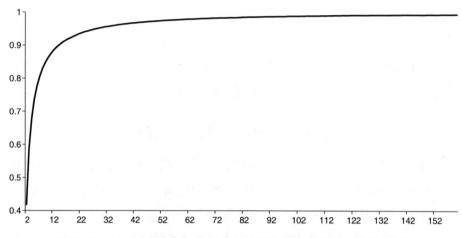

图4-2　随持有股票数量增加而降低的非市场风险百分比函数

资料来源：法国兴业银行全球战略

消除96%的非市场风险。

看来这并不是什么高深的学问，可为什么美国共同基金平均会选择持有近乎正常股票数量4倍的股票来实现其分散化的目标呢？

相对业绩竞争是业绩欠佳的源头

答案当然是，一般的投资组合基金经理并不关心总体风险，而是关注相对于业绩基准（指数）而衡量的风险。这即为塞斯·卡拉曼所说的"短期相对表现竞争"的直接影响，即当今的基金管理。

卡拉曼认为，大多数机构投资者"就像在追逐自己尾巴的狗"。他还进一步指出："当面对短期表现不佳的惩罚时，基金经理很难坚持一种长期观点，因为他们那样做可能会让自己失业。这是可以理解的。"也就是说，他认为之所以会形成这种局面，基金经理、顾问和终端客户都"难辞其咎"。

卡拉曼表示：

> 在短期的相对业绩竞争中，没有赢家。试图在短期内跑赢市场是徒劳的……这种努力只会分散资金经理的注意力，使其无法发现并抓住长期良机……因此，客户只能体验到平庸的投资业绩……唯有股票经纪人能从这些活跃的交易活动中获益。

大多数专业投资者并不担心绝对回报，而是把时间浪费在对相对业绩的担忧上。对他们来说，整体投资组合的风险并不重要，重要的是追踪误差；因此，对这类投资者来说，他们最为看重股票特有的风险，或者说非系统风险。

根据兰迪·科恩等人2009年的一项研究，对相对业绩的痴迷是积极型基金经理普遍表现不佳的关键原因之一。他们研究了1991年至2005年期间美国基金经理的"最佳方案"。"最佳方案"指的是基金经理的持仓与指数权重之间的差异最大化。

有趣的是，基金经理们的"最佳方案"之间并未出现大幅重叠。科恩等人发现，70%的"最佳方案"在基金经理间不具有重叠性。仅有不到19%的"最佳方案"在两位基金经理之间有所重叠，只有8%的"最佳方案"在3位基金经理之间有所重叠（图4-3）。

这些"最佳方案"的表现令人印象深刻。科恩等人集中研究了积极型基金经理的"最佳方案"中表现最好的前25%，他们发现其平均年化回报率超过19%，而市场平均年化回报率仅为12%！也就是说，经理最有信心的那些股票的表现在很大程度上要优于市场。由此得出的推论是，他们持有的其他股票正在拖累他们的业绩。因此，对相对业绩的关注——以及对业绩落后于任意基准的恐惧——是业绩欠佳的一个关键原因。

科恩等人得出的结论是：过去共同基金经理整体表现不佳并非由于缺乏选

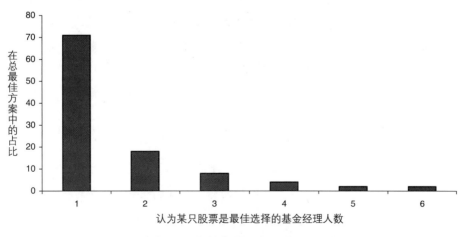

图4-3 最佳方案的重合率（%）

资料来源：科恩等人（2009）

股能力，而是由于机构因素促使他们进行了过度分散化的投资。或者，正如约翰·邓普顿爵士所说，"除非你做了与众不同的事情，否则你不可能创造出出类拔萃的业绩"。

（极简）分散化实用指南

与风险一样，分散化也不能简单地归结为一个数字。没有"最优"的持股数量一说。凯恩斯认为：

> 所谓"安全第一"就是，对于大量缺乏足够的信息来做出正确判断的公司，我们会下一些小赌注，而对于一家我们拥有充足信息的公司，我们会下一个大的赌注。在我看来，这是一种对投资政策的嘲弄。

他还指出，投资者的目标应该是"平衡的头寸，即针对具有不同风险类型的投资标的进行多元化配置，而不是大量持有面临单一风险的标的，如果可能，这些风险的方向最好截然不同"。

就分散化的问题，吉拉尔德·勒伯在其见解深刻的《投资生存之战》一书中写道：

> 我认为，大多数账户配置了太多错误的分散化类型，而缺乏正确的分散化类型。于我而言，在石油、发动机、铁路等行业进行过高比例的资金配置毫无意义……当资本总额高到无处可用时，或者在缺乏明智的监管的情况下，这样做可能有必要。否则，这种做法就等同于承认自己不知道该做什么，并努力让自己达到平均水平。

勒伯建议投资者"将资金分散投资于处于不同商业周期的多个公司，或者分散投资在处于不同市场价格周期的股票上"。

对于这一点，塞斯·卡拉曼的看法尤为精辟。在为格雷厄姆和多德的《证券分析》第6版作序时，他写道：

> 我认为，当人们犯错时，往往犯在分散化的两面性上。偶尔，那些初出茅庐的基金经理们会在一个投资组合中投入20%的资金，有时甚至投入40%。而这些资金所投的标的却可能相关——在同一个行业——实则假以两个不同的名称进行着同一种押注。
>
> 不必说，这种集中投资是很荒谬的——除非你有足够的信心，而且所投资金是你自己的。然而，如果资金是属于客户的，那就不是个

好主意。

另一方面，我认为1%的头寸太少了，它不足以使你抓住从那些相对较少的重大错误定价中获利的机会。一旦你发现这样的机会，请涉足并利用好这些难能可贵的机会。

第五章

危险的现金流折现估值法

理论上，现金流折现估值法（DCF）是评估资产价值的正确方法。然而，正如约吉·贝拉所指出的那样，在理论上，理论与实践之间没有区别；但在实践中，两者却是有区别的。DCF在实际应用中存在诸多问题。首先，我们无法预测哪种方式会让整个过程失效。即使我们选择忽略这个麻烦的事实，折现率的问题仍然使DCF的整体想法成为无稽之谈。难怪DCF如此声名狼藉。而好消息是，我们有几种替代方案。我们探索出3种完全避开了预测的方法！

● 尽管DCF的代数简单、清晰并令人信服，但实现起来却雷区遍布。这些问题可以分为两类：现金流的估算问题和折算率的确定问题。

● 在我的研究中，反复出现的主题是我们无法预测。迄今为止，尚无丝毫证据表明我们可以进行预测。当然，这并不能阻止人们的尝试。去年，我们股票分析团队的瑞·安图尼斯对分析师们的短期预测能力进行了研究。而研究结果对分析师们很不利。分析师们24个月的平均预测误差在94%左右，12个月的平均预测误差在45%左右。据我的研究，分析师们在长期预测方面也表现欠佳：他们预测长期增长的能力并不比预测短期增长的能力强。

● 即使我们忽略了我们无法进行预测这一麻烦的事实，我们仍然会因为折现率的问题而不知所措。股票风险溢价令人头痛，因为就其定义，似乎人们并未达成共识。然后，我们有了贝塔这个有趣的游戏。在处理了时间间隔、市场、时间段等问题后，我们会得到一个贝塔。然而，不幸的是，该贝塔与回报率之间完全没有任何关系（这与经典理论形成了鲜明反差）。

● 这些问题似乎还不够糟，当涉及终值计算时，这些问题还存在耦合关系。在大多数现金流折现估值模型中，这些问题是终值计算的主要考虑因素。如果我们假设永续增长率为5%，资本成本为9%，那么终值倍数则为25。然而，如果我们把其中一个或者两个变量减去1%，那么终值倍数的取值范围则变为16到50之间！

● 好消息是我们不必一定以这种方式去使用DCF，我们还有其他选择。例如，使用逆向工程DCF可以有效避免预测（也可以避免对当前市场价格的锚定）。当然，折现率问题依然存在。

● 本杰明·格雷厄姆为我们提供了两种计算内在价值的方法。一种基于资产价值，另一种则基于盈利能力（正常化每股收益）。这两种方法实现起来都相对容易，而且不存在DCF固有的问题。相对于基于预测的方法，这两种方法更简单、更清晰，也更基于当下，因此也更有助于我们去发现市场中的机会。我们应该把DCF连同有效市场假说和CAPM一起扔进理论的垃圾箱。

自从约翰·伯尔·威廉姆斯所著的《投资估值理论》问世后，我们便已知道可以通过贴现现金流折现的方法来估算正确的资产价值。也就是说，一项资产的价值无非是它所能提供的现金流的总和（考虑到时间影响，显然已打折）。当然，这在理论上是正确的。然而，正如约吉·贝拉所指出的那样，"在理论上，理论与实践之间没有区别；但在实践中，两者却是有区别的"。

在具体运用方面，DCF存在诸多问题。虽然DCF的代数运算简单而清晰，但实现起来却雷区遍布。

在我看来，基于DCF的估值存在以下两类问题：现金流的估值问题和折算率的估算问题。下面，我们将逐一对这两类问题进行探讨。

现金流的估值问题

我的固定读者都知道，我一直认为预测是在浪费时间（详见《行为投资学》第九章）。从DCF的角度来看，预测是核心。大多数现金流折现估值模型都基于

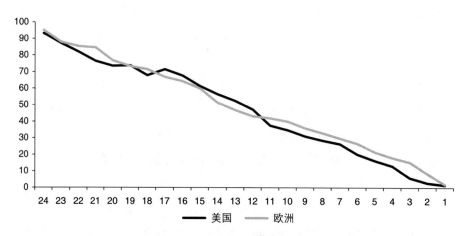

图5-1　随时间变化的预测误差：美国和欧洲市场（2001—2006）

资料来源：法国兴业银行股本研究

未来年度的相关现金流。然而，我们根本没有任何证据可以表明，分析师能够预测短期或长期增长。

去年，我们股票分析团队的瑞·安图尼斯对分析师们的短期预测存在的平均误差规模进行了研究。她没有从总体层面进行分析，而是从个股层面进行了分析。

图5-1显示了随时间而变化的分析师预测误差的平均规模。该研究开始于实际报告形成前的两年左右，在此期间，研究团队对分析师们预测的变化情况进行了持续追踪。

在2000—2006年间的美国，24个月的平均预测误差为93%，12个月的平均预测误差为47%。你可能会认为，这仅仅是前些年经济衰退所造成的结果，但事实并非如此。将那些年份的数据排除在外，结果也基本未受影响。

欧洲的数据同样令人感到不安。24个月的平均预测误差为95%，12个月的平均预测误差为43%。坦率地说，存在如此巨大误差的预测是毫无价值的。

长期预测也不尽如人意。我之前曾多次提到，分析师对长期增长的预测一无所知。如图5-2和图5-3所示，对成长型股票而言最为重要的准确评估，分析师在此方面的能力不足也尤为显著。

据分析师预测，在美国，基于市净率的最廉价的股票投资组合（在图5-2

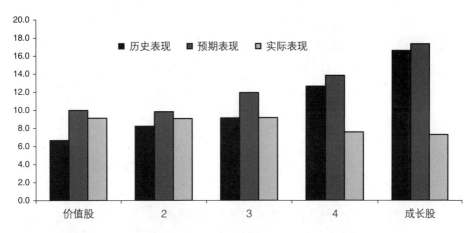

图5-2 增长率：历史、预期和实际（美国，1985—2007）

资料来源：法国兴业银行股本研究

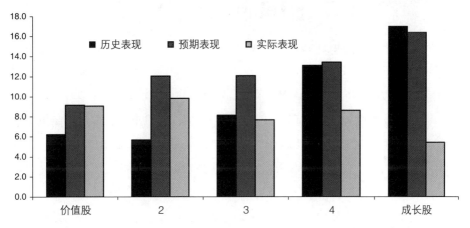

图5-3 增长率：历史、预期和实际（欧洲，1985—2007）

资料来源：法国兴业银行股本研究

中，被标注为"价值股"）的年化收益预计将增长10%左右。这比前5年平均7%的增长率要高。就实际实现的增长而言，这些股票的平均涨幅略高于9%——与分析师的预测相当接近。

然而，对于成长型股票而言，情况却全然不同。分析师预测成长股的年化收益率将在17%左右（此前为年化16%）。然而，最终实现的年均增长率只有7%！

欧洲的情况看起来与美国非常相似。据分析师预测，从长期来看，最廉价的股票投资组合的年化收益将增长9%左右。又一次，这比过去5年平均6%的增长率要高。就在收益兑现方面的实际表现而言，价值型股票几乎完全符合预期——其长期年增长率约为9%。

成长型股票的情况却截然不同。分析师预测成长型股票的年化增长率约为16%（接近年化17%的历史表现）。就实际实现的增长而言，从长期来看，最昂贵的股票的年化增长率约为5%。因此，无论在哪个市场，分析师们总是表现得盲目乐观，结果却大错特错！

正如布鲁斯·格林威尔在其精彩的著作《价值投资：从格雷厄姆到巴菲特》中所言，"利润率和所需投资水平是现金流估算的基础，但我们同样难以对其在遥远未来的表现做出准确预测"。

折算率的确定问题

不仅对现金流的估计近乎不可能，对折现率的估计也问题重重。无风险利率是折现率中争议最小的一个元素——它可由长期债券收益率之类的利率近似替代，这一点为大多数人所认同。然而，在此之后，江河日下。

股票风险溢价是一个存在着巨大分歧的领域。教科书一般使用的是事后股票风险溢价（ERP），它要比以任何一种方法所衡量的事前ERP高许多。早在2001年，安迪·拉普索恩和我曾就我们的客户对ERP数值的看法进行了一项调查。总体而言，他们所给出的结果在3.5%—4%之间。

我曾见过分析师使用一种毫无意义的ERP度量——实际上是一种隐含ERP。使用隐含ERP来评估整体市场的吸引力并没有什么错，但是将此作为股票估值模型的输入变量没有意义，因为你最终会得到一个循环的结果。

即使每个人都认同ERP，（按照经典方法）我们还需要估计贝塔。然而，贝塔本身就问题重重。关于贝塔，我们至少需要解决5个问题。第一，贝塔本质上是不稳定的。2004年，费尔南德斯使用12月1日至1月2日期间每天的60个月滚动收益率计算了大约3813家公司的贝塔。所记录的最大贝塔的中位数居然是最小贝塔中位数的3倍！即使以行业为基础（而不是以个股为基础）来衡量，一个行业的最大贝塔几乎是最小贝塔的3倍。贝塔值移动100个基点的情况并不罕见！第二，贝塔在很大程度上取决于计算过程中所选用的指数。第三，贝塔还取决

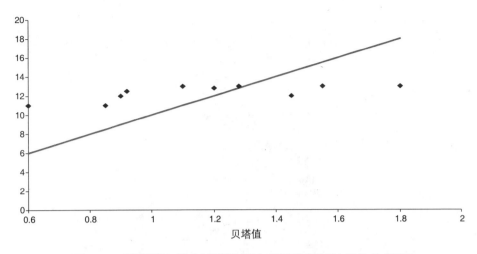

图5-4 美国投资组合按照贝塔十分位数获得的年均收益率（1923—2003，%）

资料来源：法玛和弗兰奇（2004）。法国兴业银行股本研究

于进行估计时所选取的时间段，也就是说，我们是使用6个月的还是52周的或是36个月的历史数据。第四，收益估计区间也会对贝塔的估计产生很大影响。基于日收益率所估计的贝塔值通常与基于月度或季度数据所估计的贝塔值有很大不同（图5-4）。第五，使用贝塔的最大障碍是它根本就不起作用。正如我之前所展示的那样，尽管据理论预测，贝塔与收益率之间存在正相关关系，但在现实中，贝塔与收益率之间是不（也许甚至是负）相关的（关于CAPM的无用性的更多信息，请参阅第二章）。

耦合问题

在我看来，在DCF计算中存在的最后一个问题是前两组问题的相互作用。几乎所有的DCF都是用终值计算得到的。这涉及对未来10年数据的预测，并需要估计从第10年开始的永续增长率，然后通过倍数将其资本化。

基本假设的细微变化就会形成差异巨大的结果。如果未来的永续增长率是5%、未来的资本成本为9%，那么终值倍数则为25。如果资本成本和增长率其中之一或两者一起沿任一方向变动1%，那么终值倍数的范围则变为16—50。考虑到终值通常是影响到DCF结果的最大因素，这些问题是不容忽视的（图5-5）。

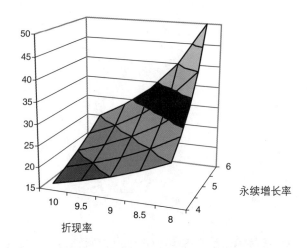

图5-5 作为永续增长率和折现率函数的DCF终值

资料来源：法国兴业银行股本研究

替代方案

敏感性分析通常被用作解决DCF在实际应用中固有问题的方案。然而，尽管这有着令人艳羡的好处——可以使DCF的不确定性变得透明，但它也有可能使DCF变得毫无用处，因为敏感性分析的输出能够轻而易举地证明，任何建议都是合理的。

逆向工程DCF

所以，如果我们不能使用DCF，那么我们应该如何进行估值呢？长期以来，我一直钟爱一种解决方案——使用逆向工程DCF。这种方法不用试图估计未来10年的增长，而是以当前的股价为基础，对当前隐含的情况进行回溯。由此得出的隐含增长率估值可以由分析师进行评估，也可以通过比较估值与一段时间以来已实现的增长率的经验分布来进行评估，如图5-6和图5-7所示。这样一来，我们就可以对所估计的隐含增长率的合理性进行评估了。

当然，这个模型解决了无法预测未来的问题，但是它并未解决上面提到的折现率问题。我们仍然需要估算资金成本。我自己的方法是将ERP设置在4%左右，并对股票的贝塔进行猜测——这仅反映了我自己对商业基本风险的主

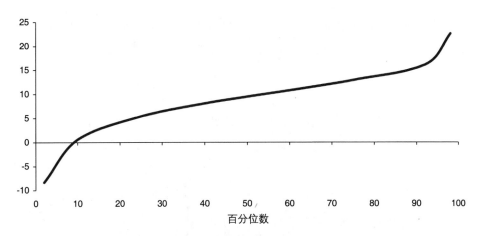

图5-6 10年期折现前的营业收益增长率分布（美国，1951—1998）

资料来源：陈等人。法国兴业银行股本研究

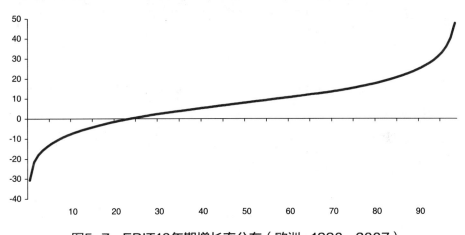

图5-7 EBIT10年期增长率分布（欧洲，1990—2007）

资料来源：法国兴业银行股本研究

观判断。

　　当我在教授有关行为偏差的课程时，我经常使用逆向工程DCF这一方法作为成功避免评估过程中固有常见陷阱的一个例子。我经常看到，分析师们在公司会议结束后对其管理层赞不绝口，并对该公司股票所呈现的买入机会感到兴奋不已。然后，他们就会去着手创建一个符合买入建议的DCF（比如，15%的上涨）。实际上，估值已被锚定在当前价格上。但若我们使用逆向工程DCF的话，这种对当前价格的依赖就会被消除，因为我们现在所讨论的内容已经转变为增长潜力。

资产价值

与以往一样，当我们在投资问题上感到困惑时，我们总能通过回顾本杰明·格雷厄姆的至理名言而有所受益。他提出了两种估值方法。第一种方法基于资产，并有效地体现了公司的清算价值。格雷厄姆写道，"计算清算价值的首要原则是，负债是真实的，但资产价值却存在疑问"。为了反映这一原则，格雷厄姆提出了一些大体上的经验法则（见表5-1）。

表5-1　清算价值与账面价值的百分比

资产类别	正常范围	大致平均值
流动资产		
现金资产（及流通证券）	100	100
应收款项（减去坏账准备金）	79—90	80
存货（以较低的成本/市场价格）	50—75	66.67
固定资产及杂项		
不动产、建筑、机械、设备、无形资产	1—50	15

资料来源：《证券分析》，格雷厄姆和多德（1934）

当然，严格来讲，如果这是一场减价大甩卖，诸如无形资产之类的东西就毫无价值了。然而，如果企业被当作持续经营的企业出售，那么无形资产就存在一定价值。显然，格雷厄姆更倾向于认为流动资产才是有效资产，然后用其减去所有负债，便可以得到为他所钟爱的著名"净营运资本价值"。请注意，资产价值方法不需要进行预测。

盈利能力

第二种为格雷厄姆所青睐的方法是他所谓的"盈利能力"。他认为，"投资者最想知道的是……一个公司在特定条件下显示出的盈利能力，即如果在一定时期内该公司的运营条件持续保持不变，那么其预期的未来年化收益为多少"。

他继续说：

> 它将一段时期内的损益情况和对未来的合理预期相结合，除非有
> 特殊情况发生。这一记录必须持续数年，原因如下：首先，持续或重
> 复的表现总是比单独事件更令人印象深刻；其次，较长时期的平均表
> 现往往可以吸收和平衡商业周期的扭曲影响。

一旦计算出盈利能力，我们就可以在资本成本下将其资本化以得到估值，
或者我们可以将它与价格进行比较来计算出市盈率（PE）。格雷厄姆认为这一
市盈率不应该超过"16倍"，因为这"在普通股的投资买入中的价格实在是过高
了……在这种典型的情况下，10倍的市盈率才较为合适"。

这种方法相对操作简便。我使用的方法是，先在合理的时间段内（5—10年）
获取平均息税前利润，然后将所得结果乘以过去5年的平均销售额。由此，我们
可以得到一个正常化的EBIT。之后，我再通过减去利息支出并扣除税收来估计
最终的盈利能力——所有计算过程都不会受到预测的干扰！

这些方法历经多年的扩展和改进。若是读者们想全面了解以价值为导向
的资产评估方法，我只能再次向大家力荐布鲁斯·格林威尔充满真知灼见的著
作——书中详细介绍了这些历经时间考验的方法在现代的应用，并将其扩展到
了特许经营权的价值评估领域。

因此，我们至少有3种股权估值的方法，其中任何一种方法都不需要我们
去跨越在运用DCF时所遇到的那样的障碍。虽然DCF是唯一在理论上正确的估
值方法，但其实现所需的假设和预测却令人难以企及。所以，更简单、更清晰、
更基于当下（与预测相反）的方法显然更有可能引导我们去发现市场中的机会，
或者至少可以防止我们因盲目乐观而成为牺牲品。

第六章

价值型股票的风险真的比成长型股票的
风险更高吗？错觉而已

价值型股票的风险要高于成长型股票吗？这个简单的问题是现代金融领域最具争议的核心问题之一。有效市场的狂热者认为，价值溢价一定是投资者承担基本风险的结果。行为主义者认为，价值股表现优良的原因是，投资者经常会犯错误，比如为成长股支付过高的价格。从各种各样的风险衡量指标来看，我们发现价值型股票的风险并不比成长型股票高（而且通常风险更低）。基于风险的价值溢价解释，与有效市场假说的其余部分一样，既索然无味又毫无用处。

● 读过我作品的读者都知道，我一直倡导用行为学方法去研究市场。然而，为了验证我的观点，并避免确认偏差，我决定看看是否能找到任何可以证明价值溢价是由风险因素驱动的证据，就如有效市场观点拥护者所宣称的那样。

● 在最基本的层面上，金融理论家将风险等同于标准差。我认为这是可笑的。但我暂且收起怀疑，并使用他们的方法进行了研究。我发现，价值型股票通常比成长型股票拥有更高的回报和更低的风险。这直接违背了古典金融的基本原则，即风险和回报应该相互关联。

● 为了不轻易放弃对有效市场假说（EMH）的信念，信徒们转向了贝塔系数，并且声称价值型股票必然有着更高的贝塔。又一次，证据与他们的信念背道而驰。事实上，价值型股票的贝塔系数往往低于成长型股票的贝塔系数。

这是对EMH的又一次打击。

● 来自EMH阵营的回应是，与价值型股票相关的风险只有在市场普遍低迷的时期才会真正显现出来。然而，在实证面前，EMH的防线再一次崩溃。例如，在1950年至2007年期间最糟糕的10个月里，美国股市每月平均下跌了13%，其中价值型股票下跌了约12.5%，而成长型股票则下跌了近18%！

● EMH的顽固分子似乎完全不愿意认输，于是他们不得不转而辩称，价值型股票在经济低迷时期的表现更糟。再一次，在实证数据面前，这一论点似乎令人怀疑。例如，使用赖特模型（基于收益率曲线的斜率和短期利率水平）得到的衰退概率表明，即便经济陷入衰退，价值溢价（价值股表现优于成长股表现）仍为年化近8%。这与扩张时期的10%并无太大差异。

● EMH的拥护者希望我们都相信，价值型股票之所以表现更好是因为其风险更高，但几乎没有证据表明事实确实如此。从广泛的衡量标准来看，价值股似乎并不比成长股风险更高（通常风险更小）。基于风险的价值溢价解释，和EMH的其余部分一样，空洞乏味且毫无意义。

价值股比成长股风险更高吗？这个简单的问题是现代金融领域最具争议的核心问题之一。有效市场的倡导者认为，任何长期表现优于市场的股票都一定存在风险溢价，因为在他们的世界里，风险和回报是密切相关的。

当有证据表明风险和回报并非紧密相关时（见第二章），他们往往又鸦雀无声。另一种假设是，价值溢价是由投资者所犯的错误驱动的。我的读者都知道，我是后一种观点的狂热支持者。

然而，为了检验我的观点，并避免确认偏误，我将对有效市场假说（EMH）进行验证。也就是说，我将研究一下风险是否真的能解释价值股长期的优异表现。

风险一：标准差

让我们从头开始。根据经典金融理论，标准差是衡量风险的基本指标。但现在我总是觉得这个指标很可笑。我已从业多年，可是我还没遇到过一个只做多的基金经理担心股市会出现意外上涨（更多详情，请参阅《行为投资学》第三十七章）。然而，让我们暂且收回对此方法的质疑，先来看一下价值股和成长

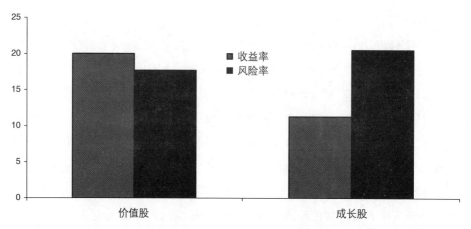

图6-1 美国价值股和成长股的年均收益率与风险率（1950—2007，%）

资料来源：法国兴业银行股本研究

股的收益和风险（见图6-1）。

鉴于本章的目的，我构建了基于股价与现金流比率的美股投资组合[①]。我把市场上最昂贵的20%的股票归为"成长型"范畴，把最便宜的20%归为"价值型"范畴。如图6-1所示，从长期来看，价值型股票的收益高于成长型股票，而其风险却低于成长型股票！对于EMH的追随者来说，这是个坏消息。

风险二：CAPM贝塔和相关性

EMH的追随者并没有轻易言败，他们拿出了自己的杀手锏——风险衡量标准：贝塔。毕竟，如果价值股的贝塔高于成长股的贝塔，那么EMH就完全成立。

这些证据再次对基于风险的价值溢价观点提出了挑战。图6-2和图6-3显示了价值股投资组合和成长股投资组合36个月的滚动贝塔。平均而言，成长股组合的贝塔高于价值股组合的贝塔。这显然不符合有效市场假说的预测。

为了使这种关系看起来更加清晰，图6-3显示了做多价值股/做空成长股的投资组合的36个月滚动贝塔。我们很容易就能看到，平均而言，价值股和成长股的投资组合贝塔值之差为负。即使在少数情况下贝塔值之差为正，其值仍然很小（并且在统计上是不显著的）。

---

① 我所使用的数据来自肯·弗兰奇（Ken French）的网站http://mba.tuck.darmouthmouth.edu/pages/ty/ken.french/data library.html。——作者注

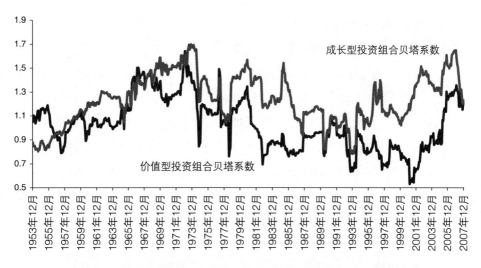

图6-2 美国价值型和成长型投资组合36个月的滚动贝塔值

资料来源：法国兴业银行股本研究

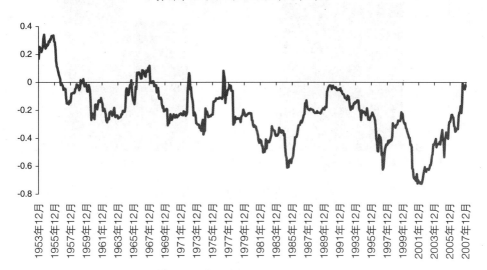

图6-3 美国36个月价值型投资组合与成长型投资组合贝塔值之差

资料来源：法国兴业银行股本研究

EMH的拥护者是永不言败的，他们又说贝塔可能会随时间而变化。他们狡辩道，与价值型股票相关的风险只有在市场普遍低迷的时期才会真正显现出来。根据这一观点，如果（i）价值型股票在世界上某些国家的表现低于成长型股票，并且（ii）这些国家的经济形势总体上很"糟糕"，且在此期间财富的边际效用很高，那么价值型股票的风险将从根本上高于成长型股票。因此，对于风险厌恶型的投资者来说，价值型股票将失去吸引力。

图6-4显示了价值股和成长股贝塔的涨跌情况。与上面的论点相反，在市场下跌时，价值股的贝塔与成长股的贝塔没有区别。

表6-1显示了价值股和成长股在不同市场低迷时期的表现。在股市整体表现最差的10个月（1950年至2007年之间），价值股的表现要优于市场，并且远好于成长股。当我们不断扩充时间序列长度（出现经济衰退的月份数）时，上述结论依旧成立。因此，尚无证据表明，在市场出现问题时，价值型股票的系统性风险高于成长型股票。这是对EMH支持者的又一次重击。

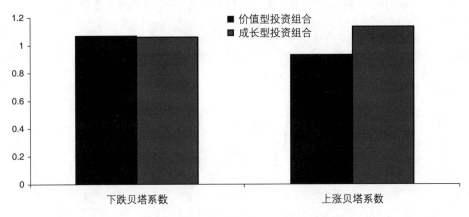

图6-4　上涨与下跌的贝塔系数（美国，1950—2007）

资料来源：法国兴业银行股本研究

表6-1　市场疲软时期股票的平均表现

	大盘	价值股	成长股
最差的10个月	-13.1	-12.5	-17.9
最差的20个月	-10.9	-10.6	-14.2
最差的30个月	-9.6	-8.9	-12.4
全部下跌月份	-3.4	-2.2	-4.0

资料来源：法国兴业银行股本研究

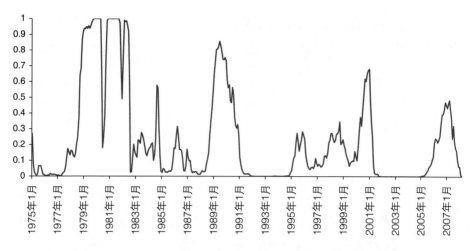

图6-5　根据赖特模型推导未来12个月经济衰退的可能性

资料来源：法国兴业银行股本研究

风险三：经济周期风险

由于"有效市场假说"的支持者最青睐的两种风险衡量指标都已经被彻底击碎，那些有效市场的执迷者不得不辩解称，在经济低迷时期（比如衰退时期），价值型股票的表现尤为糟糕。

因此，我们现在需要知道一些衡量衰退的方法。首选是根据赖特模型得出的衰退概率。结合收益率曲线的斜率和美联储基金的水平，来预测未来12个月经济衰退的估计概率（见图6-5）。

"价值即风险"的信徒们声称，在经济衰退时期，价值股应该表现得尤其糟糕。然而，如表6-2所示，即使在经济衰退时期，价值股的表现仍然优于成长股。价值股投资组合的年收益率在衰退时期约为13%，在扩张时期约为22%。成长股投资组合的年收益率在经济衰退时期为5%，在经济扩张时期17%。因此，价值型投资组合的年收益率在经济扩张时期比成长型投资组合高出7.5%以上，在经济衰退时期比成长型投资组合高出近10%。由此可见，并无迹象能表明，价值型投资组合在经济衰退中的表现尤为糟糕！

作为检查，我们决定看一下GDP预测值和价值收益之间的关系（图6-6）。但这里有一个小问题，因为经济学家们从未成功预测过经济衰退！因此，我们显然不能使用对经济衰退的实际预测。相反，我们使用了两种不同的方法。第

表6-2　在经济衰退时期价值股月度表现不佳吗（1975—2007，%）

	经济衰退的平均可能性	价值股	成长股	差值
经济衰退（可能性＞30%）	0.70	1.09	0.45	0.64
经济增长（可能性＜30%）	0.08	2.22	1.42	0.81

资料来源：法国兴业银行股本研究

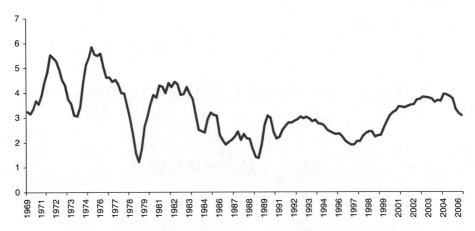

图6-6　对美国未来12个月GDP增长的一般预测——
从未预见到任何经济衰退

资料来源：法国兴业银行股本研究

表6-3　未来12个月的表现（%）

	大盘	成长股	价值股	差值
GDP预测＜2	20.1	16.6	22.0	4.5
GDP预测＞2	17.0	10.9	22.5	10.9

资料来源：法国兴业银行股本研究

一种是，在GDP增长率预测值低于2%时去观察价值型股票的表现。表6-3显示了使用这种方法时所获得的收益率情况。

再一次，没有证据表明，价值股会在经济疲软时表现欠佳。无论GDP的预测值如何，价值股的收益都大同小异。虽然当预测到低增长时成长股的表现会

表6-4 未来12个月的表现（%）

	大盘	成长股	价值股	差值
GDP预测低于平均值	15.0	9.5	18.5	8.5
GDP预测高于平均值	20.1	14.1	27.2	12.2

资料来源：法国兴业银行股本研究

好于平常，但价值股的表现仍然优于成长股！

如果你认为将2%作为临界点有什么蹊跷之处的话，那么不妨让我们来看一下表6-4。我们重复了上述做法，但这次我们将GDP增长率预测值的平均值（年均约3.2%）作为了临界点。再一次，没有任何证据表明，价值股会在经济疲软时期表现欠佳。无论经济状况如何，价值型股票的业绩往往都会优于成长型股票。

条件CAPM模型是经典的经济学模型之一，该模型证明了风险溢价是由经济周期风险造成的（即贝塔取决于外界条件）。我们可以用如下公式对该模型进行一个简单的测试：

价值溢价 $= a + b$ 市场收益率 $+ c$（市场收益率 × 利息变量）

交互项的设置是因为考虑到价值股贝塔与市场预期收益率的协变而产生的额外收益。因此，通过将上面的阿尔法与标准的CAPM阿尔法进行比较，我们就会发现由于对经济周期的敏感性所产生的价值溢价。图6-7显示了从几个这样的模型中估算出来的阿尔法。首先，我们估算了由标准CAPM回归（年均约12%）得出的月度阿尔法。接下来的两列分别显示了控制了赖特模型和衰退虚拟变量后的阿尔法值。我们可以清楚地看到，阿尔法并未发生变化。这有效地告诉我们，衰退变量与价值溢价无关——验证了前面的分析！

佩特科娃和张2005年在一篇论文中声称，他们发现价值型股票确实比成长型股票风险更高。他们使用了一个条件CAPM模型，该模型以违约溢价（信贷息差）、期限溢价（收益率曲线的斜率）、股息收益率和短期利率来近似替代经济状况。他们将自己选择的变量解释为"时间序列可预测性文献中的标准"。这等同于是在进行数据挖掘；他们是根据自己事先预测的收益率情况来选择变量。

库珀和古贝里尼2007年对佩特科娃和张2005年结论的稳固性进行了研究。

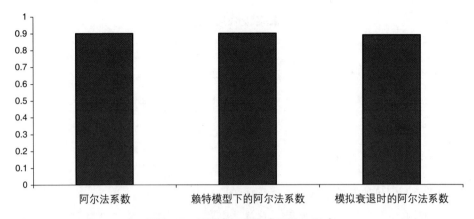

图6-7　阿尔法系数（月均，%）

资料来源：法国兴业银行股本研究

他们使用的条件变量的范围要广得多，并且这些变量中有许多与经济周期的相关性都比佩特科娃和张所使用的变量要高，比如工业生产和一些先行指标。通过使用大约2047种可能的条件变量，他们发现，在90%的情况下，价值股并不比成长股风险更高！换言之，佩特科娃和张的研究结果似乎是数据挖掘的结果，完全出于偶然。

EMH的拥护者们希望我们都相信，价值股之所以业绩更好往往是因为其风险更高。但几乎没有任何证据能表明事实确是如此。使用诸多方法对其进行的检验表明，价值股似乎并不比成长股风险更高（而且往往风险更小）。基于风险的价值溢价解释，和EMH的其他部分一样，空洞乏味且毫无意义。

第七章

通货紧缩、萧条和价值投资

后泡沫时代的标志之一是经济周期与股市周期之间更为紧密的同步性。对于整体市场的投资者来说,这意味着他们可以坐等周期性先行指标出现好转。那么,这同样适用于价值投资吗?日本的经历表明事实并非如此。遵循简单的做多价值股/做空魅力股(成长股)策略的投资者们可以更"懒惰",他们只需要按部就班,无须考虑择时。然而,"大萧条"时期却是另一番图景。在那段时期,万物凋零,没人想投资股票!

● 长期以来我一直认为,后泡沫时代的关键特征之一是经济周期与股市周期之间更为紧密的同步性。这是由收益驱动因素从多重扩张(在泡沫时期)到增长(在后泡沫时期)所发生的变化推动的。这种增长的任何失败都意味着投资者将股票作为一种资产类别下调了评级。

● 经济周期和股市周期更为紧密的同步意味着,整体市场的投资者可以坐等周期性先行指标出现好转,从而知晓何时重返市场。这也适用于价值型投资者吗?借用本杰明·格雷厄姆的话即为,我们需要担心择时和定价吗?为了对这一点进行评估,我分别研究了价值投资在日本后泡沫时期和大萧条时期的表现。

● 日本的经历表明,价值投资者不必担心任何形式的市场择时。尽管日本市场存在明显的周期性,但价值投资策略的表现一直都很稳健(价值投资策略的年均收益率为3%，而市场指数的年均收益率为-4%）。空头的表现则更令人印象深刻。在后泡沫时期，做多价值股/做空魅力股（成长股）策略的年均收益率高达12%！

● 大萧条时期的图景则截然不同。在此期间，持有任何种类的股票都是极为糟糕的想法。价值股、成长股和市场指数均表现得极差。大萧条时期与后泡沫时期的区别在于其事件所波及的广度和深度有所不同。在大萧条时期，美国工业生产从高峰跌入低谷，暴跌50%之多。消费者物价指数连续3年下跌近9%。相比之下，在泡沫破裂后的20年间，日本的工业生产水平和通货膨胀水平基本持平。

● 展望未来，我们能轻而易举地设想出至少三条可能的路径：乐观路径（"刺激计划"奏效，美联储成功制造通胀）、日本路径（低增长和低通胀的长期历练）和第二次大萧条路径。如若经济步入前两条路径，价值投资会有不俗的表现。如若不慎落入第三条路径，那么持有任何股票都可能是个糟糕的决定。由于不知道经济更有可能会沿着哪条路径发展，所以我坚持认为，在市场疲弱的情况下，缓慢而稳健地进行价值投资可谓最明智之举。

我一直认为，后泡沫时代股市的特征之一是经济周期与股市周期之间更为紧密的同步性——日本的经历验证了此点（图7-1）。

同步性的增强主要是收益驱动因素的作用所致。实际上，股票收益有三个来源：基于估值的买入价格变化、基础业务的成长及估值倍数的变化。

多年来，我曾多次使用图7-2。该图对美国的实际收益进行了追根溯源的分解。从长期来看，投资者的实际总收益很少受到估值倍数变化的影响（只有6%左右）。然而，在长期牛市中，这一比例飙升到55%，并在20世纪90年代达到了惊人的75%！

在过去的10年里，情况却全然不同。由于起始股息率较低，投资者完全依赖增长来获得回报。因此，在后泡沫时期，市场往往会与经济增长更为同步。当然，当经济增长停滞时，投资者会强行下调倍数以恢复估值变化对收益的贡献。

或许这让投资者可以选择偷懒，在周期性转折的证据显现之前，他们不必重返股市。这引发了我的思考：这一切对价值投资又意味着什么呢？在后泡沫

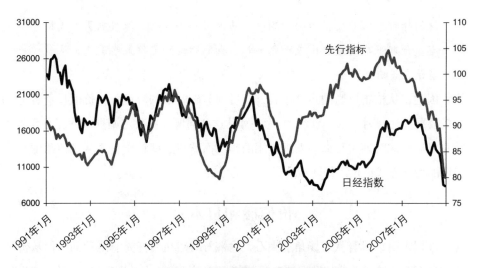

图7-1 日本股市与先行指标

资料来源：法国兴业银行全球战略

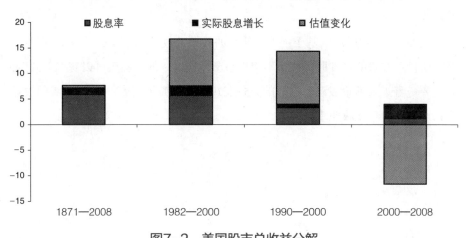

图7-2 美国股市总收益分解

资料来源：法国兴业银行全球战略

时期，价值投资者必须要变得更讲求策略吗？

本杰明·格雷厄姆认为：

　　普通股（即使是投资级的普通股）的价格会发生周期性大幅波动，聪明的投资者应该会对从这些大幅波动中获利的可能性感兴趣。他可以通过两种可能的方式来尝试这样做：择时策略和定价策略。我们所说的择时策略是指努力去预测股市的走势——预期上涨时则买入或持有，预期下跌时则卖出或避免买入。我们所说的定价策略是指，尽量尝试在股价低于公允价值时买入，在股价高于公允价值时卖出。

因此，从格雷厄姆的角度来看，在后泡沫破时期的环境下，价值投资者是否需要更关注择时（以及价格）？为了评估这些问题，我决定调查一下价值策略在几段后泡沫时期中是如何发挥作用的，从而看看这些策略是否从价值角度对投资的最佳方式提供了任何指导。

价值股和日本

证据表明，尽管从市场角度来看，偷懒等待时机可能是有道理的，但从价值的角度看，情况并非如此。图7-3至图7-5说明了这一点。图7-3展示了日本投资者在泡沫破裂后买入并持有股票的收益率。此画面并不好看。对于将股票作为一种资产大类来持有的投资者而言，他们有必要更为讲求策略——这是不言而喻的。

然而，图7-4增加了基于定价最便宜的股票的收益率（单边做多）。那些遵循价值投资方法的日本股民甚至不用担心市场择时：他们甚至可以变得更懒惰，只需要一直买入廉价股票。这样的方式在1990—2007年间取得了年化3%的收益率，而市场的年化收益率为-4%。

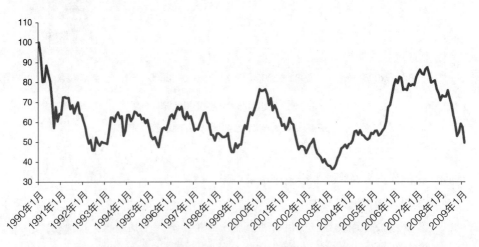

图7-3　买入和持有日本股票的收益（美元，假设1990年的收益为基准100）

资料来源：法国兴业银行全球战略

图7-4　价值股与大盘的比较
（日本股市，美元，假设1990年的收益为基准100）
资料来源：法国兴业银行全球战略

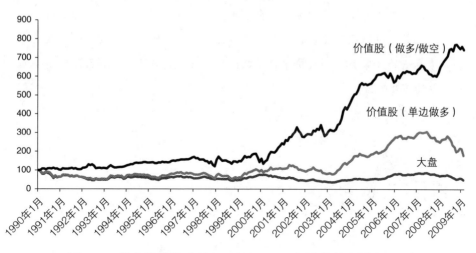

图7-5　做空的优势（美元，假设1990年的收益为基准100）
资料来源：法国兴业银行全球战略

　　对于那些有做空能力的人来说，收益率更加令人印象深刻。图7-5展示了在这样的世界里做多/做空策略能带来的优势。在后泡沫时期，做多价值股/做空魅力股（成长股）策略的年化收益率高达12%！因此，日本股市的低迷大多是因为"魅力股"的糟糕表现。

价值股和大萧条

衡量价值表现的另一种"压力测试"是对大萧条期间的事件进行考察。我使用了肯·弗兰奇网站上的数据来探究这个问题。如图7-6所示，在大萧条时期，投资价值股并非明智之策，但投资成长股或整体市场也好不到哪儿去。一言以蔽之，在一个名义GDP减半的世界里，没人想持有股票。

布里奇沃特联合公司2009年的一项研究表明，在大萧条时期，任何种类股票的表现都很差。他们指出：

> 尽管不同公司和行业的盈利表现差异很大，但影响这些股票表现的主要因素都是与金融去杠杆化相关的风险溢价的不断扩大。就盈利而言，业绩最好的20大公司在大萧条期间相对没有受到太大影响。从1929年的顶峰到1933年的低谷，这些公司的收益均大体持平。另一方面，业绩最差的20家大公司的收益下滑幅度巨大，以至于其亏损数额几乎与之前的利润相仿。尽管盈利表现有着天壤之别，但业绩最好的20家公司和业绩最差的20家公司的股价的下跌幅度却是相近的（业绩最好的20家公司的股价平均下跌80%，业绩最差的20家公司的股价平均下跌96%）。

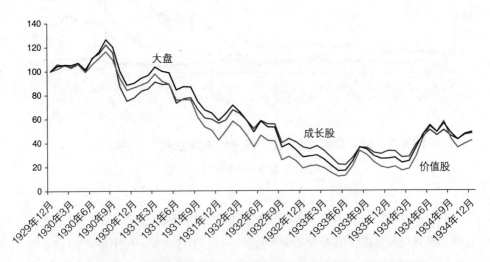

图7-6　美国股市行情，假设1929年12月的收益为基准100

资料来源：肯·弗兰奇，法国兴业银行全球战略

为什么美国大萧条时期和日本后泡沫时期之间存在如此巨大的差异

大萧条真的是经济的世界末日。在美国，工业产值从高峰跌入低谷，暴跌了50%，批发价格连续3年下跌10%，消费者物价连续3年下降近9%。在这种背景下，我们不难看出为何人们不愿持有股票。

相比之下，日本后泡沫时期的情况要温和得多。自泡沫破裂以来，通货膨胀率平均接近于零。除了日本工业生产出现大幅衰退外（持续了3个月），其他经济指标在泡沫破裂后的20年间基本保持不变。

这两个迥异的经济时期对价值投资者来说有着截然不同的影响。价值股似乎能够应对日本所经历的长期而缓慢的增长历练。相比之下，在大萧条那样的环境中，任何东西都无济于事。

展望未来，我们能轻而易举地设想出至少三条可能的路径：

● 乐观路径——"刺激计划"奏效，并且美联储成功制造通胀——对价值股极为有利。

● 日本路径——低增长和低通胀的长期历练——对价值投资策略大有裨益，尤其是针对做多/做空策略而言。

● 第二次大萧条路径—— 经济和金融领域的世界末日——对任何股票均不利。

我不知道我们的经济将最有可能走入哪条路。像所有理智者一样，我祈祷我们的经济不会走入最后一条路。或许我们可以从以下事实中得到一些安慰：政策制定者可能已经从20世纪30年代的一些错误中吸取了教训（比如提高利率以坚守金本位制）。

然而，我们尚不清楚美国当局是否从日本身上学到了任何东西。看起来，美国当局所制定的政策似乎总是一变再变。我的一个朋友曾打趣说，我们现在生活在一个由临时政府所管辖的国度里！精于研究日本经济的美国经济学家亚当·波森曾说：

> 美国政府已在去年向银行提供了担保，与此同时，还依据《不良资产救助计划》（TARP）在缺乏政府控制和适当约束的情况下，向金融机构大量注资（但显然不够充足），这一切似乎都是在效仿日本政府

在20世纪90年代中期为确保大型银行免于确认大额亏损和破产而采取的措施。当时的结果和现在的状况均表明，银行的最高管理层只是在一味烧钱，他们把损失转嫁给纳税人，将攫取到的任何微薄收益都用于支付高管薪酬或股东分红，银行最终仍然资本不足。银行为了应对监管，虚报不良资产价值（远超实际价值），而除了监管者外，没人会相信这些虚高的数字。与此同时，政府还在向银行提供更多的纳税收入以供其挥霍，并给予银行更长的时间去紧缩信贷。

这些为了保全银行而放弃原则的权宜之计，正是日本财务省在1992年泡沫破裂时到1998年期间所采取的措施。在此期间，银行坏账给日本经济带来的损失占日本GDP的比例从5%跃升至20%以上。另外，这种日本官员所谓的"护航"系统实则是对那些资本充足、管理良好的银行的一种惩罚，因为人们无法对深陷危机的银行和运营良好的银行进行有效区分；错误的政府救助措施让那些高不良率银行有恃无恐，却腐蚀了那些低不良率银行在借贷行为方面进行合规操作的积极性，促使它们为了自保而去骗取政府援助。

然而，如果日本的经历对投资者有借鉴意义（或者如果"刺激计划"和美联储的政策有效），那么价值投资者就无须顾虑了。

最终，正如凯恩斯说，当被问及未来，"我们无从知晓"。我不知道我们将更有可能走入哪一条路径。面对这种无知，在我看来，每当市场闪现价值投资的良机时，投资者们都应该缓慢而稳健地进行资本布局。于我而言，这似乎是最明智之举。

对我来说，这代表了一种将遗憾降到最低程度的方法——如果结果是第二次大萧条，尽管我最终将会承受一些风险，但我的平均美元成本会下降。另一方面，如果"刺激计划"奏效，或者美国效仿了日本的做法，那么正如杰里米·格兰瑟姆所说："如果股票看起来魅力无穷，而你却因并未买入而错失良机的话，那么你不仅看起来像个傻瓜，你就是个傻瓜。"

VALUE INVESTING
TOOLS AND TECHNIQUES
FOR INTELLIGENT INVESTMENT

第二部分

价值投资的

行为基础

第八章

学会去爱不受欢迎的股票，
否则你将为增长的希冀付出过高代价

增长的希冀极具魅力，宛若塞壬（古希腊传说中半人半鸟的女海妖，惯以美妙的歌声引诱水手，使他们的船只或触礁或驶入危险水域）的歌声。然而，一味追捧增长的投资者却很少会得到回报。例如，明星股票（历史和预期增长率均较高的股票）的收益率比不受欢迎的股票（历史和预期增长率均较低的股票）年均低6%左右！虽然美好的故事令人心旷神怡，但故事并不能取代合理的投资过程。投资者若想有所收获，定要脚踏实地，切莫追逐浮华。目前，市场对所有采矿行业概念股甚是追捧，这很可能会成为投资者为增长的希冀付出过高代价的又一个例子。

● 尽管有效市场的狂热追随者希望我们相信，价值股的业绩之所以比成长股更好是因为其风险也更高。但我们这些从事行为金融领域研究的人则往往倾向于认为，这是由于投资者一直为增长的希冀付出了过高的代价。我们发现，基于风险的价值溢价解释是经不起推敲的，从行为角度进行解释的证据看起来则更为有力（但我心存偏见）。

● 如果投资者经常为增长的希冀付出过高的代价，那么我们应该看到明星股票（历史和预期增长率均较高的股票）的表现会不如不受欢迎的股票（历史和预期增长率均较低的股票）。这点已被数据证实。总体而言，不受欢迎的股票的年化收益率要优于明星股票6%左右——在未考虑估值因素的情况下，这一结果差强人意。

● 对我来说，在分析中使用分析师对长期增长的预期似乎有些不同寻常。然而，我经常发现，从逆向工程DDM模型中得出的增长与分析师的长期预测是极为相近的。这并不特别令人震惊，分析师常常用他们的长期增长预期来支撑其目标价格，并据此给出投资建议。奇怪的是，目标价格和市场价格往往具有紧密的相关性，因为分析师似乎是短期动量策略的参与者。

● 如果将估值包括在分析中，我们就可以清楚地看出投资者的确习惯于为成长支付过高的价格。例如，分析师预计，长期来看价值型股票的年均收益率在9%左右。对于价值型投资者来说，好消息是他们通常能获得与分析师预测相近的收益。不过，分析师还预测，长期来看成长型股票的年均收益率可达到16%左右，但这就与成长股实际仅为5%的收益率相去甚远了！相比其高昂的价格，失望在所难免。

● 也许，当前为增长的希冀支付过高价格的最好例子是采矿行业概念股。尽管其收益远高于趋势水平，但分析师预计未来其收益将继续呈指数型增长。一个简单的隐含永续增长模型就能表明，采矿行业必须要实现两倍于经济增速的永续增长才能支撑其现有的高估值！投资者和分析师显然都认为，"这一次是不同的"。不幸的是，迄今为止，这句话无异于在表达：投资者一直在为增长的希冀支付过高的价格。

任何听过我演讲的人都会听到我对我所遇到的最顽固的错误——愿意为增长的希冀付过高价格——的严厉批判。在本章中，我将在股票层面探讨这一错误，并列举其在当下市场环境中的另一个例子。

如果你愿意，你可以将这一章视为我用行为学来解释价值股为何会跑赢市场的尝试；因此，这一章是第六章的姊妹篇。第六章表明，对价值溢价基于风险的解释，与有效市场假说的其余部分一样，空洞乏味且毫无意义。

不受欢迎的股票和明星股票

投资者对增长的希冀太过狂热，对于此点，我们可以从以下证据一窥端倪。基于过去和未来预期增长率的相互作用，斯科特等人1999年提出了一种股票的简单分类方式，具体如下表所示。

表8-1和表8-2将我们感兴趣的内容分为四类。明星股票指的是既有历史高增长率（以过去5年的销售增长率来衡量），又有预期高增长率（以IBES分析师的长期预期增长率来衡量）的股票。它们往往是当今市场的宠儿。

不受欢迎的股票和明星股票正好相反。这些股票的历史增长率很低，人人都嫌弃它们，因此其未来预期增长率也很低。根据传统的观点，没有一个头脑正常的人会想去拥有那些具有不受欢迎特质的股票。

虽然我们可以将大部分股票沿对角线在不受欢迎的股票和明星股票之间进

表8-1　不受欢迎的股票和明星股的分布

	低	预期增长率	高
低	不受欢迎的股票		新瓶装旧酒
	美国 7%		美国 4%
	欧洲 5%		欧洲 6%
历史销售增长率			
高	堕落天使		明星股
	美国 1.5%		美国 11%
	欧洲 7%		欧洲 9%

资料来源：法国兴业银行全球战略研究

表8-2　年均收益表现（%）（美国，1985—2007，市场收益率为年均13.4%；欧洲，1988—2007，市场收益率为年均14.3%）

	低	预期增长率	高
低	不受欢迎的股票		新瓶装旧酒
	美国 14.9%		美国 13.2%
	欧洲 19.5%		欧洲 14.9%
历史销售增长率			
高	堕落天使		明星股
	美国 13.2%		美国 9.9%
	欧洲 12.2%		欧洲 12.4%

资料来源：法国兴业银行全球战略研究

行划分，但在对角线两旁也存在着两个极端的角落。这两个角落分别代表了"新瓶装旧酒"（即具有较低历史增长率和较高的未来预期增长率的股票），以及"堕落天使"（即具有较高历史增长率和较低未来预期增长率的股票）这两个类别。表8-1展示了美国股票和欧洲股票落入这四个我们感兴趣的类别的占比。

如果投资者经常为成长支付过高价格的话，那么我们将看到明星股票的表现会远不如市场整体和不受欢迎的股票。这也正是我们所观察到的结果。表8-2显示了各类别的年度业绩。正如我们所猜测的那样，投资者为增长的希冀支付了过高的价格，明星股票的表现令人失望，其收益率比不受欢迎的股票低6%，比市场整体低3%。这一结果还仅考虑了显性估值（显然存在隐性估值），这就更加让人觉得匪夷所思了。

分析师预期和隐含增长率

有人可能会问，一个直言不讳地批评分析师预测能力的人，为什么会在他们的奇幻的数据中发现任何有趣的东西。答案在于，多年来我发现，分析师的长期增长率预期与逆向工程股息贴现模型（尤其是在极端的情况下）的隐含增长率非常接近。例如，分析师目前预测RIMM公司长期年均增长率为33%左右。当使用逆向工程DDM模型时，我发现其长期的隐含增长率是35%。相比之下，分析师对柿子家园有限公司所预期的长期年均增长率为-3%，而我使用逆向工程DDM模型预测出其长期年均增长率为-1%。

顺带一提，能找到一只长期预期增长率为负值的股票可是一种相当大的成就。库萨蒂斯和乌尔里奇2008年发表的一篇论文探讨了分析师长期预期增长率的诸多方面。该论文中有一点与我们所讨论的内容极为相关，即分析师是不愿给出负的增长预测的。库萨蒂斯和乌尔里奇发现，在其美国样本（1984—2006年）中，大约有31%的公司的长期收益出现了负增长，然而分析师预计只有0.17%的公司会是如此！

预期增长率和隐含增长率之间的密切关系并没令我感到极为惊讶。我认为，这种关系源于这样一个事实：分析师常常用他们的长期增长预期来支撑其目标价格，并据此给出投资建议。奇怪的是，目标价格和市场价格往往具有紧密的

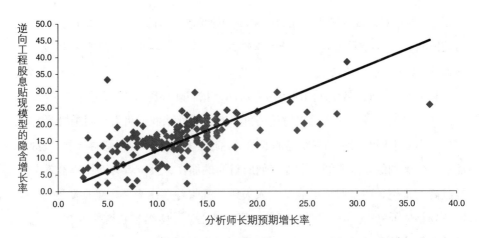

图8-1 分析师长期增长率预期与逆向工程股息贴现模型增长率预期

资料来源：法国兴业银行全球战略研究

相关性，因为分析师似乎是短期动量策略参与者[①]。

因此，长期预期增长率和隐含增长率之间的密切关系也可能仅是相对密切的。

如图8-1所示，我使用从标普500指数的成分股中随机抽取的200只股票对此进行了说明。我使用了一个简单的三阶段DDM模型生成了对隐含长期增长率的逆向工程估计，并将其与当前分析师对长期增长率的预测放在一起绘制成图。一目了然，这两项指标之间存在紧密的相关性（大于0.6）。因此，将分析师对长期增长的预测作为股票隐含增长率的便捷替代看似是合理的。

加入估值因素

到目前为止，我们只讨论了隐含的估值考虑（即通过估值所暗示的部分）。现在是时候将估值作为我们分析的一个明确组成部分了。为此，我们仅基于市净率构造了投资组合[②]。分析人员对每个投资组合的收益预期增长率进行了计算，并将其与前5年的增长率和未来5年的增长率进行了比较。

据分析师预测，在美国市场中，最便宜股票的投资组合（图8-2中所示的

[①] 斯蒂克尔（Stickel, 2007）和我在《行为投资学》第十章均对此观点进行了论证支持。——作者注

[②] 其他估值标准的结果对研究结果没有影响。——作者注

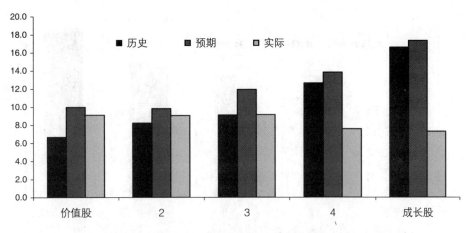

图8-2　增长率：历史、预期和实际（美国，1985—2007）

资料来源：法国兴业银行全球战略研究

"价值股"）的年收益预计将增长10%左右。该预测结果高于其此前五年略低于7%的平均增速。就实际实现的增长而言，这些股票的平均增长率略高于9%（这与分析师的预期没有统计学差异）。

　　然而，成长股却呈现出一幅截然不同的图景。分析师预计成长型股票的增长率将在17%左右（此前为年均16%）。然而，最终实现的年平均增长率仅为可怜的7%！这清楚地表明，投资者确实为增长的希冀支付了过高的价格。

　　同样值得注意的是，历史增长率和预期增长率之间的相关系数为0.98，而预期增长率和未来最终实现的增长率之间的相关系数为-0.9。正如我之前多次提到的那样，这有力地表明，在预测长期增长率时，分析师倾向于遵循"代表性启发式"（根据事物一贯的表现，而不是根据其实际可能的样子进行判断）。

　　欧洲的情况看起来与美国非常相似（图8-3）。分析师预计，从长期来看，最便宜的股票组合的收益年均增长率应为9%左右。这再一次比其过去5年平均6%的增长率要高。而这些价值股在收益兑现方面的实际表现则与分析师给出的长期预期增长率完全相符，约为9%。

　　再一次，成长股的情景却是全然不同的。分析师预计成长型股票收益的增长率约为16%（非常接近17%的历史表现）。然而，资本主义制度（与数学逻辑相结合）的存在使这种增长预期化为泡影。就实际实现的增长而言，最昂贵的股票的长期年均增长率仅为约5%。

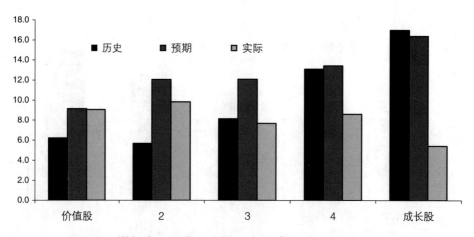

图8-3 增长率：历史、预期和实际（欧洲，1985—2007）

资料来源：法国兴业银行全球战略研究

像其美国同行一样，对欧洲分析师而言，其历史增长率和未来预期增长率之间也具有显著的相关性（0.88），但预期增长率和实际实现的增长率之间则表现出显著的负相关性（–0.77）。因此，这些分析师最为看好的股票通常也是其预测失误最大的股票！

典型案例：矿业股

在我看来，投资者为成长支付过高价格的最好范例是矿产业。自2006年2月以来，在其增长率达到约84%之前，我一直提倡大家要对该板块保持谨慎。事实上，当我最近一次撰写关于矿业的文章时，我写道："当然，泡沫持续的时间总是比所有人预期的要长。"而这一次，泡沫持续的时间却超乎我的想象！然而，对于我当时得出的结论，我没有丝毫动摇：矿业股是投资者为增长的希冀支付过高价格的一个典型例子。对此，让我们来进行一下实证检验。

图8-4显示了世界矿业部门的收益和一个简单的增长趋势。从历史上看，矿产业长期收益的年均增长率约为5%。然而，矿业股目前所展现的惊人盈利水平的确异常引人注目。

为了使其更加清晰，图8-5显示了偏离趋势的百分比。我们上一次看到此种规模的偏离趋势还是在20世纪70年代末80年代初。然而，目前的偏差比上次更大，接近趋势收益的200%！

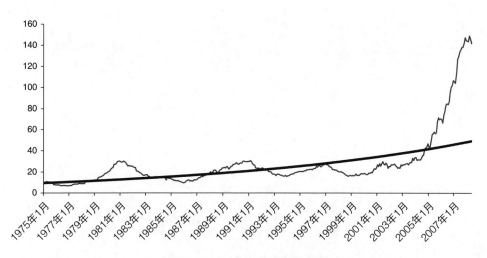

图8-4 全球矿业收益及趋势

资料来源：法国兴业银行全球战略研究

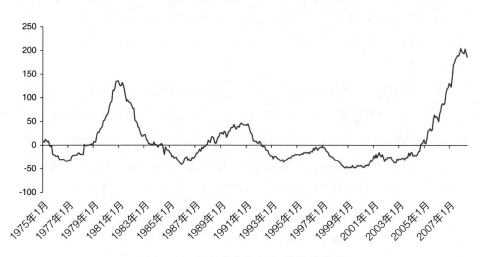

图8-5 全球矿业收益与趋势的偏差

资料来源：法国兴业银行全球战略研究

此时，关于"超级周期"的争论似乎开始出现。该行业的收益会到达一个崭新的、永久性的高位（如欧文·费雪在1929年提出的那样），还是将恢复到更接近于正常的水平？

分析师对这两种猜测均予以否定。相反，它们预测收益将继续以指数形式增长。图8-6显示了历史收益序列以及分析师对增长预测所达成的共识。根据

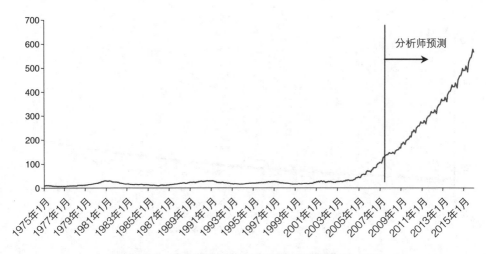

图8-6 全球矿业收益与分析师预测收益之和

资料来源：法国兴业银行全球战略研究

IBES的数据，分析师预计，未来每两年的增长率在27%左右，而长期增长率仅为年均15%！

第一年和第二年的预期增长率很接近，这一事实令人担忧。一般而言，矿业分析师是一群很谨慎的人，他们通常会作出大宗商品价格将回归趋势的预测。因此，他们对第二年的估计经常会低于对第一年的估计。上一次出现分析师预测第二年的增长会高于第一年的增长还是在2002—2003年度，而当时矿业收益要低于趋势水平。如图8-7所示，目前的情况是不同寻常的，这令分析师们相信了"这一次是不同的"这一说法。

如上所述，分析师们预计，从长期来看，矿产业将以年均15%的速度增长。在我们所使用的三阶段逆向工程DDM模型下，当前的价格意味着未来10年的年化增长率将接近20%——这只是为了证明当前的市场价格是合理的，更不用说要在未来实现任何收益了。

我们只需简单计算一下隐含永久增长率就能看出，当预期长期年均增长率约为12%时，矿产业的定价才是有效的！这难道不会让人觉得有点儿虚无缥缈吗？矿产业似乎不太可能永远以两倍于整体经济增速的速度增长！

从估值的角度来看，矿产业显然已被视为一种成长型资产。从进行了周期性调整的市盈率（基于上述趋势收益数据）角度来看，矿业股（图8-8）的市盈

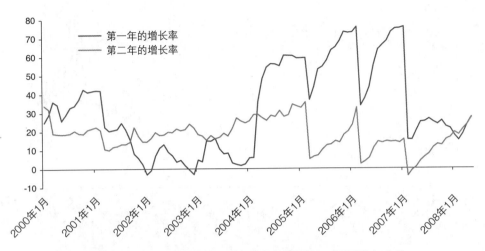

图8-7 第一年和第二年的一般收益增长率预测：矿业

资料来源：法国兴业银行全球战略研究

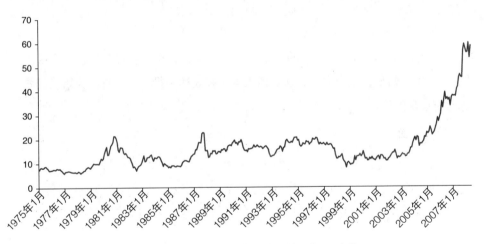

图8-8 周期性调整后的市盈率：矿业

资料来源：法国兴业银行全球战略研究

率为60倍，而市场平均市盈率仅为16倍！

我还使用过另一种估值方法——哈斯曼市盈率。哈斯曼市盈率将当前股价与上一个盈利峰值时期的股价进行比较。这是一种衡量盈利趋势的方法，但一般来说，由于我们衡量的是从峰值到峰值的盈利，因此在开始和结束点选择方面，这种方法更为稳健。在这一方法（图8-9）下，矿产业的市盈率超过19倍，

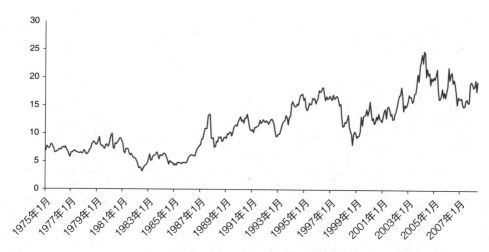

图8-9 矿业的哈斯曼市盈率

资料来源：法国兴业银行全球战略研究

而市场的平均市盈率仅为11倍。

在高估值加之高增长预期的背景下，显而易见，投资者想赌"这一次是不同的"。不幸的是，迄今为止，这句话无异于在表达：投资者一直在为增长的希冀支付过高的价格。

第九章

安慰剂、酒和魅力股

你是否曾经买过那种（便宜的）非品牌止痛药，并认定其药效就是不如（昂贵的）品牌止痛药好？如果你有过这种经历的话，那么你的大脑可能在捉弄你。在潜意识里，我们似乎并不喜欢打折的商品。人们常说，在股市中，没人喜欢便宜货。对廉价品的偏见会成为导致价值溢价的原因之一吗？好消息是，理性思考似乎使这种特殊的偏见得到了一定改善。坏消息是，要在其他人都失去理智的时候还保持理智十分困难。

● 我们似乎已经把价格等同于质量程序化了。在很多情况下，这可能是一种有用的启发。然而，就像大多数思维捷径一样，它会让我们偏离理性决策的轨道。

● 例如，哪一种会更奏效：一种每剂售价2.5美元的止痛药，还是同一款打折后只卖10美分的止痛药？理性而言，它们应该具有完全相同的药效（其实它们不过都是糖片而已）。然而，丹·艾瑞里和他的同事们发现，人们普遍认为昂贵的药片会比便宜的药片要更有效！

● 如果你对药片的例子不以为然，但你喜欢喝酒，那么让我们来看看下面的例子。有人请你品尝一种葡萄酒，并告诉你这酒一瓶价值10美元；之后，他又让你品尝另一种葡萄酒，并告诉你那酒一瓶价值90美元。人们普遍认为，价值90美元的葡萄酒比价值10美元的葡萄酒好喝将近两倍。然而，唯一的问题在于这两种酒其实完全一样。所以，我们似乎总是对廉价商品心存偏见。

● 股市是否也存在类似的情况呢？投资者在考虑购买股票时可能也会倾向于使用"价格=质量启发法"。人们常说，没人喜欢股市中的便宜货。斯塔特曼等人的一项研究表明，最受"倾慕"的股票往往是那些在金融市场中表现良好、价格相对较高的股票。那些最受"鄙视"的股票往往是那些历史业绩欠佳、相对便宜的股票。

● 猜猜接下来谁会胜出？说来奇怪，最受"鄙视"的股票在未来的表现反而更好。即使在控制了市场、规模、风格和动量之后，这些受人"鄙视"的股票的阿尔法仍然在年化2%左右。

● 怎样才能减轻对廉价的偏见呢？好消息是，人们似乎可以通过理性反思来战胜自己对高价品的痴迷。因此，若能让人们仔细思考价格和质量之间的关系，便能使其更好地避免这种心理误区。然而，当其他人都失去理智时想让自己仍保持头脑理智谈何容易！

你是否曾买过那种非品牌的止痛药，并在服用后觉得它的效果不如品牌止痛药好？如果你有过这种经历的话，那么你的大脑可能在捉弄你。我们惯用的启发法之一是，价格可以作为质量的替代变量（就像信心可以被用作技能的替代变量一样）。在很多情况下，"价格=质量启发法"都很有效。例如，买一条昂贵的名牌牛仔裤可能会比在沃尔玛买的牛仔裤更合身、质量更好。然而，并非所有情况都是如此。

止痛药、安慰剂和价格

丹·艾瑞里[1]和其同事的一系列研究结果加深了人们对自身决策方式的认知。我还想介绍一篇沃贝尔等人2008年发表的论文，该论文主要探讨了价格对止痛药有效性的影响。

艾瑞里等人对实验对象实施电击以使其感到疼痛。起初，电击很轻微，受

---

① 丹·艾瑞里之所以屡次出现在本书中是因为，他是我见过的对人类本性最为狂热的研究者之一，并且他的研究课题都非常有趣。他出版了一本名为《怪诞行为学：可预见的非理性》的书。我极力推荐该书，并且我已将它列入我的必读书单。以我之见，该书可能会成为行为心理学领域的《魔鬼经济学》。——作者注

试者仅会有一种轻微刺痛的感觉。随着实验的进一步深入，电击的强度也随之增加。最后电击的刺痛感会强烈到足以让人心跳加速、眼睛睁大。

在实施电击之前，研究人员会让受试者阅读一份关于止痛药（维拉酮-Rx）的小册子。上面的信息表明"维拉酮是一种令人兴奋的新药，它属于阿片类药物"，并且"临床研究表明，在双盲实验下接受维拉酮治疗的患者之中，有92%的人声称自己的疼痛在10分钟内得到明显缓解，而且缓解时效长达8个小时"。文献中也提到了这种新药的价格。有些受试者得到的小册子上显示的每剂药物价格是2.5美元；另一些受试者拿到的小册子上则写着每剂的折后价为10美分。

在第一组电击完成后，研究人员给受试者一杯水和一片药片——并告诉受试者这就是维拉酮。事实上，这仅是一片糖片。服药15分钟后，研究人员再次对受试者进行电击，并询问他们止痛药是否见效。

图9-1展示了艾瑞里等人得到的结果。当研究对象被告知维拉酮的价格是2.5美元时，85%的人说他们在服药后感到疼痛减轻。相比之下，在那些认为维拉酮只有10美分的受试者中，只有61%的人说止痛药有效。

因此，一方面，艾瑞里和他的同事们清晰地验证了"安慰剂效应"，因为他们在实验中所使用的药片只不过是糖片而已。另一方面，他们也表明，价格对安慰剂效应会产生明显的影响；价格越高，感觉该药有效的受试者就越多。

显然，这项研究结果给医疗卫生事业带来了一些根本性的深远影响。长期

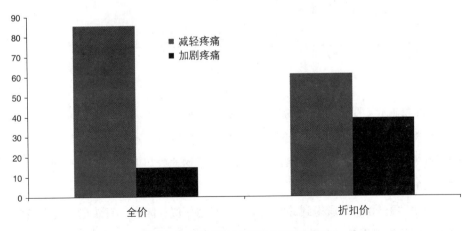

图9-1 受试者对药效反应的占比

资料来源：沃贝尔等人（2008）

以来，现代科学的研究结果一直为安慰剂疗法提供强有力的支持。多年来，医生们也总是以某些方式在使用安慰剂疗法。例如，当你感到喉咙痛去看医生时，医生会给你开抗生素。然而，大约有三分之一的喉咙痛是由病毒引起的——抗生素对病毒没有任何作用。结果导致我们最终服用了过多的抗生素，这会引发抗药性细菌感染，从而危及生命。也许，当下次遇到由于病毒感染所致的喉咙痛时，医生们可以开些价格不菲的糖片，而不是抗生素。

贵的葡萄酒味道更好吗

下一个例子来自帕拉斯曼等人2008年的一项伟大研究。他们让受试者品尝5种葡萄酒，并让他们给每种葡萄酒打分。所有葡萄酒的种类都是赤霞珠。事实上，实验只使用了3种不同的葡萄酒，因为其中有两种葡萄酒被使用了两次。在第一次实验中，受试者被告知每种酒的价格。例如，"葡萄酒2"的价格一次被标为90美元，另一次则被标为10美元（表9-1）。

表9-1　瓶子里装的是什么酒

标注价格	实际编号
5美元	1号酒
10美元	2号酒
35美元	3号酒
45美元	1号酒
90美元	2号酒

资料来源：帕拉斯曼等人（2008）

图9-2显示了受试者给出的从1（不喜欢）到6（非常喜欢）的打分结果。受试者给标价10美元一瓶的"葡萄酒2"的平均打分在2.4分左右。然而，受试者给标价为90美元一瓶的"葡萄酒2"所打出的平均分数却上升到了4分。事实上，这瓶酒的零售价是90美元！

使用"葡萄酒1"所得到的实验结果也与之相似。因此，有效定价使人们对口感的评价趋于提升50%到60%！

为了确保价格确实是导致这一结果的驱动因素，帕拉斯曼等人进行了重复实验，但此次没有透露价格。图9-3显示了实验结果，在不知道价格的情况下，研究人员发现，当同样的酒被出示两次时，受试者对两者所给出的评分相同。

我们把图9-2和图9-3放在一起来看，则可以发现，当被告知葡萄酒很便宜（比如5美元）时，人们确实会下调对酒的评分，而当被告知酒的价格为90美元时，他们会大幅提高酒的评分！

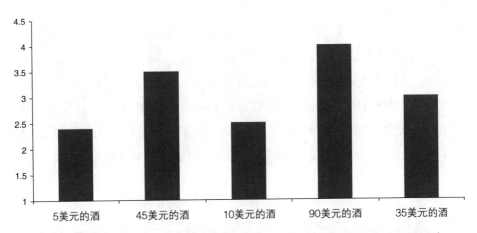

图9-2 有标价情况下对不同酒的平均评分（1=不喜欢，6=非常喜欢）

资料来源：帕拉斯曼等人（2008）

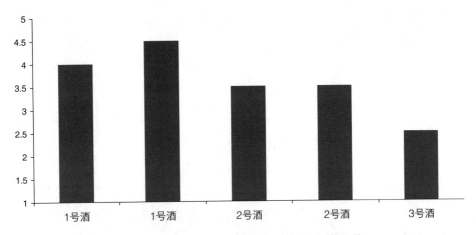

图9-3 无标价情况下对不同酒的平均评分

资料来源：帕拉斯曼等人（2008）

魅力股

人们进行投资时是否也会遇到类似的情况呢？显而易见，投资者可能会认为昂贵的股票会比廉价的股票要好，因为其价格可能预示着质量——就像人们对止痛药和葡萄酒的看法一样。股票是否也是一种越廉价越受人嫌弃的商品？

一篇论文表明，事实可能的确如此。2008年，斯塔特曼等人针对在《财富》杂志年度公司调查中被评为最受"倾慕"或最受"鄙视"的股票，从长期投资价值角度对其股票的特征和表现进行了研究。他们所研究的时期为1982—2006年。

表9-2显示了每个投资组合中股票的主要特征。最受"倾慕"的投资组合中的公司无疑是"更好"的公司。在过去两年中，其平均年销售额增长了10%，相比之下，那些最受"鄙视"的公司则只实现了3.5%的增长。在近期和中期，它们的表现明显更好（以动量衡量）。最受"倾慕"的股票也往往更昂贵，其平均市现率（P／CF）为9.7倍，而最受"鄙视"的股票的市现率仅为7.3倍[①]。

表9-2　受"倾慕"和受"鄙视"的公司的特质

特质	受"倾慕"的公司	受"鄙视"的公司
市盈率	15.0	12.6
市净率	2.0	1.3
市现率	9.7	7.3
销售增长率（过去2年）	10.0%	3.5%
收益增长率（过去2年）	12.7%	5.2%
资产回报率	15.8%	12.5%
12月期收益率	21.5%	11.0%
36月期收益率	81.2%	38.4%

资料来源：斯塔特曼等人（2008）

斯塔特曼等人随后监测了股票随时间的表现，图9-4显示了他们发现的结果。最受"鄙视"的股票比最受"倾慕"的股票表现好得多。即使对市场、规

---

① 分析师给出的投资建议也认同该结论，详见《行为投资学》第十章。——作者注

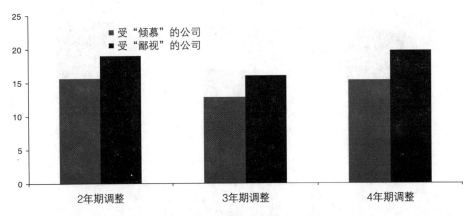

图9-4 受"倾慕"和受"鄙视"的股票的表现（年均，%）

资料来源：斯塔特曼等人（2008）

模、风格和动量进行调整，这个结果仍然成立！例如，经过4年的再平衡后，最受"鄙视"的股票的四因子阿尔法仍略高于年均2%，而最受"倾慕"的股票的阿尔法则变为一个略小于零的负值。

击败偏见

好消息是，认知反应似乎有助于消除这种将价格"自动"等同于质量的行为。为了说明这一点，让我们援引一下希弗等人2005年的研究成果。他们探索了"精神能量"饮料对人们猜字谜能力的影响。在分发饮料之前，参与者被告知他们需要支付饮料的费用。一些人被告知，他们需要支付全价（1.89美元）；另一些人被告知，全价通常是1.89美元，但学校是批量购买，因而他们仅需要支付0.89美元的折扣价。

图9-5显示了希弗等人发现的结果。对照组在没有饮料的帮助下猜字谜。不过，值得注意的是，那些拿到打折饮料的受试者的表现明显极差！他们比对照组或全价组平均少答对3题。所以希弗等人找到了"负面安慰剂效应"的有力证据（打折会影响表现），但全价饮料并没有帮助受试者提高表现！在第二个实验中，为了研究价格和效力的联系，希弗等人让受试者在阅读下面两句话后给饮料进行打分："考虑到索伯（饮料名）的价格，我觉得索伯在提高智力表现方面'非常差'（1）/'非常好'（7）。"以及"考虑到索伯的价格，我觉得索伯在提高

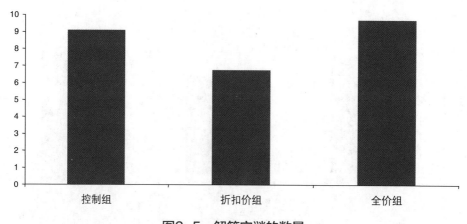

图9-5 解答字谜的数量

资料来源：希弗等人（2005）

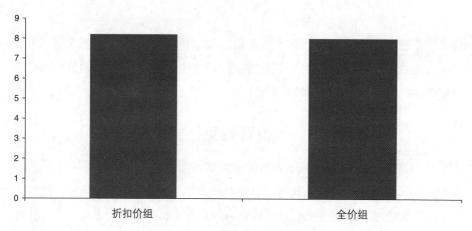

图9-6 解答字谜的数量

资料来源：希弗等人（2005）

注意力方面'非常差'（1）/'非常好'（7）。"

图9-6显示了结果，不管饮料的价格是多少，答对的谜题数量并无区别。因此，简单地引导人们思考价格和质量之间的联系（或缺乏联系）似乎可以改善这种影响。这也表明，价格和质量之间的联系通常是某种潜意识思维过程的产物。

价值投资者或许已经学会了如何克服其"自然"潜意识中"价格=质量"的思维定式：毕竟，大多数价值投资者倾向于花很长时间分析内在价值，而这一点有效地反映出，他们并非仅凭直觉，而是使用了理性工具。

第十章

让人睡前垂泪的成长型股票投资

当我提及价值股和成长股时，我总是倾向于将成长股归为价值股的对立面。而成长型基金经理总是大声疾呼，"这样定义是有悖公平的"。于是，公平起见，本章将在不借助估值指标的情况下对成长型投资进行分析研究。但是，结果依旧未变。成长型投资似乎仍然是大错特错的。

● 我们都有寻找与自己观点相符的信息的习惯。因此，为了克服这种偏见，我们应该找出那些能证明我们观点错误的信息。多年以来，我发表了一些证明价值型指标优越性的论文。每当我从事这项研究的时候，我总是倾向于从估值角度将成长股定义为价值股的极端对立面。然而，这样对成长型股票下定义可能并不完全准确。

● 那么我们应该如何定义成长股呢？也许，我们可以从很多关于大型公司的书籍中得到一些启示。在《基业长青》一书中，柯林斯和波勒斯挑选了18家"高瞻远瞩"的公司——企业界的精华。他们还挑选了一些公司与其做比较（这些公司均为与"高瞻远瞩"的公司处于同一行业的优秀公司）。不幸的是，自该书出版以来，那些用来做比较的公司的表现明显远远超过了那些"高瞻远瞩"的公司！

● 也许，《财富》杂志对最受"倾慕"的公司的调查能给我们带来进一步的启示。安吉纳等人最近分别对由最受"倾慕"的公司和最受"鄙视"的公司的投资组合进行了测试，并且发现最受"鄙视"的公司的股票的年均表现要优于最受"倾慕"的明星股2.5%。因此，再一次，没有任何证据表明人们具有优秀的选股能力！

● 安吉纳等人的研究与泰勒和布彻的研究有异曲同工之妙。他们的研究结果显示，在一个模拟案件中，长相"丑陋"的被告比长相"漂亮"的被告更容易被判处有罪，并且其刑期也更长。价值型股票在金融领域相当于"丑陋"的被告，而成长型股票则相当于长相"极具魅力"的明星。

● 也许，最符合逻辑的寻找成长股的方式就是去借助数以千计的分析师们的见解。过去，我曾用他们对未来一年的预测证明过"成长股"是不会带来回报的。然而，一些成长型基金经理则辩称，这一结论是基于错误的时段得到的。因此，我们现在将注意力转向分析师对未来5年增长率的预测。遗憾的是，我们发现预期增长率最高的股票实则带来了最低的回报，而预期增长率最低的股票却带来了最高的回报！

● 这一结果令人震惊，其背后的原因是，当分析师们进行预测时，他们似乎过于看重公司过去的成长表现，并且没有考虑到在资本主义体系的核心中，超额利润会随时间推移而受到竞争的侵蚀。大量数据表明，盈利能力（资产回报率）具有很强的均值回归特性。资产回报率往往会恢复到年化40%左右的市场平均水平。

● 因此，就算不以估值为基础的衡量方式去对成长股进行定义，在其他定义下，结论仍然不尽如人意：成长型投资很可能最终让投资者"睡前垂泪"。

我在进行实证研究时（通常是在分析团队的协助之下），通常会根据估值将股票分为价值型和成长型两类。这显然是一种简便的方法，当然也会有人认为这样划分过于简便了。实际上，在看到我在文章中用溢美之词大赞价值型股票的奇迹后，一些陷入困境的成长型基金经理会写信给我说，我应该为自己对成长型股票的错误定义感到内疚。

《基业长青》

为了澄清事实，我正在研究成长股的其他定义。但我应该从何处开始呢？菲尔·罗森茨维格在其杰作《光环效应》中总结了诸多管理类书籍中骇人听闻的内容，受其启发，我决定从柯林斯和波勒斯合著的《基业长青：企业永续经营的准则》一书中所列出的"高瞻远瞩"的公司名单入手。

柯林斯和波勒斯这本书的目的是找到那些"横亘古今、源远流长、放之四海而皆准的原则和模式"。他们首先从诸多行业中找出了大约200家行业领先公司的股票。然后，他们又将其精减到18只——汇聚企业界精华，堪称金融界盛会！柯林斯和波勒斯还在其所活跃的领域中为每一只"高瞻远瞩"的股票选取了一只其他股票作为参照。这些作为参照的公司并不遭人嫌弃；它们通常整体表现良好，但不是特别出众。例如，高露洁—棕榄公司就被选作宝洁公司的参照股，诸如此类的。

罗森茨维格指出，柯林斯和波勒斯在选股过程中曾参阅了浩如烟海的文献资料。对于此点，他在书中不吝强调。

　　他们读了超过100本书……3000篇文章……这些材料总共装满了"3个齐肩高的储物柜、4个书架和20兆字节的电脑存储空间"。

在柯林斯和波勒斯挑选的18家"高瞻远瞩"的公司中，有14家至今仍然保持着最初的强劲势头（鉴于此研究早在1990年就完成了，这一战绩相当不错）！看来，似乎把"基业长青"镌刻在其墓志铭上实至名归。然而，这些公司是好的投资标的吗？答案似乎却是它们并没有大放异彩。图10-1显示了"高瞻远瞩"的公司的收益率在不同时间范围内超过标准普尔500指数总收益率的百分比。因此，在柯林斯和波勒斯的研究完成之前的10年里（1980—1990年），71%的"高瞻远瞩"的公司股票跑赢了标普500指数。在这10年间，"高瞻远瞩"的公司股票平均的年均收益率为略超过21%，而标普500指数的年均收益率为17.5%。

然而，展望未来，情况就不那么美好了。在这项研究发表后的5年里，仅有半数公司股票的表现超过了标准普尔500指数。"高瞻远瞩"的股票的平均收益率为25%，而标准普尔500指数的平均收益率为24%。而在1991—2007年这段时期，"高瞻远瞩"的股票的平均收益率为13%，而标准普尔500指数则为14%。实际上，这些股票的平均表现并不比标准普尔500指数好（图10-2）。

在研究开始前，参照公司股票的表现更差，其平均收益率为12%，而标准普尔500指数的收益率为17.5%。但在研究开始后，参照公司股票的表现开始好转。在研究结束后的5年里，参照组平均的年均收益率为25%，而标准普尔500指数的年均收益率为24%。在1991年至2007年期间，参照公司股票的年均收益

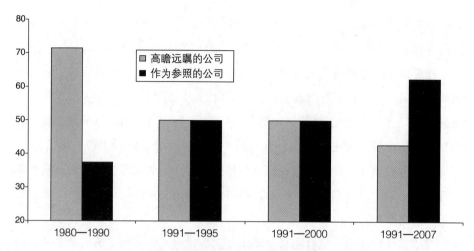

**图10-1 "高瞻远瞩"的公司和参照公司收益率
超过标准普尔500指数的百分比**

资料来源：德累斯顿银行宏观经济研究

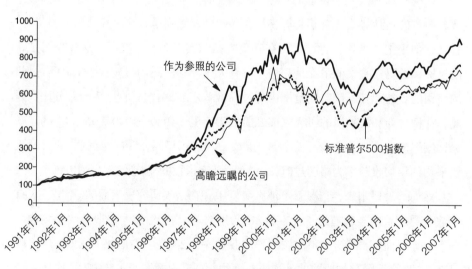

**图10-2 "高瞻远瞩"的公司和参照公司的股市表现
（假设1991年1月为基准100）**

资料来源：德累斯顿银行宏观经济研究

率为14.6%，标准普尔500指数的年均收益率为13.5%，而"高瞻远瞩"的公司股票的年均收益率仅为13%！同样引人注目的是，参照公司股票的收益率实际上已跑赢了市场。

底线似乎是，柯林斯和波勒斯使用的标准在挑选成长型股票时是绝对没用的。如果你对"企业永续经营准则"的评论感兴趣，那么请不妨去阅读一下菲尔·罗森茨维格的优秀著作。

受"倾慕"还是受"鄙视"？

那么，我们还能在哪里找到支持成长型投资的证据呢？安吉纳、费雪和斯塔特曼在2007年发表的一篇论文中研究了《财富》杂志评选出的"最受倾慕"和"最受鄙视"的一些公司的收益情况。自1983年以来，《财富》杂志每年都会对高管、董事和分析师进行一次调查，并基于管理质量、人力资源技能、企业资产使用、长期投资价值等8项指标的调查结果遴选出行业排名前十的公司。

每年的投资组合都是根据公司的总体得分而建立的。在23年的时间里，受"鄙视"的投资组合的平均年化收益率为17.5%，以近乎2%的微小优势打败了最受"倾慕"的投资组合。在对行业进行调整后，这一差距增加到年化2.5%（图10-3）。

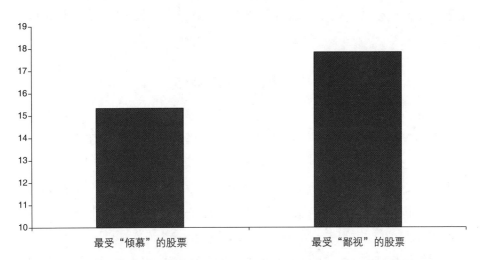

图10-3 最受"倾慕"股票和最受"鄙视"股票的年均收益率
（经行业调整，1983—2006，%）

资料来源：德累斯顿银行宏观经济研究

表10-1　股票的特质

	受"鄙视"的投资组合	受"倾慕"的投资组合
前一年的收益率	11.8	21.0
前三年的收益率	35.8	80.3
前五年的收益率	81.4	176.3
市净率	1.3	2.1
市盈率	15.2	16.7
市现率	6.7	9.2
销售增长率	6.3	10.5

资料来源：安吉纳等人（2007）

表10-1分别显示了由受"倾慕"的股票和受"鄙视"的股票所组成的投资组合的平均特征。受"倾慕"的投资组合中的股票往往在过去表现强劲，尤其在过去3—5年间。如果从市净率（P/B）和市现率（P/CF）角度来加以判断的话，这些股票的价格都十分昂贵。

相比之下，那些受"鄙视"的投资组合中的股票的历史长期表现往往相对较弱，并通常被归类为价值型股票（尽管在选择过程中估值并不是一个明确的标准）。

不要做丑陋的被告

因此，再一次，几乎没有证据支持成长型投资。有趣的是，一项心理学研究很可能与这一发现有关。泰勒和布彻在2007年给96名学生讲述了同一个关于老太太被抢劫的故事。他们给每位学生都出示了被告的照片。实则有4张照片，每个学生所看到的照片都是从中抽取的一张。其中，有两张照片被一个独立的小组评为"非常迷人"；另外两张则被评为"非常普通"，这似乎是对"奇丑无比"的委婉说法（有权威人士可以作证，我是这类人中的一个主要成员）。

学生们被要求以0—5的等级来评估被告是否有罪。长相好看的被告的平均得分为2.3分，而长相难看的被告的平均得分为4.4分！长相的区别使两组被告的得分相差近乎一倍！学生们还被要求给出刑期建议（最高10个月）。学生平均建

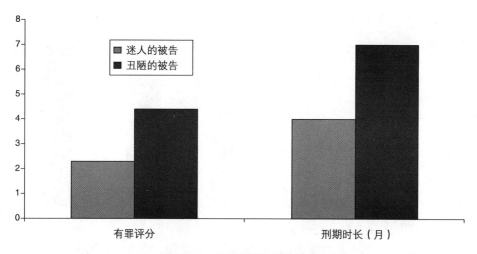

图10-4　不要做丑陋的被告

资料来源：泰勒和布彻（2007）

议长相丑陋的被告入狱7个月，而迷人的被告只入狱4个月（图10-4）。

成长型股票就相当于金融领域中迷人的被告。人们很容易就会买入上面所谈论的《财富》杂志遴选出的最受"倾慕"的股票；然而，值得庆幸的是，金融市场在制定最终惩罚方案方面要略优于陪审团！

分析师对成长股的看法

让我们来看看成长型投资者另一个可能的希望之源——分析师的预测。过去，我们使用的是一年期的收益增长率。对于此点，成长型基金经理们大呼"不公平"，并辩称一年的预测太短了。因此，这次我使用了分析师对长期收益增长率的预测。这些数字据称是分析师对未来5年收益增长前景的看法。

拉波尔塔1996年的研究表明，长期预期收益增长率最高的股票的实际增长率却是最低的！2007年福塞斯更新了这项研究，但结果并未改变。他使用了1982年至2006年期间的约3200只股票进行研究，发现这些股票中预期增长率最高的股票的实际增长率为年化11.5%，而预期增长率最低的股票的实际年化增长率为14.5%（图10-5）。

在分析团队成员瑞·安图尼斯一如既往的帮助下，我决定对摩根士丹利国际资本指数（MSCI）成分股的情况进行研究。最终，我们发现其结果与美国的

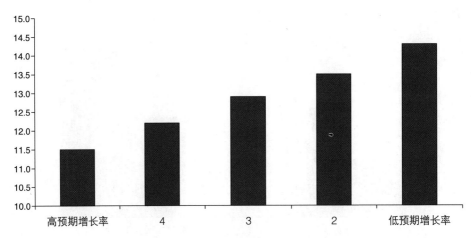

图10-5　基于预期增长率的年均收益率（美国，1982—2006，%）

资料来源：福塞斯（2007）

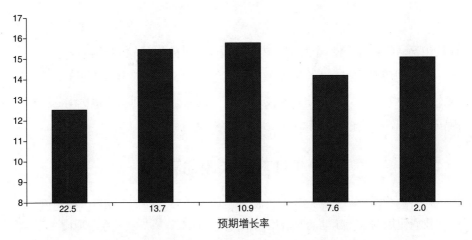

图10-6　基于预期增长率的风险调整后年均收益（1981—2006，%）

资料来源：德累斯顿银行宏观经济研究

结果是很相似的。图10-6显示了基于长期预期增长率的风险调整收益率情况。那些长期预期增长率最高的股票的实际收益率最低，而长期预期增长率最低的股票的实际增长率却相对较高（图10-6）。

那么，为什么分析师的预测会与实际情况相差如此之大呢？我认为，答案就在图10-7中。图10-7显示了分析师对长期收益增长率的预测（中间栏）。我还绘制了5年后的实际增长率（每组的第三栏）。结果对分析师来说是个坏消息。

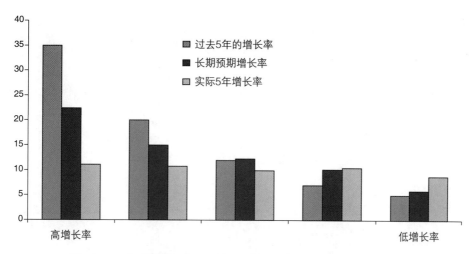

图10-7 长期增长率：历史、预期和实际（1982—2005）

资料来源：德累斯顿银行宏观经济研究

增长率最高的五分之一的股票和增长率最低的五分之一的股票的实际增长率没有统计学上的差异！

这还没有结束，坏消息接踵而来。我还绘制了分析师进行预测前5年的增长率曲线。令人奇怪的是，那些预期增长率较高的股票具有较高的历史增长率，而预期增长率较低的股票也具有较低的历史增长率。

分析师似乎在很大程度上都是根据股票的历史表现来推测其未来的增长情况。这可能源于一种被称为"代表性"的心理缺陷——一种通过事物的外表而非其真实可能的样子来判断事物的习惯。因此，分析师看到增长迅速的公司就会认为：这些公司是真正的快速成长型公司；反之，分析师看到增速缓慢的公司就会觉得：这些公司的确是发展缓慢的公司。他们忽略了一个基本的概率问题，即某一特定公司能够保持自身竞争优势不受任何侵蚀的统计学可能性。

这是一个致命的错误。资本主义体系的核心信念是，那些获得超额利润的公司终会面临竞争压力，并且其盈利能力也会受到侵蚀。不出所料，一项又一项研究均证实了这种机制的存在。

2003年陈等人揭示了增长率随时间推移仍能够保持高于中值增长率的公司的占比变化情况。图10-8对此进行了展示。为了便于对比，该图不仅包括陈等人发现的实证分布，还加入了理论上的"随机"分布。总体而言，两者基本一致，

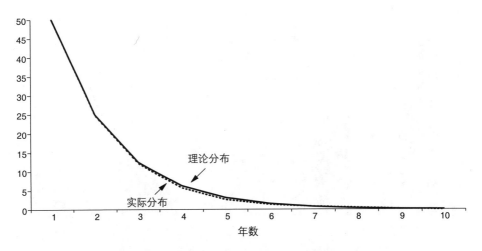

图10-8 高于增长率中值的公司占比与时间的关系

资料来源：陈等人（2003），德累斯顿银行宏观经济研究

很难区分。但是，如果我们仔细观察，两者实则有一些细微差别：实证分布在理论分布之下，这表明现实世界的情况还不如纯粹的概率世界乐观！

2000年法玛和弗兰奇发现，资产回报率（用以衡量盈利能力）在40%左右存在均值回归。他们还发现，"无论实际资产回报率是高于均值还是低于均值，资产回报率偏离均值越远，均值回归率越高。当资产回报率低于均值时，均值回归率也会较高"。

2005年，威金斯和鲁菲利在其进行的元分析中验证了法玛和弗兰奇研究成果的标准性。大多数研究似乎均表明，资产回报率都在年均30%—50%存在均值回归现象。威金斯和鲁菲利提出，唯一的差异就是，近年来资产回报率的均值在加速下降！

我想让诸位读者关注的最后一篇论文是迈克尔·希尔在2005年发表的一篇论文。在这篇异常精彩的论文中，希尔指出，如果非要预测不可的话，至少应该基于理智，而不是幻想。

希尔研究的问题之一就是资产回报率的均值回归天性问题。他将1994年至2004年间的所有上市公司按照目前的资产回报率（ROA）分为五组。然后，希尔追踪了这五组公司在未来三年的构成情况。结果如图10-9所示。那些由初始资产回报率最高的公司所组成的小组在接下来的几年经历了资产回报率的下滑

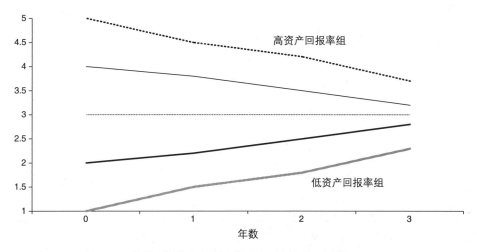

图10-9　随时间变化的资产回报率组合平均水平（美国，1994—2004）

资料来源：迈克尔·希尔（2005），德累斯顿银行宏观经济研究

（那个小组的资产回报率平均排名逐渐下降到了第三）。在另一端，由那些初始资产回报率最低的公司所组成的小组在未来三年却经历了资产回报率的回升。

此外，希尔还通过一个很棒的实验为解决上述预测问题带来了一些启示。他给300名MBA一年级的学生随机分配了一家在美国上市的公司以及1980年至2000年中的任意一年。他要求学生们预测指定公司从初始年份开始未来三年的销售增长率和资产回报率。他还为学生们提供了以下信息：指定公司所在的行业（但公司名称是未知的）、公司过去三年的销售增长率和资产回报率、历史和未来三年的行业平均增长率和资产回报率、实际GNP增长率、通货膨胀率和利率。

图10-10显示了预期销售增长率（和实际销售增长率）的中值情况。奇怪的是，学生们对增长率的预测普遍过于乐观。

在实验中，学生们还被要求给出对顶端情况和底端情况的预测。顶端情况指的是预期销售增长率排在前80%的情况，底端情况指的是销售增长率排在后20%的情况。图10-11绘制了基准、顶端、底端的预期和实际销售增长率的具体情况。第3年，对顶端情况的预测比基准高4个百分点，而对底端情况的预测比基准低4个百分点。排在前80%的公司的实际增长率比基准高8个百分点，而排在后20%的公司的实际增长率比基准低12个百分点。这完全是一种过度自信的体

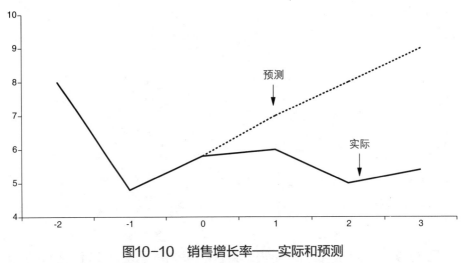

图10-10　销售增长率——实际和预测

资料来源：迈克尔·希尔（2005）

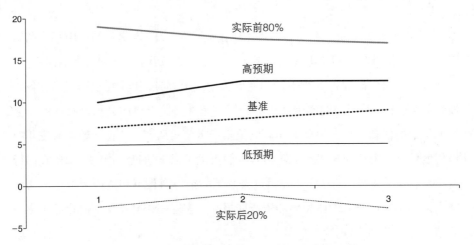

图10-11　销售增长率——实际和预测之差

资料来源：迈克尔·希尔（2005）

现；学生们所估计的方差要远低于实际的方差。他们对自己的预测太自信了！

　　在《当大脑遇到金钱》中，杰森·茨威格重点介绍了杜克大学精神病学教授斯科特·休特尔的一些研究成果。2002年休特尔等人对大脑如何对重复性事件进行预测的问题进行了研究。他们告诉受试者一系列随机排列的方形和圆形将会被展出，并要求参与者对下一个会出现的图形进行预测。当参与者仅看到一个■或一个●时，他们并不知道下一个会出现什么图形。但当他们看到■■时，普遍认为下一个也会是■；当他们看到●●时，又普遍预测下一个也会是●，尽管他们事先已被告知方形和圆形都是随机出现的！

看起来，我们的大脑天生就会根据最基本的模式来进行预测，即便我们已被告知这种模式只是随机的，但我们就是无法控制自己！

结论

我们总是习惯于去寻找能支撑我们观点的信息（确认偏误），这是最常见的错误之一。我们认为价值股表现卓越，为了检验这一观点，我们应该去寻找成长股的实际表现优于价值股的证据（即不成立的证据）。给成长股下定义的确是一件棘手的事情，但无论采用何种方法，我们都无法找到任何证据去驳斥成长型股票通常会令人失望这一观点。我们没有使用任何基于估值的衡量标准，因此我们对成长股的定义并不仅仅是"价值股的对立面"。即使在进行了这一调整后，我们仍未发现任何证据能表明"成长股"是投资者的明智之选。

尽管成长型股票可能继续宛若塞壬的歌声般吸引着投资者前赴后继，但最有可能的结果仍是投资者失望而归。由此可见，对投资者来说，投资成长型股票无疑会将他们引向"睡前垂泪"的境地。

第十一章

明确而现实的危险：风险的三要素

尽管风险似乎是一个最受青睐的金融词汇，但它同时也是一个最容易被误解的概念。风险不是一个数字，而是一个概念。在我看来，风险等同于本杰明·格雷厄姆所说的"永久性资本损失"。这种风险的三个主要来源（它们也是相互关联的）为：估值风险、营运/盈利风险和资产负债表/财务风险。相对于盲目信奉风险管理的伪科学，投资者应该专注于理解这种包含三项要素的风险的本质。

- 价值投资是唯一一种真正将风险管理置于过程核心的投资方法。本杰明·格雷厄姆对于现代金融痴迷于用标准差来衡量风险这一做法一直持批判态度。他认为，投资者应该关注的是"永久性资本损失"的危险。

- 格雷厄姆接着指出，至少有三种广泛的风险可能会导致投资者遭受这种损失，我们分别称之为：估值风险、营运/盈利风险和资产负债表/财务风险。在风险的三要素中，估值风险可能是最显著的。购买估值高昂的股票意味着你要依赖所有的好消息（至少是一些），这种股票没有安全边际。

- 一些市场的估值风险要高于其他市场。例如，英国股票市场的"格雷厄姆/多德市盈率（G&D PE）"为11倍，并且只有30%的英国股票的G&D PE大于16倍。美国股票市场的G&D PE为16倍，并且其中有52%的股票的G&D PE大于16倍。然而，估值风险远没有一两年以前那么令人担心了。

● 目前，营运或盈利风险更令人担忧。格雷厄姆说，"真正的风险是……由于经济动荡或经营状况恶化所致的质量和盈利能力受损的危险"。市场似乎是在暗示人们，营运风险很高。股利互换市场表明，欧洲股利下降了近50%，英国股利下降了40%，美国股利下降了21%！投资者面临的挑战是去评估盈利能力的变化是暂时的还是永久的。前者当然是机会，后者无异于是价值陷阱。

● 资产负债表/财务风险是三巨头中的最后一个。格雷厄姆曾说："分析资产负债表的目的是辨别出……可能会削弱投资价值的财务缺陷。"总体而言，我们发现投资者在市场景气时期会忽视这一风险，但在信贷紧缩的环境下，这一风险却会突然又出现在议程上。我们的建议是，与其徘徊于对资产负债表的忽视和执迷之间，不如采取一种更有成效的方式。

价值投资是唯一一种将风险管理置于过程核心的投资方法。如果风险管理并不是针对失误和霉运而言的话，那么安全边际就没有任何意义了。

本杰明·格雷厄姆警告世人说，风险无法用简单明了的方法去衡量。他当然不会把风险等同于标准差，并且我相信他也根本就没有时间去研究VaR。格雷厄姆将风险视为一种"永久性资本损失"。

多年来，我一直认为永久性资本损失可以分为三种相互关联的风险：估值风险、营运/盈利风险和资产负债表/财务风险。现在，让我们对这三种风险逐一进行分析，并看一下它们在当前形势下的应用。

估值风险

格雷厄姆曾写道，"成长型股票的危险在于……由于受到市场的青睐，成长型股票的价格往往虚高，而对未来收益的保守预测将无法充分支撑其价格"。换言之，购买昂贵的股票会很容易令人感到失望（正如第八章以及《行为投资学》第二十六和三十七章所述）。

当然，考虑到过去一年市场的下滑，估值风险似乎已不再是个问题了。但这并不是说估值风险已经不复存在了。如图11-1所示，美国股市目前略低于"公允价值"——尚未触底。我不知道这次严峻的萧条是否会使价格真正触底，但在真正严峻的熊市里，探底价格正常会跌至10倍市盈率乘10年移动平均收益率这一价格。这相当于标普500指数在500点时的水平！

图11-1 标准普尔500公司的格雷厄姆&多德市盈率

资料来源：法国兴业银行全球战略研究

在2008年11月下旬，我能说，美国股票市场的交易价格相对公允价值而言较为便宜。然而，从11月底到当年年底，股市上涨了25%，这表明短期表现可能会偶尔与长期表现开个玩笑。

从自上而下估值法的角度来看，其他股市仍保持着优于美国的估值。例如，英国和欧洲股市目前的市盈率的确很有吸引力。如图11-2所示，英国市场

图11-2 英国的格雷厄姆&多德市盈率

资料来源：法国兴业银行全球战略研究

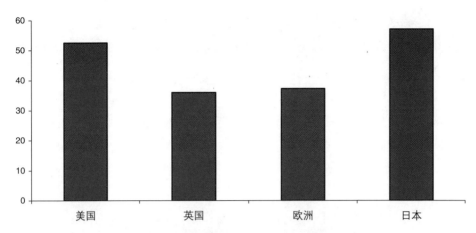

图11-3 格雷厄姆&多德市盈率＞16倍的股票占比

资料来源：法国兴业银行全球战略研究

的G&D PE还不到11倍。

在使用自上而下估值法时，我们需要先来看一下G&D PE大于16倍的股票的占比。你可能会问，为什么是16倍？答案就在格雷厄姆的著作中：

> 我们推荐投资购买的普通股市盈率最大不超过大概16倍……虽然这一规则在本质上是武断的，但并非完全如此。投资需要以可判断的价值为前提，而典型的普通股的价值只能通过一种确定的盈利能力，即平均盈利能力，来判断。但是很难想象，对于平均收益还不及其市场价格6%的股票，其盈利能力可以支撑这样的价格。

图11-3显示了大盘股中G&D PE大于16倍的股票的占比。在美国市场，超过半数股票的G&D PE是大于16倍的；英国和欧洲的情况则要好得多，只有大约三分之一的股票的G&D PE超过了16倍。有趣的是，我们发现高市盈率股票占比最高的市场居然是日本股市，占比约为57%！

因此，尽管市场下跌，估值风险却仍然存在。我们需要继续寻找蕴含深度价值、风险易于规避的股票，并抓住机遇小心谨慎地对其进行投资。

营运/盈利风险

从我们的角度来看，第二种风险来源是营运和收益风险。正如格雷厄姆所说：

衡量实际投资风险的标准不是某只股票在某一特定时期相对于一般市场价格下跌的百分比，而是由于经济动荡或经营状况恶化所致的质量和盈利能力受损的危险。

目前的市场正处于自大萧条以来最严峻的环境之中，"由于经济动荡所致的盈利能力的受损"肯定是投资者所关心的问题。格雷厄姆警示说，市场更多地为"当前收益而不是长期平均收益所主导。这一事实在一定程度上解释了普通股价格的大幅波动，而股价在很大程度上与收益在牛熊市中的变化是一致的"。

格雷厄姆还认为：

股市会根据财报中披露的利润的暂时性变化去等比例地调整公司估值，这显然是极为不理性的。一家私营企业在繁荣时期的收益可能是萧条时期的两倍，但是它的所有者永远不会想到要相应地去增加或减少其所投资本的价值。

在这种环境下，投资者面临的挑战是对盈利能力的变化是暂时性的还是永久性的进行评估。前者代表机会，后者代表价值陷阱。

投资者务必要关注当前每股收益（EPS）与10年平均每股收益的关系。如果一只股票根据当前收益（而非平均收益）来看是"便宜"的，那么投资者则需要对它格外小心，因为这类股票面临着更大的风险，即收益下降而非价格上涨会令该类股票变得不像表面看上去那么廉价。

图11-4显示了大盘股中当前每股收益至少为10年平均每股收益两倍的股票的占比，它可以作为盈利风险的衡量指标。在美国，这一占比只有三分之一（这与美国在这场危机中首当其冲的情况相符）。在这方面，英国表现得最差，有54%的股票目前的每股收益至少是10年平均每股收益的两倍。欧洲和日本均有42%的股票处于这种状态。在这些市场中，盈利和营运风险看上去似乎不容小觑。好消息是，鉴于上述较低的估值，这一风险实际上可能会比看上去要小一些。

资产负债表/财务风险

风险三要素中的最后一种是资产负债表/财务风险。正如格雷厄姆所言，"分析资产负债表的目的是辨别出……可能会削弱投资价值的财务缺陷"。

在经济繁荣时期，投资者往往会忽视资产负债表/财务风险。他们往往因收

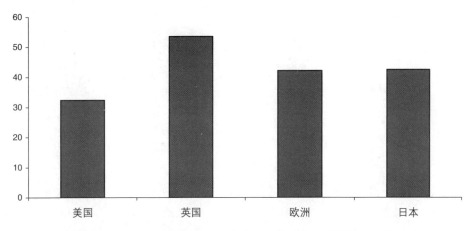

图11-4 当前每股收益＞2倍10年平均每股收益的股票占比

资料来源：法国兴业银行全球战略研究

益以及这些周期性的高收益如何给付利息支出而分神。仅当盈利严重下滑时，投资者才会重新将注意力转向资产负债表。同样，在经济繁荣时期，许多投资者经常使用杠杆来放大利润，但他们却忘了杠杆的作用也可以是反向的。实际上，在经济衰退时，放大的利润会转变为放大的亏损。

衡量资产负债表风险的方法有很多。我们分析团队的同事们一直认为，"默顿模型"和"违约距离"可以从不同维度对其进行有效度量。由于我是一个简单而守旧的人，我总是钟情于一种在资产负债表紧张时期卓有成效的方法：古老而有效的"阿特曼Z值分析法"。

阿特曼于1968年提出了Z值分析法，即使用五个简单的比率对破产进行预测。

$$Z = 1.2X_1 + 1.4X_2 + 3.3X_3 + 0.6X_4 + 0.999X_5$$

X_1 = 营运资本/总资产。用以衡量流动资产与公司规模的关系。

X_2 = 留存收益/总资产。用以衡量反映公司成立年限和盈利能力的收益情况。

X_3 = 息税前利润/总资产。用以衡量在不考虑税收和杠杆的情况下的经营效率，它表明营业利润对企业的长期存续至关重要。

X_4 = 股本市场价值/总负债账面价值。该比率增加了市场维度，可以作为一个提示证券价格波动危险的可行信号。

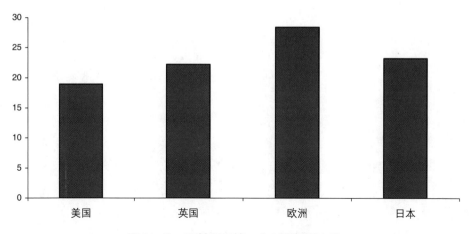

图11-5 阿特曼Z值<1.8的股票占比

资料来源：法国兴业银行全球战略研究

X_5 = 销售额/总资产。衡量周转情况的标准指标。

若企业的Z值低于1.8，那么它在未来很有可能会破产。虽然这仅是个开端，但我经常发现这个方法对于识别潜在的问题企业甚是奏效。图11-5显示了不同国家的大盘股中阿特曼Z值低于1.8的公司占比。这一衡量方法显然并不适用于金融或公用事业板块的公司，因此我们的样本并未包含这些公司。

总体而言，我们发现各国的资产负债表风险水平非常相近。20%—25%的公司的Z值低于1.8，这意味着这些公司陷入财务困境的可能性很高。

融会贯通

这三种相互交织的因素都可能导致永久性资本损失。最后，我认为风险实际上是一个概念，或者说是一种见解，而并非一个数字。事实上，长期以来，我一直对在风险管理中运用伪科学的伎俩嗤之以鼻。

第十二章

极度悲观、盈利预警和冲动时刻

我们并不擅长进行情感时间穿越。在冷静的时候，我们根本无法预测自己会在一时冲动下作何表现。约翰·邓普顿爵士曾说，"极度悲观之时即为最佳买入时机"。然而，在其他人都在绝望地抛售之时买入绝非易事。解决这一问题的一个潜在方案是"事先承诺"。虽然无法按自由意愿行事往往会招致恐慌，但这是防止理性决策被情感劫持的最简单方法。例如，约翰爵士会在对内在价值进行冷静的分析之后提交远低于市场价格的买入委托，然后只需要等待交易达成。

● 心理学家已经证明，我们在预知未来的感受方面表现得非常糟糕。例如，饱餐之后，我们想象不出饥饿时的感觉。同样，饥饿之时，我们也想象不出饱腹的感觉。当我们处于冷静理性的状态下，我们会说我们会以一种方式行事；而当我们处于情绪激动的状态时，我们会把从前的计划都抛到脑后。

● 假设你被聘为校对员。你可以自行设定多个截止时间并分批提交稿件；或是自行设定一个最终期限，在最终期限前提交所有稿件；抑或选择遵守出版商设定的多个截止时间。大多数人都会选择自行设定一个最终期限，在最终期限前提交所有稿件：毕竟，他们推断自己可以按照自己的节奏进行工作，并且有能力如期交稿。然而，事实是那些自行设定多个截止时间并分批提交稿件的校对员纠正了最多的错误，并且也最为守时。采用其他两种交稿方式的校对员则存在明显的拖延。这表明，事先承诺是应对共情鸿沟①和拖延症的有效利器。

　　● 正如上面所强调的，在"极度悲观"的时刻进行买入委托时，约翰·邓普顿爵士使用了一种事先承诺的方式。约翰爵士承诺以远低于他所估算出的内在价值（在平和而冷静的时刻所算出的结果）的价格买入股票，这样做使他能够在市场出现恐慌时仍保持镇定自若。

　　● 事先承诺的优势还体现在盈利预警上。如果你是短线投资者，那么当某只股票发出盈利预警时，你就应该将其卖出。有证据清楚地表明，在公司发出盈利预警后的大约一年里，其股票都会一直表现欠佳（通常还会伴有进一步的预警）。因此，投资者应该在收到盈利预警后立即卖出股票。当然，我们没有那样做；我们总是拖延，以至于过了很长一段时间可还是什么也没做。有一种方法有助于我们解决这个问题，即事先承诺在收到盈利预警后立即卖出股票。

　　● 当我们开始卖出的时候，通常是我们应该买进的时候。有证据表明，在某只股票发布盈利预警一年后买入该股票通常会是个不错的主意。然而，鉴于该股票在这一年中的糟糕表现，这样做看起来似乎很疯狂，于是投资者会对该股票全面丧失信心。因此，事先承诺在盈利预警发布一年后买入股票可能会使我们受益。

　　为什么当饥肠辘辘时，我们永远想象不出饱腹的感觉？又是为什么在享用了一顿饱腹大餐后，我们不能想象自己还想再吃一顿的感觉？

　　答案很简单：因为我们不擅长预测自己在未来的感受。我们尤为不善于估计一时冲动的情绪对我们的影响。当我们处于一种冷静理性的状态时，我们会说我们会以一种方式行事；当我们处于情绪激动的状态时，我们便会把从前的计划都抛到脑后。这就是所谓的共情鸿沟，它不容小觑。

共情鸿沟

　　多年来，在关于共情鸿沟的研究中，我最为钟爱丹·艾瑞里和乔治·路文斯汀在2006年所做的一个实验。他们的实验以35名加州大学的男性本科生为样本，参与实验的学生都会获得10美元作为报酬。

---

① 共情鸿沟是指我们在一种情绪状态下难以预测自己在另一种情绪状态下的行为和感受。——译者注

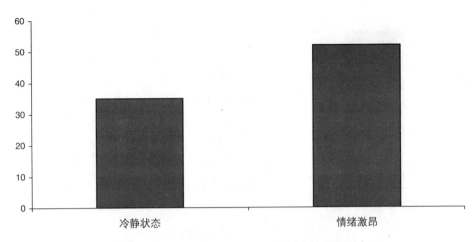

图12-1　情绪激昂时：对激发性欲的影响

资料来源：法国兴业银行全球战略研究；艾瑞里和路文斯汀（2006）

每个受试者都会拿到一台笔记本电脑，并且他们需要对电脑所展示的某些性刺激行为的吸引力进行评估（其中包括打屁股和捆绑等行为，为了避免尴尬，这里不做赘述）。首先，受试者被要求在冷静的状态下对每一种行为给他们带来的满足感进行评分。之后，他们被要求在自己家的私密环境中享受某种微妙的自我满足，并对这些行为重新进行评分。

图12-1分别显示了在两种不同情况下受试者对行为吸引力的平均评分。在冷静状态下，平均评分为35%。然而，当受试者处于高度兴奋状态之下时，这一评分飙升至52%。平均评分上升了17个百分点。在所有问题中，平均评分最多提高了70%！

谨防共情鸿沟和拖延症的危害

设想一下，你受雇为校对员去对一些文章进行校对，每篇文章的篇幅在10页左右。你可以自行设定多个截止时间并分批提交文章，或是自行设定一个最终期限，在最终期限前提交所有文章，抑或选择遵守他人预先设定的多个截止时间。你会选择哪种交稿方式？

大多数人都会选择自行设定一个最终期限，在最终期限前提交所有文章：毕竟，他们预计可以按照自己的节奏进行工作，并且有能力如期交稿。

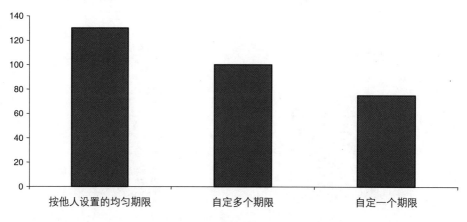

图12-2 找出错误的数量

资料来源：法国兴业银行全球战略研究；艾瑞里和坦布洛克（2002）

然而，这一决定忽视了人们的拖延倾向。虽然我们一开始总会抱着最为美好的愿望，认为自己会按照计划有条不紊地完成工作，但总会有各种意外之事接踵而至，从而打乱我们精心制订的计划，导致我们总是要拖到最后一刻才会去开始做这项工作（据我观察，许多学生都有这样的经历）。

丹·艾瑞里和克劳斯·坦布洛克决定对此进行验证，并在2002年发表了其成果。他们招募了一些校对员，并且将他们随机分成三组，每一组都对应上述三种交稿方式中的一种。图12-2显示了该实验的结果。选择遵守他人预先设定的多个截止时间的一组（第一组）发现的错误最多，并且延期交付的天数也最少。与第一组相比，自行设定多个截止时间并分批提交文章的小组（第二组）发现的错误较少，并且稿件延期提交的时长几乎是第一组的两倍。然而，表现最差的是被允许等到截止日期一次性提交稿件的小组（第三组）。这一组发现的错误比另外两组要少得多，而且其拖延交稿的时长是第一组的近三倍（图12-3）。

这些研究结果表明，事先承诺是我们应对共情鸿沟和拖延症的有效利器。现在，让我们来看一些金融方面的例子。

极度悲观下的交易

约翰·邓普顿爵士曾说过一句名言："最悲观的时候是买入的最佳时机，最

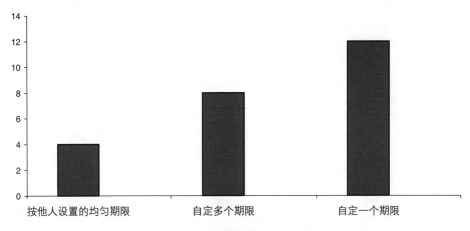

图12-3 提交延期时长（天）

资料来源：法国兴业银行全球战略研究；艾瑞里和坦布洛克（2002）

乐观的时候是卖出的最佳时机。"对此，很少会有人持不同意见。然而，当"每个人都在沮丧地忙着卖出"时，你很难做到逆势买入——这种困难正是共情鸿沟的定义。

约翰爵士的侄孙女在她的著作《邓普顿教你逆向投资》中写道：

> 在股市急跌时保持清醒的头脑是一项艰难的心理挑战。约翰叔公应对这个问题的方法是，在人们大量抛售之前就做好买进的准备。在管理邓普顿基金的这些年里，约翰叔公一直有一个"愿望清单"，"愿望清单"上列出了他认为运作良好但估价过高的公司证券……当由于某种原因，市场大量抛售使得价格下降到他认为很便宜的水平时，他就会向经纪人发出指令，买入"愿望清单"上的股票。

这是一个事先承诺是应对已知共情鸿沟的典型案例。当市场出现令人沮丧的大规模抛售时，预先下达远低于市场价格的买入委托指令会使做出买入这一决定变得容易。这样一来就可以不受情绪的干扰了。

盈利预警

证明事先承诺能改善表现的另一个例子是盈利预警。对于短线投资者来说，盈利预警是一个值得关注的问题。然而，当盈利预警出现的时候，我们却发现自己总是在为公司找借口。或许我们会去找管理层询问，他们当然会向我们保

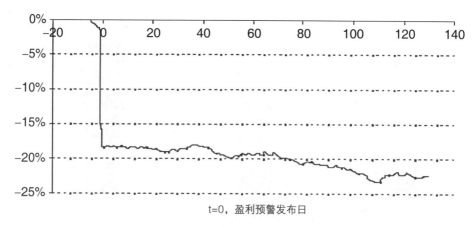

t=0，盈利预警发布日

图12-4 平均累计超额收益

资料来源：巴尔克利等人（2004）。法国兴业银行全球战略研究

证，盈利预警只是由于库存增加或意外的盈利压力所致，到了下个季度一切都会好起来。于是，我们便心满意足地离开了，并且这种满足感可以一直持续到下一次盈利预警的出现！能拖就拖。

图12-4显示了在公司发出盈利预警后股票的卖出情况。巴尔克利等人于2004年研究了1997—1999年间出现过盈利预警的455只英国股票。在发出预警的当天，股价平均下跌了近17%。然而，请注意，在那之后，股价还会继续下跌。这一结论支持基于盈利预警的自动抛售原则。

如上所述，我们总是倾向于在失望中继续坚持。不仅如此，我们还总是在该继续坚持的时候错误地卖出股票。图12-5表明市场中存在很多逆向投资者。在发布盈利预警大约12个月后（人们可能终于开始抛售股票以减少损失了），情况开始好转。这也说明投资者倾向于基于公司的短期问题而推断其未来充满变数。从长线投资者的角度来看，盈利预警在本质上仅是噪音！

在这里，事先承诺可能有助于消除这种情绪。在忍受了12个月的对糟糕股票表现和盈利预警的失望之后，几乎没有投资者会愿意买入。但是，从图12-5中，我们可以明显看出这样做将受益匪浅。因此，强迫自己在盈利预警发布的12个月后买入该股票是一种行之有效的投资方式。

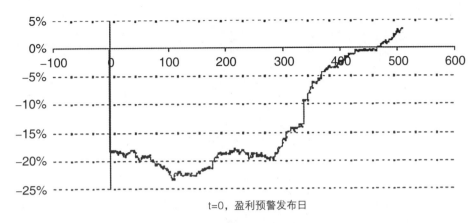

t=0，盈利预警发布日

图12-5 平均累计超额收益

资料来源：巴尔克利等人（2004）。法国兴业银行全球战略研究

锁定期

我想在本章中探讨的关于事先承诺在金融方面的最后一个应用是锁定期的使用。对冲基金一个有重要意义的特征就是锁定期。如果你的投资策略是长期的，那么你需要说服你的客户，令其同意和你预先约定好锁定期（即不能在约定期限内提前赎回）。这样一来，当基金出现问题时，你只会接到很多来自客户的骚扰电话，但却不用担心赎回问题。锁定期是一种有效避免共情鸿沟的行为学方法。

结论

最重要的是，我们很难预测自己在压力下的表现。避免共情鸿沟的最佳方法是，以冷静、理性的头脑（在可能受到情绪影响的时点之前）去进行行为决策，然后对该决策进行事先承诺。当情绪爆发时，行为已经发生，不会被你干涉。

第十三章

熊市心理学

在牛市里，干扰有效决策的心理障碍名目繁多；在熊市中，影响理性思考的心理障碍同样层出不穷。然而，在熊市中，情绪对人的影响尤为明显，因为恐惧、惊慌等情绪会扰乱逻辑分析。实验表明，那些感觉不到恐惧的人在遭受损失时会比那些能感觉到恐惧的人表现得更理性。也许，我们应该听从所罗门王的大臣们的建议——"一切都会过去的"。这样一来，我们就不会再在任何时刻感到极端狂喜或极度压抑了。

● 市场是被恐惧和贪婪所驱动的。虽然这种说法听起来有些老生常谈，但它却极为接近真相。人们花费了十年中最好的时光去研究牛市心理学，随后转变思路，决定去研究一下熊市行为的驱动因素。

● 恐惧似乎是熊市心理的核心。坏消息是，在我们人类的大脑中，情绪似乎总能战胜理智。我们的大脑由两个不同却又相互关联的系统组成：一个快速却糟糕（X系统），另一个更符合逻辑但却也更慢（C系统）。

● X系统输出的内容常常未经C系统的检查（或者检查得太晚了）。例如，如果我把一个装有蛇的玻璃盒子放在你面前的桌子上，并让你尽可能去靠近那个盒子。如果蛇忽然直立起来，你会本能地向后跳——即使你不怕蛇。原因是X系统"识别"出了威胁并迫使身体做出反应，这一切发生得太快，而C系统还没来得及指出蛇是在玻璃盒子里的，有盒子的保护你不会受到伤害。从进化的角度来看，对恐惧快速作出反应是利大于弊的。因为在无须作出反应时作出反应，你所付出的代价微乎其微；但在需要作出反应时未作反应，你会付出致命的代价。

● 尽管这种本能的反应使我们得以生存，但在金融市场中，这样的行为却不一定会对我们有利。对此，希弗等人进行了一项有趣的实验。他们的实验结果显示：长期来看，冒险能够得到回报时，那些不会感到恐惧（由某种特定形式的大脑损伤所致）的玩家的表现比其他人要好得多。希弗等人还向我们表明，游戏进行的时间越长，人们的表现就越差。

● 希弗等人的实验游戏似乎与熊市有着很多相似之处，我想这是显而易见的。有证据表明，当人们在市场上遇到可以买到被低估股票的机会时，要是他们之前遭受过损失，那么他们会完全出于恐惧而无视这一机会。他们发现自己处于这种状态的时间越长，他们所做出的决策似乎就越糟糕。

● 过去已成历史，未来尚不可知，所以我们只能活在当下。我们是否投资的决策应当与当前情况（目前交易价格）相关，而不应取决于我们以往的经验（抑或我们对未来的期望）。所罗门王要求他的大臣们去寻找一句"在任何时候、任何情况下都真实和恰当的话语"。最后，大臣们对所罗门王说："一切都会过去的。"也许，如果我们能铭记这一警句，那么我们将会做得格外出色。

在对牛市心理学进行了十年的探索后，思路转换，我们开始了对驱动熊市行为的心理学的思考。当然，许多导致我们在牛市中推断出好时期的偏见，也会让我们在熊市中做出同样的事。

我们似乎经常忘记所罗门王（或者更确切地说是他的大臣们）的智慧。亚伯拉罕·林肯引用过这样一个故事：

> 所罗门王曾命令智者们造一个句子：这个句子必须在任何时候、任何情况下都是真实而恰当的。智者们最终送给国王一句话："一切都会过去的。"这句话是多么意味深长呀！在成功时，它能提醒我们不要得意忘形；在失败时，它又能安慰我们不要妄自菲薄。

我们要是能践行这些话就好了！

不幸的是，我们面对的许多偏见似乎都来自X系统（大脑自动处理信息的部分）。这些偏见在我们的清醒意识之外，因此它们有时（实际上可以说是经常）

并未经过理智而有逻辑性的C系统的检查。

恐惧与熊市

在探讨熊市时，尤其值得注意的是希弗等人在2005年所做的一项卓有见地的研究。他们邀请玩家们参与一个游戏。在游戏开始时，每位玩家会得到20美元，并被告知游戏将持续20轮。在每一轮的开始，研究人员会询问玩家是否愿意投资。如果玩家愿意投资，那么他需要付出1美元成本。随后，研究人员会抛起一枚质地均匀的硬币。如果抛硬币的结果是正面，玩家会得到2.5美元；如果抛硬币的结果是反面，那么玩家会损失1美元。

关于这个游戏，我们知道两件事：首先，由于收益的非对称性（预期价值为1.25美元，游戏的总预期价值为25美元），显然在每一轮中都进行投资是最优选择。事实上，如果在每一轮都进行投资的话，你最终得到的总收益低于20美元的可能性仅有13%（如果你不进行投资，你最终还是会得到初始的20美元）。其次，我们知道在该游戏中前一轮的结果不应该影响你下一轮的投资决定——毕竟，硬币没有记忆。

图13-1显示了人们依据前一轮投资结果进行下一轮投资的百分比。如图所示，玩家们被分成三组。黑色的柱形（目标患者）代表一个特殊群体——他们的大脑受到过既定形式的损伤[1]，因此，这些人不再能感觉到恐惧。浅灰色的柱形（正常人）代表像你我这样未见任何脑损伤的人。深灰色的柱形（控制患者）代表大脑中与情绪（恐惧）处理过程无关的其他部分受损的患者。

我希望大家能关注一下第二组的三个柱形，它们表示的是玩家们在前一轮投资失败后在本轮选择进行投资的占比。目标患者玩家——那些不会感到恐惧的人——总是能做出最优选择，在上一轮遭受损失后，他们本轮继续进行投资的占比仍为85%。然而，让我们再来看看正常人和参照患者的表现——他们总是做出次优选择。事实上，损失1美元的痛苦/恐惧对于他们而言是如此强烈，以至于这些人在经历了一轮亏损后在下一轮中选择继续进行投资的占比竟不到40%！

---

[1] 从专业角度而言，他们的眶额皮层、杏仁核、右岛叶或躯体感觉皮层都有损伤——所有这些区域都与X系统对情绪的处理相关。——作者注

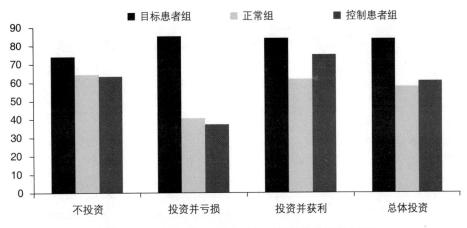

图13-1　投资决定占比与前一轮投资结果的关系

资料来源：希弗等人（2005）

时间推移

同样令人感到不安的是，在整个游戏的过程中，"正常人"和"控制患者"完全没有吸取以往的任何教训。图13-2显示了三组玩家选择投资的占比与时间之间的关系。游戏以五轮为一组，被划分为四组。当然，如果玩家是理性的并已从其经验中吸取了教训，那么图中的三条线就会体现为从左至右向上倾斜（即游戏进行的时间越长，他们的投资占比就会越高）。不幸的是，代表"正常人"和"控制患者"的线从左至右却是向下倾斜的——也就是说，游戏进行的时间越长，他们决定投资的比例就越小。随着时间的推移，他们在游戏中的表现变得越来越差。

这一实验与熊市的相似之处是显而易见的，至少我这样认为。上述证据表明，当人们在市场上遇到可以买到被低估股票的机会时，要是他们之前曾遭受过损失，那么他们会完全出于恐惧而无视这一机会。他们发现自己处于这种状态的时间越长，他们所做出的决策似乎就越糟糕。

当然，这个游戏的设置秉承这样一个原则——冒险会带来好的结果。如果游戏被设置成"冒险会带来糟糕的结果"的话，那么"正常人"的表现将超过那些无法感到恐惧的玩家。然而，我认为前者比后者更能描述当前的环境。当市场低迷时，在未来获取高回报的可能性是很大的。但是，当然，目前市场之

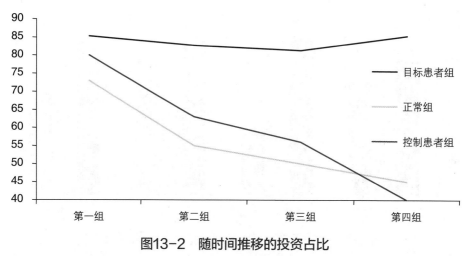

图13-2　随时间推移的投资占比

资料来源：希弗等人（2005）

所以会低迷是因为当前形势下坏消息层出不穷。

脑力耗尽的影响

　　时间似乎耗尽了人们进行理性思考的能力，这一事实与一些自我控制心理学的研究成果相吻合。鲍迈斯特在2003年的时候提出，自我控制（有效地控制自身情绪的能力）就像肌肉一样——过度使用会导致疲惫。他对自己在该领域研究成果的重点部分做了如下总结：

　　　　当自尊受到威胁时，人们就会变得心烦意乱，从而失去自我调控的能力……当自我调控失败时，人们可能会以各种方式越来越弄巧成拙，比如不愿延迟回报而只想及时行乐。自我调控似乎依赖于有限的资源，如力量或能量，所以人们只能在有限的范围内进行自我调控。

　　人们往往表现出不同程度的自我调控能力。我曾进行过一项名为"认知反射"的测试（CRT）[1]。该测试旨在衡量我们每个人驾驭自身X系统的能力。CRT由三个问题组成：

　　1. 一只球拍和一只球的总价格是1.10美元。球拍比球贵1美元。请问这个球

---

[1]　这一测试最初是由前麻省理工学院（现耶鲁大学）教授谢恩·弗雷德里克（Shane Frederick）所设计的。——作者注

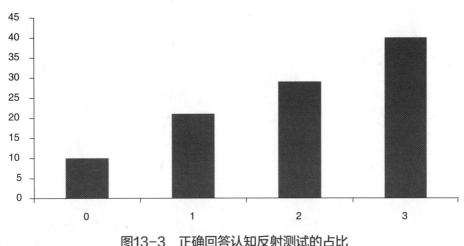

图13-3 正确回答认知反射测试的占比

资料来源：法国兴业银行股本研究

多少钱？

2. 5台机器5分钟能生产5个零件。那么用100台机器生产100个零件需要多长时间？

3. 湖中有一片莲叶，其面积每天增大一倍。如果48天后这片莲叶能覆盖整个湖面，那么它覆盖半个湖面需要多长时间？

每个问题都有一个明显但错误的答案（X系统的反应），每一个问题也都有一个不那么明显但正确的答案（理智的C系统给出的解决方案）。因为X系统非常容易知足，所以它不会去探寻最优化方案，而仅是想找到一个差不多的方案。如果未经检验，X系统就会将找到的差不多的方案作为"正确"答案进行提交。如果一个人有自我调控能力，那么他的C系统就会被激活并对X系统提交的答案进行检验，当发现错误时会即时作出纠正。

多年来，我向700多名基金经理和分析师提出了这三个（以及其他许多）问题。图13-3显示了被调查者答对CRT问题的人数百分比。只有40%的基金经理三道题全部回答正确。显然，有60%的参与者并不具有足够的自我调控能力！

斯瓦尔顿和德兰格等人在2008年的一项研究中重复了上述游戏实验，但他

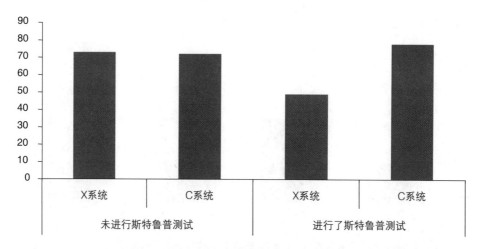

图13-4 投资的百分比（根据认知处理方式和是否进行了斯特鲁普测试）

资料来源：德兰格等人（2008）

们的目的是衡量人们对X系统的依赖程度[1]。如果资源耗尽是一个问题，那么那些更为依赖X系统的人们在被迫耗尽自我调控能力的时候就会做出更糟糕的决策。为了达到这个目的，（他们让）一组玩家接受了斯特鲁普测试。斯特鲁普测试对于益智游戏爱好者来说应该并不陌生——尽管他们可能不知道它的名字。在该测试中，受试者会看到一些代表不同颜色的词汇，与此同时，这些词汇本身的颜色是不同于其文字含义所代表的颜色的。玩家需要识别出这些词汇本身的颜色，而不是念出这些词汇。例如，单词"红色"可能是用蓝色墨水书写的，所以正确回答应该是"蓝色"。因此，完成斯特鲁普测试的必要条件是专注和意志力。

　　图13-4表明，人们选择进行投资的百分比取决于其认知处理方式和是否必须完成斯特鲁普测试。在控制条件下（即在没有进行斯特鲁普测试的条件下），无论是依赖X系统还是C系统的人都以相同的方式进行信息处理。他们选择投资的次数占比约为70%（仍然明显是次优选择）。当自我调控能力被消耗殆尽时，结果就大不相同了。那些非常依赖C系统的人表现良好，他们选择进行投资的次

---

① 他们采用的是自我报告的方法。所以对系统依赖程度的测量是基于人们对八句不同陈述的认同或不认同程度。例如，"我倾向于相信自己的直观印象""我通常不依赖直觉"等。他们并未使用更为临床的方法，如CRT等。——作者注

数占比为78%。然而，那些极为依赖X系统的人则受到了严重的影响。他们选择投资的次数比例仅为49%！

鉴于60%的基金经理都表现出这种行为，难怪专业投资人士不愿意买入目前市场中出现的被低估的股票。

活在当下

过去已成历史，未来尚不可知，所以我们只能活在当下。我们是否投资的决策应该与当前情况（目前交易价格）相关联，而不应取决于我们以往的经验（抑或我们对未来的期望）。然而，这种活在当下的境界在精神上是很难达到的。我们的大脑似乎总是习惯于极度关注短期，并且异常害怕遭受损失。此类心理障碍使人们无法在熊市中做出理智的投资决策。

第十四章

价值投资中行为层面的绊脚石

从长远来看，价值投资表现极佳，这早已不是什么新闻了。然而，尽管如此，真正的价值型基金经理却相对较少。本章将探讨那些蓄谋妨碍我们做出正确决策的行为层面的绊脚石——损失厌恶、当前偏误①、羊群效应、可得性启发和过度自信等。若想抓住价值投资的机会，我们必须克服这些行为障碍。

- 心理学家认为知识和行为不能混为一谈。也就是说，我们有时会做一些我们知道是不对的事情。例如，众所周知，安全性行为可以降低艾滋病毒/艾滋病的传播风险，但人们并未总是把这一知识转化为使用避孕套。这样的例子在其他领域也屡见不鲜。即便所有人都知道价值投资在长期表现极佳，也不足以说服所有人都成为价值投资者。

- 许多其他行为层面的绊脚石有助于解释为什么价值投资方式可能仅为少数投资者所使用。每个人都在追求投资的圣杯，都在寻找一种永远不会赔钱的策略！但这样的策略并不存在。投资是概率性的，所以会出现亏损。然而，鉴于我们对损失的厌恶倾向（我们对损失的厌恶程度要高于对收获的喜爱程度），我们会尽量避免使用短期内可能招致损失的策略。

---

① 当前偏误，指在权衡之后宁愿选择较小的当前奖励而不是等待较大的未来奖励的倾向。——译者注

● 长期视野是价值投资中不可或缺的一部分。然而，人类的本性并不适合长线投资。我们的大脑似乎是为钟情短期利益而设计的。当我们遇到可以收获短期收益的机会时，我们会忘乎所以，全然不顾及长期收益。对此，凯恩斯曾一语道破玄机："基于真正的长期预期的投资在如今很难实现，甚至不可能实现。"

● 神经科学家已经发现，社会疼痛与真正的生理疼痛源于大脑的相同部位。价值投资通常涉及与主流人群背道而驰的行为，从而引发社会疼痛。因此，价值投资者相当于金融领域的受虐者。

● 关于价值型股票的故事通常都很糟糕。目前，出于很多原因，任何股票都不受青睐。人们很难摆脱这些坏消息的困扰，而去关注这些坏消息是否早已反映在股价之中。

● 就像以往一样，我们会在投资中表现得过度自信。我们很难向自己（更不用说向任何人）承认，一个简单的规则其实很容易就能胜过我们复杂的选股策略。我们更愿意相信，我们有选股，或者称为资产类别的才能，甚至可以比规则或模型做得更好，但现实证据并不支持这种荒谬而自大的观点。

● 最后想提醒大家的是：我们都怀着善意出发。然而，心理学家发现，在预测我们未来的行为时，我们过分强调了当前意图的影响。因此，正如我们可能会说的，"好吧，现在我要成为一位优秀的价值投资者"，我们践行此言的可能性要远远低于我们的预想。

知识 ≠ 行动

知道是一回事，践行又是另外一回事了。因此，简单地说，我们可以让人们知道，从长远来看，价值投资会跑赢市场，但是要说服每个人都采用价值投资战略则并非易事。

丁克曼等人在2006年发表的一篇论文中清晰地阐明了知识和行为之间的区别。他们研究了艾滋病/艾滋病预防方面的知识与实际性行为之间的区别（图14-1）。例如，91%的男性受访者说他们知道使用避孕套可以防止艾滋病毒/艾滋病的传播，但他们中只有70%的人使用避孕套。该情况在女性中更为糟糕：92%的女性受访者表示她们知道避孕套在预防艾滋病毒/艾滋病传播中的作用，但她们中只有63%的人使用避孕套！

在后果如此严重的情况下，知识都未能改变人们的行为，那么在后果微不

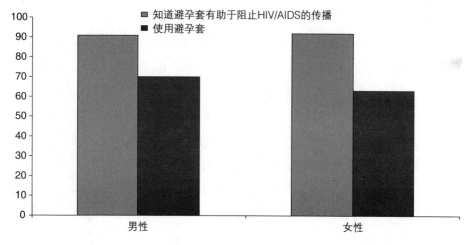

图14-1 受访者占比

资料来源:丁克曼等人（2006）。德累斯顿银行宏观经济研究

足道的投资领域，我们还有什么指望?

损失厌恶

每个人都在追求投资的圣杯:一个亘古有效的策略。但它并不存在，所以你最好停止寻找，或者更糟的是，停止假装拥有。市场的性质是高度概率性的，不确定性是投资行为的核心，所以没有任何一种策略会一直奏效。

图14-2显示了价值投资年化收益率为正的时间百分比，以及它超过总体市场回报的时间百分比。在年化基础上，你可以合理地预期价值投资策略有70%的时间都产生了正的绝对收益（基于MSCI在1975—2006年的价值数据）。

每10年中有3年，价值投资策略会带来负收益，而这种负收益肯定会令许多人放弃这种投资策略。我们对损失的厌恶程度要高于对收获的喜爱程度——这一现象被称为损失厌恶。

许多研究结果表明，人们对于损失的厌恶程度至少是对收获的喜爱程度的两倍。请考虑一下以下赌注:在一个公平的抛硬币游戏中，如果你输了，你必须支付100英镑。那么如果你赢了，奖金为多少你才会接受这个赌注?

在采访了超过450个基金经理后，我们发现他们给出的平均答案是190英镑!由此可见，和我们其他人一样，专业基金经理也是厌恶损失的（见图14-3）。

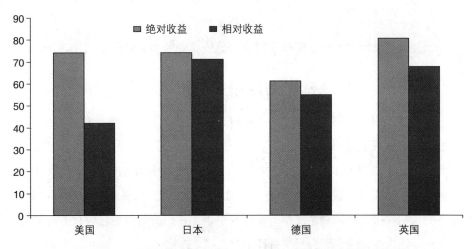

图14-2　价值战略年收益为正的占比（绝对的和相对的）

资料来源：德累斯顿银行宏观经济研究

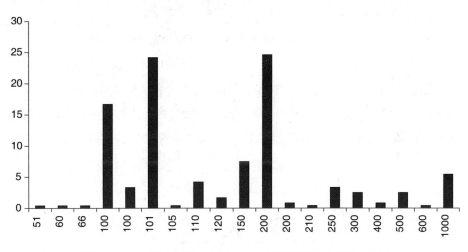

图14-3　基金经理和普通人一样厌恶损失（频率，%）

资料来源：德累斯顿银行宏观经济研究

乔尔·格林布拉特在他的精彩著作《股市稳赚》中详细描述了损失厌恶在阻止投资者遵循其"神奇公式"方面所发挥的作用。他写道：

　　试想一下，日复一日，你目睹这些股票在几个月甚至几年的时间里都表现得比市场平均水平还要糟糕……在每12个月的检测中，有5个月"神奇公式"投资组合的表现比不上市场平均水平。从全年来看……

每四年中会有一年，其表现不如市场平均水平。

因此，损失厌恶显然是阻碍人们成为价值投资者的罪魁祸首。

延迟满足和天生短视

价值战略不仅可能会出错，并且它可能需要很久才能奏效。价值型股票会通过两种方式使我们获得回报：例如，如果我买入了一只严重被低估的股票，其他人可能也意识到了这只股票的廉价，价格可能由此发生修正；不过，该股票也有可能延续这种被低估的状态，并通过持续的高分红的形式为投资者带来较高的长期回报。这两种情况都有可能发生，但在价值股到达它应有的位置时，我们没办法事先知晓到底会发生哪种情况。

这意味着价值投资者必须目光长远。在对价值投资者的研究中，我们发现他们的平均持股期限是5年，而纽约证券交易所股票的平均持股期限只有11个月（见图14-4和图14-5）。

然而，对于我们人类来说，目光长远并非我们的天性。当我们面对可能会获得的奖赏时，我们的大脑会释放多巴胺。多巴胺能使我们感到自信且兴奋。大多数多巴胺受体位于与大脑中与X系统（处理信息快速但草率的大脑系统）相关联的区域。获得金钱回报的可能性似乎会触发多巴胺的释放，从而使人们感到快乐，而这种快感和享用食物或服用兴奋剂带来的快感是相同的（参见克

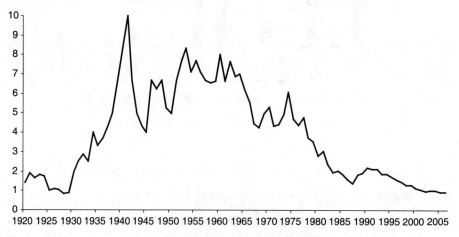

图14-4　纽约证券交易所股票平均持有期（年）

资料来源：德累斯顿银行宏观经济研究

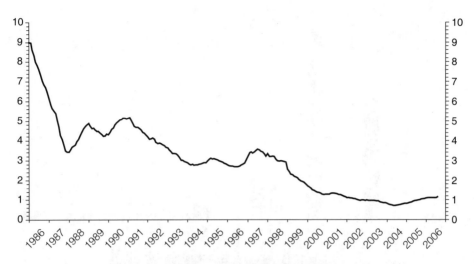

图14-5 伦敦证券交易所股票平均持有期（年）

资料来源：德累斯顿银行宏观经济研究

努森和彼得森在2005年的研究成果）。

麦克卢尔等人在2004年发表的论文中对决定"延迟满足"的神经系统进行了探讨。许多研究表明，人们往往在即时行为中缺乏耐心，但却对未来的规划耐心十足。例如，当研究人员让人们在"今天就获得10英镑"和"明天能获得11英镑"之间进行选择时，许多人直接选择了前者。之后，研究人员又让这些人在"一年后获得10英镑"和"一年零一天后获得11英镑"之间进行选择，结果是许多起初选择了前者的人却转而选择了后者。

为了了解在面对这些选择时大脑中发生了什么，麦克卢尔等人测量了参与者在即时和延迟的货币奖励之间做出一系列跨期选择时的大脑活动。一些选择需要在一种即时奖励和一种延迟奖励之间做出，另一些选择则需要在两种不同的延迟奖励之间做出。

他们发现，当选择涉及一份即时奖励时，腹侧层（基底神经节的一部分）、内侧眶额皮层和内侧前额皮层均显示出或多或少的使用痕迹。所有这些元素都与X系统相关。这些区域同时也遍布中脑多巴胺系统。麦克卢尔等人指出，"这些结构一直与冲动行为密切相关"。

当选择涉及两份延迟奖励时，前额皮层和顶叶皮层被激活（与C系统相关）。似乎选择越困难，这些区域被使用得就越多。我们很难无视X系统。通常，在C

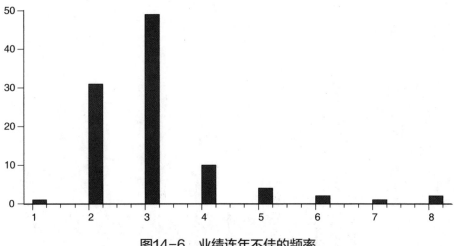

图14-6　业绩连年不佳的频率

资料来源：德累斯顿银行宏观经济研究

系统有机会考虑某个问题之前，X系统便已经做出反应了。短视似乎是我们与生俱来的天性。对此，凯恩斯曾一语道破玄机："基于真正的长期预期的投资在如今很难实现，甚至不可能实现。"耐心的确是一种美德。

在投资领域，损失厌恶和时间范围并不是相互独立的问题。对一个投资组合的收益情况查看得越频繁，你就越有可能看到损失。一个老练的基金经理都很有可能陷入业绩连续三年下跌的窘境。图14-6虚拟了一种情形，即所有基金经理的阿尔法都为3%并且追踪误差都为6%。然后，我令这些虚拟的基金经理持续管理基金50年。在此条件下，图14-6显示了其表现欠佳的年数频率。大约70%的虚拟基金经理所管理的基金连续3年或3年以上表现欠佳！

戈亚尔和瓦哈尔在2005年的一项研究中揭示了为什么我们需要更好地向最终客户解释投资的风险（图14-7）。这项研究绝对是养老金计划和信托的必修课。他们研究了1993年至2003年期间养老金计划的发起人和受托人聘用和解聘基金经理的4000多项决定，并在结果中发现了追逐短期收益行为的典型特征。发起人倾向于聘用受雇前3年的历史平均投资业绩高于市场平均水平近14%的基金经理，但这些基金经理在受聘后3年里所创造的收益在统计上并不显著。相比之下，那些因工作表现被解聘的基金经理在被解聘前3年里的投资业绩往往比市场平均水平低约6%。然而，这些基金经理在被解聘后3年里的投资业绩往往超

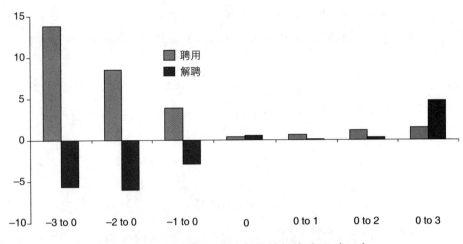

图14-7　与聘用和解聘有关的投资表现（%）

资料来源：戈亚尔和瓦哈尔（2005）。德累斯顿银行宏观经济研究

过市场平均水平5%。这对我们来说是延展时间跨度的有力一课。

社会疼痛和羊群效应

　　我们曾提到过，神经科学研究强有力地证明，社会疼痛与真正的生理疼痛源于大脑中的相同部位。艾森伯格和利伯曼在2004年曾做过一项与此相关的实验。他们邀请参与者玩一个电脑游戏。参与者们都认为，他们是在和另外两个玩家进行三方来回传球的游戏。

　　但事实上，另外两个玩家是由电脑控制的。在进行了一段时间的三方传球后，另外两名"玩家"开始相互传球，而不再传给实验参与者。这种社会排斥在前扣带皮层和脑岛中引起了大脑活动，而真实的身体疼痛同样激活这两个区域。

　　遵循逆向投资策略的投资者会经历社会疼痛。为了实施这样的策略，投资者会买入别人都在卖的股票，并且卖出别人都在买的股票。这样做会引发社会疼痛。艾森伯格和利伯曼的研究结果表明，遵循这样的策略的投资者会经常感到像是摔断了胳膊一样的疼痛——一点儿也不好玩！

　　在别人绝望时买入，在别人贪婪时卖出，这需要最大的毅力，也会带来最大的回报。

——约翰·邓普顿爵士

最能促进公众利益的是长期投资者，而在实践中，他们将受到最多的批评……因为在一般人看来，他的行为在本质上是古怪、不合常规及鲁莽的。

——约翰·梅纳德·凯恩斯

世俗的智慧告诉我们，由于因循守旧而遭受失败比通过打破传统而获得成功要更有利于名节。

——约翰·梅纳德·凯恩斯

悲伤的故事

当投资者进行价值股筛选时（或筛选其他类型的股票）时，他们将列出一个股票清单。在清单生成之后，每位投资者会做的第一件事就是仔细查看清单上的股票并开始进行元素分析。例如，"我不能买那只股票，它毫无希望"。与股票有关的先入为主的故事这时开始发挥作用。就像魅力股有着令人难以置信的潜在增长能力的诱人故事一样，价值股如此廉价也有着无数个理由。所有这些都妨碍了投资者去真正遵循筛选建议。因此，在这种情况下，无知或许真的是一种福气。

故事之所以强大，是因为它们能激发"可得性"。我们的头脑不是容量无限的超级计算机，会受到认知资源的限制。人们通常认为，记忆的功能等同于一张明信片或一张照片。不幸的是，记忆并不是这样工作的。记忆是一个过程，真相仅是一个输入而已。例如，如果你问人们，"在美国，被鲨鱼袭击和被闪电袭击哪一个更可能是致死原因？"你会发现，尽管每年被闪电击中致死的人数是被鲨鱼袭击致死人数的30倍，但似乎有相当多的人认为鲨鱼袭击事件更为普遍。人们推理中出现这种错误的原因是鲨鱼的攻击显而易见（易于回忆——这主要归因于电影《大白鲨》），而且易于获取（每次有人在佛罗里达或夏威夷海岸被鲨鱼撕咬的新闻都没能逃过我们的耳朵）。

我们听到的其他故事也是如出一辙。例如，当某公司启动首次公开募股时，我们会确信这背后有一个精彩的故事，充满了增长的希冀。这让"增长"变得显著而可得，而这些想法往往会遮蔽估值等其他考虑因素——就像鲨鱼袭击事件遮蔽了更有可能发生的雷击事件那样。

价值股的情况正好相反。这些股票通常会显得很廉价，但投资者将总能够找到各种理由去解释其一直保持低价的合理性。因此，这个故事将会遮蔽价值股廉价的真相。

过度自信

人们不遵循量化模型的一个关键原因是，他们对自身能力有着惊人的过度自信。对于价值投资而言，情况亦是如此。投资者往往更喜欢依仗自身的选股技巧（不管这些技巧多么令人生疑），而不是遵循一个简单的规则，比如，买入摩根士丹利资本国际全球指数（MSCI）的成分股中市盈率（PE）最低的20%的股票。

我们对掌控力的幻觉和对知识的幻觉共同导致了这种过度自信。知识的幻觉令我们认为，拥有更多的知识和信息能让我们做出更好的决定。从直觉的角度来看，这是显而易见的。然而，现实中的大量证据表明，这一观点存在缺陷。实践经验表明，更多的信息似乎并不能等同于更好的信息。投资者往往会遇到信号提取问题，也就是说，他们很难从大量噪音中提取出有意义的元素。

掌控力的错觉也在其中起到了作用。我们总是有一种神奇思维——我们总是坚信，我们能够影响那些我们显然不能影响的事物。普罗宁等人在2006年发表的一篇论文中对这种行为的诸多方面进行了探讨。他们做了一个实验，在该实验中，他们告诉受试者，实验的目的是研究巫毒教[①]。所有受试者被分成两人一组（其中每一组中都混有一个实验者的助手，这个人会故意装作一个"讨人喜欢"的人，或者一个"令人生厌"的人）。其中一个人会扮演"巫医"的角色，而另一个人会扮演"受害者"的角色。在实验中，"巫医"会被要求用针去扎一个巫毒娃娃以诅咒"受害者"。实验者的助手总是会被安排为"受害者"，而真正的受试者的任务是用针去扎巫毒娃娃（扮演"巫医"的角色）。

在实验中，真正的受试者在被要求给巫毒娃娃扎针之前，都会被安排和他们的搭档共同待上一会儿（记住，其搭档要么是"讨人喜欢"的，要么是"令人生厌"的）。然后，"巫医"们被要求走进一个房间，并"在脑中对受害者进行生动而具体的勾画，但不能大声说出来"。随后，这些"巫医"被允许把针扎入一个巫毒娃娃中。在此之后，实验者问"受害者"是否会感到痛苦。因为这

① 巫毒教，又称伏都教，由拉丁文Voodoo音译而来。它源于非洲西部，是糅合了祖先崇拜、万物有灵论和通灵术的原始宗教。一般而言，巫医会用红绳紧勒缠绕人偶，重复喊出咒语，然后用针或钉刺入人偶（的肝脏部位）以进行施法。——译者注

些"受害者"都是实验者的"同伙",所以他们都会谎称"自己有点儿头疼"。之后,扮演"巫医"的受试者被要求填写一份问卷,其中包括一个关于他们对"受害者"遭受痛苦一事有多大程度的罪恶感的问题。令人惊讶的是,"巫医"们觉得他们对那些令人生厌的"受害者"所遭受的痛苦要负有更大的责任。其原因可能是,与普通的"受害者"相比,"巫医"们的脑海中已多次浮现过自己对那些令人生厌的"受害者"发怒的情景。

随后,实验者又进行了一些后续实验。其中一个实验是让受试者观看蒙眼球员投篮。受试者被要求想象球员投篮的场景,或者想象球员在做其他事情的场景,比如拉伸。与那些被要求想象其他场景的受试者相比,那些被要求想象球员投篮场景的受试者普遍认为他们对球员投篮的成功与否负有更大责任。

最后,在一场真正的篮球比赛中,实验者要求受试者描述一个有潜力的球员对整个球队的重要性及作出如此评价的原因,或者仅要求参与者描述这个球员的外貌。比赛结束后,实验者请受试者评价自己对所支持球队的表现负有多大责任。再一次,与那些仅描述了球员外貌的参与者相比,那些描述球员对球队重要性的受试者认为自己对球队的表现负有更大责任(图14-8)。

在这三个实验中,与参照组相比,那些进行了主观思考的受试者明显表现出更多的"神奇思维"。而投资者肯定对他们所选择的股票进行过主观思考,因

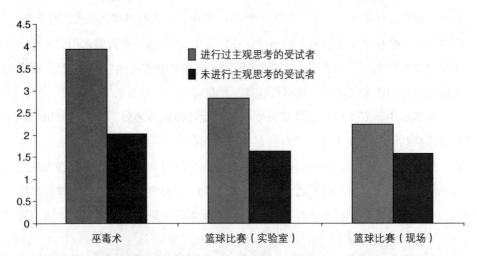

图14-8 应承担责任的程度(1=不承担任何责任,7=承担全部责任)

资料来源:普罗宁等人(2006)。德累斯顿银行宏观经济研究

此他们会觉得自己对结果是负有"责任"的，尽管他们并不能左右结果。

乐趣

我想在这里谈的最后一个障碍很简单，那就是趣味。正如凯恩斯所言，"对那些完全没有赌博天性的人来说，专业的投资游戏是异常枯燥且艰巨的；而对那些拥有冒险本能的投资者来说，他们则需要为其这种倾向付出一定的代价"。

遵循简单的规则和步骤并非趣事，尽管通过会见各公司的代表以及与卖方分析师进行交谈来充实你的一天可能会是件有趣的事情（但就我个人而言，如果这是你对乐趣的定义，我真的爱莫能助了）。

正如保罗·萨缪尔森所说："投资本该是枯燥的，它不该是令人兴奋的。投资应该更像是看着油漆变干或凝望青草生长。如果你想要刺激，那么请带着800美元去拉斯维加斯吧。"

言易行难

最后，让我们以一句警句来作为本章的结尾：我们总是怀着最美好的意愿启程，但正如俗话所说，通往地狱的道路由美好的意愿铺就。

克勒和潘在2006年发表的一篇论文完美地证明了这一点。他们要求受试者填写一份关于不久后到血站献血的问卷。受试者需要描述他们去献血的可能性，并要对一些陈述给出从1（强烈反对）到9（强烈同意）的不同程度的评分，这些陈述均涉及他们对于献血的态度。其中，最后一个陈述是，"现在，经过深思熟虑，我非常愿意在7月14日至22日之间去血站献血"。该陈述是用来衡量受试者当前意愿强度的。

图14-9显示了根据当前意愿的强弱所预测的献血可能性和实际献血结果。总体来说，人们对于他们会去献血一事表现得过于乐观了。平均而言，他们的预期概率超出实际结果大约30个百分点。随着人们当前意愿的增强，献血的预期概率比实际结果上升得更快。这意味着当前的意愿对行为的预测有着非常强烈的影响，但对行为本身却并没有影响。

因此，"从现在起，我将成为一名价值投资者"——言之非难，行之不易。

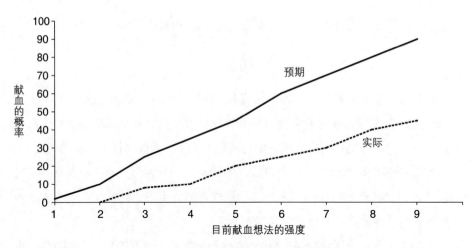

图14-9　预期和实际献血的概率

资料来源：克勒和潘（2006）。德累斯顿银行宏观经济研究

VALUE INVESTING

TOOLS AND TECHNIQUES
FOR INTELLIGENT INVESTMENT

第三部分

价值投资的哲学

第十五章

投资之道：我的投资十原则

多年来，我曾多次被问及投资之道。在本章中，我将尝试对我的信条进行整理（并为这些信条提供一些证据支持）。然而，在开启投资理念之旅之前，我认为我应该先问一个不常被提及的问题——投资的目的是什么？这个问题的答案推动了接下来的一切。我觉得约翰·邓普顿爵士的说法最妙，他说："对所有长期投资者来说，目标只有一个——税后实际总收益最大化。"别无其他。接下来，我们所面对的问题则变为：我们应该如何进行投资以实现这个目标？

● **原则一：价值至上。** 价值投资是我遇到的唯一一种以"安全第一"为原则的方法。通过将安全边际置于投资过程的核心，价值投资方法将为增长预期付出过高代价的风险降至最低。

● **原则二：逆向投资。** 约翰·邓普顿爵士指出，"除非你采取与众不同的行动，否则不可能取得卓越的业绩"。

● **原则三：要有耐心。** 从等待时机出现，到逃脱价值型基金经理过早卖出的诅咒，耐心在许多层面上都是价值投资方法不可或缺的一部分。

● **原则四： 不受束缚。** 尽管资产分类和贴标签在当下很流行，但我并不认为这样做会有助于投资。当然，应该不受束缚地利用起任何可能出现的价值投资机会。

● **原则五：不要预测。**我们必须找到一种更好的投资方式，而不是依赖我们存在严重缺陷的预测能力。

● **原则六：注重周期。**正如霍华德·马克斯所说，虽然我们无法进行预测，但我们可以未雨绸缪。关于经济、信贷和情绪的周期的认识对于投资大有裨益。

● **原则七：重视历史。**投资中最危险的一句话就是"这次不同"。对历史和背景的了解有助于避免重蹈覆辙。

● **原则八：保持怀疑。**我心目中的一位英雄曾说，"盲从令人丧命"。学会质疑别人对你说的话，培养批判性思维能力对保持长胜和安身立命都至关重要。

● **原则九： 自上而下，自下而上。**去年的一个关键教训是，自上而下和自下而上的观点同等重要，我们不能仅用一种观点去说明一切。

● **原则十：像对待自己一样对待你的客户。**当然，对任何投资的终极考验都是：如果用我自己的钱，我还会愿意这样进行投资吗？

多年来，我曾多次被问及投资之"道"。一直以来，我总是会刻意回避直接回答这一问题。然而，现在，我觉得是时候把我的投资信条写下来了。在本章中，我将对我个人的投资信条进行阐述。然而，在开启通往我投资信仰的暗黑世界之旅以前，我们需要先回答一个基本的问题——投资的目标是什么？

投资的目标

我一直觉得，这是一个很重要但却并未受到广泛关注的问题。我觉得约翰·邓普顿爵士的说法最妙："对所有长期投资者来说，目标只有一个——税后总回报最大化。"或者如凯恩斯所说："理想的政策……会使资金能够获得可观的利润率，同时还能确保资本实际遭受严重贬值的风险最小化。"

这些定义几乎说明了一切。现如今，基金行业竞争激烈，并且各基金公司一直在竞相追逐更好的相对业绩。当然，在这种背景之下，像实际总收益这种简单的概念通常不会被作为委托投资的考量标准（当然，对冲基金除外）。但可以肯定的是，这才是所有基金都应该努力去实现的终极目标。

以此角度来看待世界还可以防止我们陷入对现代金融中阿尔法和贝塔的迷恋。正如我之前写过的（见第二章），我分别从实证和理论的角度对CAPM进行了否定。一旦CAPM不成立，诸如阿尔法和贝塔之类的概念就会变得毫无意义。

因此，人们应该专注于获取收益本身，而不应该在分解收益上分神。

在确定了投资目标后，我们该去探讨一下实现这一目标的哲学了。接下来，我将逐一介绍我的10条投资原则。这些原则代表了我对投资运作方式的信仰（在某些情况下也是证明我的投资理念的一些证据）。

原则一：价值至上

我所遵循的方法的核心是，相信我为一项投资支付的价格决定了可能的收益。没有任何一种资产会好到不受估值过高的影响，也没有任何一种资产能坏到没有估值过低的可能性。因此，一种资产在某一价格上是适合进行投资的，而在另外一个价格上可能就不适合了。

区分价值和价格是关键，因此这种方法从本质上否定了市场有效性（即价格等于价值）。正如沃伦·巴菲特所说，"你支付的是价格，获取的是价值"。然而，投资的目标显然不是以公允价值买入资产，因为那样做只能获得平均收益。

相反，买入的资产应该拥有安全边际。任何对内在价值的预测都含有运气成分。因此，只有当实际价格远低于预测值时进行买入操作才能防止出错。正如本杰明·格雷厄姆所说，安全边际"可以用来吸收预测失误或运气不佳的影响"。

价值投资是我遇到的唯一一种以"安全第一"为准则的投资形式。它将风险管理置于方法的核心。当然，当我谈到风险管理时，我指的并不是量化分析师们所钟爱的现代伪科学，而是"永久性资本损失"。价值投资者试图降低"价值风险"（为某物支付过高价格的风险），并花时间想弄清楚他们所面临的运营和资产负债表风险的程度（如第十一章所述）。

我还认为价值是一个绝对的概念，而不是相对的概念。我认为，仅因为一只股票比同类股票便宜就觉得它有吸引力将会把我们引向灾难。价格与内在价值之比才是唯一重要的衡量指标。

在这里，我不想对价值投资方法的实证优势进行全面回顾，而仅是想点到即止。图15-1至图15-3显示了价值投资方法在三种不同背景下的作用。图15-1显示了一种无约束条件的全球性价值投资选股方法，它清楚地显示了价值视角给投资者带来的好处。

不过，资产配置投资者也不应忽视价值。图15-2显示了在整体市场估值较

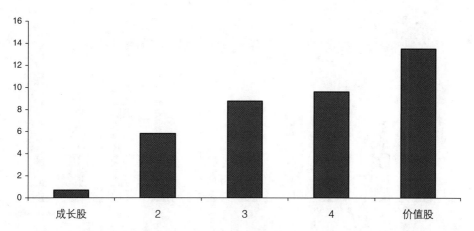

图15-1 不受约束的全球价值投资法的确有效（1985—2008，年均，%）

资料来源：法国兴业银行全球战略研究

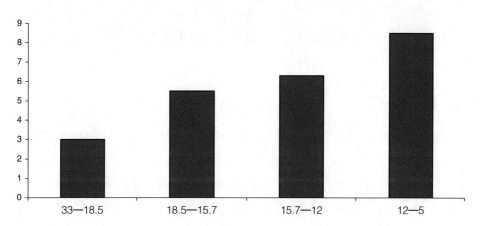

**图15-2 按买入点格雷厄姆&多德市盈率得出的随后十年实际年均收益率
（1871—2008，%）**

资料来源：法国兴业银行全球战略研究

低时进行资本配置的优势。它显示了10年的基于格雷厄姆&多德市盈率（当前价格与10年移动平均收益之比）所定义的买入点的实际收益率。显然，在资产配置和股票选择方面，价值投资方法均表现不俗。

忽视价值投资方法的固定收益投资者也是不明智的。去年，我在布兰德斯研究所的朋友进行了一项关于魅力债券和价值债券表现的有趣研究（魅力债券指的是高市盈率的公司债券，而价值债券指的是低市盈率的公司债券）。他们

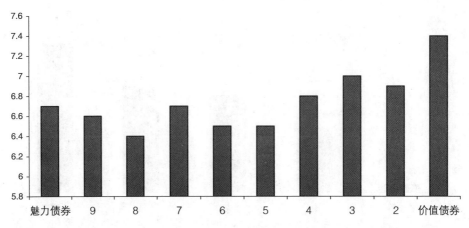

图15-3　按市净率十分位数排名的三年期年均债券收益率（1990—2007）

资料来源：布兰德斯研究所

发现，价值型公司债券的表现要远远优于魅力型公司债券！由此可见，价值投资法再次闪耀出光芒（图15-3）。

原则二：逆向投资

凯恩斯曾说："投资的核心原则是逆大众观点而行，理由是如果每个人都投资同样的对象，那么其投资价格就会变得过于昂贵，这是不可避免的，从而该投资对象便会失去吸引力。"或者，正如约翰·邓普顿爵士所说，"除非你采取与众不同的行动，否则你不可能取得卓越的业绩"。

遵循以价值为导向的方法几乎总会令投资者逆势而行，因为价值型投资者通常在买入不受欢迎的资产，并在卖出市场的宠儿。

与其担心最新的民意调查，我们不如去推断人们对资产价格所达成的共识。这种偏好在本质上是愤世嫉俗的。我一般不相信调查结果，这一点与美剧《豪斯医生》中平凡的同名主人公很像。豪斯医生由于病人总是对他撒谎而拒绝与其进行交谈。在我看来，调查结果所反映的是人们的主观倾向而并非客观情况。

达斯古普塔等人在其2006年的研究中证明了逆向投资的魔力。通过对1983年到2004年美国基金经理的投资行为的研究，他们发现机构基金经理忙着卖出的股票要比他们忙着买入的股票表现更好！在每个季度，股票都会根据机构净交易的持续度（即连续记录下的净买入或净卖出的季度数量）被配置到不同的

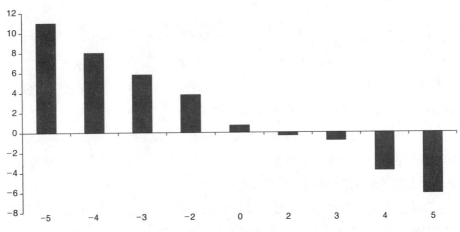

图15-4 买入持久度与两年期非正常收益率之间的关系（%）

资料来源：达斯古普塔等人（2006）

投资组合中。例如，持续度为-5表示至少在5个季度都有卖出记录的股票，而持续度为0则表示仅在当前时段有被买入或卖出记录的股票。

图15-4显示了两年内每个持续的投资组合经过市场调整后的未来收益。即使仅粗略一瞥，我们也能发现收益与机构买卖之间存在负相关关系。在两年的时间跨度内，金融机构卖出和买入的股票的平均收益率相差17%——其卖出的股票的收益率要高于市场平均收益率11%左右，而其买入的股票的收益率则比市场平均收益率低6%！

达斯古普塔等人还指出，基金经理持续购买的股票似乎有一些共同特征。这类股票往往是流动性强，且增长势头强劲的成长型（低净值市价比）股票。与之相反的是，那些总是被基金经理卖出的股票通常是流动性较低、历史收益率较差的价值型股票。

达斯古普塔等人的研究成果中最后一个值得注意的方面是，他们对每位基金经理的从众可能性进行了估计，并将衡量这一行为可能性的指标称为"绵羊指数"。他们总结道："我们发现，约四分之三的机构在面对高持续度的股票时都表现出从众模式……我们对从众行为进行了广泛衡量……大多数基金经理所表现出的绵羊指数值都为正。"正如本杰明·格雷厄姆所说，要有"相当强的意志力才能避免随大流"。

原则三：要有耐心

在许多层面上，耐心都是价值投资不可或缺的一部分。本杰明·格雷厄姆曾写道："由于忽视或偏见引起的低估可能会持续很长一段时间，而由于过度受追捧或人为刺激而导致的价格虚高也是如此。"

无论何时配置头寸，我们永远都无从知晓它是否会有效。购买廉价股票有助于获得长期回报，但从短期来看，前景未卜。廉价股票总是会变得更廉价，而昂贵的股票却总是会变得更昂贵（在短期内）。

因此，我们要有耐心。就股票类别而言，处于价值型股票的状态可能带来以下结果：

1. 随着市场对低估值的纠正，股价也会随之上涨。

2. 股票可能会保持低估值水平，但股息会变高，从而产生收益。

3. 股票可能永远都不会有起色（又名价值陷阱）。

因此，如果我们碰到的是前两种股票，那么价值型基金经理有必要具备耐心；但如果我们碰到的是第三种股票，那么耐心便会成为一个严重的问题。图15-5显示了全球价值投资对耐心的需求程度。

在第一年，价值策略的表现往往会优于市场表现7%左右。如果你再持有12

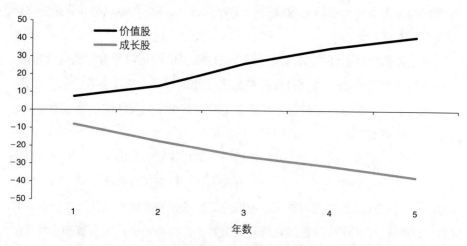

图15-5 耐心是一种美德：不同持有期的累计超额收益

资料来源：法国兴业银行全球战略研究

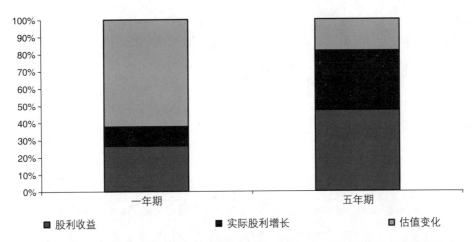

图15-6 实际收益的构成由持有期决定——自1871年以来的美国数据

资料来源：法国兴业银行全球战略研究

个月，那么你的回报就又会增加6%。由此可见，长期持有真的能创造机会。在第三年，价值投资的收益会增长到高于市场收益12%的惊人水准，在第四年又会再增长8%。

我们在对长久以来都非常成功的价值型基金经理的平均持有期限进行考察时发现，他们的平均持有期限大约是5年——这为上述研究结论提供了实证支持。价值型投资基金的长期持有策略与普通共同基金的频繁调仓策略形成了鲜明对比（图15-6）。

从收益的驱动因素角度来看，长期持有也非常有意义。例如，从一年的角度来看，你的总收益的60%来自估值的变化（实际上是价格的随机波动，我对此一无所知）。然而，随着时间的推移，作为一个基本面投资者，我所理解的事情开始变得愈加重要。例如，在5年的时间里，大约80%的实际收益都来自我们所支付的价格和潜在的经营增长。

然而，耐心的长期投资者似乎正在消失。凯恩斯曾指出，"与前辈相比，现代投资者过于关注他们所持资产的年度、季度甚至月度的估值以及资本增值……却对直接回报和内在价值少有问津"。

如图15-7所示，投资者普遍似乎都有慢性注意缺陷多动障碍。纽交所股票的平均持有期限是6个月！在这个时间范围内，人们唯一关心的是：下个季度会

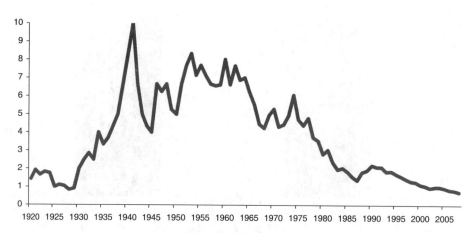

图15-7 纽约证券交易所股票平均持有期（年）

资料来源：法国兴业银行全球战略研究

发生什么？

凯恩斯曾说："现代投资市场的景象有时会让我得出这样的结论：我们应该令投资的目标资产具有一种永久性，就像婚姻那样，除非由于死亡或者其他重大原因，否则不可变更。这可能不失为一种解决当代弊端的有效方法。"因为这将迫使投资者去关注且仅关注长期前景。

当然，对短期的执念创造了一个机会。如果其他所有人都围绕着基于未来3个月表现的资产定价，那么他们很可能会错估更长时期的资产价格。因此，对于高瞻远瞩的投资者来说，时间套利的机会就出现了。可遗憾的是，正如凯恩斯曾经所言，"如今，基于真正的长期预期进行投资非常困难，甚至几乎不可能实现"。

这并不是说价值方法可以使我们完全不受到市场的影响。在发生价值陷阱时，耐心会导致灾难。为了防止这种事情的发生，我们应该多花一些时间来评估那些对投资者不利的仓位。如果一种持仓行为出现"问题"，那么相应的审查机制就应该被触发。审查的目的是从一张白纸出发，去思考现在应该做些什么。

如果基本面没有发生变化（也就是说，这只是一个价格波动比基本面波动大一个数量级的例子），那么加仓的机会就出现了（假设没有触及上限）。如果基本面和实际情况发生了变化，那么则要减仓。

　　承认耐心的不可或缺也意味着杠杆的使用可以被避免。杠杆限制了投资者的持久力，因此我们必须避免使用它。凯恩斯曾说："提倡忽视短期市场波动的投资者需要更多的资源以确保安全，而且不能用借来的钱（如果能借来的话）进行大规模操作。"

　　我们必须要有耐心，因为价值型基金经理的诅咒就是过早（买入或卖出）——无论是针对其买入决策（被亲切地称为"过早积累"）还是卖出决策。不幸的是，从短期来看，过早做决定和做错了决定没有区别。

　　我们这些价值投资的追随者往往会在股价开始显得昂贵时就出脱头寸，而不是等到股价看上去已被出奇高估时才出脱头寸。我的工作本身就是去"提前"指出那些将要发生的问题。例如，我在1995年将泰国称为下一个墨西哥，在1997年认为当时的股市是在享受最后的狂欢（在我迷失于科技泡沫的狂热中之前），在2005年指出美国房地产和商品市场的泡沫特征，并在2006年提出采矿业存在泡沫。

　　如果我具有未卜先知的能力，我就会在崩盘的前一天抛售所有股票，并且直到股市触底时才再次买进。然而，因为我没有水晶球（我也从未遇到过任何拥有水晶球的人），所以除了继续以耐心、谨慎的方式行事之外，我别无他选。这意味着我们需要慢慢建仓。

　　当我们东翻西找却还是未能发现任何价值股时，我们也不要失去耐心。我认为，大多数投资者都有行为偏差（详见第十七章）——本质上，这是一种去"做"某事的倾向。小熊维尼曾说："永远不要低估无为的价值。"长久以来，这句话一直给予我莫大的帮助。如果我们找不到值得投资的东西，那么我们最好什么都不投。

　　沃伦·巴菲特经常谈到等待"好打的慢球"的重要性。他曾说："我将投资视为世界上最棒的事业……因为你永远不用被迫挥棒。你站在本垒，就会有人向你投出47美元每股的通用电气股票！39美元每股的美国钢铁公司股票！没有人会让你下场。除了错失机会，没有任何损失。你可以整天耐心地等待中意的球，然后趁外野手打瞌睡的时候，快步上前，一击而中。"

　　然而，大多数机构投资者的行为却像极了棒球场上的亚特兰大勇士队的贝比·鲁斯①。因为他们深知，他们面对的是5万名球迷以及高呼着"挥棒，你这个废物！"的俱乐部老板，并且某些家伙故意想让他们离场，如果他们在下一个投球时还不挥棒的话，那些家伙就会说："快上缴球衣吧。"

巴菲特时常提到一本名为《击球的科学》的书，该书的作者是红袜队②的传奇人物泰德·威廉斯③。威廉斯在书中披露了自己在职业生涯中取得平均0.344的惊人打击率④的部分秘诀。威廉斯的非凡成功背后隐藏着一个极为简单的理论（通常，大道至简）。

他把击球区分割成77个小单元，每个单元都为一个棒球的大小。他不会击打每一个进入击球区的球，而是只击打那些落入最佳击球单元——"甜蜜击球区"的球。当球落入这一单元，他认为自己胜券在握。如果球没有进入最佳击球单元，他就会继续等下一个——即使这意味着他有时会黯然出局。

因此，就像威廉斯不会对所有投球都挥棒一样，投资者应该等待"好打的慢球"。所以，当历尽周折却仍未找到好的投资机会时，投资者最好选择持有现金。正如奥马哈先知⑤所说，"虽然选择持有现金会令人不舒服，但好过做愚蠢的投资"。

原则四：不受束缚

当代金融着迷于对"基金经理"进行分类，而这一做法却极为欠妥。我甚至一直觉得这种做法有点儿愚蠢。如果我有一个好的基金经理，我为什么会不希望他去投资他认为存在机会的产品呢？

例如，在过去五个月左右的时间里，我的工作是尝试建立一个以三个主题为基础的资产投资组合：用以对冲通货紧缩的现金（同时也作为我配置另外两类资产的资金），具有深度价值投资机会的固定收益和股权空间，最后是诸如

① 贝比·鲁斯（Babe Ruth）是一位美国职业棒球运动员，曾效力于红袜队，后转到扬基队，他带领扬基队取得多次世界大赛冠军，1935年退休，被誉为"棒球之神"。——译者注
② 红袜队（Red Sox），即波士顿红袜队，是一支职业棒球队，隶属于美国职棒大联盟的美国联盟东区。——译者注
③ 泰德·威廉斯，美国职业棒球球员和经理，职业生涯效力于波士顿红袜队。两次美国联盟最有价值球员（MVP）得主，带领红袜队两次赢得了三冠王。19次入选全明星。——译者注
④ 打击率是评判棒球选手成绩的一个重要指标，一般而言，若一位职棒选手的打击率高于0.300，他则被认为是一位优秀的选手。——译者注
⑤ 奥马哈先知指沃伦·巴菲特，他于1930年8月30日出生在美国内布拉斯加州的奥马哈市。——译者注

TIPS那样的廉价保险、黄金和股息互换。

当然，如今大多数基金经理都为形势所迫而成为了只投资某一特定资产类别的专业人士，这就使进行"资产配置"的决策权落入了最终客户的手中（相对于一般的基金经理而言，这些客户对如何进行投资实则更无把握）。这些限制使投资者无法从全局出发去充分抓住那些他们本可以进行投资的更为广泛的投资机会。对许多投资者来说，去构造像我刚刚提到的那种投资组合是不可想象的，或者需要寻求大量专业基金经理的帮助才能得以实现。

类似地，可能会有这样的时候，比如说去年，我通过分析得出结论：目前最好的投资策略是净做空。去年年初，我筛选出了这些年来我见过的最多的做空策略。与此同时，做多的一方却鲜有潜在的机会。很明显，做空占优。然而，许多基金经理却发现自己已经被自己的满仓操作束缚住了！

人为约束一位基金经理，就像雇用了罗伯特·普兰特①，却告诉他只能唱摇篮曲。借用巴菲特的话来说，如果我发现了一个在自己"能力范围"之内的投资机会，为什么我就不能自由地利用它呢？

原则五：不要预测

我试着列出"应做之事"清单而不是"不做之事"清单，但我不得不在清单中加入一条醒目地标记着"不做"的事——我又要老生常谈了，预测是一件愚蠢的事。我简直无法理解为什么诸多投资者会对参与这项价值如此之小、成功机会如此渺茫的活动乐此不疲。

例如，假设你按照以下流程进行投资：预测经济，预测利率走势，预测在该经济环境中表现突出的行业，最后预测在该行业中表现良好的股票。

现在让我们假设你对各项预测都很擅长，并且每项预测的正确率为70%（远远高于观察到的实际情况）。然而，如果你要求这四项预测都正确，那么你只有24%的概率能选出那只正确的股票！（假设每项预测都是独立事件）现在让我们来想一想一个分析模型平均会包含多少项预测吧：销售预测、成本预测、税收预测等等——难怪这些家伙从没对过。

另外，即使受到上天的眷顾，奇迹发生了——你的预测都是对的，你要想

---

① 罗伯特·普兰特（Robert Plant），生于1948年8月20日，英国著名摇滚歌手，词曲作者。——译者注

图15-8 美国实际GDP与经济学家的预期（4季度，月均，%）

资料来源：法国兴业银行全球战略研究

从中赚到钱还必须满足一个条件，即你的预测必须与众不同。这增加了这一问题复杂性的维度。

像汤森路透全球卖方分析师评选（STARMINE）[1]这样的评选组织每年都会揭晓预测最为精准的分析师，并且以此为傲。然而，如果你通览一下历年的赢家名单，你会悲伤地发现赢家基本是"岁岁年年人不同"。实际上，这意味着一个"幸运的傻瓜"赢得了一场存在离群值[2]的比赛。还应该指出的是，每年都必须有人成为那位最精准预测分析师！这并不意味着他们实际上是对的，他们只是比他们的同仁们犯的错误更少。

关于预测的愚蠢之处的证据不胜枚举，这本身就足以说明很多问题。然而，让我们来浏览几张图表，看看预测到底有多苍白无力。让我们从最上面一张开始——经济学家。这些人对预测毫无头绪。坦率地说，三只盲鼠[3]的预测都比任何宏观预测者要更可信。图15-8显示，他们从来都预测不出萧条（直到我们稳

---

① 汤森路透全球卖方分析师评选（STARMINE）始于1998年，是全球机构投资者广为认可的对全球股票分析师进行专业评选的权威活动。——译者注

② 离群值（outlier）是指在数据中有一个或几个数值与其他数值相比差异较大，如果其偏离观测到的平均值的概率小于等于1/（2n），则该数据应当被删除（其中，n为观察例数，概率可以根据数据的分布进行估计）。——译者注

③ 三只盲鼠（Three Blind Mice）是一首年代久远的英国童谣，著名侦探小说家阿加莎·克里斯蒂曾创作过一篇同名短篇小说，现名《捕鼠器》（又译《老鼠夹》）。——译者注

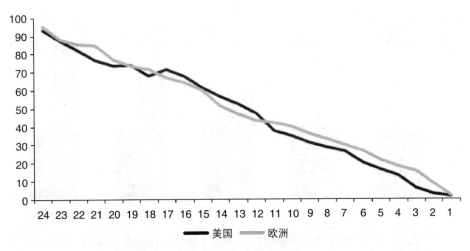

图15-9　随时间变化的预测误差：美国和欧洲股市（2001—2006，%）

资料来源：法国兴业银行全球战略

稳地陷入萧条），即使形势已变得异常糟糕了，他们还是会顶住压力坚持己见。

分析师也好不到哪里去。他们无论是对做多问题还是对做空问题的预测都很糟糕。我的同事瑞·安图尼斯对分析师预测的准确性进行了研究。作为一个传统学者，瑞并没有效仿我过去从总体层面上进行分析的方法，而是从单只股票的层面上调查了误差的程度。

图15-9显示了分析师平均的预测误差和预测时间跨度之间的关系。在美国，2001—2006年间，平均24个月的预测误差为93%，平均12个月的预测误差为47%。欧洲的数据同样令人不安。平均24个月的预测误差为95%，平均12个月的预测误差为43%。委婉地说，分析师对未来的收益情况一无所知。

令人遗憾的是，分析师在进行长期预测方面的表现并不比其在短期预测方面的表现好多少。图15-10显示了分析师给出的未来5年的预期增长率和其对应的实际结果。依据分析师对股票给出的预期增长率的大小，股票被由低到高等分为五组，最左边为预期增长率最低的那20%的股票，最右边是预期增长率最高的那20%的股票。

即使我们仅是粗略地浏览一下该图表，我们也会发现这五组的实际增长率没有统计意义上的差别。也就是说，分析师对如何预测长期增长率根本就一无所知。

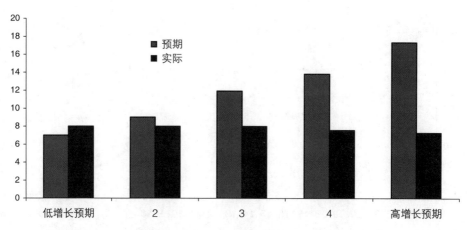

图15-10 长期增长预测与实际情况（美国，1982—2008，%）

资料来源：法国兴业银行全球战略

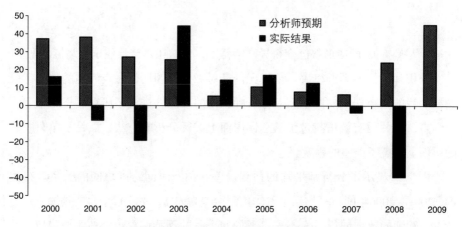

图15-11 （以目标价格为基础的）分析师预期收益率与实际收益率（美国，%）

资料来源：法国兴业银行全球战略

关于预测的愚蠢之处，我想说的最后一点是目标价格。为什么分析师一直要坚持尝试对价格进行预测呢？本杰明·格雷厄姆曾经说过，"对证券价格的预测并不是证券分析的一部分"。

图15-11显示了分析师在命中目标价格方面取得的令人尴尬的业绩。我选取了每年年初的证券价格，并假设分析师给出的目标价格是指12个月后的证券价格。据分析师预测，股市每年的平均涨幅为25%！

然后，我将这种隐含的分析师观点与同一领域的实际回报率进行了对比。正如你所看到的，目标价格与实际价格严重不符。在9年中，分析师有4年甚至都没能预测对价格变化的方向！平均预测误差的绝对指标为25%。

在这场短暂的失败之旅中，我们的底线是，绝不能将投资策略建立在我们存在着严重缺陷的预测未来能力的基础上，这样做纯属是疯了。当被问及未来时，如果我们都能像凯恩斯一样回答——"我们无从知晓"——我们将会过得更好。

原则六：注重周期

我想提出的第六个原则是注重周期——这一点对长期投资者也同样适用。正如橡树资本的霍华德·马克斯所言，尽管我们可能无法预测，但我们可以未雨绸缪。各种各样的周期都存在，这里仅举三个例子：经济周期、信贷周期和市场情绪周期。

人们常说，市场是由恐惧和贪婪驱动的。然而，它们通常一次只出现一个。市场情绪总是在非理性繁荣到极度绝望之间摇摆。由此可以看出，市场先生的确是个躁郁症患者。

霍华德·马克斯写道：

> 在我看来，投资者必须掌握两个关键概念：价值和周期。对于每一项你正在考虑要进行投资的资产，你必须对其内在价值持有一个坚定的观点。当其市场价格低于此价值，通常应该买入。当其市场价格高于此价值，则应该卖出。简言之，这就是价值投资。

> 但价值并不固定，它会随着经济环境的变化而变化。因此，周期性因素会影响到资产的现有价值。例如，价值取决于收益，而收益是由经济周期和流动性补偿决定的。

> 此外，证券价格在很大程度上受到投资者行为的影响；因此，我们可以通过了解自己在市场周期中所处的位置来帮助我们安全地进行投资。我们还需要知悉投资者的心理发生了什么变化，以及我们在短期内应如何采取行动以应对这些变化。我们想在价格看起来有吸引力时买入。但如果投资者感到头晕目眩，市场上乐观情绪泛滥，我们则必须考虑是否持观望态度才是上策。

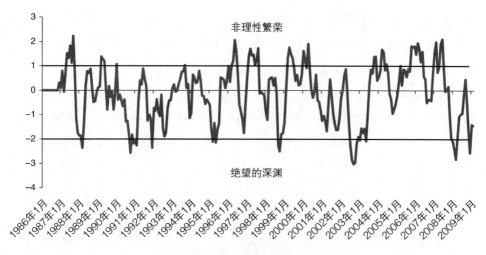

图15-12 我们的恐惧与贪婪指数

资料来源：法国兴业银行全球战略

图15-12显示了衡量我们所处位置的指标之一，它试图以一种简单的方式来衡量我们在狂喜之巅与绝望之谷的震荡中所处的位置。我当然无法预测其走向，但我可以为波动做好准备，并尝试利用这些波动所创造出的机会。基于逆向投资的愿望，资本承诺[①]的规模会不断下滑。

在某种程度上，本条原则显然与原则二提及的逆向投资理念密切相关。正如约翰·邓普顿爵士所言："在别人绝望地抛售时买进，在别人热切地买入时卖出，这样做需要我们下最大的决心，并且也会让我们收获最大的回报。"

塞斯·卡拉曼[②]在他的著作《安全边际》[③]一书中指出，

　　许多因素可以解释商业价值的变幻无常。例如，"信贷周期"，即信贷额度的周期性紧缩和宽松，就是主要因素之一，因为它影响到借款的成本和条款，从而会影响到买家愿意借用杠杆的倍数。简言之，如果买家能够获得低利率无追索权的贷款，那么他们则愿意借用更高

---

① 资本承诺（capital commitment）是指承诺向一只风险投资基金提供的资本。该资本一般不是一次性提供完毕，而是从基金建立的年份开始，在3—5年内陆续分期投入。——译者注

② 塞斯·卡拉曼（Seth Klarman）是世界著名的对冲基金经理，基金公司Baupost Group的创始人。——译者注

③ 《安全边际》（Margin of Safety）是塞斯·卡拉曼的代表作，该书是一本经典的投资学著作。——译者注

倍数的杠杆来进行投资。

请铭记周期的重要性，因为这有助于提醒人们要高卖低买。与此同时，这也强化了缓慢建仓的必要性，因为在一个周期结束之前，我们永远不知道自己是处于该周期的顶端还是底部。

原则七：重视历史

约翰·邓普顿爵士还指出，"这次不同"是投资中最危险的四个字。或者正如约翰·肯尼斯·加尔布雷斯[①]所说，市场具有这样的特点：

> 金融的记忆极为短暂。因此，金融灾难很快就会被淡忘。更甚的是，当相同或非常相似的情况再次发生时（有时是几年后），这些金融灾难又会被新一代充满自信的年轻人称为金融界，乃至更广阔的经济世界中的杰出新发现。在人类努力探索的所有领域里，唯有在金融世界，历史如此微不足道。

关于金融界不重视历史这一事实，我最喜欢的一段话来自被问及"你认为我们从这次动荡中学到了什么？"时，杰里米·格兰瑟姆给出的回应：

> 我们将在短期内学到很多，在中期内学到一些，在长期内则什么也学不到，并且历来如此。

我们的行业往往对过去发生的事情缺乏认识。我经常想，如果我们不是总在一味研究"布莱克—斯科尔斯期权定价模型"和"伊藤引理"中那样深奥而复杂的数学，而是要求金融从业者去研究金融史的话，那么金融服务的质量将会大有提升。

奇怪的是，特许金融分析师（CFA）确保其特许持证者能够熟练掌握现金流折现估价法（DCF）的机制，并能背诵风险价值模型（VaR）的妙处，但值得注意的是，其教材中没有一章讲述过金融史中的教训。正如本杰明·格雷厄姆所说，"谨慎意味着他（投资者）对股市的历史有足够的了解，特别是对股市中主要的几次震荡了如指掌……有了这样的背景，他也许就能对市场中存在的机会或陷阱做出一些有价值的判断……"

金融史带给我们最大的帮助是它可以使我们了解泡沫。我之前提到，我们

[①] 约翰·肯尼斯·加尔布雷斯（John Kenneth Galbraith）是一位加拿大裔美国经济学家，在哈佛大学任教多年。他是一位凯恩斯主义者，极力支持政府参与解决社会问题。——译者注

长期以来一直是金德尔伯格/明斯基泡沫分析框架的支持者（详情请参阅《行为投资学》一书的第三十八章和第三十九章）。本质上，该模型将泡沫从形成到破裂的过程分为五个阶段，具体如下：

> **移位 ⟶ 信贷创造 ⟶ 过度乐观⟶**
> **转折阶段/金融困境 ⟶ 剧变**

● 移位：繁荣的诞生

移位通常是指外生冲击会为某些行业创造盈利机会，同时又会使其他一些领域中的盈利机会消失。只要创造的机会大于消失的机会，这些新机会就可以为投资和生产部门所利用。人们会纷纷开始进行金融资产投资以及实物资产投资。实际上，我们正在见证一场繁荣的诞生。

● 信贷创造：泡沫的酝酿

正如火焰离不开氧气，繁荣也离不开流动性。明斯基认为，货币扩张和信贷创造在很大程度上于金融系统而言是内生的。也就是说，不仅现有银行可以创造货币，新银行的成立、新信贷工具的开发和个人信贷在银行系统之外的扩张也可以创造货币。

● 过度乐观

人们步入了一个崇尚买入的新纪元，大家认为物价只会一直上涨。传统的价值标准被全然摒弃，新的方法被引入以证明当前价格的合理性。过度乐观和盲目自信的浪潮开始席卷市场，这导致人们开始高估收益，低估风险，并普遍认为自己能够掌控局面。

● 转折阶段/金融困境

转折阶段往往表现为内部人士套现，随即金融市场陷入困境，在经济繁荣时期形成的过高的杠杆成为首要问题。欺诈也经常在泡沫生命周期这一阶段出现。

● 剧变

这是泡沫生命周期的最后一个阶段。投资者对他们所参与的事件感到恐慌，纷纷退出市场。这导致资产价格跌入谷底。

如表15-1所示，各次泡沫的关键特征惊人地相似。虽然每次泡沫的具体细节都是独特的，但其总体模式在本质上却相同。当然，学习识别这些迹象将是

表15-1　以往金融泡沫的基本模式

事件	移位	知情者的反应	泡沫的膨胀	主管部门支持	欺诈现象	政治反应
南海泡沫事件（1710—1720）	在南海公司获得南美洲（南海）贸易专卖权的情况下，通过英国政府债券转换为公司股票而获利	内幕人士在政府债务转换为公司股票之前买进债券	开设专门咖啡馆，为投机者创造场所	获得政府批准，且皇家银行参与其中	庞氏骗局	对南海公司的董事进行追加处罚，对股份公司的经营模式实施限制
1845年英国铁路泡沫	大萧条结束，出现新的交通方式	建设一条铁路	？	政府批准每一条铁路的建设	乔治·哈德森以本金支付股利（庞氏骗局）	改革会计准则，规定必须以收益支付股利，不得以本金支付股利
1873年美国铁路泡沫	内战终止，战争结束	建设由政府补贴的铁路	增加铁路许可，建设另一条铁路	亨利·瓦纳姆·普尔和查尔斯·弗朗西斯·亚当斯	？	？
20世纪20年代美国股市泡沫	十年期的快速增长，"一战"结束，大批量生产迅速普及	大量新股上市，新型封闭式基金的出现	地区性证券交易所，保证金账户及经纪人贷款发展	卡尔文·柯立芝、伯特·胡佛、安德鲁·梅隆和欧文·费雪的支持	拉塞尔·斯奈德及通用董事长查尔斯·E·萨尔因大量买入而导致债务激增	通过《格拉斯—斯蒂格尔法案》，建立证券交易委员会，通过《银行控股公司法案》
20世纪60年代的并购浪潮	股票市场20年的快速增长，成长型投资设备受欢迎	专业型企业集团的出现	通过股票互换推动收益大幅增长	国家安全事务助理麦克乔治·邦迪	全国学生营销公司	改革会计事务准则，实行《威廉姆斯法案》
20世纪80年代日本房地产及股市泡沫	自由化经济和宽松的货币政策	金融操纵技术	交叉持股，潜在资值，1987年通过《协助联合维持和平活动法案》	到1995年，注销野村证券87亿日元不良资产	招募大潮，泡沫女士	？
科技、媒体和通信泡沫	互联网普及，经济高速增长与宽松的货币政策	积极的成长型基金股票期权及IPO业务的高涨	虚假收益，新的估值方法，回购业务	格林斯潘	安然、世通、泰科等	实行《萨班斯·奥克斯利法案》
信贷风险泡沫	低利率、高涨价格，全球经济"大缓和"	各种各样的杠杆	新的衍生品体系：CDOs、CDOs平方，新型抵押产品，回购技术	格林斯潘、伯南克、布什	公允价值计模型及其换秘，麦道夫欺诈案、艾伦·斯坦福	？

资料来源：法国兴业银行全球战略研究

一个极有价值的追求。

原则八：保持怀疑

当我试图列出形成我所使用的方法的原则清单时，我发现各原则之间的界限很难界定。保持怀疑这一点似乎已涵盖在其他原则之中了，但我觉得其本身也值得研究。我心目中的一位非金融领域的英雄——布鲁斯·斯普林斯汀[①]曾经说过："盲目相信任何事会使人丧命。"我极为认同他的观点，缺乏批判性思维是危险的。

多年来，我有幸认识了一些最优秀的投资者（无论是在决策还是业绩方面），他们有着一个共同的特点，即他们都在一定程度上持有怀疑态度。事实上，我甚至可以说，与绝大多数基金经理相比，他们在投资方面有着迥异的默认策略。他们的默认策略是，在确定一项投资有价值之前，保持观望。这让他们的投资方法具有内在的怀疑性。他们在观察事物时不愿意仅浮于表面，而是想要了解潜在的下行风险，这样做能够使他们专注于避免犯错，而不是梦想成功。

与持怀疑态度相比，大多数基金经理（尤其是那些参与相对业绩竞争的基金经理）更关心追踪误差。他们的默认策略是：为什么我不进行这项投资？他们从不怀疑，这是他们与那些顶尖投资者之间的显著差异。

怀疑主义对我们这些经常把自己带入黑暗面（即做空）的人来说也至关重要。就像我在原则四中提到的那样，如果市场有机会，我不介意只进行做空操作。事实上，我认为做空不但不违法，而且还应该被鼓励。正如我以前多次写过的，我所认识的做空者是我见过的最注重基本面的投资者。他们会进行谨慎的分析（他们必须这样做，因为实际上价格的上涨风险没有上限）。独立思考、潜心研究和保持一定程度的怀疑，三者缺一不可。

原则九：自上而下，自下而上

我以经济学家的身份开启了我的金融生涯（我很少在公开场合承认这一点，事实上可能更糟的是，我一开始是一名计量经济学家）。然而，多年来，我从业界中学到的为数不多的大道之一是，自上而下和自下而上在很大程度上是不可

---

① 布鲁斯·斯普林斯汀（Bruce Springsteen）是美国的一位创作型摇滚歌手。——译者注

分割的（就如同价值和成长——它们并不相互排斥；巴菲特曾说："它们本是同根生。"）

马蒂·惠特曼[1]在他有关价值投资的书中说："格雷厄姆和多德从宏观经济角度出发看问题……并将宏观因素作为公司证券分析的关键。"然而，价值投资者却认为宏观因素无关紧要。如果是这样的话，我则可以很自豪地说，我是一个信奉格雷厄姆和多德的基本面主义者。

虽然选择股票最好是自下而上，但忽视自上而下的代价也是极高的。去年的例子就完美地说明了为什么理解自上而下的选股方式不仅令人受益，并且能为自下而上的选股方式提供信息。过去的12个月对于价值型投资者来说是非同寻常的，因为他们本来很同质化的整体被分裂成两大泾渭分明的阵营。

对金融股的分歧将价值投资者分成了两个观念截然相反的群体。理查德·普泽纳是持乐观的/自下而上的观点的典型代表。他在2008年第一季度的季报中写道：

> 传统投资思维中弥漫着一种新的担忧：最近几年，大规模的杠杆化已几近失控，而这之后的违约潮将永久性地束缚住全球的金融体系。这种观点认为，贝尔斯登[2]只是这场愈演愈烈的浪潮中的受害者之一。这场浪潮已导致许多美国次级抵押贷款发放机构以及数家非美国金融机构破产，并将导致数不清的其他机构倒闭。而那些幸存下来的公司的盈利能力也会受到永久性的损害。

> 那么，问题很显然，以下哪种展望会更符合逻辑呢：鉴于向不符合借贷资格的个人提供宽松信贷的时间过长，未来的前景会如上所述，极为暗淡？或者，我们只是进入了一个典型的信贷周期的萧条阶段，随着时间的推移，和以往的历次危机并无差异，危机会自行解除，并且不会损害幸存者的长期净资产收益率？我们认为是后者。

第一太平洋咨询公司的史蒂文·罗米克在接受《价值投资者洞察》的采访时，很好地总结了另一种观点（悲观的/自上而下的）：

---

[1] 马蒂·惠特曼（Marty Whitman）是第三大道管理公司的创始人、联席首席投资官和投资组合经理。——译者注

[2] 贝尔斯登（Bear Stearns）曾是美国华尔街第五大投资银行。虽然它历经美国20世纪30年代的大萧条和多次经济起落，但却在2008年的美国次贷危机中发生巨亏，濒临破产而被收购。——译者注

记者：您对金融服务类股票前景的悲观看法是否发生了变化？

史蒂文·罗米克：我们相信均值回归，因此，当你发现在正常的行业环境中，某个上市公司的股价相对于其收益来说不算太贵，那么当该优质企业所处的行业陷入困境时，投资该企业是很有意义的。但这种策略最近却令许多优秀的投资者过早地将资金投入了金融股。我们的基本感受是，截至2006年的这10年间，金融机构创造的利润率和资本回报率高得不切实际。"正常"的盈利能力和估值乘数不会像那时候那么高，更何况现在监管加强，杠杆率降低（因此可贷资金也随之减少），融资成本更高，承销标准更严格，需求减少，深奥难懂、利润过高的产品也减少了。

从本质上讲，这两个阵营之间的差异源于其对于信贷泡沫破裂影响程度的不同认识。那些了解此类泡沫破裂影响的投资者对金融股敬而远之（而且通常无意涉足这一领域）。那些更为注重（在某些情况下仅注重）自下而上的投资者则只看到了金融股的廉价。

铭记价值投资传奇人物基恩–马里·艾维拉德的至理名言往往会令我们受益："有时候，重要的不是不利情况发生的概率有多低，而是一旦这种情况发生了，后果会如何。"

如上所述，虽然我们无法预测，但我们可以做好准备。信贷泡沫并不是"黑天鹅"①，尽管我们可能无法预测它何时会破裂，但至少我们可以通过避免投资诸如金融股和房产股等与信贷泡沫相关的股票来未雨绸缪。

自下而上也可以为自上而下提供一些信息。本杰明·格雷厄姆指出，"真正的廉价股在牛市中一再变得稀缺……或许人们甚至可以通过计算发行价低于营运资本价值的股票数量来判断市场是处于牛市还是熊市。根据以往的经验，当这样的投资机会实际上已经全然消失时，投资者则应撤离股市，转而投入美国国债的怀抱"。

塞斯·卡拉曼为自上而下和自下而上的两种选股方式的互补性观点提供了另一个例子。在其见解深刻的著作《安全边际》中，卡拉曼指出，通胀环境可能对价值投资者产生重大影响：

---

① 纳西姆·塔勒布在其著作《黑天鹅》中，将难以预测、能够产生巨大影响以及人们事后编造的各种解释使该事件的发生显得不是那么意外，并且具有可预测性的事件称为"黑天鹅"。——编者注

通货膨胀或通货紧缩的趋势也会导致企业价值的波动。也就是说，价值投资在通货膨胀的环境下可以很好地发挥作用。如果你用50美分购入了价值一美元的自然资源或者房地产等资产，该资产的价值会随着通货膨胀而上升，那么一段时间后，这笔50美分的投资能实现的价值会明显大于1美元。然而，在通胀环境下，投资者可能会变得有些粗心大意。只要资产在升值，放宽标准对于投资者来说就会变得颇具吸引力，他们会以70美分或80美分（甚至可能是1.10美元）购买价值1美元的资产。然而，如果多数投资者预期会出现通胀，价格则会在市场中被哄抬起来，这种对于标准的放松可能会使投资者付出高昂的代价。随后通货膨胀率的增速放缓可能会导致物价下降。

在通货紧缩的环境下，资产往往会贬值。如果资产价值在下降，以50美分的价格购买1美元的资产可能并不划算。从历史来看，投资者总是在拥有大量"隐性资产"的公司身上发现颇具吸引力的投资机会，这些"隐性资产"包括资金过剩的养老基金、资产负债表上账面价值低于市场价值的房地产或者可以通过出售而大幅获利的利润颇丰的金融子公司。然而，在企业价值和资产价值普遍下降的情况下，某些隐性资产的价值也会随之降低，在某些情况下可能会成为隐性负债。股市下跌会降低养老基金资产的价值；从前资金过剩的计划可能会变得资金不足。以历史成本计入企业资产负债表的房地产可能不再属于低估资产。曾经被视若藏珠的子公司可能也会丧失光芒。

企业价值持续下降的可能性是刺入价值投资心中的一把利剑（用其他投资方法当然也不能置身事外）。价值投资者对先评估价值再低价购买这一原则有着坚定的信念。如果价值受到相当大的侵蚀，那么多低的价格才算低呢？

投资者是否应该担心企业价值可能会下降？当然。那么他们应该做些什么吗？他们可以采取三种有效的应对方式。首先，由于投资者无法预测价值何时上涨或下跌，因此估值应始终保持保守，给予最坏情况下的清算价值以及其他方法可观的权重。其次，担心通缩的投资者可以下调其需求价格，并令该价格远远低于潜在价值，以便进行新的投资或保持当前的头寸。这意味着，通常有选择的投资者在通缩的情况下可能会放弃更多的投球。

最后，对于资产价值缩水的预期使得投资的时间框架和是否会出现能够实现潜在价值的催化剂变得异常重要。在通缩的环境中，如果你不确定某项资产的潜在价值是否能够实现，或者不知道该价值何时才能实现，你可能根本不想参与其中。然而，如果潜在价值在短期内能够得以实现并能直接为股东带去收益，那么投资者大可不必再考虑在长期可能会导致资产价值缩水的因素了。

因此，自上而下和自下而上其实各有千秋。这两种观点都可以为开明的投资者提供一些参考。

原则十：像对待自己一样对待你的客户

我的投资之道的最后一条原则几乎把我们又带回了我们最初提到的投资目标。

我认为基金经理能问的最有用的问题之一是：我会用自己的钱做这件事吗？太多时候，那些受人之托代人理财的经理人总是认为他们的古怪行为是得到了授权的（基金经理和负责管理公司的企业高管都是如此）。

约翰·博格尔[1]说得好，"金融行业已经不再是一种职业，而是变成了一桩生意"。这种事态是很可悲的。让营销人员来经营投资公司将会导致"在错的时间投资错的基金"。20世纪90年代末科技基金的激增，或者近年来大宗商品基金的崛起，都很好地印证了这一点。长期以来，我一直认为，我们需要引入一个金融版的"希波克拉底誓言"[2]，要求每一个金融从业者公开承诺"安全第一"。

保罗·威尔莫特[3]和伊曼纽尔·德曼[4]最近提出了一个"'建模者'希波克拉底誓言"：

我将铭记我没有创造世界，并且现实世界也不满足我的方程。

虽然我将大胆地使用模型来估算价值，但我不会过分地倚重数学。

---

① 约翰·博格尔（John Bogle）被誉为指数基金教父，他是美国共同基金公司领航投资的创始人，也是世界上第一只指数型基金——Vanguard 500 Index Fund的发行人。——译者注
② 希波克拉底誓言（hippocratic oath）是希腊医学家希波克拉底提出用来警诫人的职业道德的圣典，如今它仍是每一个医务工作者在从医之前都必须要宣读的誓言。——译者注
③ 保罗·威尔莫特（Paul Wilmott）是著名金融工程学家，牛津大学教授。——译者注
④ 伊曼纽尔·德曼（Emanuel Derman）是哥伦比亚大学教授，他参与建立了业界广为采用的布莱克—德曼—托伊利率模型和德曼—卡尼局部波动率模型，这个模型把波动率表示成执行价格以及时间的函数用于预测指数的变化。——译者注

我永远都不会做这样的事：为了（数学的）优雅而扭曲现实，并不对此做出任何解释。

我也永远不会给予我模型的使用者任何关于模型准确性的虚假安慰。相反，我将明确指出模型的假设和疏漏。

我知道我的工作可能会对社会和经济产生巨大的影响，其中很多影响甚至已超出我的理解。

许多最优秀的基金经理非但没有试图追求基金规模最大化，反而故意通过限制基金规模来避免自身盈利能力的下降。当然，这对基金平台来说是一种诅咒，但在我看来，这是明智投资的唯一途径。正如基恩—马里·艾维拉德所说，"我宁愿失去一半的客户，也不愿让客户失去一半的钱"。

建立起激励制度并不困难。例如，买方分析师的薪酬应该基于其分析的基金的三年整体业绩。这能够防止他们的激进行为，杜绝他们一定要在投资组合中持有头寸的做法。我还认为，分析师应该是通才而不是专才。这使他们能够灵活地评估不同领域的不同机会，还能确保应用框架的一致性。然而，在这里我好像已经偏向了对过程而不是理念的探讨，而理念才是本书的主题。

同样，我很乐于去投资那些基金经理持股比例很高的基金，因为这有助于确保基金经理经常问自己我在这部分最开始所提出的那个问题。

遵循上述原则的基金经理也需要谨慎地选择客户。拥有真正了解你投资方式的客户至关重要，毕竟，如果资金在错误的时候被撤出，那么遵循需要耐心的策略就变得没有意义了。在这种情况下，使用像"锁定"这样的事先承诺手段则大有裨益——请参见第十二章。

结论

本章可能是我写过的最能代表我个人观点的章节之一了。在本章中，我揭示了我对投资方式的看法。我试图避免去讨论过程——不是因为我认为过程不重要（实际上，没有什么比过程更能展现真相的了，详见下章），而是因为我想集中精力去探讨我使用的投资方法核心的哲学信仰。

暴露一个人的信仰可能是个冒险的举动，但是就像阳光是最好的消毒剂一样，我认为暴露信仰来对事物进行评判是极其有意义的。公开和诚恳的辩论往往能产生更好的结果。秉承着这种精神，我试图对我的投资方式进行解释。

当然，这不是我们解决问题的唯一方法，但这是我认为最有意义的方法。

我的投资十原则

原则一：价值至上

原则二：逆向投资

原则三：要有耐心

原则四：不受束缚

原则五：不要预测

原则六：注重周期

原则七：重视历史

原则八：保持怀疑

原则九：自上而下，自下而上

原则十：像对待自己一样对待你的客户

第十六章

过程重于结果：赌博、体育和投资

奥运会期间对一些优秀运动员的采访中，记者们总会问一个毫无意义的问题："比赛前你在想什么？是在想象夺金的场景吗？"而参赛者们也一再回答并非如此，他们更专注于过程，而不是结果。其实，投资也应如此。我们无法控制结果，但可以控制过程。当然，结果非常重要，但是只有我们把注意力集中在过程上，才最有可能获得好的结果。

● 因《魔球》一书而闻名的圣地亚哥教士队的保罗·德波戴斯塔曾讲述自己玩21点①的故事：

在一局21点中，有个玩家刚拿到两张牌，其点数就达到了17点。发牌人在准备发下一轮牌时本打算绕过该玩家，但却被他拦住了。他说："我想再要一张牌！"发牌人停顿了一下，脸上掠过一丝为他感到担忧的神情，说道："先生，你确定吗？"他说"是的"，于是发牌人又给了他一张牌。这张牌是4点。整个赌场都沸腾了，到处都是击掌的声音，每个人都在欢呼。那个发牌人看了看这个玩家，并非常诚恳地说道："这张牌要对了。"我在想，"这张牌要对了"？这是从赌场的角度来看的吧，但对于玩家来说，这却是一个糟糕的决定！我们

---

① 21点是一种扑克牌游戏，起源于法国，参加者尽量使手中牌的总点数达到21点，或是接近21点，但不能超过21点，再和庄家比较总点数的大小以定输赢。——译者注

不能因为这个决定带来了好的结果就认为这样做是合情合理的。

● 心理学家长期以来一直在记录一种被称为"结果偏差"的倾向。这是一种根据结果来评判一个决定的习惯。例如，医生给病人做手术，如果术后病人生还，那么做手术的决定就会被认为是一个好决定；如果病人在同样的手术后死亡，那么这个决定就会被认为没那么好。当然，医生决定的正确性不应该倚重于结果，因为很明显，医生不可能在事情发生之前就知道结果。

● 这种强调结果而不是过程的做法可能非常有害。有证据表明，让当事人为结果负责往往会导致以下情况：（1）加剧对模棱两可的厌恶（在风险相同的情况下，更为偏好歧义较少的替代方案）；（2）增加信息（无论是有用的还是无用的）的收集量和使用量；（3）折中品需求提高，增加对用所有指标衡量都处于平均水平的产品的选择，而减少用不同指标衡量结果差异较大的产品的选择（即四个指标都处于平均水平的产品要好于两个指标好、两个指标差的产品）；（4）对损失的厌恶程度提升。在投资中，这意味着基金经理会尽量避免不确定性、追逐噪音并随波逐流。而我不认为这样做能带来好的业绩。

● 好消息是，让人们关注过程（并告诉他们，我们将根据过程而不是结果来对他们进行评估）有助于他们做出更好的决策。当决策过程成为焦点时，上面提到的大多数问题都会迎刃而解。在投资中，我们无法控制结果，我们唯一能控制的只有过程。因此，我们应该把注意力集中在过程上。

● 在投资业绩欠佳的时期，压力往往会迫使人们去改变过程。然而，好过程也有可能产生坏结果，就像坏过程也会产生好结果一样。约翰·邓普顿爵士曾说："你应当在最成功的时候反思自己的投资方法，而不是在犯下了最严重的错误之后。"铭记这句话会让我们受益匪浅。

我偶然看到过保罗·德波戴斯塔2008年6月10日的博文。对于那些读过迈克尔·刘易斯的《魔球》的人来说，德波戴斯塔自然不必介绍了。

多年前的一个周六晚上，我在拉斯维加斯一家人头攒动的赌场里玩21点。我坐在三垒，那个坐在一垒的玩家打得糟糕透了。他喝了不少免费的饮料，并且几乎每隔20分钟，他就要从口袋里掏更多的钱。

其中有一局，这个玩家刚拿到两张牌，其点数就达到了17点。发牌人在发下一轮牌时本打算绕过该玩家，但却被他拦住了。他说："我想再要一张牌！"发牌人停顿了一下，脸上掠过一丝为他感到遗憾的神情，随即说道："先生，你确定吗？"他说"是的"，于是发牌人又给了他一张牌。这张牌是4点。

整个赌场都沸腾了，到处都是击掌的声音，每个人都在欢呼。那个发牌人看了看这个玩家，并非常诚恳地说道："这张牌要对了。"

我在想，"这张牌要对了"？这是从赌场的角度来看的吧，但对于玩家来说，这却是一个糟糕的决定！我们不能因为这个决定带来了好的结果就认为这样做是合情合理的。

那个周末剩余的时光里，我一直在赌场里转悠，主要是因为我在玩21点时输光了所有的钱，另外我也想研究一下赌场里不同游戏的玩法。事实是，赌场里所有的游戏都有一个共同的盈利机制——赔率是对赌场有利的。这并不意味着赌场每打一副牌或每掷一次骰子都能赢，但其赢的次数的确比输的次数要多。不要误解我的意思——赌场绝对关心结果。然而，他们确保达成好结果的方法却是高度关注过程……赌场老板可是无情的。

我们可以用同样的视角来看棒球。棒球行业当然是一个结果驱动型的行业，因为每一年每支球队在例行赛[①]中都要打162场比赛（偶尔是163场）。我们深知我们不可能每次都赢。事实上，能达到60%的胜率就可以称得上是一个伟大的赛季了，而这个比例远远超过大多数赌场游戏的赔率。棒球场如赌场，结果至关重要，而每一场比赛甚至每一次击球的过程均关乎结果。

几年前，在与经典著作《魔鬼投资学》的作者迈克尔·莫布森交谈时，他向我展示了一个非常简单的矩阵，该矩阵出自拉索和休梅克的著作《制胜决策力》一书，它解释了这样一个概念：

	好结果	坏结果
好过程	理所应当的成功	倒霉
坏过程	运气使然	因果报应

① 例行赛是美国职业棒球大联盟的赛事之一，每支球队在球季中要打162场比赛，与同一对手的交手次数则不一定。从1997年开始有了跨联盟比赛，一个球队和另一联盟的对手要打12至18场（含在162场中），比赛不采用和局制，以胜率决定分区的排名，各区胜率最高者为该区冠军。——译者注

我们都希望自己能在左上角的方框之中——好过程带来理所应当的成功。赌场利用了这一点。这应该也是奥克兰运动家队和圣地亚哥教士队在例行赛中的情况。然而，右上角的方框是我们所有人在充满不确定性的行业中都可能会面临的严峻现实。在现实世界中，好过程也可能招致坏结果。事实上这种事情经常发生。赌场里就发生过这样的事——上文中提到的那个玩家在获得了17点后仍坚持叫牌并且赢了赌局。运动家队和教士队在季后赛[①]中应该也有过类似的经历。

虽然好过程/坏结果的组合很糟糕，但更糟糕的是左下角的组合：坏过程/好结果。这是只披着羊皮的狼，它偶尔可能会蒙混过关——玩家在获得了17点后又拿到个4点，但迟早原形毕露——碰运气的事怎么可能经常发生呢。问题在于：在获得胜利后，我若让你照着镜子承认自己是由于幸运才获胜的，这太困难了。然而，如果你不承认这一点，坏过程就将继续下去，而曾经发生过的好结果却将在未来弃你而去。坦率地说，这就是奥克兰运动家队总经理比利·比恩能有今天这样出色表现的原因之一。他能很快就注意到好结果中所隐含的好运成分，并且拒绝为此而沾沾自喜。

在教士队，我们想要赢下每一场比赛，我们希望每一个球员的每一个场上决定都是正确的。我们知道这不可能发生，因为有太多的不确定性……有太多事情是我们无法控制的。尽管我们无法控制结果，我们却可以控制过程。

冠军球队们可能偶然通过不尽如人意的过程获得好的结果。然而，冠军级别的团队只可能存在于矩阵的上半部分：有些年份可能在右上角，但大多数年份应该在左上角。亚特兰大勇士队就稳居左上角的位置长达14年之久——这可能是我们有生以来能遇到的最被低估的一个职业体育组织所能取得的斐然成就了。简言之，我们都想成为能够多次夺冠的冠军团体。

我将在次日左右更详细地阐述我们的草案，我要说的是，我们对

---

① 季后赛是美国职棒大联盟的赛事之一，在每年十月例行赛结束后举行，由二联盟各区（东、西、中三区）冠军及其联盟中各区第二名中之最佳胜率者（外卡）参加，共计八队，采淘汰制分胜负。——译者注

我们的过程感到自豪，一切都在有条不紊地进行。这会带来好的结果吗？我们不太确定，但我们对这队球员有信心。我们确定的是，我们每一年都在改善我们的过程，并且我们期待它在明年会变得更好。

这与投资极其相似。我们这个行业总是痴迷于我们无法直接控制的结果。然而，投资结果不可控，但投资过程可控。这才是我们应该关注的。控制收益是不可能的，风险管理也很虚幻，我们唯一能够去施加影响的只有过程。

过程心理学

注重过程而非结果在投资中至关重要。结果在现实中非常不稳定，因为它总是随时间的推移而变化。在现实世界中，一种做法从5年的角度来看有可能是"对的"，而从6个月的角度来看则可能是"错的"，反之亦然。

结果偏差

人们通常会基于最终结果去评判之前所作的决定，而不会依据该决定在当时的情境之下的质量。这就是"结果偏差"。例如，英国议会曾颁布法令：在开车时使用手机将受到惩罚，但惩罚会依据是否撞死人而有所不同。

在1988年发表的论文中，巴伦和赫希基于多种实验对"结果偏差"进行了记录。例如，在下列情况下，受试者被要求对医生的决策过程（而不是结果）的可靠性进行评分：

一名55岁的男子患有心脏病。因为胸痛，他不得不停止工作。他喜欢他的工作，不想停下来。他的疼痛也影响到他做其他事情，比如旅行和娱乐。一种搭桥手术可以减轻他的疼痛，并使他的预期寿命从65岁延长到70岁。然而，有8%的患者死于这种手术。尽管如此，医生还是决定给他做手术。最终，手术成功了。请评估医生决定进行手术这一决策，选项如下：

3——明显正确，相反的决策不可原谅；

2——正确，从各方面考虑都正确；

1——正确，但相反的决定也合理；

0——这一决策和相反的决策同样好；

−1——不正确，但并非不合理；

−2——不正确，从各方面考虑都不正确；

-3 — 不正确，且不可原谅。

之后，他们保留相同的情境，重复了上述实验，唯一不同的是，这次他们告诉受试者：手术不成功，病人死亡。医生决策的正确性不应该与结果相关，因为很明显医生不可能在事件发生之前就知道结果。然而，如图16-1所示，事件的结果对受试者给医生所作决策的评分有很大影响。

巴伦和赫希还给出了一个关于赌博的例子，具体如下：

一个25岁的未婚小伙子，他有稳定的工作。有一天，他收到一封信，邀请他去参观宁静的池塘小屋，此前他一直考虑在那里买房子。他可在以下两个选项中选择一项，作为此次参观的奖励：

选项1：200美元

选项2：80%的概率获得300美元，20%的概率空手而归

他必须提前邮寄回他的决定，并且无论他是否选择了选项2，他都

将被告知选项2的结果。

如果受试者保持理智的话，他们会认为小伙子应该选择赌一把，因为选项2有更高的预期收益。当然，结果仍然不应该影响到受试者对小伙子的决策过程的评分。然而，如图16-2所示，当赌博成功时，选项2的得分要比没成功时高！

在现实世界中，人们痴迷于结果，"结果偏差"的影响随处可见。

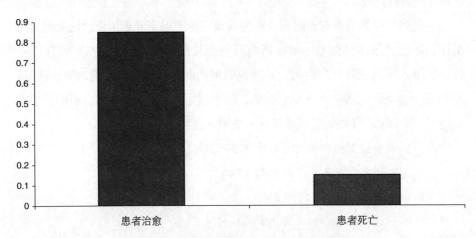

图16-1 对手术决策合理性的平均评分

资料来源：巴伦和赫希（1988），法国兴业银行股本研究

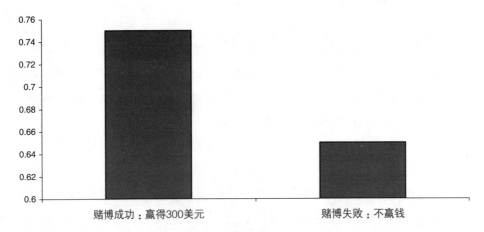

图16-2 赌博决策的平均评分

资料来源：巴伦和赫希（1988），法国兴业银行股本研究

结果追责

此外，一些心理学证据表明，只关注结果会导致各种各样的无用之举。例如，在短期业绩决定一切的世界里，基金经理最终可能会买入那些他们认为容易向客户解释合理性的股票，而不是那些有着最佳投资机会的股票。

勒纳和泰洛克于1999年在关于责任的元研究中表明，让当事人对结果负责将会导致以下情况：

（1）加剧对模棱两可的厌恶（在风险相同的情况下，偏向更为清晰的替代方案）；

（2）增加信息（无论是有用的还是无用的）的收集量和使用量；

（3）折中品需求提高，增加了对用所有指标衡量都处于平均水平的产品的选择，而减少了用不同指标衡量差异较大的产品的选择（即四个指标都处于平均水平的产品要好于两个指标好、两个指标差的产品）；

（4）对损失的厌恶程度提升。

在这些情况下，投资者都不太可能会得到好的服务。勒纳和泰洛克提出，当每一个决策都以结果为衡量标准时，基金经理很可能会尽量避免不确定性、追逐噪音并随波逐流。在我看来，这正是对我们行业的写照。

过程追责

然而，如果我们把焦点从结果转移到过程，那么事情就会开始向好的方向转变。注重过程比关注结果更有助于做出好的决策，西蒙森和斯特劳在1992年为此提供了一个经典的证据。

他们进行了一个实验，要求受试者对一家打算将不含酒精的啤酒和淡啤酒销往欧洲的美国啤酒厂进行分析。他们得到的数据显示，这两种产品在测试期的表现大致相同。受试者被要求决定这两种产品中哪一种应该获得额外300万美元的追加资金，并且被告知应该根据额外资金给产品和公司带来的潜在收益来做出决策。受试者要写下他们的决策，并简要对其进行解释。之后，他们会得到一个如下的说明：

> 你建议将额外的300万美元分配给（你选择的：淡的/不含酒精的）啤酒，该建议已被公司经理采纳并实施。你在下一页将会看到，这一决策的结果相当令人失望。

数据显示，受试者所选产品的销售额和利润开始表现良好，然后出现下降，最后稳定在一个较低的销售水平上。受试者未选择的那种产品的销售额和利润情况也被给出，其销售额和利润一开始也出现上升，然后下降，但最终稳定在比受试者选择的产品更高的水平上。

受试者随后被告知，该公司已决定再提供1000万美元资金。然而，这一次，这笔钱可以在两种啤酒产品之间做分配。受试者被要求在两种啤酒之间分配这1000万美元。

此外，受试者还将知悉以下内容之一：（1）他们所获得的信息足以让商学院学生做出正确的决策（即基准）。（2）如果他们做出了特别好或特别差的选择的话，那么其他学生和老师将知晓他们的具体决策结果。他们还被告知，对他们表现的评估将基于其所做决策的结果（即结果追责）。（3）受试者被告知，对他们的评估将基于其决策过程的有效性，而不是决策的结果。这组参与者被告知，如果他们的决策过程特别好或特别差的话，那么其他学生和老师将知晓他们的决策过程（即过程追责）。

如图16-3所示，这三组受试者的分配方案之间有着显著差异。关注决定结果的小组的受试者对他们最初选择的啤酒产品平均投入580万美元。这是沉没成

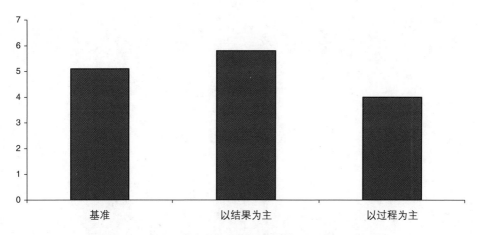

图16-3　分配第一轮啤酒选择的资金量/百万美元

资料来源：西蒙森和斯特劳（1992），法国兴业银行股本研究

本谬误的一个经典例子。这是一种允许过去付出的不可收回的成本影响当前决策的倾向。相比之下，基准情况下的受试者则大致选择了在两种啤酒间平分这笔钱，他们对之前选择的产品的平均投入是510万美元。然而，被告知要关注决策过程而不是结果的小组显然做得更好。他们只给他们最初选择的啤酒产品分配了400万美元，而把大部分钱给了更受欢迎的啤酒产品。

结论

在投资业绩欠佳的时期，压力往往会迫使人们去改变过程。然而，好过程也有可能产生坏结果，就像坏过程也会产生好结果一样。约翰·邓普顿爵士曾说："你应当在最成功的时候反思自己的投资方法，而不是在犯下了最严重的错误之后。"本杰明·格雷厄姆也曾说过："价值方法在本质上是很稳妥的……请遵循这个原则，并且坚持下去，不要动摇。"谨记这些警句会让我们受益匪浅。

第十七章

谨防行动派

　　投资者和面对点球的守门员有什么共同点？答案是两者都倾向于采取行动。他们觉得有必要做点儿什么。然而，不采取任何行动其实也是一种选择。有时，选择持有现金是没什么问题的，但对于许多基金经理来说，这种做法却不可原谅。或许，他们应记住萨缪尔森的建议："投资本应是枯燥的，它不应该是令人兴奋的。投资的过程应该更像是等着油漆变干或观察草木生长。"

● 假设你是一个守门员，此时你面对着一个即将被射出的点球。你不知道罚点球的人会选择哪一个方向进行射门。如果你与踢球者同时做出决定，那么你应该选择向左扑球、向右扑球，还是停留在球门线的中央呢？

● 大多数职业守门员倾向于向左或向右扑球。事实上，在高达94%的时间里，守门员会选择一个方向扑球。然而，这并不是最优解。如果你看一下点球在各情况下被扑出的百分比，就会发现守门员的最优策略（假设罚球者的行为没有变化）其实应是守在球门线的中央！守门员表现出了明显的行动偏好。

● 来自模拟市场实验的证据表明，投资者也表现出行动偏好。例如，如果一个模拟市场的基本价值易于计算，并且股票禁止被转售，那么任何价格高于基本价值的交易都不应该发生。然而，一次又一次，此类实验中却大规模地出现了价格高于基本价值的交易。这完全不合情理。由于股票转售是非法的，人们不能指望能够出现一个"更大的傻瓜"来接盘。他们的交易仅是出于无聊——行动偏好的确存在！

● 沃伦·巴菲特曾把投资比作一场精彩的棒球赛，他认为投资除了没有裁判员在催促投球和击球外，别的方面都与打棒球无异。事实上，投资者可以站在本垒板前，仅是注视投球从他身边经过，慢慢挑选，等待那个好打的慢球进入自己的绝佳区域。不过，正如塞斯·卡拉曼在《安全边际》一书中指出的那样，"大多数机构投资者……都认为必须要……对几乎每一个投球都挥杆，放弃对击球频率的选择性"。

● 传奇人物鲍勃·柯比建议我们运用"咖啡罐式投资组合"，即在买入股票后便将其束之高阁——他将这一策略描述为"被动的积极"。但是，柯比觉得这个概念可能不太会受到投资经理的欢迎，因为如果该策略被广泛采用的话，我们行业的结构将会从根本上发生剧变，并且那些通过从事资产管理来维持奢侈生活方式的人的数量将大幅减少。

有些人可能不知道，"机动人"是一款士兵造型的儿童玩具，这种玩具在我小的时候很流行。它是男子汉的化身。但在某天，我从学校回家后，发现我妹妹绑架了我的"机动人"，并强迫它和她的糖果娃娃玩过家家。目睹这一情景后，它在我心中就再也不是男子汉了！撇开我的童年回忆不谈，你会想要一个行动派来管理你的投资组合吗？

守门员都是行动派

虽然在比赛中守门员通常不是球队中的行动派明星，但在点球大战中，顶级门将却都是行动派。巴尔埃里等人在2007年的一项研究中揭示了守门员在扑点球时的一些有趣的模式。在足球比赛中，当判罚点球时，球被放置在离球门11米的地方，这仅是守门员和罚球者之间的一场较量。在罚球者射门之前，守门员一般不会离开球门线。

如果一场足球赛的平均进球数是2.5个，一个点球（进球概率为80%）会极大地影响到比赛的结果。因此，与许多心理学实验不同，这其中的利害关系十分重大。

巴尔埃里等人对世界顶级联赛和锦标赛的点球进行了研究，并发现了311个

表17-1　踢球和扑救方向的分布

扑救方向		左	中	右	共计
踢球方向	左	18.9%	0.3%	12.9%	32.2%
	中	14.3%	3.5%	10.8%	28.7%
	右	16.1%	2.4%	20.6%	39.2%
	共计	49.3%	6.3%	44.4%	100%

资料来源：巴尔埃里等人（2007）

点球。一个由三名独立裁判组成的小组被请来分析射门时球的方向和守门员的移动方向。为了避免混淆，所有方向（左或右）都以守门员的视角为准。

表17-1显示了巴尔埃里等人通过数据分析得出的踢球和扑球在各方向上的组合的百分比。从大体上来说，踢球方向选择的分布较为平均，左、中、右大约各占三分之一。然而，守门员却表现出明显的行为偏差，他们要么向左扑球，要么向右扑球（占全部罚球数的94%），几乎从不选择停留在球门的中间。

为了评估"最佳"行为，我们需要知道踢球和扑球的不同组合的成功率。如表17-2所示，最佳策略显然是守门员守在球门线的中央。因为，如果球射向中央，那么他有60%的成功率，这远高于他向左或向右扑的成功率。然而，现实情况却与这个最佳策略相去甚远，守门员只有6.3%的时间待在球门线中央！守门员所表现出的行为偏差显然是一个次优行为模式[①]。

造成这种行为偏差的原因似乎是它被视为一种规范。守门员在向左或向右扑球时，即使球进了，至少他们会感觉自己已经做出了努力，而站在球门中央目睹点球从自己的左边或右边射入球门，会使他们感觉糟得多。巴尔埃里等人还通过对顶级门将进行问卷调查而证实了这种情绪。

投资者和行为偏差

为介绍投资者存在行动偏好的证据，我必须先谈谈经济学的模拟实验领域，

① 如果踢球方向一直像上述情况那样分布，那么守门员站在球门中央便是最佳选择。但是，当守门员把中央位置作为第一选择时，罚球者会选择改变行为模式，会更多地选择向左或向右射门。——作者注

表17-2　成功扑救点球的概率

扑救方向		左	中	右	共计
	左	29.6%	0.0%	0.0%	17.4%
	中	9.8%	60.0%	3.2%	13.4%
踢球方向	右	0.0%	0.0%	25.4%	13.4%
	共计	14.2%	33.3%	12.5%	100%

资料来源：巴尔埃里等人（2007）

特别是模拟资产市场实验。

这些精巧的实验能够深入浅出地揭示人们在金融市场中的行为。这些市场非常简单——它只包括一种资产和现金。资产是定期支付股息的股票。所支付的股息取决于不同的情况（总共有四种可能的情况）。每种情况的权重相等（即在任何给定的时间段内，每种情况发生的概率均为25%）。

表17-3显示了股息及其对应的概率。我们能够利用这些数据轻而易举地计算出预期价值（简单地说，只需用股息乘以概率，然后乘以剩余时间段的数量）。

图17-1显示了这种资产的基本价值。随着时间的推移，预期股息在每个时期的支付额明显下降。现在你可能认为这只是一种简单的交易性资产。然而，证据表明事实并非如此。

图17-2显示了其中一个资产市场的典型结果。该资产一开始被严重低估，

表17-3　实验性资产市场的概率和收益

概率	收益
0.25	57.5
0.25	37.5
0.25	27.5
0.25	17.5

资料来源：雷等人（2001）

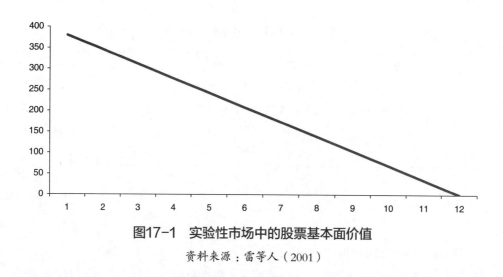

图17-1 实验性市场中的股票基本面价值

资料来源：雷等人（2001）

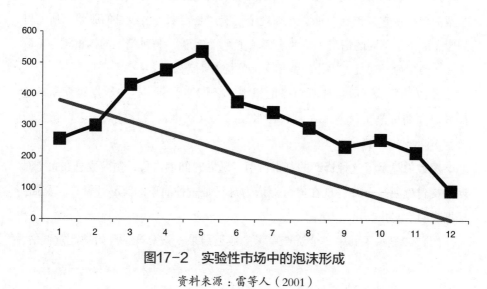

图17-2 实验性市场中的泡沫形成

资料来源：雷等人（2001）

然后大幅上涨至公允价值以上，最后跌回基本价值。这只不过是一个简单的泡沫形成和破裂的过程。这和行为偏差有什么关系呢？该图取自雷、努萨尔和普洛特在2001年所运行的实验性资产市场的一个很有趣的版本。

在这个实验的特别版本中，你购买股票后，不能将其转手卖出。这排除了"博傻理论"[①]助长泡沫的可能性。也就是说，因为你不能将股票转手，所以没有必要以高于公允价值的价格买进股票，指望能通过把它们卖给别人而获得更高的收益。实际上，受试者只是出于无聊才进行交易！因此，投资者似乎也倾向于做行动派。

巴菲特的"好打的慢球"

这种对于行动偏好的痴狂与沃伦·巴菲特的建议背道而驰。巴菲特喜欢把投资比作打棒球，他认为投资除了没有裁判员在催促投球和击球外，别的方面与打棒球无异。因此，投资者可以站在本垒板前，仅是注视投球从他身边经过，而不一定要挥棒。不过，正如塞斯·卡拉曼在《安全边际》一书中指出的那样，"大多数机构投资者……都认为必须要每时每刻都进行满仓操作。他们的行为就像裁判在催促投球和击球——主要是击球——从而迫使他们几乎在每一个球上都要挥杆，从而放弃了对击球频率的选择性"。

行动偏好在表现欠佳后尤为凸显

行动偏好的最后一个方面尤其值得注意——它往往会在损失（现实中表现欠佳的时期）之后加剧。泽伦伯格等人在2002年通过使用损失框架说明了不行动偏好转换为行动偏好的方式。

泽伦伯格等人要求受试者考虑如下问题：

史汀兰和施特拉特霍夫都是足球队的教练。史汀兰是蓝黑队的教练，施特拉特霍夫是E. D. O.队的教练。两个教练指导的球队在前一场比赛中都以0：4的比分输掉了比赛。这个星期天，史汀兰决定有所行动：他派了三个新队员上场。施特拉特霍夫决定不改变他的队伍。这次两队都以0：3的比分输掉了比赛。谁会感到更遗憾呢？史汀兰教练，还是施特拉特霍夫教练？

受试者看到的是三种不同形式陈述的其中之一：第一组被给予的信息如上所述（即两队之前都遭遇了失败），第二组只是得到了上述信息的后半段（即没有之前的信息），而最后一组看到的版本是，两位教练都在前一周赢了比赛，但

---

① "博傻理论"是指以高价买入股票不一定是傻瓜，关键在于后面要有比你更傻的人愿意用更高的价格买进你手中的股票。——译者注

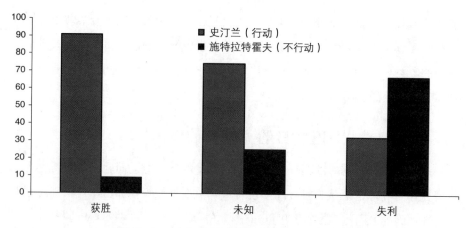

图17-3 认为教练会更自责的受试者占比

资料来源：泽伦伯格等人（2002）

在本周输了比赛。

图17-3显示了受试者给出的哪位教练会更后悔的情况。如果球队上周赢了，那么90%的受访者认为做出改变的教练在球队本周输掉比赛后会感到更后悔（这是众所周知的不行动或疏漏偏好）。然而，如果受试者所知道的信息是两个教练都连续两周输掉了比赛，那么近70%的受访者都认为，不采取任何行动的教练会更后悔——因此，在遭受损失后，产生行动偏好的冲动异常强烈。

结论

心理学和实验证据有力地表明，投资者有行动偏好的倾向。毕竟，他们从事的是"积极"管理，但如果他们记住不行动其实也是一种决定的话，有可能做得更好。正如保罗·萨缪尔森所说："投资应该是枯燥的。它不应该是令人兴奋的。投资应该更像是等着油漆变干或观察草木生长。如果你想要刺激，那就带上800美元去拉斯维加斯吧，但无论是在拉斯维加斯、丘吉尔唐斯赛马场或当地的美林证券办事处，想发家致富都并不容易。"

1984年，传奇人物鲍勃·柯比曾提出"咖啡罐式投资组合"，即投资者在买入股票后便将其束之高阁——他将这一策略描述为"被动的主动"。柯比说：

我猜这个概念可能不太会受到投资经理的欢迎，因为如果该策略被广泛采用的话，我们行业的结构将会从根本上发生剧变，并且那些通过从事资产管理来维持奢侈生活方式的人们的数量将大幅减少。

"咖啡罐式投资组合"的概念源于旧时的西方，那时人们把他们宝贵的财产放在咖啡罐里，再放在床垫下。咖啡罐不涉及交易成本、管理成本或任何其他成本。这种策略的成功完全依赖于最初被放入咖啡罐的物品是什么，而对这些物品的选择则取决于投资者的智慧和远见……

如果优秀的基金经理什么都不做，结果又会如何呢？这一问题的答案存在于另一个问题之中。我们是交易员，还是真正的投资者？大多数优秀的基金经理在内心深处可能都是投资者。但金融信息服务公司、新闻服务以及每天产生大量投资结果的电脑使他们的行为像极了交易员。他们从谨慎地研究市场开始，试图在前景光明的行业中找出在长期会颇具吸引力的公司。然后，他们会根据每月的新闻动态和形形色色的市场传言对这些股票每年进行两三次交易。

布莱兹·帕斯卡尔①说得最贴切："所有人的痛苦都源于不能独自坐在安静的房间里。"

---

① 布莱兹·帕斯卡尔（1623—1662），法国17世纪著名的数学家、物理学家、哲学家、散文大师。——译者注

第十八章

乐观偏好和怀疑主义的必要性——
我是否被诊断为抑郁症

人类是一个乐观的种群。约74%的基金经理认为他们的投资水平高于平均水平，70%的分析师认为他们在预测收益方面的表现优于同行，且卖出建议仅有9%！这种乐观偏好源于一种对生活光明面的自然而然的向往。在某种程度上，它源于自利性偏差①和动机性推理②。也许，抵制这种乐观偏好的最好方法是专注于做一个经验主义的怀疑论者——定期检查信念与现实的冲突。

● 在巨蟒剧团的《万世魔星》的结尾，那些被挂在十字架上的人唱起了"永远看向生活的光明面"。看来绝大多数人都赞同这种世界观。每个人似乎都认为，好事比坏事更有可能发生在自己身上。

● 我们的乐观偏好来源于哪里？它部分源于先天因素。也就是说，进化使乐观主义融入了人类的天性。毕竟，一个石器时代的悲观主义者根本都不会想要去猎杀一头乳齿象。当面对患病这一坏消息时，乐观主义者要比悲观主义者更能应对自如。事实上，大脑中产生乐观偏好的部分与进化中更为古老的X系统（在决策过程中更情绪化的部分）有关，而与更理性的C系统无关。

---

① 自利性偏差（self-serving bias）是指以一种符合自己预期的方式对事物进行判断或解释。——译者注

② 动机性推理（motivated reasoning）是指先入为主或相信我们想要相信的事情的倾向。——译者注

● 自利性偏差和动机性推理加强了我们本性中的乐观主义。例如，如果我们早晨跳上浴室的体重秤，上面显示的读数是我们不喜欢的，我们倾向于下秤，然后再称一次。然而，如果体重秤的读数低于我们的预期，我们则会跳下秤径直去冲凉，并且感到对生活充满信心。这就是自利性偏差的表现。因此，我们似乎很善于接纳那些我们想听到的信息，并且会忽略甚至强烈抵制那些我们不想听到的信息。

● 应对这种动机性推理（它似乎根植于潜意识的X系统中）的最好方式是去成为一个经验主义的怀疑论者。也就是说，如果你相信某件事是真的，那么请用大量的实证数据对其进行检验。请检验一下你的公司在未来十年间每股收益（EPS）的年均增长率为40%的可能性。

● 有证据表明，抑郁症患者才能看到这个世界的本来面目。他们对自己的能力不抱有任何幻想。或许，投资者也面临着一个并不令人艳羡的选择：要么抑郁地面对世界的本来面目，要么快乐地生活在幻境之中。我猜最好的解决办法可能是，在工作时让自己成为一个抑郁症患者，但回家后便快乐地生活在幻境中。

乐观主义似乎已经根植在人们心中。我以500多名专业基金经理为样本，询问他们是否认为自己的工作表现要高于平均水平，令人印象深刻的是，74%的人给出了肯定的回答。事实上，他们中的许多人还写了这样的评论："我知道每个人都自认为自己技高一筹，但我确实高人一筹！"

这个特点并不是我们这个行业所独有的。在教学过程中，我发现80%的学生都认为自己能以班级前50%的成绩完成学业！兰奇和迪托在2008年发表的一篇论文中对人们倾向于得出乐观结论这一现象进行了探讨。

在第一个实验中，兰奇和迪托向实验参与者描述了一系列未来的生活事件。每个事件都被分配了一个基于经验证据的概率，这些经验证据来自受试者的同龄群体（至少受试者是这样被告知的）。然后，受试者被要求对自己将会遇到此种事件的可能性进行打分（图18-1），分数为从1（非常不可能）到9（非常可能）。

一半的受试者拿到了有（高、中、低）三种可能性的乐观性陈述，如60%的人将永远不会经历失业，40%的人的起薪将超过6万美元，以及15%的人将

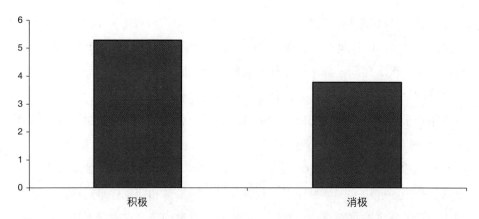

图18-1　对积极事件和消极事件发生可能性的平均评分
（1=非常不可能，9=非常可能）

资料来源：兰奇和迪托（2008）

活过90岁。

　　另一半的人拿到了类似的陈述，但都是悲观的。他们被告知60%的人将会经历失业，40%的人的起薪将低于3万美元，以及15%的人会在40岁之前死亡。

　　尽管实际情况是各组事件的发生概率基本相似，但积极事件获得的评分比消极事件高得多，这是乐观偏好的体现。

　　兰奇和迪托认为乐观主义很可能是人类的默认选择。人类大脑中的许多此类系统实际上是使人们做出快速而过激决策的捷径（参见《行为投资学》第一章）。为了弄清楚乐观情绪对行为的先导作用，兰奇和迪托设计了一个可以改变时间压力的实验。在时间紧迫的情况下，X系统的功能往往会先行启动，因此，如果乐观是人类的默认选择，那么当时间紧迫时，我们很可能会看到乐观情绪被激发。

　　这一次，受试者坐在电脑屏幕前，屏幕上会展示一些对未来生活事件的陈述。他们可以选择按一个标有"不是我"或"是我"的按键。事件的发生概率也会一同显示在屏幕上。事件的陈述会在屏幕上显示1秒或10秒。所有事件包括6个积极事件和6个消极事件。图18-2展示了实验结果。

　　当受试者有时间对这些生活事件进行思考时，平均而言，他们认为6件积极的生活事件中有4件会发生在自己身上，而6件消极的生活事件中只有2.7件会发生在自己身上。当他们没有时间进行思考时，他们认为会发生在自己身上的积

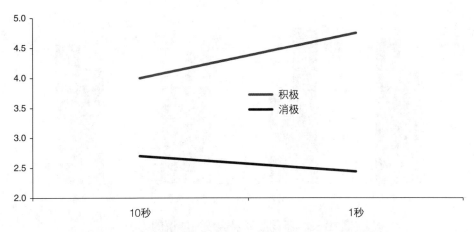

图18-2 时间限制对积极事件和消极事件数量的影响

资料来源：兰奇和迪托（2007）

极事件的数量上升到4.75件，而消极事件的数量则下降到2.4件！这一模式与乐观是默认反应的观点一致。

利兹·菲尔普斯和他的同事在2007年的研究中也进一步证实了乐观是人类的本性（参见夏洛特等人2007年的论文）。他们要求受试者思考过去和未来的一些好事和坏事，并同时扫描这些人的大脑。在想象未来的积极事件时（相对于消极事件而言），大脑的两个关键区域——前扣带回皮层和杏仁核——表现得极为活跃。这两个区域都与情绪处理有关，通常被认为是X系统的神经相关部分（参见《行为投资学》第一章）。

金融中的乐观偏好

大量证据表明，我们的行业充斥着乐观偏好。例如，图18-3显示了买入、持有和卖出建议占所有股票投资建议的百分比。让人奇怪的是，91%的建议要么是买入要么是持有，只有9%的建议是卖出。

分析师的预测是乐观偏好普遍存在的又一个例子。如图18-4所示，股票被简单地根据分析师给出的5年预期增长率进行分组。前1/5的股票的预期增长率最低（年均增长率约为6%），而后1/5的股票的预期增长率最高（年均增长率超过22%）。黑色柱形表示股票5年后的实际增长率。从统计学上看，前1/5的股票和后1/5的股票的实际增长率没有显著差异。

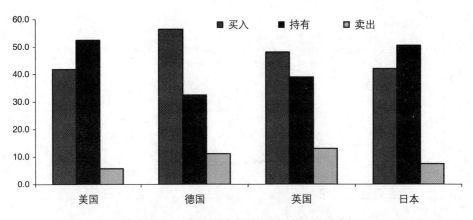

图18-3 不同国家各类投资建议的比例

资料来源：彭博

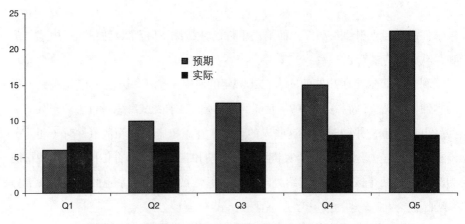

图18-4 长期收益率增长的预期与实际（年均，%）

资料来源：法国兴业银行股本研究

　　但请注意，分析师最看好的股票却给人们带去了最大的失望！分析师给出的长期平均预期增长率为13%左右，可平均实际增长率却是大约8%，预测误差高达500个基点！

　　在预测方面，买方分析师做得也不尽如人意。例如，葛罗伊斯堡等人对买方分析师和卖方分析师的业绩表现进行了研究，并于2007年发表了研究成果。至少我们可以说，结果很耐人寻味。

　　一个先验的例子表明，买方分析师应该比卖方分析师存在更少的行为偏差。

例如，他们的预测与公司的财务工作不存在任何利益冲突，他们通常不那么担心是否能从公司那里获得信息，因为他们可以利用管理的资产作为促使管理层与他们会面的手段，而且他们的建议是不会公开供公司审查的。

当然，买方分析师本身也存在一些亟待处理的激励问题。在与许多对冲基金经理的谈话中，我发现了一个热议的话题：如何与未在投资组合中持有头寸的分析师打交道。对分析师可能会试图诱使基金经理把其推荐的股票纳入投资组合的担忧不容忽视。

然而，作为一个经验主义怀疑论者，我认为实践是检验真理的唯一标准。这正是葛罗伊斯堡等人的论文所秉承的观念。他们设法从一家买方公司的分析师那里获得了数据。每当买方分析师做出预测（有明确观点的预测）时，该预测都要与卖方数据进行一致性匹配。当然，这里有一个小规模样本的问题：我们只研究了一家公司。然而，有证据总比没证据好，让我们接受葛罗伊斯堡等人的说法吧——这是一家大型的、受人尊敬的研究驱动型买方公司，并来据此检验一下他们的结论。

葛罗伊斯堡等人使用平均绝对预测误差来度量预测精准度。他们研究了1997年到2004年期间买卖双方分析师在盈利预测方面的表现。

对业绩跟踪的时间跨度分为短期（0—3个月）和长期（18个月及以上）。结果如图18-5所示，买方分析师的预测远没有卖方分析师的准确！在短期内，买方分析师的平均预测误差为27%，而卖方分析师仅为6%。随着时间跨度的延展，买方分析师的预测业绩则变得更差。在18个月或更长时间里，卖方分析师的平均绝对预测误差为38%，而买方分析师的平均预测误差则达到了惊人的68%！

乐观预期的根源

（Ⅰ）先天因素

实际上，乐观偏好的来源可以分为先天因素和后天因素。让我们从先天因素说起。我们的大脑在不断进化，但不幸的是，这种进化往往以很缓慢的速度在进行。所以我们的大脑可能已适应了15万年前的非洲大草原，但显然并未适应我们今天生活的世界。

我们今天所表现出的许多偏好大概都有一些进化优势（尽管，借用斯蒂

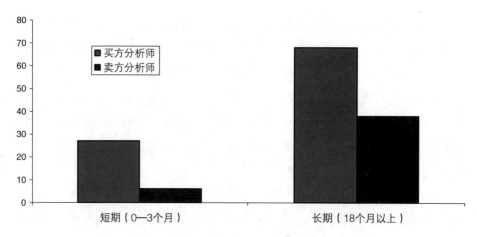

图18-5　平均绝对预测误差（％）

资料来源：葛罗伊斯堡等人（2007）

芬・杰・古尔德的话，进化的一些副产品可能是多余的）。作为一个物种，乐观主义在我们的进化中可能扮演什么角色呢？

1979年，莱昂内尔・泰格尔[①]在他的著作《乐观主义：希望的生物学》中指出，当早期人类离开森林成为猎人时，他们中有许多人都遭遇了死亡和伤害。泰格尔认为，人类倾向于放弃与负面后果相关的任务，因此人类发展出乐观情绪是具有生物学适应性的。毕竟，对付一头乳齿象（一种非常巨大的史前象类动物）需要很大勇气，而且坦白地说，大多数悲观主义者甚至都不敢想这样的事，更别说做了。

他还认为，当我们受伤时，我们的身体会释放出内啡肽。内啡肽通常有两种特性：它有镇痛作用，并能产生欣快感。泰格尔认为，我们的祖先在受伤时会经历积极情绪而不是消极情绪，这是一种生物适应性的体现，因为这将增强他们在未来继续去狩猎的倾向。

许多关于进化论的争论都含有吉卜林式的《如此故事》[②]中的一些元素。然而，乐观主义很可能确实给我们带来了一些优势。事实上，谢莉・泰勒和乔纳

---

① 莱昂内尔・泰格尔（Lionel Tiger）：美国人类学家，罗格斯大学教授。——译者注
② 《如此故事》为英国现代小说家、诗人拉迪亚德・吉卜林创作的一系列关于动物是如何变成现在这样的童话故事集。例如，大象的长鼻子是因为它不听妈妈的话，去满是鳄鱼的河里饮水。其中一只鳄鱼抓住了它的鼻子，当它往回拽时，鳄鱼仍然没有放手，因此大象的鼻子变成了现在我们知道并喜欢的样子。——作者注

森·布朗发现，乐观主义者在面对有关疾病的可怕消息（以及更广泛的其他问题）时，似乎能更好地应对（并活得更长）——参见泰勒和布朗于1988年发表的论文。因此，乐观可能是一个伟大的人生策略。可是，当然这并不意味着乐观也是一个伟大的市场战略。

（Ⅱ）后天因素——自利性偏差和动机性推理

心理学家很早就曾提出过一个概念——自利性偏差，即人们倾向于以有利于自己利益的方式行事（更多细节参见《行为投资学》第五十一章）。

摩尔等人在2002年发表的论文中为这种自利性偏差提供了一个很好的例子。他们对139名职业审计师进行了实验。研究人员给了受试者五种不同案例供其进行审计。这些案例涉及会计中许多存在争议的方面：例如，其中，一个涉及无形资产的确认，一个涉及收入确认，一个涉及资本化与支出费用的比较。审计师被告知这些案例是相互独立的。这些审计师的工作是随机分配的，他们要么为公司工作，要么为考虑投资该公司的外部投资者工作（图18-6）。

与被告知为外部投资者工作的审计师相比，被告知为公司工作的审计师接受各种可疑会计操作的可能性要高出31%！这可是在后安然时代！

可悲的是，这种动机性推理太常见了。例如，如果我们早上跳上浴室的体重秤，上面显示的读数是我们不喜欢的，我们倾向于下秤，然后再称一次。然而，

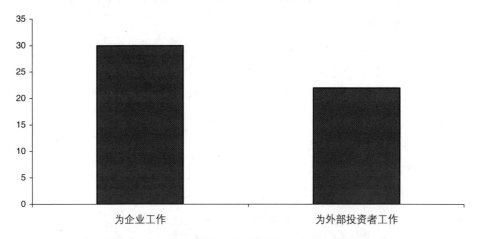

图18-6　接受不同会计处理方法审计师的占比

资料来源：摩尔等人（2002）

如果体重秤的读数低于我们的预期，我们则会跳下秤径直去冲凉，并且感到生活很美好。

奇怪的是，我们在生活的其他领域也看到了完全相同的行为。迪托和洛佩兹在1992年设计了一个精妙的实验来检验这种行为。受试者被告知他们将接受TAA酶的检测。一些人被告知TAA酶是有益的（即"分泌液中含有TAA的人比分泌液中不含TAA的人患胰腺疾病的可能性低10倍"），另一些人被告知TAA是有害的（即"分泌液中含TAA的人与不含TAA的人相比患胰腺疾病的可能性高10倍"）。

实验中，一半的受试者在参加测试前被要求填写一组问题，另一半受试者在测试后被要求填写这些问题。有两个问题最为重要：第一个是，受试者被告知，有几个因素（比如睡眠不足）可能会影响测试结果，并且他们被要求列出自己在测试前一周所经历的类似情况。第二个是，受试者被要求对TAA酶测试的准确性进行打分，分值从0到10不等（10表示该测试是完美的）。

图18-7和图18-8显示了迪托和洛佩兹的研究结果。当受试者在得到检验结果前来回答这两个问题时，被告知TAA酶是健康的人和被告知TAA酶是不健康的人给出的答案几乎没有差别。然而，一旦受试者得到了检验结果，其给出的答案就会产生巨大差异。

那些被告知这种酶是健康的、在收到检验结果后才回答问题的人，给出的生活不规律习惯更少，并且与那些在知道测试结果之前回答问题的人相比，他们认为该测试更准确。

同样，那些被告知这种酶是不健康的、在收到检验结果后才回答问题的人，给出的生活不规律习惯更多，并且与那些在知道测试结果之前回答问题的人相比，他们认为该测试更不可靠。两组人的行为都和我们在浴室体重秤上的经历不谋而合。因此，我们似乎很善于接纳我们想听到的信息，并且会忽略甚至会强烈抵制我们不想听到的信息。

有趣的是，韦斯滕等人在2005年发现，这种动机性推理与大脑中控制情绪而不是控制逻辑的部分有关（即和X系统而不是C系统有关）。韦斯滕等人做了一个实验，他们给坚定的民主党人和共和党人看了一些布什、克里以及一位中间派人士所发表的声明。然后，研究人员向受试者展示了这三位政客所表现出的矛盾行为。显然，候选人的言辞和他们的行动之间存在巨大差距。受试者被

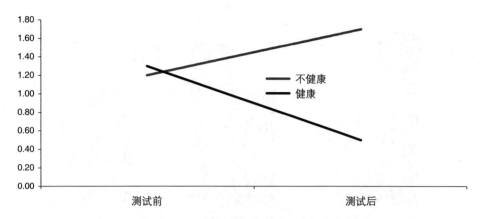

图18-7　测试影响不规律生活的数量

资料来源：迪托和洛佩兹（1992）

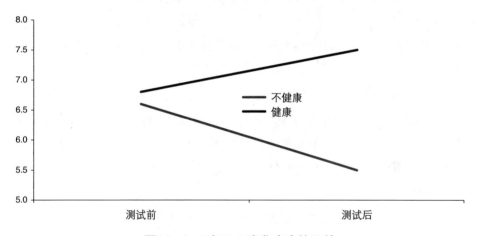

图18-8　对TAA酶准确度的评价

资料来源：迪托和洛佩兹（1992）

要求对这三位政客言行的矛盾程度作出评价（分数范围为从1到4）。之后，研究人员向受试者出示了一份解释性声明，该声明会对三位政客的言行不一作出解释，最后再让受试者根据这些解释对政客的言行不一作出评价（图18-9）。

受试者被告知，乔治·布什在2000年发表了如下声明："首先，肯·莱是我的支持者。我敬爱他。我多年前就认识了肯·莱，他曾为我的竞选活动慷慨解囊。当我成为总统后，我将像首席执行官管理公司一样去管理政府，肯·莱和安然公司正是我的榜样。"然后，研究人员向他们展示了布什所展现出的一种

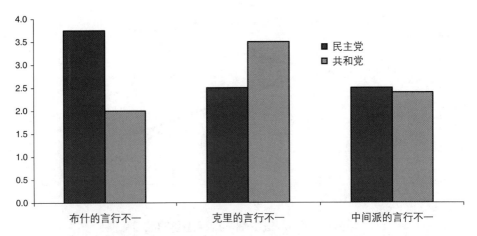

图18-9　对言行不一程度的评价（从1至4，分数越高则评价越不好）

资料来源：韦斯滕等人（2005）

相互矛盾的行为模式，比如他现在一直避免提及肯·莱，当被问及安然时，他也持批评态度。最后，受试者得到了一份解释性的陈述，内容类似于"了解总统的人说，总统觉得肯·莱背叛了他，并对安然领导层竟如此腐败感到震惊"。

奇怪的是，与民主党人的评价相比，共和党人对布什言行不一行为的评价则要温和得多。而当轮到对克里的言行不一行为进行评价时，反之亦然。至于解释性声明是否能改变人们对政客言行矛盾程度的评价这一问题，研究结果也极为相似。

韦斯滕等人发现，动机性推理的神经关联与大脑中用于处理情感活动的部分有关，而与逻辑分析部分不相关。他们指出，"与动机性推理相关的神经信息处理明显异于结果中不掺杂情感因素的推理"。

此外，韦斯滕等人发现，在矛盾的情感冲突得到解决后，作为大脑愉悦中枢之一的腹侧纹状体会变得异常活跃。也就是说，一旦实际结果与预期的结果一致，大脑就会奖励自己。韦斯滕等人总结道，"减少负面影响……与此同时，增加积极影响或奖励……这两者的组合会使受试者有足够的时间得出偏见性结论，这就解释了为什么有动机的判断如此难以改变（也就是说，其会被加倍强化）"。

杰弗里·黑尔斯一直在研究投资者进行动机性推理的趋势（参见黑尔斯2007年发表的论文）。在他的实验中，黑尔斯要求受试者对纽约证券交易所

（NYSE）的一家真实的但隐去名称的公司的收益进行预测。每位受试者都将获得公司最近的历史收益数据、新闻报道以及一组分析师的预测和评论。每个受试者都被提供了进行精准预测的动机。

方向偏好（投资者从股票上涨或下跌中获益）在受试者中是随机分配的，有一半的受试者会持有多头仓位，另一半会持有空头仓位。受试者获得信息的暗示也被控制。在受试者获得的信息中，有一半预示着受试者可能获得正回报，而另一半预示着受试者可能获得负回报。

研究结果显示，尽管受试者在进行精准预测后能够得到奖励，但投资者对未来收益的预期会受到其意愿的影响。图18-10显示了研究结果。当市场普遍盈利预期暗示受试者将从其投资头寸中获利时，总体而言，受试者对自己受益的预测与市场普遍预期相当接近。

然而，当市场普遍预期暗示投资者所持仓位会亏损时，受试者所作出的预测则会暗示其持仓情况会带来盈利。因此，那些持有多头仓位的受试者最终做出了乐观的预测，而那些持有空头仓位的受试者则预测市场会下跌！

正如黑尔斯所说，"投资者往往会不假思索地认同那些暗示他们可能会从投资中赚钱的信息，并且会否定那些暗示他们可能会赔钱的信息"。动机性推理由此得到了极好的印证！

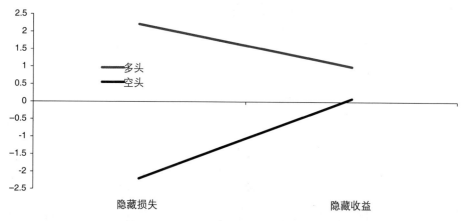

图18-10 动机性推理对收益预期的影响（对一致性结论的偏移）

资料来源：黑尔斯（2007）

将怀疑主义作为藩篱

我们可以做些什么来抵消这种动机性的推理呢？和以往一样，这种行为偏好可不是挥一挥魔杖就能消除的。有证据表明，乐观偏好和动机性推理都源自潜意识中的X系统，但我们往往意识不到它们曾经发生过。

然而，有证据表明，怀疑主义可能是应对动机性推理的一个有效工具。心理学中有种说法，即如果你不能去除偏好，那就强化偏好。这就意味着，如果X系统在一个我们无法认知的潜意识层面上运作，那么我们能做到的最好的事情就是将这种偏好转化为我们的优势。

道森等人在2002年的研究结果中表明，这种策略可以与动机性推理相结合来改进决策。他们采用了"华生选择任务"：假设你面前有四张扑克牌（E、4、K、7），每张牌的一面都有一个字母，另一面有一个数字。现在，你需要证明一个命题，即如果一张牌有一面是E，那么它的另一面应该是4。你想通过翻转哪两张牌来证实这一命题？

普通大众给出正确答案的概率只有10%左右。在参与测试的基金经理样本中，仅有5%的人答对了这个问题。这是我问过的所有问题中单次失败率最高的问题！

大多数人会选择E和4，而正确答案是E和7。如果你把E翻过来，背面不是4，你就证明了这个命题不成立。如果你把7翻过来，背面是E，你也证明了这个命题不成立。不幸的是，选择4不能使你获得任何有用信息。我说E后面是4，可没

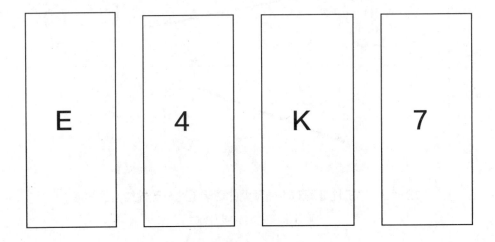

说4后面是E。选择4的习惯被称为确认偏误——倾向于寻找能够支持我们认知的信息，而不是去寻找可能表明我们错了的信息。

道森等人的实验在此实验的基础上进行了一些改进。他们先让受试者做一个衡量自身情绪反应和波动的测试。然后，受试者会得到测试结果，并阅读一篇新发布的关于此项测试结果和早逝之间关联的文章。一组受试者被告知，早逝与低分有关；另一组受试者则被告知，早逝与高分有关。

然后受试者会拿到一组研究道具，并被要求去验证之前的结论。他们拿到的道具由四张卡片组成，和上述实验相同。在这个实验中，这些卡片的两面分别标记着低分、高分、早逝和长寿之中的一个。

有趣的是，当受试者阅读的文章表明早逝与低分有关时，得低分的受试者往往能轻而易举地解决问题。例如，在那些得分低的受试者中，55%的人翻开了正确的卡片，而在那些得分高的受试者中，只有10%的人解决了这个问题。当受试者阅读的文章表明高分会导致早逝时，结果恰好相反（图18-11）。

道森等人指出，解决这个问题就像是问"我必须相信这个结论吗"，而不是"我能相信这个结论吗"。显然，解答第一个问题的举证责任要比解答第二个问题大得多。作为投资者，我们需要学会去提出前一个问题，而不是依赖后一个问题。

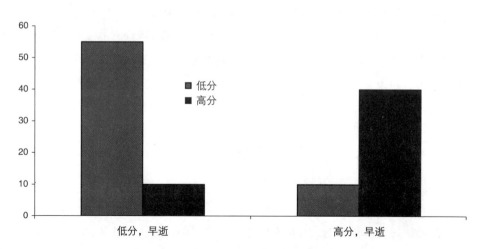

图18-11 选择正确卡片的比例

资料来源：道森等人（2002）

事实上，当对一些伟大的价值投资者（参见《行为投资学》第二十三章）进行研究时，我认为他们都擅长问"必须"而不是"能"那样的问题。我指出，由于他们都在管理集中型的投资组合，这些投资者的默认立场是"为什么我必须要进行这笔投资"。不过，当基金经理们被困于追踪误差和职业风险时，他们的默认问题就变成了"我为什么不应该持有这只股票呢"。

循证投资的基本原理

最好的价值投资者似乎总是将怀疑主义作为他们的默认选择。然而，正如我之前所写到的，怀疑主义是很稀缺的。我们的大脑似乎总是倾向于去相信而不是去质疑。**因此，我们需要学会用现实经验去挑战我们的信念**（详见《行为投资学》第十六章）。

这为我所说的"循证投资"奠定了基础。在医学上，有一个学派倡导我们应该用临床研究来指导实际治疗，这一主张被称为"循证医学"。我认为，我们在投资领域也应该遵循类似的理念。与其简单地断言某件事的真实性，不如向我展示事实确实如此的证据。

例如，请不要简单地告诉我股票在未来10年的年平均增长率可以达到40%，请从大量的公司样本中搜集证据，并对其结果分布进行研究。或者，如果你认为你的股票能够保持当前的投入资本回报率（ROIC），那么请回顾一下历史数据，看看一家公司有多大可能性能够做到这一点。成为一个经验主义怀疑论者（或者是怀疑主义经验论者？）似乎是强迫自己进行现实核查的最佳方式。请试着记住夏洛克·福尔摩斯的忠告：**"还没拿到数据就急于建立理论，这是一个巨大的错误。因为，人们会开始不知不觉地扭曲事实以适应理论，而不是让理论符合事实。""在数据不足的情况下就急于下定论是我们的祸根。"**

压抑的现实主义

或许，对乐观主义的研究中最有趣的发现之一是，乐观主义与它的极端对立面——悲观主义和抑郁——息息相关。许多研究人员发现，只有那些在临床上被诊断为患有抑郁症的人才能看到世界的真实面目！他们对自己的能力不抱幻想。往往正是这种现实主义的观点导致他们变得抑郁。

阿洛伊和艾布拉姆森在1979年的一项实验中让受试者待在一个有灯和开关

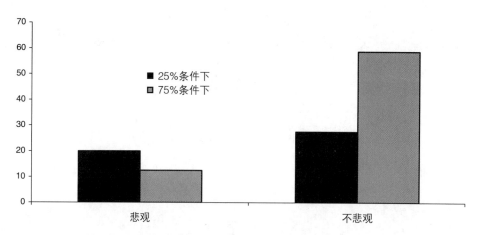

图18-12 控制的幻觉：你控制灯光的时间比例（％）

资料来源：阿洛伊和艾布拉姆森（1979）

的房间里。在第一种情况下，受试者按下按钮后，房间里的灯有25%的时间亮着，而不按开关也是如此。在第二种情况下，受试者按下按钮后，房间里的灯有75%的时间亮着，不按开关也是如此。之后，受试者被问及他们认为自己掌控灯光的时间比例。图18-12显示了研究结果，那些在悲观主义测试中得分高的受试者没有表现出控制局面的幻觉，这与实验中的其他受试者形成鲜明反差。

这些结论给投资者留下了一个并不令人艳羡的选择：要么抑郁地面对世界的本来面目，要么快乐地生活在幻境之中。就我个人而言，最好的解决办法可能是，在工作时让自己成为一个抑郁症患者，但回家后便快乐地生活在幻境中。

第十九章

保持简单，保持愚蠢

> 我们总是花费太多时间去探究越来越多的东西，而得到的却越来越少，直到我们最终发现，我们所知道的一切都毫无价值。我们很少（如果有的话），停下来问自己：我们到底需要知道什么！

- 我们的行业一向痴迷于细枝末节。分析师十分惧怕说出"我不知道"。我个人从未有过这种顾虑！人们认为要想做出正确的决定需要知晓海量信息，但这其实是一种普遍存在的误解。事实并非如此。

- 蔡等人在一篇论文中展示了对预测比赛结果的美国橄榄球球迷的信心和准确度的研究结果。他们发现，人们在知晓6项信息时的预测准确率和他们知晓30项信息时一样高！然而，随着信息量的增加，信心却大幅增加（信心在所有层级的信息条件下都比准确性要高）。

- 处理大量信息能力的缺失反映了我们大脑中存在的认知局限。事实很简单，我们的大脑并不是拥有无限计算能力的超级计算机。与其盲目地挑战自己的认知极限，倒不如设法利用我们的自然禀赋。因此，我们不应该总是忙于收集无穷无尽的信息，而应该花更多的精力去找出真正重要的因素，并专注于此。

- 就信息超载问题而言，医疗领域和投资领域情况相似。例如，在密歇根州的一家医院中，医生把大约90%的严重胸痛病人都送进了重病监护室，事实上，他们将90%应该被送入重症监护室的病人和90%不应被送入重症监护室的

— 232 —

病人都送进了重症监护室！他们的做法简直像是随机而为。

● 造成这一现象的主要原因似乎是医生们关注了错误的信息——实际上，他们关注的是一系列宽泛的"风险因素"，如年龄、性别、体重、吸烟史等。这些因素虽然有助于界定患心脏病的概率，但它们并不是诊断就医者是否真的患有心脏病的良好工具。

● 医院采用一套复杂的统计表来帮助医生做出更好的决策。然而，当这一辅助工具被移除后，医生们仍然可以做出良好的决策。原因是他们已经学会了如何利用关键信息来做出最好的诊断，他们能够运用决策树图来做出最佳抉择。类似的机制同样适用于投资领域。就如沃伦·巴菲特所说，"投资很简单，但并不容易"。

年初，我在一家客户公司就行为决策进行了长达两个小时的问答会议。会议结束时，主办人把我送了出来，并对我说："如果让你选一个词来概括今天所讲的内容，你会选哪个？"我的回答是"简化"。

我以前写过关于知识幻觉的文章[①]，并且在我表达这一观点时，我花了相当多的时间谈论一个问题，我们总是花费太多时间运探究越来越多的东西，而得到的却越来越少，直到我们最终发现，我们所知道的一切都毫无价值。但我们很少停下来去问自己：在做实际投资决策时，我到底需要知道什么？

过去我经常使用保罗·斯洛维奇的研究来说明一个观点，即更多的信息并不一定是更好的信息。斯洛维奇的研究成果发表于1973年。为了确保这一结论的说服力，我要引用三位学者近期的学术成果来进行说明，他们的成果再次验证了斯洛维奇的结论。

越多越好吗

蔡等人在2008年再次表明，在达到最低界限之后，更多的信息会转化为过度的自信和静止的准确性。他们测试了美国球迷预测15场全国大学体育联盟橄榄球比赛的结果和分差的能力。这些信息（是通过调查未参与测试的球迷选出的）在五轮比赛中随机呈现。每一轮都显示六项信息（称作"提示"）。

① 见《行为投资学》第二章、第十一章。——作者注

所提供的信息故意隐去了球队名称，因为这些名称太具有指向性。取而代之的是大量统计数据，如己方接球失误、边际失误次数和推进码数。

受试者是来自芝加哥大学的30名本科生和研究生。他们平均花大约一个小时完成实验，以换取15美元的固定报酬。此外，研究人员承诺将奖励表现最佳的受试者50美元。为了参与这项研究，受试者必须通过一项测试，以证明自己足够了解大学橄榄球联赛。

为了从基准的角度来研究"更多的信息是否是更好的信息"这一问题，我们对实际测试中没有使用的比赛进行了逐步的逻辑回归。虽然这听起来非常复杂，但它真正的意思是每一轮都向计算机模型中加入新的信息，从而模拟受试者所面临的情况。

结果如图19-1所示，当仅有第一轮信息（6条提示）时，该模型的准确率约为56%。之后信息逐步添加，当所有可用信息都呈现出来时，预测精度提高到71%。

因此，从统计模型的角度来看，更多的信息确实意味着更好的信息。然而，当把计算机替换成人时，结果产生了巨大的差异。图19-2展示了受试者的平均表现。无论所提供的信息量有多大，人所预测结果的准确率一直在62%左右。在最初几轮，受试者的预测准确度高于计算机模型（尽管在统计意义上并不显著），在后几轮中，前者的准确度不如后者。

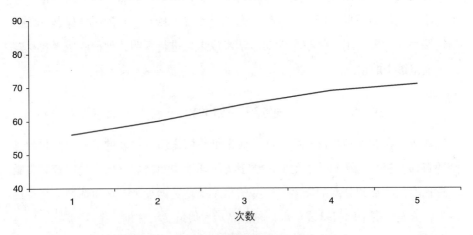

图19-1　电脑模型的预测准确率（%）

资料来源：蔡等人（2008）

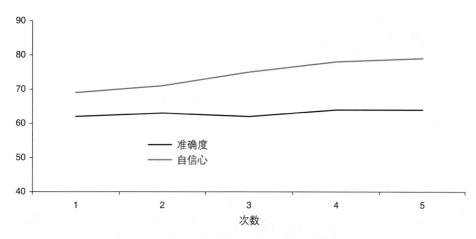

图19-2 受试者的预测准确度和自信程度

资料来源：蔡等人（2008）

然而，随着信息的增加，受试者的信心往往会飙升。当受试者有6条提示时，他们的信心度是69%，而当受试者有30条提示时，他们的信心度上升到了80%。因此，就像斯洛维奇最初的研究一样，随着可用信息的数量而增加的是信心，而不是准确性。

这一发现反映了人类大脑的认知局限。早在1956年，乔治·米勒就曾发现，人类的平均工作记忆可以处理7位数的信息（有正负2位数的浮动）。

早在乔治·米勒发现这一认知局限之前，阿瑟·柯南·道尔爵士就已经借夏洛克·福尔摩斯之口表达过类似的见解：

> 我认为人的大脑原本就像是一间空空的小阁楼，应该有选择地把一些家具放进去。愚蠢的人把他碰到的各种各样的破烂杂碎一股脑儿装进去。这样一来，那些对他有用的知识反而被挤了出来；或者和许多其他的东西掺混在一起，那么他在需要取用这些信息时便很难找到它们。一个会工作的人，在选择要把一些东西装进他的那间小阁楼似的头脑中去的时候，他一定是非常仔细小心的。除了工作中有用的工具以外，他什么也不带进去，而这些工具又样样具备，摆放得有条有理。如果你认为这个小房间的墙是有弹性的，并且可以任意扩张，那就大错特错了。毫无疑问，总会有那么一天，你每增加一点儿新知识，就会忘记一些你以前知道的东西。因此，最重要的是不要让无用的信

息排挤掉有用的信息。

《血字的研究》

归根结底，我们并不是拥有无限能力的超级计算机。与其试图挑战大脑的认知极限，倒不如好好利用我们与生俱来的自然禀赋。因此，我们不必无穷无尽地收集信息，而应该花更多的时间去找出什么才是真正重要的，并专注于此。

KISS法则：保持简单，保持愚蠢

狄克斯特霍伊斯等人在2006年的一项研究为人类智能有限这一观点提供了更多的证据。在他们的研究中，受试者被告知需要在4种不同的汽车中选出最好的汽车。他们面临着两种情况：一种是只能获取每辆车的4个性能（低信息承载量），另一种是能获取每辆车的12个性能（高信息承载量）。在这两种情况下，有一款车明显"好"于其他的车，它拥有75%的正面性能；另两款车有50%的正面性能，而剩余的一款车只有25%的正面性能。

图19-3显示了在两种信息条件下受试者选择"最佳"汽车的占比。在低信息承载量的情况下，近60%的受试者选择了正面性能最多的汽车。然而，在高信息承载量的情况下，只有20%左右的受试者选择了正面性能最多的汽车！

心脏病的教训

李·格林在这一领域做了最初的研究，并将成果发表在他与耶茨在1995年合著的论文中。在密歇根州的一家医院里，医生们想要把90%胸痛严重的病人送到重症监控室。因此，重症监控室变得异常拥挤，医护水准不断下降，而费用却不断攀升。

把众多病人送进重症监护室的决定反映了医生们对假阴性（即没有让本应进入重症监控室的人进入）代价的担忧。你可能会说，把不该送的送进去总比该送的没送强。然而，这其实忽略了进入重症监护室固有的风险。每年大约有2万美国人死于医院内的交叉感染，而在重症监护室中感染此类疾病的风险明显高于常规病房。

就密歇根州医院的医生而言，他们最严重的问题是，把大约90%的应被送进重症监护室的病人和90%不应被送进重症监护室的病人都送进了重症监护室。他们的做法简直像是随机而为！

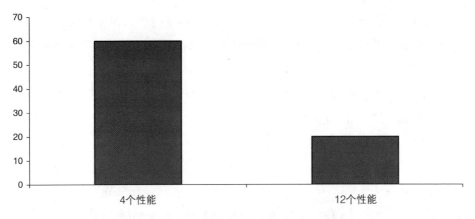

图19-3 受试者选择"最佳"汽车的比例

资料来源：狄克斯特霍伊斯等人（2006）

为什么

上述现象引出了这样一个问题：为什么医生们很难把需要特殊医护的病人和不需要特殊医护的病人区分开呢？格林和耶茨对这个问题进行了研究。

研究发现，医生在进行诊断时总是在关注错误信息。他们过度关注如家族病史、年龄、性别、吸烟史、糖尿病、高胆固醇和高血压等"危险因素"。

然而，尽管这些因素对评估某人患心肌缺血的总体可能性有所帮助，但它们却不能作为诊断依据。这些因素不是有效的信息线索，格林和耶茨将其描述为"伪诊断项"。也就是说，"这些因素只是一些与诊断相关的附加信息，它们会影响到确诊的概率，但在分辨是否确诊时不具备客观价值"。

研究表明，我们有更好的诊断线索——患者症状的性质和位置、缺血性疾病的病史以及某些特定的心电图，这些才是迄今为止对心脏急性缺血、梗死和死亡最有力的预测因素。

有什么办法吗

格林和他的同事们想出了一个主意，用卡片标记各种诊断信息及其对应概率。然后，医生可以根据症状和检测结果将概率相乘，从而估计出就医者的患病概率。如果这个值高于设定的阈值，那么病人就会被送进重症监护室，否则送进常规监护病房就足够了。

在这种方法被引入临床诊断之后，医生的决策水平有了明显的提高。尽管医生误诊的比例还是很高，但他们把不需要送去重症监护室的病人送到重症监护室的概率却大大降低了。

这可能表明这种卡片是奏效的。但是，作为优秀而严谨的科学家，格林等人决定对这一结果进行检验以确保情况确实如此。检验方法是，在几周内给参与实验的医生发放诊断卡片，另处几周不发放。显然，如果诊断卡片是使医生诊断质量得以改善的原因，那么在卡片被禁用的几周里，医生的诊断质量应该有所下降。

实验的结果令人惊讶。不管是否使用了卡片，医生的诊断似乎都得到了改善！这一惊人结果到底是由什么造成的呢？有没有可能是医生已经记住了这些卡片上的概率，并且在没有卡片的情况下他们仍然在使用概率相乘的方法？

这似乎不太可能，因为要记住卡片上标出的各种排列组合不是件容易的事。通过一项简捷的测试，研究人员发现了原因所在。事实上，医生们已经学会了如何抓住诊断的正确线索。通过向他们展示正确的诊断项目，医生关注的重点已经从伪诊断信息转向真正有用的信息元素。他们开始步入正轨了！

简单是关键

基于这一经验，格林和梅尔在1997年设计了一个简单易用的决策树，即一系列判断正误题（比最初构建的基于概率进行诊断度量的方法要容易几个数量级）。该决策树的结构如图19-4所示。

如果病人表现出一种特殊的心电图异常（ST段改变），他就会被立即送入重症监护室。如果未见异常，则将第二种判断元素纳入考虑之中：患者是否存在胸部疼痛。如果他确有此症状，那么他就被送入重症监护室，以此类推。

这种方法使医生对诊断决策的关键因素一目了然，并且在实践中也颇具成效。图19-5显示了我们所讨论过的各种方法的诊断准确性情况。坐标轴代表我们所研究的问题的两个维度，即被正确诊断并被送进相应病房的患者比例（纵轴）和被错误诊断并被送入错误病房的患者比例（横轴）。

45度角斜线代表纯靠运气。该线以上的点代表诊断质量好于随机决策，而该线以下的点则代表诊断质量还不如全凭运气。

医生最初的表现要略逊于随机决策。尽管复杂的概率模型可以生成多种诊

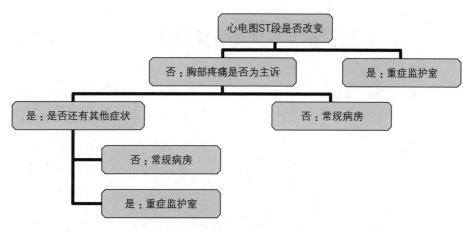

图19-4 对疑似心肌梗死患者的重症监护室准入决策树

资料来源：格林和梅尔（1997）

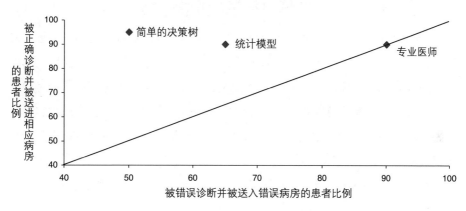

图19-5 不同诊断方式在诊断心肌梗死方面的表现

资料来源：吉格伦泽（2007）

断方案，但我选取了其中的最优方案，以确保心脏病患者被正确诊断的比例最高。该模型显著提高了医生的个人诊断能力；它有效提高了心脏病患者的确诊率，并大幅减少了被误判为需要送入重症监护室的人数。

然而，简单的决策树的效果则更好。它的应用使正确诊断率变得更高，并且被误判为需要送入重症监护室的人数减少得更多！由此可见，简单快捷的决策在这个领域是卓有成效的。

高手专注于关键信息

值得注意的是，雷纳和劳埃德在2006年对不同层次医生的心脏病诊断情况进行了研究。他们得出的结论是，医生的专业水平越高，他们做出准确决策所需要的信息就越少。专家们基本上只关注最关键的信息，不允许自己为无关的信息分神。

图19-6突出显示了各层次医生判断是否送重症监护室时，参考心肌梗死（MI）及冠心病（CAD）的相关系数。医学院学生的诊断决策同时受心肌梗死和冠心病二者影响。事实上，这种模式一直持续到心脏病医师的水平才结束。作为医术水平最高的群体，心脏病学专家只关注心肌梗死风险。这一发现再次表明，我们需要关注关键信息，而不是沉迷于去获取更多的信息。

从急诊室到市场

让我们再回到投资领域。是否可以借鉴医疗领域的决策树模型来为投资者设计一种决策模型呢？理查德·塞勒（行为金融学奠基人之一）将这种工具称为"决策结构图"，其基本目的是通过调整偏差而非去除偏差来帮助人们做出优质决策。我经常敦促投资者去思考投资中真正重要的因素，其实人们很容易就能想象出一个简单易用的决策树（如图19-7所示），它可以帮助投资者专注于真正关键的信息。

投资者最好记住沃伦·巴菲特的那句至理名言："投资很简单，但并不容易！"

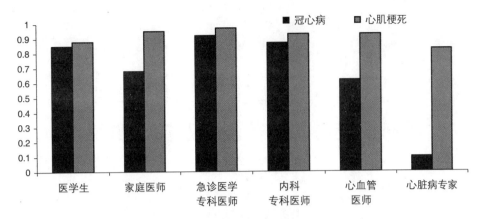

图19-6 参考心肌梗死和冠心病的相关系数

资料来源：雷纳和劳埃德（2006）

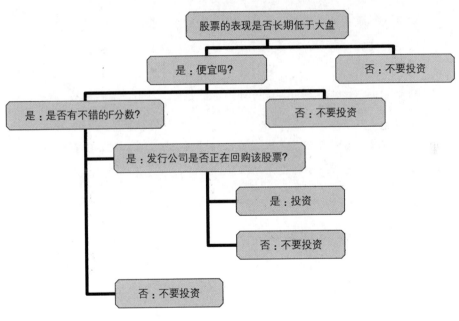

图19-7 一个简单的逆向思维决策树

资料来源：法国兴业银行股本研究

第二十章

逆向投资者的迷茫困惑及深度价值的
艰难岁月

> 这个时代是深度价值的艰难岁月。截至目前，我们在欧洲的一篮子格雷厄姆类股票已经下跌了24%，许多最优秀的长期价值投资者的选股也与之相似。在一个由患有慢性注意力缺陷多动症（ADHD）的投资者主导的世界里，绝大多数投资者最终都是在追逐自己的尾巴，而目光长远的投资几乎肯定会经历一段时期的业绩欠佳。投资者应该坚信：价值并未消亡。科技、媒体和电信（TMT）泡沫的破裂带给我们的教训之一是，当投资者对那些伪装成成长股的周期股失去信心时，价值将重归辉煌。矿业股与新兴市场股就是很好的例证。

● 最近的客户会议证实了我们一直在沿用的深度价值股的筛选模式：对于那些遵循明智投资方式的人来说，现在确实是艰难时刻。一些最优秀的长期价值基金经理的糟糕表现印证了这一观点。今年以来，他们买入的股票价格已经下跌了约19%。当然，他们通常也持有大量现金，并倾向于将股价下跌视为买入更多他们所青睐的股票的机会（假设基本面没有发生变化的话）。

● 不幸的是，在投资者似乎患上了慢性注意力缺陷多动症的世界里，若是短期表现欠佳将会受到严厉的惩罚。然而，欠佳的表现很可能是明智投资策略的副产物。布兰德斯研究所的研究显示，最优秀的长期（10年）基金经理会在一些时期明显表现欠佳。在最糟糕的一年里，最优秀的基金经理的业绩平均落后于基准指数近20%。即使从三年的角度来看，也有近40%最优秀的基金经理业绩排在最后10%。

● 好消息是，对于那些坚守信仰的人来说，光明就在隧道的尽头。如果价值股继续表现得像上半年那样糟糕的话，这将是有史以来价值股（相对于成长股）表现得最差的一回——甚至比狂热的TMT泡沫时期表现得还要糟！然而，对于那些有耐心的人来说，这种痛苦会带来加倍的补偿。在经历了一段低迷时期后，价值股往往会出现强劲反弹——价值股的年均收益率最终比成长股高出了约17%（平均7年）。

● TMT泡沫破裂的经验或许可以为我们提供一些借鉴，让我们知道何时才能期待深度价值股会重现辉煌。直到投资者对那些伪装成成长股的周期股完全失去信心，价值股才会重见光明。这一次，伪装成成长股的是矿业和新兴市场相关板块的周期股。它们在聚光灯下的日子可能即将结束。正如约翰·邓普顿爵士所言："牛市在悲观中诞生，在怀疑中成长，在乐观中成熟，在狂热中死亡。"拉克希米·米塔尔最近的荒唐言论"我可以相当肯定地说，动荡的兴衰岁月现在已经成为过去"在我看来有些狂热过头了。

市场调研表明，近来市场上有许多非常困惑的逆向投资者，而深度价值股投资者正在经历一段煎熬的时期。这并不令人意外，因为我自己的深度价值股投资组合的表现也是如此。

我对深度价值投资机会进行分类的方式来自本杰明·格雷厄姆在20世纪70年代去世前夕的设计。1977年，雷亚在《投资组合管理杂志》上发表的一篇文章中列出了以下这份清单（他自己还补充了三点进去），一个深度的价值投资机会必须满足以下标准：

1. 动态收益率大于AAA级债券平均收益率的两倍；

2. 按5年移动平均收益计算，市盈率不高于峰值市盈率的40%；

3. 股息收益率不低于AAA级债券收益率的三分之二；

4. 价格不高于有形资产账面价值的三分之二；

5. 价格不高于流动资产净值的三分之二；

6. 债务总额小于有形资产账面价值的三分之二；

7. 流动比率大于2；

8. 债务总额小于（或等于）净流动资产的两倍；

9. 10年复合收益增长率至少达到7%；

10. 在过去10年，年化收益率下降幅度大于等于5%的年份不超过两年。

在格雷厄姆的选股方法中，一个核心的概念是适当的安全边际。也就是说，投资者应该始终寻求购买内在价值与市场价格之间差异很大的证券。事实上，格雷厄姆自己最喜欢的选股标准是价格不高于流动资产净值的三分之二那条（上述第5条）。

在当今世界，这样的"纯净赚"机会越来越少。目前，我在全球范围内的大盘股领域仅找到两只这样的股票——泰勒温佩和巴莱特建筑发展公司，它们都是英国的建筑公司。这或许表明，投资者正在成为该行业的终极定价者！的确，若把泰勒温佩、巴莱特建筑发展公司和珀西盟公司综合在一起来看，分析师预计其今年和明年的收益率都将下跌60%以上，长期增长率将为-17%！这未免过于悲观了吧？

如果找不到"纯净赚"的机会，那么格雷厄姆认为准则1、3和6则尤为重要。准则1和准则3是有效的估值约束，准则6确保即使在清算的情况下也可保有一定的股本价值。目前，就大盘股市场而言，我分别在美国、欧洲和日本找到了0只、15只和20只符合这些深度价值筛选标准的股票。

深度价值的艰难岁月

如表20-1和表20-2所示，这些股票投资组合的绝对收益率非常低，欧洲的那几只股票下跌了24%，日本的那几只股票下跌了15%。当然，相对而言，这些股票的收益率与市场整体基准相当。然而，我的长期读者都知道，我对相对业绩向来不感兴趣。

深度价值投资见效于长期

这是按上述选股标准所选出的样本（在实时存在时期内）的最差表现。但好消息是，从长期来看，深度价值投资是奏效的（图20-1）。事实上，在过去20年的最佳时期里，如果你购买的股票符合第1、3、6条的标准，那么你在欧洲市场的收益率几乎会是市场基准的两倍。

美国和日本的收益率表现同样令人印象深刻。在这两个市场中，有几年我

表20-1　通过第1、3和6条标准的欧洲股票

公司名称	收益率	股利率	1个月收益	3个月收益	6个月收益	1年期收益
英国贝利维房地产	11.7	3.5	7.4	−26.5	−38.4	−37.1
瑞典博登利金属	16.5	4.9	−33.0	−42.4	−30.6	−53.2
德国汉莎集团	13.9	6.9	4.7	−7.6	3.0	−8.3
意大利埃尼集团	10.9	5.2	−6.8	−7.2	3.6	−9.1
英国家悦采购	13.1	5.7	3.9	0.7	−13.2	−26.2
西班牙伊比利亚航空	11.5	5.7	2.3	−29.3	−23.2	−40.4
芬兰奥托昆普不锈钢	16.6	5.7	−32.0	−45.9	−18.0	−21.6
意大利帕玛拉特乳业	14.4	6.0	−3.3	−22.3	−24.2	−32.7
英国珀西盟地产	17.2	6.4	−1.8	−44.3	−55.7	−54.3
芬兰劳塔鲁基碳钢	11.2	6.7	−24.1	−27.1	−11.8	−19.4
西班牙雷普索尔公司	10.7	4.1	−12.8	−16.1	4.1	−8.3
荷兰皇家壳牌集团A股	12.6	3.6	−7.9	−4.8	−4.3	−17.6
英国汤姆金斯工程制造	11.5	7.7	−16.1	−27.0	−19.9	−19.9
法国道达尔石油	10.3	3.6	−7.5	−5.8	−1.1	−13.0
法国瓦卢雷克管材	10.2	3.8	−13.8	7.2	38.6	0.7
平均			−9.4/b	−19.9	−12.7	−24.0

资料来源：法国兴业银行股本研究

表20-2　通过第1、3和6条标准的日本股票

公司名称	收益率	股利率	1个月收益	3个月收益	6个月收益	1年期收益
天田机床株式会社	9.7	2.9	−8.8	−3.3	−7.9	−17.2
旭化成化工株式会社	9.6	2.5	−4.7	−6.1	−15.7	−25.1
安斯泰来制药株式会社	9.1	2.8	−0.4	8.4	0.7	−6.2
豪雅株式会社	8.1	2.8	−9.1	−22.1	−32.7	−34.6
伊藤忠技术解决方案株式会社	7.7	2.7	2.5	6.1	15.4	−2.4
钟渊化学工业株式会社	8.8	2.6	−1.4	−0.7	−11.4	−21.6
牧田株式会社	10.2	3.1	−1.7	12.3	−0.3	−13.8

[续表]

公司名称	收益率	股利率	1个月收益	3个月收益	6个月收益	1年期收益
三菱瓦斯化学株式会社	12.3	2.3	−10.1	3.8	−25.5	−34.4
三菱丽阳株式会社	7.5	3.4	10.0	6.0	−17.5	−34.3
日新制钢株式会社	10.3	2.3	−8.0	−11.6	−3.7	−13.2
日本电信电话株式会社	7.5	3.2	5.0	3.7	−1.1	−11.2
恩瓦德时尚贸易株式会社	7.5	2.9	3.7	0.0	15.1	6.5
三共株式会社	7.9	2.5	−8.7	7.5	28.4	28.9
日本积水化学株式会社	7.7	2.5	−2.5	1.3	3.9	−4.4
神钢电机株式会社	7.5	2.4	3.9	−2.6	−17.7	−35.8
昭和壳牌石油株式会社	9.4	2.9	3.4	8.1	24.5	−3.6
胜高半导体株式会社	12.7	2.4	4.0	−5.7	−9.2	−22.4
日本武田药品株式会社	8.4	3.4	−2.3	−3.4	−14.8	−15.9
TDK公司	9.4	2.2	−2.5	−4.6	−1.9	−20.0
平均			−1.4	−0.1	−3.8	−14.8

资料来源：法国兴业银行股本研究

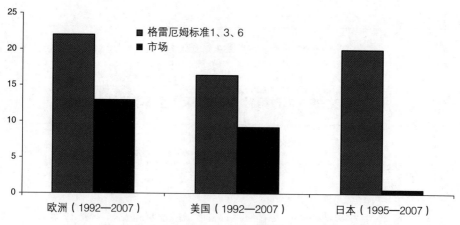

图20-1 深度价值概念见效于长期投资（年均收益率，%）

资料来源：法国兴业银行股本研究

都没能找到任何一只股票同时符合上述三项标准。在这样的年份里，我假设其收益为零——如果假设存在现金收益的话，那么总收益会更高！

过时的价值

遭受困境的不仅仅是我投资的股票。根据"大师焦点"网站的数据，许多长期表现绝佳的顶尖价值型基金经理所购买的股票都遭受了重大损失。表20-3中列出的所有基金经理所购买的股票2008年以来平均下跌了19%。（当然，其中许多基金经理也持有大量现金头寸。）

当然，一些基金经理可能对此并不太担心——毕竟他们是长线投资者。他们往往将价格下跌视为买入更多股票的绝佳时机（假设基本面没有发生任何变化的话）。

表20-3　过往12个月买入股票的业绩（按简单平均计算，%）

名称/姓名	平均收益率
布鲁斯·伯克维兹	−9
查尔斯·布兰德斯	−29
大卫·德雷曼	−19
道奇·考克斯基金	−16
埃文·格伦·格林伯格	−10
基恩–马里·艾维拉德	−7
马丁·惠特曼	−35
迈克尔·普莱斯	−14
莫尼什·帕博莱	−38
理查德·普泽纳	−21
罗伯特·罗格里格斯	−33
鲁尼·坎尼弗	−16
塞斯·卡拉曼	−9
汤姆·盖纳	−18
特韦迪·布朗	−13
平均	**−19**

资料来源：大师焦点

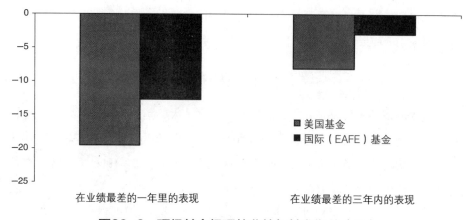

图20-2 顶级基金经理的业绩与基准指数（%）

资料来源：布兰德斯研究所，法国兴业银行股本研究

短期业绩不佳是明智投资过程的副产品

短期业绩不佳往往是明智投资过程的副产物。例如，如果所有人都在忙着猜测下一季度的收益数据，而你在使用一个长期投资框架，那么你很可能会发现自己的投资业绩在短期极其糟糕。

事实上，布兰德斯研究所的研究[1]表明，最优秀的基金经理往往会在一段时期内表现不佳。在调查了591名美国基金经理和147名欧洲、澳大利亚和远东（EAFE）地区的基金经理后，他们选出了10年间表现最佳的基金经理。在过去10年里，表现最好的美国基金经理的收益表现平均每年比标准普尔500指数（S&P 500）高出2.5%，而表现最好的EAFE基金经理则以平均年化收益率高出4.6%的业绩击败了摩根士丹利资本国际（MSCI）EAFE指数。

尽管长期表现令人印象深刻，但这些群体却远不能幸免于短期业绩不佳的压力。在最差的一年中，美国长线投资基金经理落后于基准指数20个百分点，EAFE长线投资基金经理落后13个百分点（图20-2）。

另一方面，人们可能想知道这些长期明星相对于其竞争对手而言又表现如何呢？图20-3和图20-4显示了长期业绩最优秀的基金经理出现在业绩排名后

① 《死亡、纳税和短期业绩欠佳》（Death, Taxed and Short-Term Underperformance），2007年2月和7月，源自www.brandes.com/ institute/BiResearch/. ——作者注

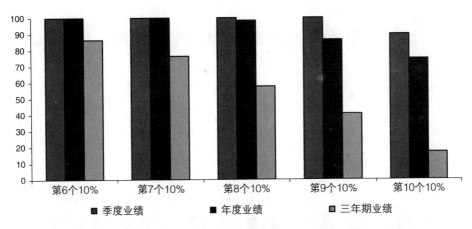

图20-3 顶级长期基金经理业绩排名落后的占比——美国

资料来源：布兰德斯研究所，法国兴业银行股本研究

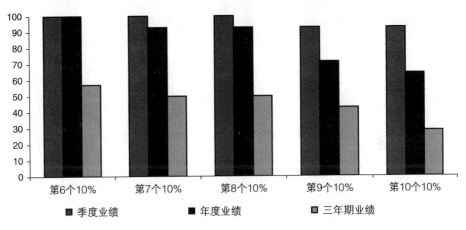

图20-4 顶级长期基金经理业绩排名落后的占比——EAFE

资料来源：布兰德斯研究所，法国兴业银行股本研究

50%的占比。因此，当按季度衡量业绩时，几乎所有长期基金经理都出现在末10%的行列中。从一年的数据来看，75%的最优秀的长期基金经理排名垫底。即使以三年期限为考量标准，也有20%到30%的最优秀的长期基金经理排在最靠后的10%！

一位美国的基金经理上周曾说，"如果你告诉我要从客户的长期利益出发去代其理财，那么我现在就不得不表现得很糟糕"。

价值会在隧道的尽头重见光明吗

　　好消息是价值并未消亡。据图20-5显示，自1960年以来，就美国市场的两年期业绩而言，价值股（高现金流/价格）的表现明显不如成长股（低现金流/价格）。有趣的是，当前的情况实际上比互联网时代还要糟糕！但好消息是，价值股往往会在两年后出现反弹。据图20-6显示，在成长股从一个巅峰的结束到另一个巅峰的开始的期间，价值股成绩斐然。在经历了一段引人注目的辉煌时期

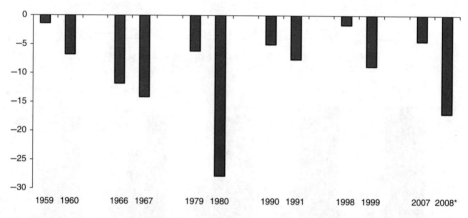

图20-5　年收益之差百分比（价值股-成长股），美国，1960—2008

资料来源：法国兴业银行股本研究，YTD

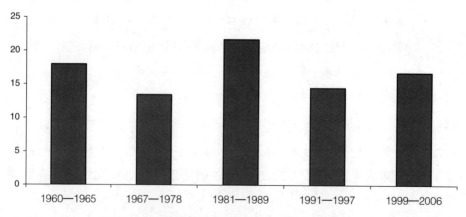

图20-6　美国价值股-成长股之差（年均，%）

资料来源：法国兴业银行股本研究

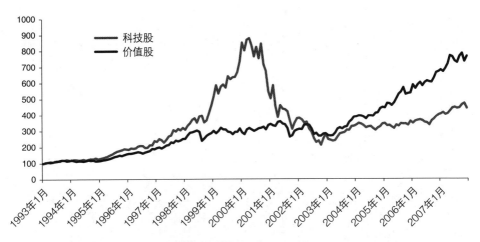

图20-7 科技股和价值股（假定1993年1月为基准100）

资料来源：法国兴业银行股本研究

后，价值股的表现要比成长股高出近17%（平均周期为7年）。

有什么催化剂可以让价值股重返辉煌吗？也许，我们可以借鉴一下TMT泡沫时期的经验。如图20-7所示，直到投资者对TMT股票感到彻底绝望了，TMT中的价值股才重新流行起来。

这表明，直到最后一张周期性风险多米诺骨牌倒下，价值才会重新流行起来。对我们来说，这意味着矿业股和大宗商品/新兴市场相关的股票又要粉墨登场了。只有当投资者对这些由周期带动的结构性增长的故事失去信心时，我们才有可能看到老式的价值股重现辉煌。好消息是：这一天可能即将到来（参见图20-8）。

正如已故的伟大的约翰·邓普顿爵士所指出的那样，"牛市在悲观中诞生，在怀疑中成长，在乐观中成熟，在狂热中死亡"。阿塞洛-米塔尔钢铁集团董事长兼首席执行官拉克希米·米塔尔最近说："我可以相当肯定地说，动荡的兴衰岁月现在已经成为过去。我们已经成功地缔造了一个可持续增长的盈利性行业。"在我看来，这听起来有些狂热过头了！

熊市/衰退环境可能为投资者提供了及时囤积那些不受欢迎、备受忽略的深度价值股的机会。当然，正如约翰爵士所认为的那样，"在别人绝望地抛售时买进，在别人贪婪地买入时卖出，这的确需要极大的毅力，但也会收获异常丰厚的回报"。

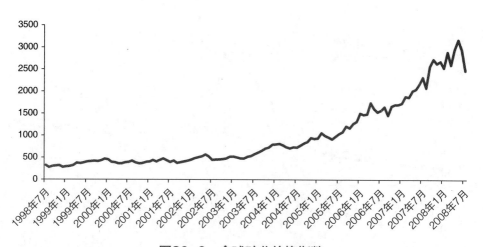

图20-8 全球矿业价格指数

资料来源：法国兴业银行股本研究

VALUE INVESTING

TOOLS AND TECHNIQUES
FOR INTELLIGENT INVESTMENT

第四部分

实证证据

第二十一章

全球化：价值投资无界限

在近期的一次会议上，有人问我是否了解有关全球性价值投资的研究。于是，我决定调查一下，看看我先前认为的价值投资可以跨越国界这一观点是否能得到数据的支撑。好消息是，我的观点的确成立。让投资者跨越国界及行业去寻找廉价的股票这一做法，无论在理论上还是在实践中都是行得通的。在一个似乎总想给基金经理贴上标签并严格限制他们行为的世界里，这种做法是非常规的。然而，正如约翰·邓普顿爵士所言："除非你与众不同，否则你不可能取得卓越的业绩。"

● 每一位《事件思考》的老读者都知道，我喜欢不受约束的投资方式。这种偏好反映了我的两个理念：第一个理念是，投资者应该不受限制地在任何地方及任何行业去寻找投资机会。还有一个理念是，风险不应由标准差等数字来衡量，这样一来，大多数"风险管理"便成为徒劳，且追踪误差也就没什么意义了。

● 但我也经常盛赞用实证证据去检验信念的好处。因此，我理应证明我的信念与现实并不矛盾。那么，一个不受约束的以价值为导向的投资方法是否有效呢？让我欣慰的是，答案是肯定的。例如，从国际主要发达市场的个股表现来看，价值股的年均收益率往往比成长股高出9%左右。当在发达市场采用一种不受约束的价值型投资方法时，年均收益率则会上升到12%（并且跨国投资的收益率的波动性明显低于在单一国家进行投资）。

● 对新兴市场的引入让前景得到进一步改善。所有股票中最便宜的那20%（结合五个估值标准的综合衡量），在1985年至2007年间年均收益率为18%，并且不受行业和地域的限制。这些股票的年均收益率比最昂贵的股票高出15%，比市场指数高出7%。

● 当然，耐心是关键。价值投资是一种长期投资。毕竟，我们永远不知道价格和内在价值何时才会重合。耐心能让投资者获得的超额收益令人印象深刻。当持有期为一年时，全球性价值投资的年均收益率超出市场基准收益率7%，当持有期为五年时，收益率则超出了40%！

● 到目前为止，我们一直在探讨买入市场上最便宜的20%的股票的简单投资策略，但该策略涉及的股票数量却是极其巨大的。例如，在2007年，最便宜的20%的股票有1800只左右。然而，当我们将投资组合集中化后，不受限制的全球性价值型投资组合仍然有效。买入最便宜的那30只股票能够带来近25%的年均收益率。当然，这样做也加剧了收益率的波动性，但波动性并不等同于风险。

● 全球性价值投资组合可以通过从自下而上的角度揭示价值的来源，来帮助自上而下的投资者。目前，日本、韩国和中国台湾都蕴藏了许多价值投资机会。

在近期的一次会议上，一位与会者问我，"价值投资在全球范围内是否有效？"这让我陷入沉思。我看过很多关于区域价值投资策略的文献，并且自己也做过相关工作，但在全球层面见得不多。

当然，约翰·邓普顿爵士和基恩–马里·艾维拉德等一些特别优秀的价值投资者已经证明，在实践中，价值投资可以在全球范围内进行。约翰爵士在1979年的演讲中曾说，"如果你要找到异常划算的股票，你不该只在加拿大搜寻，这似乎是常识。如果你只在加拿大搜寻，你会发现一些这样的股票，或者如果你只在美国搜寻，你也会发现一些这样的股票。但你为什么不把各处都搜寻一下呢？这就是我们四十年来一直在做的事情；我们的搜寻遍及全球"。

从理论上讲，扩大投资领域不会对价值策略造成任何损害。但国际性价值投资也会带来一些问题，比如会计准则的不同。在安然财务造假等事件发生之前，最常从美国投资者那里听到的就是他们对会计质量的担忧。

从我作为一个经验主义怀疑论者的角度来看，关键问题是：这些证据表明了什么？不受约束地在全球范围内进行价值投资是否有效？我不太愿意对我的投资范围设限，比如"在某些领域的持股比例不超过X%"或"在Z国的持股比例不超过Y%"，因为那样做会错失良机。我的兴趣在于对无约束的价值策略进行评估。为了评估这些问题，我使用了1985年以来所有发达国家市场和新兴市场的数据。为了避免结果中混杂任何小盘股效应，在筛选股票时我设定了2.5亿美元的最低市值，并且用美元计算收益。

我认为任何一个单一的要素都不足以用来定义"廉价"，所以我采用了由5个指标组成的多重价值因素——市盈率（P/E）、市净率（P/B）、市现率（价格/现金流）、市销率（价格/销售额）和息税前利润/市值（EBIT/EV）——来定义"廉价"。我对所有股票的每一项指标都进行单独排名，再对每只股票的排名进行汇总，最后按各股在这些指标上的综合得分进行排序，这个综合得分就是我对股票价值的评价标准。在上述研究中，我把价值股定义为用多重价值因素来衡量所有股票时其中最廉价的那20%。

欧洲的证据

如图21-1所示，在许多欧洲大国中，价值股的表现都要优于成长股。我还绘制了在欧洲所有国家中无约束地进行投资的价值溢价。这给了我们第一个提示，即扩展投资边界可以帮助投资者改善投资业绩。从各国内部的角度来看，价值股的收益率平均比成长股高出8%左右。从欧洲整体市场的角度来看，价值股的收益率平均比成长股高出10%以上。

我对用标准差来衡量风险的做法并不感兴趣。我更喜欢本杰明·格雷厄姆对风险的定义——资本的永久性损失。然而，撇开我个人的偏好不谈，我们看到的情况是：不仅收益增加了，而且收益的波动性降低了。在各个国家，（只做多的）价值投资策略的平均收益率的标准差接近25%（图21-2）。对于欧洲整体来说，这一比例降到了18%。

发达市场的证据

如果我们将分析扩展到所有发达市场，就会发现类似的模式。在六个主要

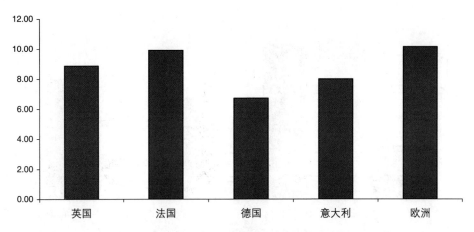

图21-1 长期价值策略与短期成长策略的年均表现（1985—2007，%）

资料来源：法国兴业银行股本研究

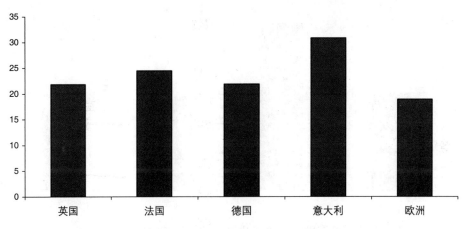

图21-2 收益率的标准差（1985—2007，年均，%）

资料来源：法国兴业银行股本研究

的发达市场中（我们上面研究的欧洲国家加上美国和日本），价值股的表现比成长股平均高出9%左右。然而，从整个发达市场角度来看，价值股的表现要比成长股高出12%以上（图21-3）。

这种收益表现的改善还伴有收益波动性的降低。从各个国家内部来看，只做多的价值策略的平均标准差接近25%，但发达市场整体只做多的价值策略的标准差却还不到16%（图21-4）。

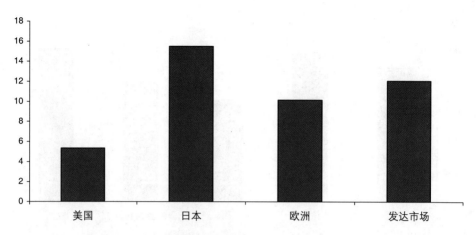

图21-3 发达市场的价值投资策略（1985—2007，年均收益率，%）

资料来源：法国兴业银行股本研究

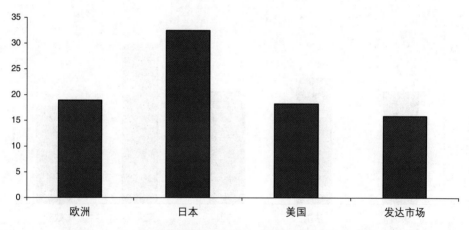

图21-4 价值投资收益标准差（1985—2007，年均，%）

资料来源：法国兴业银行股本研究

引入新兴市场

如果我们引入新兴市场会发生什么？首先，我认为有必要先检验一下价值投资是否适用于新兴市场。如图21-5所示，与发达市场相似，价值投资策略在新兴市场中同样有效。最便宜的股票比最昂贵的股票的年平均收益率高出18%以上，比市场平均收益率高出11%左右。

然而，在新兴市场中，这些只做多的策略的投资收益率的标准差要高得

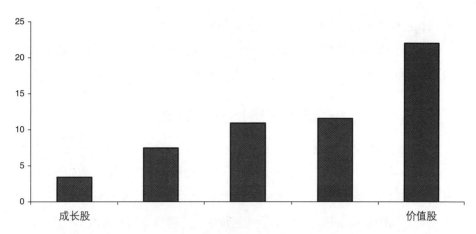

图21-5 新兴市场：价值投资依然有效（1985—2007，年均，%）

资料来源：法国兴业银行股本研究

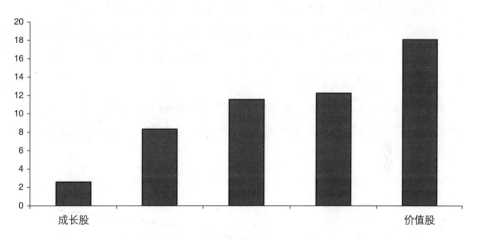

图21-6 全球范围内不受约束的价值投资依然有效（1985—2007，年均，%）

资料来源：法国兴业银行股本研究

多——超过了40%。当然，这只能说明，相对于一般发达市场而言，新兴市场存在更大的波动性（两者的标准差分别为32%和16%）。

当我们把新兴市场和发达市场合并成一个整体时，我们发现这种价值投资策略依旧有效。图21-6显示了股票在各价格区间上的收益率。在所有股票中，无论所处行业或地理位置如何，最便宜的20%的股票平均年收益率为18%；最昂贵的股票的平均年收益率低于3%。因此，价值股的年平均收益率在全球范围内比成长股要高出15%，并且比等权重的市场基准平均高出7%。

只做多的价值策略的年化收益率的标准差约为19%，这要远低于新兴市场单独的标准差水平，但却并不比发达市场高很多。

耐心仍然是一种美德

正如我之前所说，耐心是价值投资者不可或缺的美德（参见《行为投资学》第三十章和第三十一章）。格雷厄姆曾说，"由于忽视或偏见所导致的价值低估可能会持续很长一段时间"。一旦确立了价值头寸，人们就永远无法确定自己会走上哪种潜在的收益途径。实际上，任何价值头寸都可以被归为以下三类：

1. 随着市场对错误定价的逐渐觉醒而发生估值变化。

2. 因分红而产生较高收益，但不会立即发生估值变化。

3. 根本无法恢复：价值陷阱。

所以，当遇到前两种价值股时，对于价值型基金经理来说，耐心是先决条件；但当涉及第三类股票时，耐心却成了一个致命的问题。图21-7说明了耐心在全球性价值投资中的重要性。

价值策略在第一年往往会比市场的表现好7%左右。如果你再持有一年，收益率会额外增加6%，长期持有确实创造了机会。在第三年，价值股的收益率会

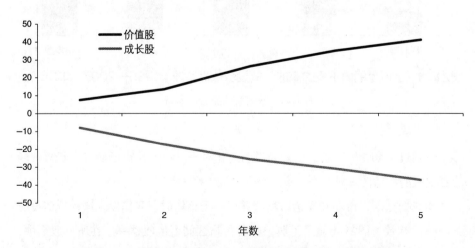

图21-7 耐心是一种美德：不同持有期的累计超额收益

资料来源：法国兴业银行股本研究

比市场基准高出12%，而在接下来的第四年又会高出另外的8%。

只要去考察一下那些成功的长期价值型基金经理的平均持有期，就能够得到足够的实证支持。这些基金经理的平均持有期约为五年——这与普通的共同基金总是频繁调仓形成了鲜明对比。

集中式投资组合

以上大部分内容对大多数价值投资者来说都很有意义。然而，有一件事会显得很不切实际。上述策略有效地做多了市场中最便宜的20%的股票，但这涉及的股票数量极其巨大。例如，2007年底，最便宜的20%的股票有1800只。如果我们将投资组合集中化，比如只做多所有股票中最便宜的那30只（表21-1），将会发生什么呢？

表21-1 全球最便宜的30只股票

公司名称	市值（百万美元）	行业	国家/地区	排名
所罗门互助储蓄银行	294.2	金融	韩国	1
普里莫斯克航运公司	332.3	交通运输	俄罗斯	2
委内瑞拉国家电信公司	903.1	电信	委内瑞拉	3
西北航空公司	3383.6	交通运输	美国	4
侨兴电信工业有限公司	255.3	电子技术	中国	5
冠军科技集团有限公司	358.9	技术服务	中国香港	6
加拿大航空公司	1209.7	交通运输	加拿大	7
英国保险和再保险公司	1424.1	金融	英国	8
艾尔科投资公司	365.7	其他	澳大利亚	9
杰里萨蒂投资公司	477.9	商业服务	巴西	10
加拉加斯电力公司	368.0	公共事业	委内瑞拉	11
麦格理不动产信托投资基金	991.1	金融	澳大利亚	12
卡斯托蒂亚控股	1008.2	金融	德国	13
纳芙卡公司	417.1	零售贸易	日本	14
英国航空公司	5365.2	交通运输	英国	15
俄罗斯巴什石油公司	806.3	能源矿产	俄罗斯	16

[续表]

公司名称	市值（百万美元）	行业	国家/地区	排名
因维斯塔不动产投资管理公司	283.6	金融	英国	17
亚泰纺织控股有限公司	285.4	工业加工	中国香港	18
住友钢管株式会社	253.8	制造业	日本	19
全美航空集团	1351.3	交通运输	美国	20
北泰创业集团有限公司	375.3	耐用消费品	中国香港	21
能科株式会社	451.2	工业服务	日本	22
太平工业株式会社	273.5	工业服务	日本	23
美国达美航空公司	4351.2	交通运输	美国	24
赞英国际株式会社	372.9	非耐用消费品	日本	25
高宝印刷设备公司	461.6	制造业	美国	26
瓦多斯控股公司	456.9	金融	瑞士	27
土耳其航空公司	1285.3	交通运输	土耳其	28
泼德布雷佐瓦钢管有限公司	258.9	制造业	斯洛伐克	29
委内瑞拉水泥公司	715.9	非能源矿产	委内瑞拉	30

资料来源：法国兴业银行股本研究

答案是，该策略仍然表现出色。只挑选出30只最便宜的股票，不考虑其所在地区或行业，并将其按同等权重构建一个投资组合，这样就能产生近25%的年收益率。这意味着该投资组合的表现超过市场基准近15%。

绝对收益率和相对市场收益率的年度时序图如图21-8至图21-10所示。绝对收益率的情况与我最近提出的近期价值策略表现不佳的观点相呼应。从历史上看，这与1998年和1990年的情况类似。

从相对业绩的角度（我并不喜欢从这个角度分析长期投资），该策略到2008年为止表现良好，收益率与市场基准收益率大致相同。从1999年的情况看，纳入新兴市场股票的好处显而易见（图21-9）。尽管从整体而言，价值股的表现的确很糟糕，但最便宜的那30只股票却表现得异常出色。这些股票绝大多数是巴西股票。

集中式投资组合收益的波动性比全价值投资组合大很多。考虑到投资组合的性质，这不足为奇。当然，应该再次指出，对于价值投资者来说，价格波动

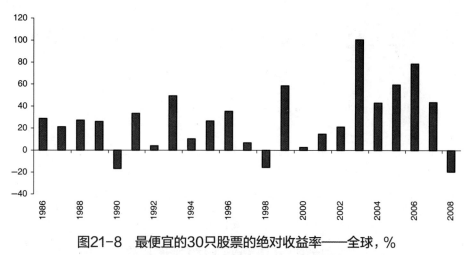

图21-8 最便宜的30只股票的绝对收益率——全球，%

资料来源：法国兴业银行股本研究

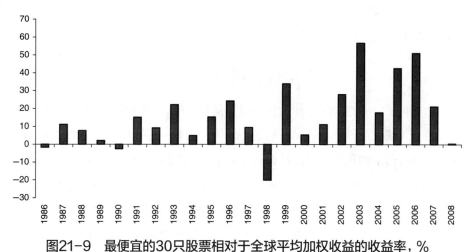

图21-9 最便宜的30只股票相对于全球平均加权收益的收益率，%

资料来源：法国兴业银行股本研究

是不能指代风险的。事实上，集中式投资组合在回测期间只出现过三次年收益完全为负的情况。相比之下，整个市场出现了六次这样的情况——在我看来，几乎没有证据表明（集中式投资组合）存在过度风险！

正如前面部分所指出的，耐心是价值投资不可或缺的前提。图21-10显示，这不仅在全价值投资组合中得以体现，同时也在集中式投资组合中得以体现。

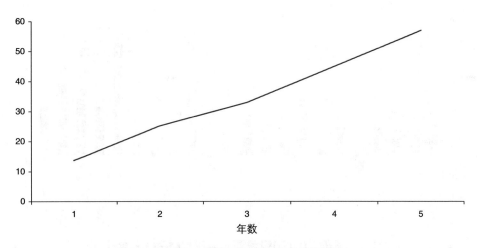

图21-10　不同持有期的累计超额收益

资料来源：法国兴业银行股本研究

产生收益需要时间。

当前投资组合的状况

由此可见，无约束的全球性价值投资是有效的。我们同样还是使用价值型投资组合（这次使用的是1800只股票的版本）来看一看，自下而上的分析是否能够从自上而下的角度揭示出什么有趣的东西。图21-11和图21-12显示，价值型组合中的股票的确表现出在国家（地区）和行业上存在一些共性。为了让图表更易读，我以100个基点为单位绘制了那些偏离等权重市场基准的数据。

从国家（地区）角度来看，最让人感到惊异的特征显然是中国大陆市场显现的巨大负权重——这表明价值机会在中国市场的严重稀缺。日本（接近300个基点）和韩国（200个基点）所占的权重最大。中国台湾和泰国也占了较大的权重。

就行业而言，金融股的高权重并不令人意外（尽管我在第二十八章阐述了金融股是潜在价值陷阱的观点）。如果我们将国家（地区）和行业结合起来看的话，日本的一些金融股确实看起来颇具价值。位居金融行业之后的是非能源矿产行业（通常是亚洲的水泥和钢铁生产行业）。在负权重类别中，健康技术占比很大，非耐用消费品和消费服务也占很大比重。

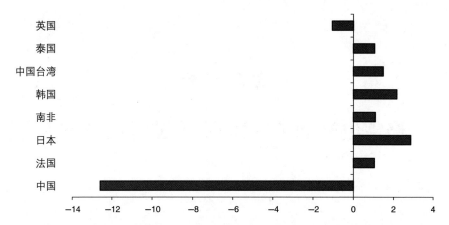

图21-11 价值型投资组合中国家（地区）分布情况（偏离基准的百分比）

资料来源：法国兴业银行股本研究

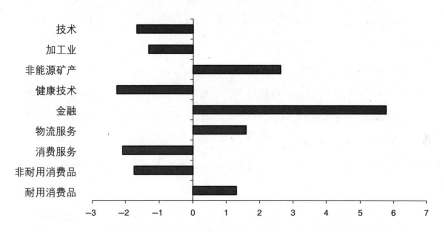

图21-12 价值型投资组合的行业分布情况（偏离基准的百分比）

资料来源：法国兴业银行股本研究

结论

归根结底，不受约束的全球性价值投资是有效的。允许投资者跨越国界和行业去寻找廉价的股票，这在理论上和实践中都是行得通的（见表21-1）。在一个似乎总是想将基金经理分门别类的世界里，这种做法是非常规的。然而，正如约翰·邓普顿爵士所言："除非你与众不同，否则你不可能取得卓越的业绩。"

第二十二章

格雷厄姆的"纯净利"：过时还是过人

本杰明·格雷厄姆最青睐的估值信号之一，就是一只股票的售价低于其净流动资产（即扣除所有先前债务后，股票售价仍低于其"净营运资本"），即"纯净利"。格雷厄姆的这种方法常常被认为过时而备受冷落。然而，事实并非如此，我们的证据表明，买入"纯净利"的股票仍然是一种可行的盈利性策略。从1985年到2007年，购买一篮子全球性"纯净利"的股票能带来的年均收益率超过35%。如今，在所有的"纯净利"股票中，日本的小盘股约占半数。

● 沃伦·巴菲特曾将本杰明·格雷厄姆的方法描述为"雪茄烟蒂式投资"。顾名思义，这种方法的基本含义是，格雷厄姆喜欢的股票就像是那些被丢弃在大街上并还在燃烧的雪茄烟蒂，捡起来还可以再抽几口。这对我这种守财奴来说很有吸引力。

● 基于廉价的简单策略（以市盈率或市净率等来衡量）在长期往往会产生超额收益。本杰明·格雷厄姆往往更喜欢基于资产负债表去估值。他尤其偏爱那些股价低于其流动资产净值三分之二的股票。

● 对这种深度价值方法的测试表明，这是一种能产生高收益的策略。1985—2007年期间，在全球范围内买入"纯净利"股票的投资组合的年均收益率为35%，而同期的等权重市场基准年均收益率仅为17%。

● 人们不会真的希望看到大量股票的交易价格低于流动资产净值的三分之二。"纯净利"投资组合中股票数量的年均中值为65。诚然，"纯净利"投资组合中的确存在小盘股偏差，这并不令人意外。鉴于"纯净利"策略组合的市值中值仅为2100万美元。

● 目前我可以在全球范围内找到175只左右的"纯净利"股票。有趣的是，其中一半都是在日本找到的。由此可见，日本小盘股是推崇自下而上价值理念的投资者的最佳选择之一。

● 管理一个"纯净利"投资组合可能需要具有超乎常人的勇气。如果我们将"彻底投资失败"定义为股票在一年内的跌幅超过90%的话，那么"纯净利"投资组合中约有5%的股票都遭遇了这一情况。而在整个市场中，只有2%左右的股票出现了这种情况。

● 然而，如果我们能够避免"狭隘框架"和损失厌恶，我们样本中的"纯净利"组合遭受损失的时间仅有三年，而整个市场则长达大约6年。格雷厄姆本人的观点是，"此类投资选择——建立在分散化基础之上，从经验上来看，一直能给我们带来很好的收益……我可以毫不迟疑地肯定，这是一种能够有效发掘和利用低估值股票的策略，它既安全又赚钱"。真的没有更好的投资策略了！

从本杰明·格雷厄姆到巴菲特，再到比尔·米勒，在价值投资的沿革中，我一直都是一个坚定的格雷厄姆主义者。巴菲特曾将格雷厄姆的方法描述为"雪茄烟蒂式投资"。顾名思义，这种方法的基本含义是，格雷厄姆喜欢的股票就像是那些被丢弃在大街上并还在燃烧的雪茄烟蒂，捡起来还可以抽上几口。这对我这种守财奴来说真的很有吸引力（值得庆幸的是，我还没有沦落到要沿街闲逛去寻找雪茄烟蒂……但在我们这个行业，没准儿哪一天我就坐在公园的长椅上对着陌生人咒骂起现代投资的罪恶来）。

基于廉价策略（以市盈率、市净率或股息收益率等变量衡量）的投资组合往往会在长期产生超额收益。不过，本杰明·格雷厄姆通常更喜欢基于资产负债表（资产价值）来进行估值。

格雷厄姆尤为偏爱"纯净利"，即：

识别廉价股最便捷的方式是，看一只普通股票市场价格在扣除所有之前的债务后是否仍低于其公司的流动资产净值。这将意味着买方将不用支付任何价格就可以拥有固定资产（建筑物、机械等），或任何可能存在的商誉。很少有公司的最终价值会低于其营运资本本身，尽管时不时也会出现例外。令人不可思议的是，在目前市场低迷的情况下，竟然有那么多公司的股票都符合这一条件。

很明显，这些股票的市场价格远远低于其发行企业作为私营企业的价值。没有任何所有者或多数股东会想要以低到荒唐的价格出售自己所拥有的资产……实际上，所有这些廉价股票都能够使投资者以诸多方式实现盈利，其年均收益率也要比大多数其他股票高得多。

格雷厄姆所提到的净营运资本指的是一家公司的流动资产与总负债的差值。当然，格雷厄姆并不满足于仅仅以低于流动资产净值的价格购买公司股票。他还要求更高的安全边际。他建议投资者买入价格低于流动资产净值三分之二的股票（这样做会进一步提高安全边际）。我们在下文中也会沿用这一定义。不过，在回顾我们的证据之前，让我们先来看看格雷厄姆的研究成果。

在《聪明的投资者》一书中，他通过以下表格（见表22-1）展示了"纯净利"方法的威力。该表显示的是，在1957年12月31日通过"纯净利"筛选出的85家公司股票的每股收益情况，持有期为两年。

格雷厄姆指出，"在此期间，整个'投资组合'的收益率为75%，而标普500指数中425家工业企业的收益率为50%。更值得注意的是，这些股票都未出现重大损失，其中7只价格持平，78只出现了明显的价格上涨"。

1986年，亨利·奥本海默在《金融分析师期刊》上发表了一篇论文，研究

表22-1　低估值企业股票的收益情况，1957—1959

所在市场	公司数量	每股累计净流动资产（美元）	总价格（美元）1957年12月	总价格（美元）1959年12月
纽约证券交易所	35	748	419	838
美国证券交易所	25	495	289	492
中西部证券交易所	6	163	87	141
场外交易	20	425	288	433
合计	85	1831	1083	1904

资料来源：《聪明的投资者》

了在1970年至1983年期间，以相当于或低于其流动资产净值66%的价格买入股票的收益情况，持有期为一年。在其生命周期中，该投资组合最少时包含18只股票，最多时包含89只股票。该策略达到了29%的年均收益率，而市场基准的年均收益率为11.5%。

全球化

我决定在全球范围内测试一下"纯净利"股票的表现。我使用了1985年以来发达市场的一个样本（所有收益均以美元计价）。如图22-1所示，深度"纯净利"策略的收益情况至少可以说是令人印象深刻的。一篮子等权重的"纯净利"股票的年均收益率在35%以上，而市场基准的年均收益率仅为17%。

如图22-2所示，"纯净利"策略不仅在全球范围内有效，而且在区域内也是有效的（尽管有效程度不同）。例如，"纯净利"股票在美国、日本和欧洲的年均收益率分别高于市场基准18%、15%和6%。

"纯净利"策略的现状

当然，人们不会真的希望看到大量股票的交易价格低于流动资产净值的三分之二。然而，我们每年投资组合中"纯净利"股票数量的年均中值为65（均值为134）。图22-3显示了每年出现在篮子中的"纯净利"股票数量。值得注意

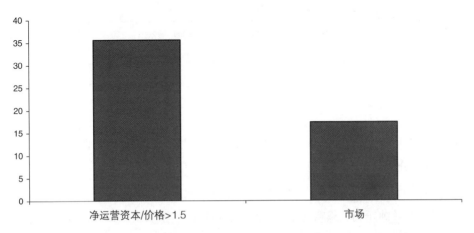

图22-1 全球"纯净利"策略年均收益率（1985—2007）

资料来源：法国兴业银行股本研究

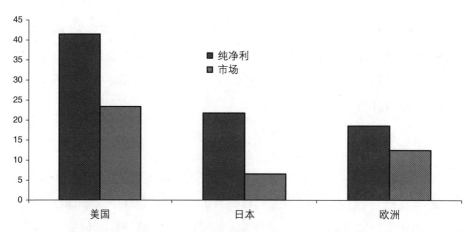

图22-2　区域"纯净利"策略年均收益率（1985—2007）

资料来源：法国兴业银行股本研究

图22-3　"纯净利"型股票数量——全球范围

资料来源：法国兴业银行股本研究

的是，2003年出现了自下而上的价值信号——600多只股票的价格低于流动资产净值的三分之二（如果我们相信我们的模型就好了）。然而，尽管今年市场有所下滑，但仍存在着176只以"纯净利"策略进行交易的股票。

当然，"纯净利"策略通常是一种小盘股策略。事实上，目前这些公司的市值中值仅为2100万美元（均值为1.24亿美元）。

让我们再来看看当前成分的地理分布。如图22-4所示，目前最大的"纯净

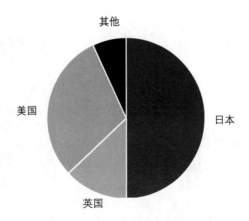

图22-4 符合"纯净利"标准的股票地域分布状况：当前

资料来源：法国兴业银行股本研究

利"股票来源无疑是日本，其次是美国和英国。这清楚地表明，日本是目前可用的自下而上价值的最佳来源。

资本的永久性损失

格雷厄姆也担心资本发生永久性损失的危险。在这种情况下，"纯净利"策略的表现如何呢？从微观上看情况不容乐观。如果我们将资本的永久性损失定义为股价在一年内跌幅超过90%，那么有5%的"纯净利"策略股票遭受了这样的命运，而在更广泛的市场中，遭受这样厄运的股票仅占2%（图22-5）。

这种相对较差的业绩表现或许可以解释为什么投资者总是对"纯净利"股票敬而远之。如果投资者关注的是投资组合中个股的表现，而不是投资组合整体的表现（即所谓的"狭隘框架"），那么与分散的市场策略相比，"纯净利"策略会更容易让投资者看到巨额亏损。我们知道，人们一般都是厌恶损失的，所以损失带来的痛苦要远远大于收益带来的喜悦。由于这种不对称的反应加上狭隘的框架，使用"纯净利"策略的投资者需要克服一些行为偏差。

如果我们从更广泛的角度来审视投资组合的整体表现，情况就会变得明朗得多。在我们进行回测的整体样本中，"纯净利"策略遭受损失的时间仅有三年。相比之下，整个市场在长达大约6年的时间里都处于收益率为负的状态（图22-6）。

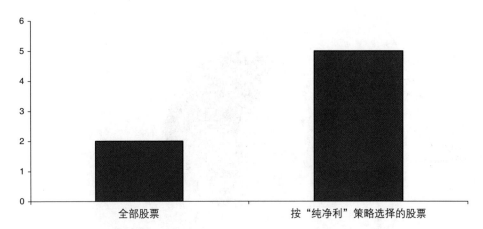

图22-5　全部股票遭遇"资本的永久性损失"占比

资料来源：法国兴业银行股本研究

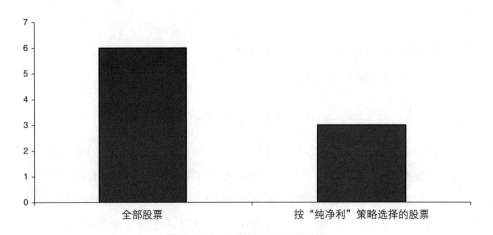

图22-6　遭受亏损的年数

资料来源：法国兴业银行股本研究

结论

　　尽管人们普遍认为格雷厄姆青睐的策略已经过时，但我们发现，对于那些不太在意流动性不足问题的投资者来说，这种策略能够提供绝佳的机会。

　　"此类投资选择——建立在分散化基础之上，从经验上来看，一直能给我们带来很好的收益……我可以毫不迟疑地肯定，这是一种能够有效发掘和利用低估值股票的策略，它既安全又赚钱。"如果我们追随格雷厄姆的足迹，就会发现他的这句话总能应验。真的没有更好的投资策略了！

VALUE INVESTING

TOOLS AND TECHNIQUES
FOR INTELLIGENT INVESTMENT

第五部分

价值投资的"黑暗面"：

做空

第二十三章

投资的格林童话

> 在睡前讲讲童话的确很好，但若把童话作为选股技巧就会带来灾难。"故事股"似乎不太好定义，但用高市销率（P/S，价格/销售额）这一指标去衡量似乎是一个不错的选择。毕竟，如果某样东西相对于它带来的收入来说是昂贵的，那么你最好相信它的故事，因为也找不出更好的解释了。然而，这样的股票注定会表现得极差，因此投资者应该像躲避瘟疫一样避开这样的股票！

● 在众多可用的估值指标中，我觉得市销率（P/S）是最没有意义的。令我一直感到震惊的是，总有一些人试图沿着市销率这一脉络，竭尽全力地在损益表中寻找那些看起来便宜的股票。但对我来说，任何忽视盈利能力这一概念的衡量方法都是非常危险的。

● （只有这次）持这种看法的人并非我一个。2002年4月，太阳微系统公司的首席执行官斯科特·麦克尼利斥责了投资者愿意以64美元的价格（该公司销售额的10倍）购买其股票的荒谬行为。他对投资者所支持的一些隐含的假设进行了讥讽，这些假设中包括他无需支付雇员工资，也无需交税等。他总结道："你们知道这些基本假设有多荒谬吗？你们不需要透明度。你们不需要任何补充信息。你们到底在想什么？"

● 尽管有上述这些坦率的言论，投资者似乎仍然对"故事股"恋恋不忘。

例如，在美国，市销率最高的那10%的股票的市销率乘数中值大于10！市场上仍然潜伏着大量"故事股"。

● 然而，"故事股"似乎注定会表现不佳。谢和瓦尔克林的研究表明，在过去四年里，高市销率股票的年收益率要比其他与其在市值和市净率方面都相近的股票低近25%！由于这些股票的市净率相近，这不只是证明成长股失败之处的又一个例子。"故事股"对投资者的财富垂涎已久！

● 通过对欧洲股市的研究，伯德和卡萨韦基亚也发现了类似的证据。在过去的三年中，"故事股"的收益率要比低市销率股票低35%，并且比市场基准低11%左右。因此，"故事股"的糟糕表现似乎在各国市场中都很常见。

● "故事股"似乎还是短线炒股者的最爱。根据谢和瓦尔克林的说法，"故事股"的平均持有期只有四个月。这与纽约证交所所有股票平均11个月的持有期形成了对比。

● 故事引人入胜。然而，这些故事似乎对操纵人类本能的X系统更具吸引力，而掌管逻辑思维的C系统对这些故事则并不感兴趣。也许，投资者应该效仿奥德修斯的做法——把蜂蜡塞入船员们的耳朵，把自己绑在桅杆上，以避免兼具灾难性和魅惑性的塞壬之歌。

在众多可用的估值指标中，市销率总是让我避之不及。令我觉得不可思议的是，总有一些人试图沿着市销率这一脉络，竭尽全力地在损益表中寻找那些看起来很不错的低乘数[①]。

通过归谬法，我们可以验证这项指标的荒谬之处。试想，我开了一家以19英镑的价格销售面值为20英镑纸币的公司，尽管销售量奇大无比，但这样的生意是毫无利润可言的。我赚不到钱，这不足为奇。然而，对于这一切，我都不在乎，因为市场使用市销率这一指标在对我公司的股票进行估值。

但别相信我的话。这是太阳微系统公司（股价为5.68美元）的首席执行官斯科特·麦克尼利的言论：

但两年前，我们的股价曾达到收益的10倍——那时我们的股价为64美元。在收益为10倍的情况下，为了让投资者10年回本，我必须连

---

① 完全有可能的是，投资者锚定了市盈率等更为常见的估值指标的数值，再将较低的市销率乘数与这个不正确的基准进行比较。——作者注

续10年每年都支付收益的100%作为股息。假设股东可以认同这一做法；假设销售成本为零（这对电脑公司来说很难）；假设业务费用为零（对于一家拥有39,000名员工的公司来说，这确实太难了）；假设不用交税（这也很困难）；假设投资者不用为股息纳税（这是违法的）；假设公司可以在未来10年研发投入均为零的情况下仍然能维持当前的营收运转率。好，如果现在这些假设都得以满足了，试问你们谁愿意以64美元的价格来买我的股票？你们意识到了这些基本假设有多荒谬吗？你们不需要任何透明度。你们不需要任何补充信息。你们到底在想什么？

斯科特·麦克尼利，《商业周刊》，2002年4月

谢和瓦尔克林在2006年发表的一篇论文中探讨了高市销率的灾难性本质。他们把这种野兽一样的股票叫做"概念股"，因为你需要相信其概念才会去购买，而我更喜欢把这样的股票叫做"故事股"。

附着于这些股票的故事总是令人兴奋——充满了增长的诱惑。这些简单的故事会通过大脑中感性的X系统而不是理性的C系统转化为行动的强大动力。

的确，克里斯托弗·布克在他那本有趣的《七个基本情节》一书中提出，故事中最常出现的情节之一就是从一无所有到家财万贯。他写道："（我们常会在故事中看到这样的情节：）一个平凡无奇、无足轻重的小人物，起初常常被人们忽略，可突然有一天，他走到了舞台的中央，摇身一变成了举足轻重的大人物。"在投资领域，"故事股"就总是在讲此类"一夜暴富"的故事。也是这种心态驱使人们去买彩票，尽管中大奖的概率奇低无比。

谢和瓦尔克林将概念股定义为在全球范围内市销率最高的那10%的股票。图23-1显示了美股中市销率排名最高的10%的股票的市销率中值（谢和瓦尔克林所用数据截止到1999年，我们对其数据进行了更新）。飙升至近48倍的概念股市销率演绎着互联网泡沫的疯狂。目前，概念股市销率的乘数也超过10……请重读一下上文中麦克尼利的话吧！而在整个样本中，平均市销率的乘数平均中值为略低于9。泡沫年代扭曲了市销率。如果我们取1967年到1995年的样本，这一乘数仅为5.5左右。

同样值得指出的是，随着时间的推移，美股平均市销率的中值一直在攀升。只需粗略地看一下图23-2，我们就能清楚这一趋势。目前的市销率乘数为1.8，

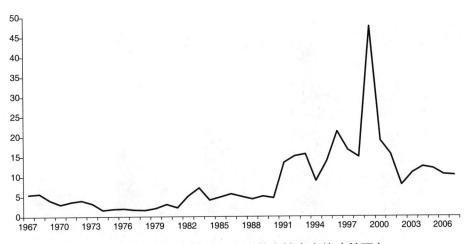

图23-1 市销率前10%股票的市销率中值（美国）

资料来源：调整自谢和瓦尔克林（2006），德累斯顿银行宏观经济研究

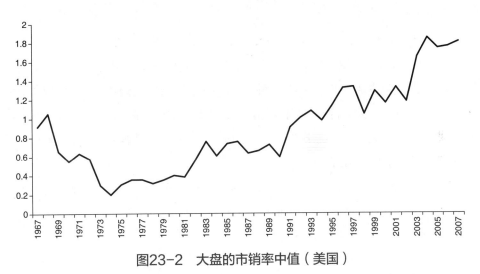

图23-2 大盘的市销率中值（美国）

资料来源：调整自谢和瓦尔克林（2006），德累斯顿银行宏观经济研究

全样本乘数平均值为0.9，而这一数值在1967—1995年间平均为0.6。

  人们很容易相信，"故事股"只是少数某些行业的特定产物。然而，谢和瓦尔克林的研究却表明，"故事股"可能会出现在各个行业。石油和天然气、金属和矿业、化工、医疗服务，甚至公共事业，都曾轮流成为聚光灯的焦点。新的东西层出不穷。在追逐新潮热点方面，投资者总是表现得像一只善变的野兽。

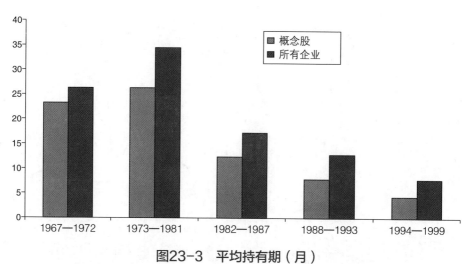

图23-3　平均持有期（月）

资料来源：调整自谢和瓦尔克林（2006），德累斯顿银行宏观经济研究

高市销率的"故事股"往往是短线炒股一族的最爱。图23-3显示了股票的平均持有期情况。所有股票的平均持有期都大幅缩短（我们之前也曾多次提及），但是"故事股"的持有期缩短得尤为厉害！在1973年到1981年间，股票的平均持有期接近35个月，而在样本结束时，平均持有期已降到了8个月。从1973年到1981年，"故事股"的平均持有期为26个月。然而，到谢和瓦尔克林的样本结束时，平均持有期已降至4个月。

为了不让人们认为这一切纯粹是互联网泡沫在作祟，谢和瓦尔克林又展示了国际上几家主要的证券交易所的股票平均持有期情况（图23-4）。纳斯达克证交所的股票平均持有期仅为4个月！

谢和瓦尔克林提出的证据显示，高市销率股票的业绩表现明显逊于其他股票。你可能会说，这只是价值溢价的另一种表现。为了排除这一点，谢和瓦尔克林将每只"故事股"与另一只在市值规模和市净率上都尽可能相似的股票进行了匹配。当市值规模和风格都被有效地考虑在内后，研究人员就可以在半独立于其他因素的情况下对"故事股"的表现进行监控了。

如图23-5所示，即使在将风格和规模都考虑在内的情况下，"故事股"还是经历了一段艰难时期。在1981年后的这段时间里，"故事股"在首年的年均收益率比同类股低5%，而在最差的第四年更是低了24%。

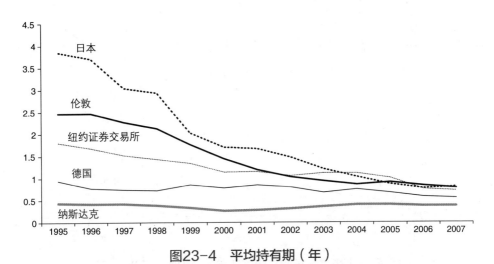

图23-4　平均持有期（年）

资料来源：德累斯顿银行宏观经济研究

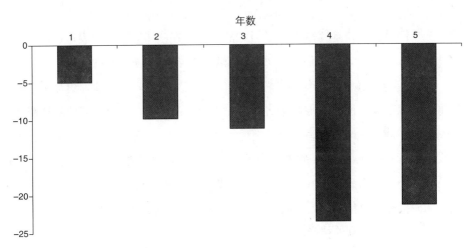

图23-5　美国市场"故事股"表现不佳
（1981—1999，年均，%，具有相近的规模和风格）

资料来源：调整自谢和瓦尔克林（2006），德累斯顿银行宏观经济研究

这种情况不是美国所特有的。伯德和卡萨韦基亚在2007年的研究表明，欧洲也存在类似的情况。他们用欧洲股票市销率（对国家进行了调整后的）的数据对上述研究的结论进行了检验。图23-6显示了低市销率股票、"故事股"和所有股票的业绩表现。与美国的数据相似，"故事股"的表现远逊于低市销率的股

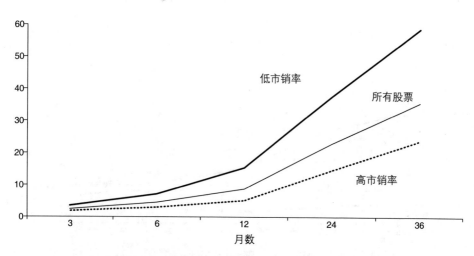

图23-6　欧洲市场"故事股"表现不佳（1989—2004，年均，%）

资料来源：调整自伯德和卡萨韦基亚（2007），德累斯顿银行宏观经济研究

票（三年间两者相差超过35%），并且"故事股"在三年间的业绩表现比市场还要低近12%。因此，"故事股"的糟糕表现似乎在各国市场上都很常见。

因此，尽量避免购买高市销率的股票应该成为投资者的底线。附加于上的故事可能很引人入胜，就像塞壬之歌之于奥德修斯一样。当奥德修斯的战船经过塞壬居住的小岛时，他让船员们把他绑在桅杆上，并命令船员们无论自己怎么哀求都不要松绑。船员们则靠用蜂蜡堵住耳朵而逃过一劫。

也许，投资者无论是在接到证券经纪人的电话时，还是在读到一些鼓吹新潮流的研报后，也都应该效仿此法。与其为故事所诱惑，我们不如去关注事实，或许干脆把麦克尼利的精彩语录作为座右铭。

第二十四章

与黑暗面为伍：海盗、间谍和空头

你该去寻找怎样的做空对象呢？这个问题从表面上看很简单，但大多数分析师却似乎都不愿意回答。事实证明，在所有分析师给出的建议中，做空建议只占10%—15%！我们对三个可以作为良好的做空信号的因素进行了研究。从本质上而言，我们是在寻找那些基本面恶化、资本约束薄弱、价格昂贵的股票。这"邪恶"的三种因素导致了一篮子股票的年均收益率历史性地下跌了6%左右。当今的股票市场拥有着最多的符合做空标准的股票。也许，我们是时候加入黑暗面了。

- 似乎从远古时代开始，空头就饱受诟病。我一直觉得这很奇怪，这就像是我们一直在惩罚侦探而不是罪犯。也许这个诡异的结果阻止了许多人去探索这条道路。然而，我自己自下而上的估值方法对发现廉价股票不起作用。因此，我们开始怀疑，机会可能更多地存在于做空一方。

- 什么样的股票才适合做空呢？我们提出了"邪恶"特征的三种因素——高市销率、恶化的基本面（表现为皮氏F分数较低）和糟糕的资本约束（表现为总资产增长率较高）。尽管三者中每一个特征都是很好的筛选标准，但将三者结合在一起作为筛选标准会更加有效。

- 在1985年至2007年期间，每年重新调仓的欧洲股票投资组合的绝对年均收益率平均每年的跌幅超过6%（市场基准的年均收益率在此期间平均每年上涨

13%）。这一篮子股票在过去22年中有10年出现了绝对负收益，有18年的业绩表现逊于市场指数。美国的情况与此类似。

● 在过去几年里，这一策略步履维艰。然而，即使这样，在过去五年中的三年里，我们的做空投资组合实际上都要比市场基准表现得好！这验证了我们亲历的"追涨"的极端性质。

● 有趣的是，我们发现，通过筛选标准而进入我们的做空投资组合的股票数量达到了历史峰值。总体而言，在我们的样本中，欧洲股票的投资组合中平均有大约20只股票。现今，此类投资组合的数量几乎达到100只。在美国，此类投资组合平均有约30只股票；目前，有174只股票都符合做空筛选标准。这大概是我用自下而上策略没有发现几只具有深度投资价值的股票的镜像。目前的机会在做空一方，而不是做多一方。也许，我们是时候加入黑暗面了。

每当一家大型公司的业绩出现滑坡时，做空者就会突然被描绘成金融领域的精神病患者，这一直令我感到诧异。人们往往不会去仔细研究公司本身所做出的异常糟糕（有时甚至会触犯法律）的决定，反而总是去谴责空头，这种行为有些蠢。

《纽约时报》提醒了我们，诽谤空头从不是什么新鲜事：

> 在方帆帆船沿着香料之路驶向东方的那个年代，为了不让新发现的财富被掠夺，荷兰颁布法令将一些"反叛者"治罪。
>
> 而这些"反叛者"既不是巴巴里海盗，也不是西班牙间谍——他们是阿姆斯特丹证券交易所的某些交易员。他们的罪行是：做空荷兰东印度公司的股票。这家公司据说是世界上首家发行股票的公司。
>
> 自那以后，那些怀着价格下跌期望而做空股票等资产的空头就一直饱受诟病。在18世纪和19世纪的大部分时间里，英国都禁止做空行为。拿破仑把空头视为国家的敌人。德国的最后一位皇帝指使空头去扰乱美国市场（抑或一些美国人有这样的担忧）。
>
> 珍妮·安德森，《纽约时报》，2008年4月30日

此时，我常用的自下而上的估值方法基本找不到投资机会。因此，我认为当前市场上主要的投资机会在做空那边。我想我即将要加入黑暗面的行列了！

这种做法仍然令分析师们深恶痛绝。如图24–1所示，做空建议占所有建议

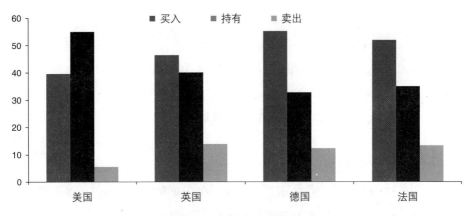

图24-1 投资建议占比

资料来源：彭博，法国兴业银行股本研究

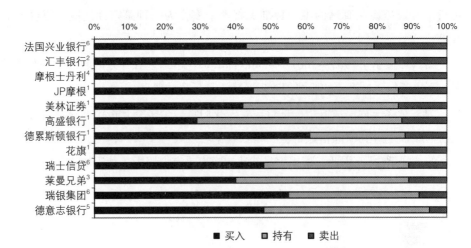

图24-2 各类投资建议占比

资料来源：公司披露的资料。1为2007年12月31日，2为2008年2月15日，
3为2008年2月29日，4为2008年3月3日，5为2008年3月11日，6为2008年3月18日

的百分比仍然低得可怜。事实上，最近我的研究主管向我推荐了图24-2，该图表明法国兴业银行给出的做空建议占比在所有投资银行中最高。

所有这些都让我开始思考如何才能识别出潜在的做空机会这一问题。根据第十九章提出的KISS法则（基于有限的信息），我想集中讨论几个对我来说能够揭示劣绩股票的关键指标。

估值

很明显，我认为令股票表现欠佳的罪魁祸首是高估值（考虑到我个人的价值偏向，这并不令人意外）。当然，股票估值有无数种方法。然而，从空头角度来看，最有效的方法就是看市销率（价格/销售额）。

对高市销率的关注往往有助于我们识别出那些"故事股"——与现实完全脱节的股票。在投资者热情高涨的时期，通常会显现出一种明显的趋势，即调整损益表以保持"较低"的估值倍数。的确，在互联网时代，人们会基于用户的平均收入、点击率和流量去衡量事物的价值！

所以，每当我听到有人用市销率来证明某只股票的价值时，我就会忍不住认为他们在试图隐瞒什么。然而，和往常一样，我仍然支持基于实证的投资，正所谓实践是检验真理的唯一标准。将市销率作为一种策略性选股依据会奏效吗？

图24-3显示了1985—2007年期间欧洲股票在市销率五等分区间上的分布情况。不出所料，最廉价的股票的表现要优于最昂贵的股票。

为了对这一特定估值指标进行检验，我们将一个多空仓市销率投资组合的收益与摩根士丹利欧洲指数价值和增长收益之差进行了回归，由此发现了一个显著的"阿尔法"。因此，市销率显然比市净率更有说服力（如上所述）。

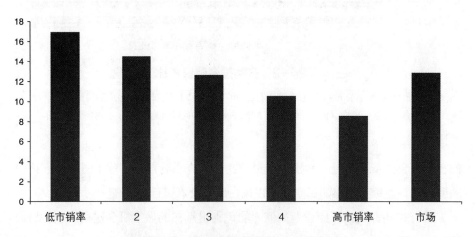

图24-3　市销率五等分位（年均，%）

资料来源：法国兴业银行全球战略研究

财务分析

我的做空策略的第二个要素是对公司进行财务分析。我对分析师直言不讳的批评有时会被误解成我认为财务分析是浪费时间。没有什么比这更不符合事实的了。分析师们浪费掉诸多时间去做诸如收益预测那样的不可能的事情，这令我感到绝望。尽管如此，我仍然热衷于进行扎实的基本面研究。

在过去，我一直提倡使用约瑟夫·皮尔托斯基设计的"F分数"模型，这是一种简单但行之有效的基本面量化研究方法。在他2000年的论文中，皮尔托斯基通过基本面分析筛选区分出了优良的价值股和价值陷阱。在随后他2004年的一篇论文中，他又研究了是否对投资对象进行简单的财务筛选有助于提高不同风格投资组合的表现。

皮尔托斯基开发了一个简单的以会计为基础的"九变量记分系统"。表24–1显示了计算中使用的基本变量。实际上，皮尔托斯基使用了三个不同财务分析领域的指标来评估基本面得到改善的可能性。

当前的营业利润和现金流结果显然提供了关于公司内部产生资金和支付股息能力的信息。积极的盈利趋势也表明公司的基本面有所改善。现金流和账面盈余之间的关系还可以反映盈利质量。

随后三个变量则是用来衡量资本结构和一般性偿债能力的变化。如果你愿意，你还可以用这些指标去评估破产的可能性，并将资产负债表纳入总分。

影响F总分的最后两个要素与经营效能有关。杜邦分析的爱好者会对这里采用的变量感到熟悉，因为两者均来自传统的资产收益率（ROA）分解。在按照表24–1对这些变量进行评估之后，将得到的各项结果相加就得到了F分数（因此，F分数的取值范围在0到9之间）。

皮尔托斯基考察了1972年至2001年美国市场上这一分数的表现。他的主要研究结果如图24–4所示，该图显示了基于F总分绘制出的原始收益情况。F分数较低（0—3）的公司的原始年均收益率（市场调节后年均收益率）为7.3%（–5.5%）。F分数中等（4—6）的公司的原始年均收益率（市场调节后市场收益率）为15.5%（3%）。F分数最高（7—9）的公司的原始年均收益率（市场调节后年均收益率）为21%（7.8%）。这无疑表明了基本面分析的确可以成为超额收益（阿尔法）的一个来源！

表24-1　皮尔托斯基的筛选标准

变量	得分
盈利能力	
资产收益率（ROA）	ROA>0，得分为1，否则为0
资产收益率变动	ROA变动量>0，得分为1，否则为0
经营活动产生的现金流量（CFO）	CFO>0，得分为1，否则为0
应计项目	CFO>ROA，得分为1，否则为0
负债、流动性及资金来源	
负债	如果形成总资产的长期负债变动量<0，则得分为1，否则为0
流动性	如果流动比率>0，则得分为1，否则为0
融资	如果股票发行量<0，则得分为1，否则为0
经营效能	
毛利率	如果毛利率>0，则得分为1，否则为0
资产周转率	如果资产周转率>0，则得分为1，否则为0

资料来源：法国兴业银行全球战略研究

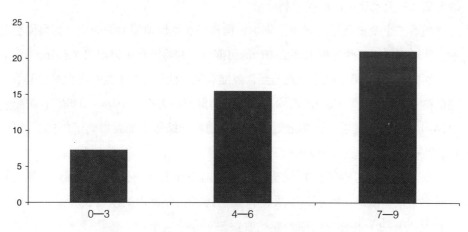

图24-4　皮尔托斯基选股标准在美国股市的表现
（1972—2001，年均，%）

资料来源：皮尔托斯基（2004）

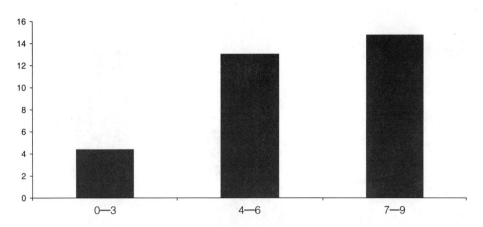

图24-5 皮尔托斯基选股标准在欧洲股市的表现
（1985—2007，年均，%）

资料来源：法国兴业银行全球战略研究

这一结论同样适用于欧洲市场（图24-5）。F分数较低（0—3）的公司的原始年均收益率（市场调节后年均收益率）为4.4%（–8%）。F分数中等（4—6）的公司的原始年均收益率（市场调节后年均收益率）为13.1%（0.5%）。F分数较高（7—9）的公司的原始年均收益率（市场调节后年均收益率）为15%（2.5%）。

皮尔托斯基还探索了他的方法在价值股和成长股中的表现。他指出：

> 对于投资者来说，要系统地识别出被低估的（被高估的）成长型公司（价值型公司）非常困难，与基于财务报表分析的策略的收益一致，这些策略与嵌入在每个账面市值比投资组合中的预期偏差相对应。当F分数与公司的预期业绩相对应时（即成长型公司表现强劲，价值型公司表现不佳），每个投资组合的收益率都接近于市场收益率。实际上，已包含价格中固有预期的财务信号会迅速地被反映到价格中，而逆向信号（通常）在收到未来确认的信息前对价格的影响则会被大打折扣。因此，成长型公司历史上的利好消息并不能带来超额收益，而价值型公司历史上的利好消息则会带来好的交易机会；反之亦然，这同样适用于坏消息。

这一发现也为欧洲数据所证实。如图24-6所示，F分数高的价值型股票的表现尤为突出（原始年均收益率超过20%，比价值型股票平均高出约4%）。然而，

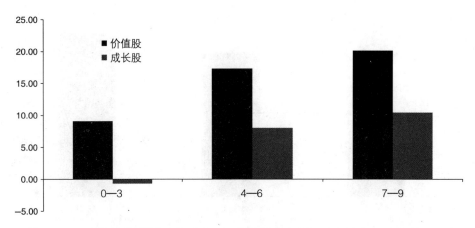

图24-6 皮尔托斯基选股标准在欧洲价值股和成长股中的表现（年均，%）

资料来源：法国兴业银行全球战略研究

F分数较低的成长型股票的表现则尤其糟糕（原始年均收益率为-0.7%，比成长型股票平均低出约9%）。

在对做空候选股进行梳理的背景下，我们最好能关注一下昂贵的股票，因此，综合上述两个因素，我们应该能够得到一份合理的做空清单。但是，我希望在确定最终清单之前再来研究一个更为重要的因素。

资本约束

在我评判潜在做空对象的因素中，最后一个是资本约束的缺乏。麦肯锡公司的一项调查显示，企业知道自己并不擅长资本约束。这项针对"公司级别高管"的调查称，"公司17%的投资流向了本应被终止的亏损项目，而16%的投资流向了从一开始就大错特错的项目"。那些靠近基层的管理者（业务部门主管和一线经理）认为，甚至有更多项目都不应该得到批准（在每类项目中的占比高达21%）！

上述调查还问及管理者对企业投资各领域的预测准确度如何，比如完成项目所需的时间、对销售额的影响及成本等。调查结果如图24-7所示。近70%的管理者表示，他们对项目完成所需的时间表现得过于乐观（这证明了众所周知

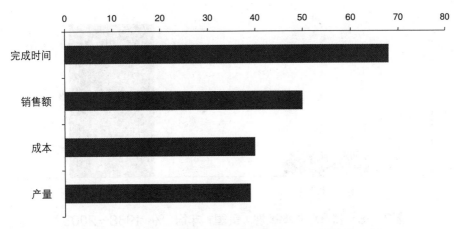

图24-7 在以上方面做出过于乐观预测的管理者占比

资料来源：麦肯锡公司

的"规划谬误"①的存在）；50%的受访者表示，他们对投资对销售额的影响表现得过于乐观；超过40%的受访者对所涉及的成本表现得过于乐观！

调查还显示，近40%的受访者表示，管理者在提交资本投资方案时会刻意"隐瞒、限制甚至歪曲信息"！受访者还着重强调了管理者对异议的打压，超过50%的参与者都认为避免与上级发生矛盾非常重要。

综上所述，库珀等人在2006年的研究成果自然就不足为奇了。他们探讨了总资产增长率对股票收益率的预测能力（图24-8）。当然，使用总资产的优势在于，它能全面地反映投资/撤资的总体情况。

库珀等人在1968年至2003年的美国样本中发现，低资产增长率的公司的年均收益率比高资产增长率的公司要高出20%。即使在控制了市场、规模和风格的情况下，低资产增长率的公司的年均收益率还是比高资产增长率的公司高出13%。

来自欧洲市场的证据同样很有说服力（图24-9）。在1985年至2007年期间，我们发现低资产增长率的公司的年均收益率比高资产增长率的公司高10%左右。遗憾的是，资本约束机制似乎总是被公司和投资者所忽略。

---

① 规划谬误是指人们在估计未来任务的完成时间时，倾向于过度乐观，从而会低估任务完成时间的现象。——译者注

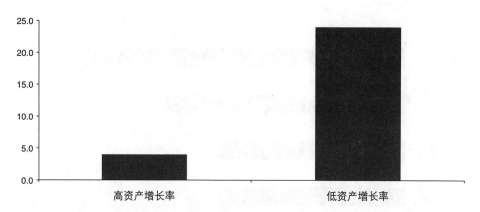

图24-8 资产增长率表现（美国，年均，%，1968—2003）

资料来源：库珀等人（2006），法国兴业银行全球战略研究

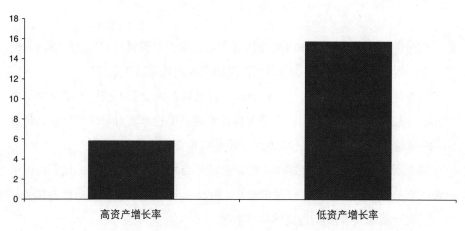

图24-9 资产增长率表现（欧洲，年均，%，1985—2007）

资料来源：法国兴业银行全球战略研究

总结

到目前为止，我们已经探讨了三个筛选潜在的做空对象的标准。如果我们把这三者放在一起会发生什么呢？对于这三项标准，我个人设定的参数是：市销率>1，F分数不超过3，总资产增长率为两位数。

事实证明，此类投资组合非常强大。从1985年到2007年，经年化重新平衡后，此类投资组合的年均收益率平均每年会下跌6%以上，而欧洲市场基准的

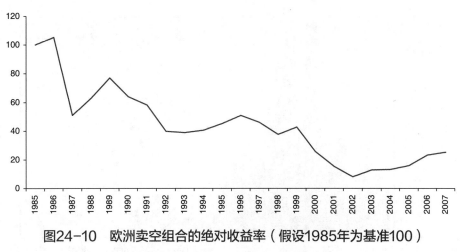

图24-10 欧洲卖空组合的绝对收益率（假设1985年为基准100）

资料来源：法国兴业银行全球战略研究

年均收益率平均每年会增长13%（图24-10）！尽管我没有收录美国市场的结果，但基本情况极为接近。

卖空投资组合产生了一个年均超过-20的阿尔法，其贝塔为1.3。这一篮子股票在23年中有10年（45%的时间）都出现了绝对收益率为负的情况，并且它在23年中有18年的表现都不如市场指数（81%的时间）。

使用该模型在美国市场选出的股票平均每年下跌8%（跌幅中值为9.6%）。所筛选出的大约60%的股票显示出绝对的负收益。因此，该模型也能挑选出一些在长期表现异常出色的股票——这对空头策略来说可不是好消息。因此，引入止损机制可以显著改善我们投资组合的表现。例如，设置20%的止损点可以将年均收益率从-13%提高到-6%（图24-11）。

我经常把自2002年年末以来的这段时期的大部分时间描述为"追涨"。这种情况可以从图24-12中清楚地看到。在2003年，做空策略的年均收益率要比市场基准高6%！这一壮举在2005年和2006年再度发生，但程度要低得多。

尽管该模型下的投资组合近年来屡屡受挫，但我仍然相信这是一种选取做空对象的良好方法。如果我们所认为的大多数机会藏匿在做空一方的判断是对的，那么这种方法在未来就能够被证实是有效的。

最后两个图表呼应了我在本章开始时提出的一个观点。这两张图表显示了符合我们的筛选标准的适合做空的股票的数量。在欧洲（图24-13），我们的样

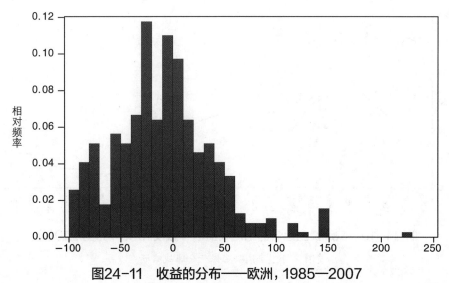

图24-11 收益的分布——欧洲，1985—2007

资料来源：法国兴业银行全球战略研究

图24-12 欧洲市场做空组合及大盘的年均收益率（％）

资料来源：法国兴业银行全球战略研究

本中平均每年大约有20只股票通过该筛选。从该筛选机制运行开始，样本中最多时出现了100只符合筛选标准的股票。

在美国（图24-14），我们做空的一篮子股票的平均数量约为30只。现如今，通过筛选的合格股票不少于174只。这清楚地证明了我在本章开始时所提到的价值缺乏，并且确实表明现在的投资机会多在做空一方。

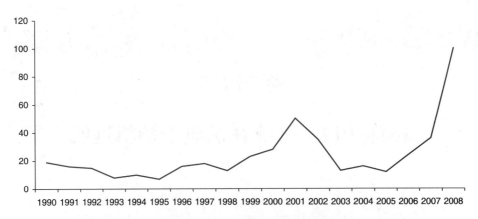

图24-13　通过做空对象筛选标准的股票数量——欧洲

资料来源：法国兴业银行全球战略研究

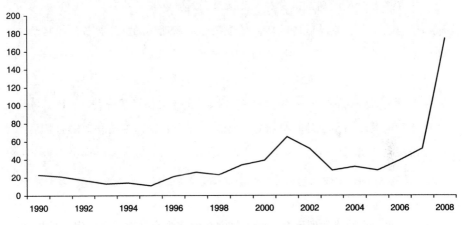

图24-14　通过做空对象筛选标准的股票数量——美国

资料来源：法国兴业银行全球战略研究

第二十五章

粉饰账目，抑或在黑旗下扬帆远航

在经济景气时期，很少有人关注盈利质量和报表脚注等"世俗"的细节。然而，在经济低迷时期，对于投资者来说，沉重的打击往往起于微末。当然，也会有一些令人瞩目的例外。空头往往非常注重基本面。事实上，大多数空头远非谣言散布者，他们更像是"会计警察"。为了帮助投资者评估存在会计造假的可能性，我专门设计了一种C分数。当与各种衡量过高估值的指标相结合时，这一分数在识别适合做空的股票方面极为有用。

● 因此，我始终强烈反对一些人将空头看作谣言散布者和阴谋家的愚蠢的民粹主义做法，他们实际上是我所接触过的最注重基本面分析的投资者。根据我的经验来看，空头非但不是什么市场中的邪恶力量，反而更像是"会计警察"（美国证券交易委员会（SEC）曾经声称那是它的角色）！

● 虽然公司经常指责空头是撒谎者和阴谋家，但事实证明，原告往往在贼喊捉贼。芝加哥大学的欧文·拉蒙特研究了1977年至2002年间美国公司与空头之间的争斗。他发现，最终正确的是空头一方；在这场争斗开始后的三年中，这些公司股票的年均收益率累计落后于市场42%。

● 受到空头对基本面的关注的启发，我发明了一个"C分数"——之所以叫C分数，是因为做假账和欺诈的英文都是以C开头。该分数试图评判一家公司

— 294 —

是否正在进行六种常见的盈利操纵行为中的一种或几种。当然，C分数只是用来分析一家公司是否做了假账的第一步。

● 研究结果表明，C分数似乎确实能够帮助投资者识别出哪些股票的业绩会持续走低。（在1993年至2007年期间的）美国和欧洲，C分数较高的股票的年均收益率平均分别比市场基准低8%和5%左右。

● 如果我们把C分数与一些估值指标结合起来一起使用的话，效果会更好。毕竟，通常情况下，飞涨的股票会更倾向于通过"舞弊"来维持自己的地位。这一点已经为数据所证明。在美国和欧洲，C分数为5并且市销率大于2的股票往往会产生4%左右的负绝对收益率。样本中有50%—60%的股票的收益为负。

在经历了5年的牛市之后，投资者很有可能对上市公司操纵收益的问题关注甚少。令人遗憾的是，在经济繁荣时期，很少有人会关心诸如盈利质量或报表脚注之类的"世俗"问题（尽管这样做很愚蠢）。然而，在经济不景气时，这些特征往往会重新流行起来，引起人们的关注。

然而，在当今世界，多数分析师更关心的是如何将未来5年的每季度收益情况预测至小数点后两位，以及如何撰写公司用于新闻发布的通告，而他们真实的公司财务分析能力则似乎眼看就要成为一门失传的艺术。

毫无疑问，我遇到的最注重基本面的分析师都是空头。总的来说，这些人对待分析真的格外认真谨慎，他们这样做是有道理的，因为市场的下行空间是无限的。因此，我始终强烈反对一些人将空头看作谣言散布者和阴谋家的做法。我猜测，这些人要么是为了迎合被做空的企业的政策制定者，要么就是被做空的企业本身。根据我的经验，空头更像是"会计警察"，而不是市场中的某股邪恶力量。

公司在撒谎，空头来揭穿：实证证据

曾就职于芝加哥大学的欧文·拉蒙特在他2003年的一项深入的研究中证实了这一观点。他在2003年发表的一篇论文中研究了空头和那些被空头做空的公司之间的争斗，这些争斗发生在1977—2002年的美国。这篇论文重点关注了被做空公司的一些行为：为了证明自己的无辜，声称自己是空头的沽空对象，或是一场阴谋的受害者，抑或声称空头在撒谎。他所探究的一些公司还请求监管

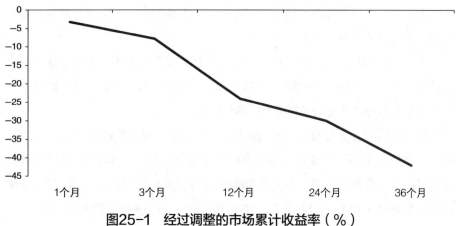

图25-1 经过调整的市场累计收益率（%）

资料来源：拉蒙特（2003），法国兴业银行全球战略研究

当局对空头进行调查，敦促股东不要出借股票，甚至制定回购计划（可能是为了以此来打压做空行为）。

拉蒙特的研究结果表明，空头对市场的有效运行起到了积极的作用。图25-1显示了被做空股票的平均累计收益情况。在争斗开始后的12个月里，被做空股票的平均累计收益率比市场基准低24%。在争斗开始后的3年里，这些股票的表现累计落后于市场基准42%！这表明，空头的判断是正确的，企图用撒谎和阴谋欺骗投资者的往往是那些被做空的公司，而不是空头！

谁在粉饰账目——"C分数"

在前一章中，我们探讨了筛选做空对象的一种方法①。然而，我忽然想到了一种更注重会计基础的筛选方法，这种方法可以帮助投资者识别出那些很可能在粉饰财务数据，或者用尽一切手段以确保其季度业绩能够超过分析师预测的公司，而这些公司正是潜在的做空对象。

为此，我发明了"C分数"——之所以叫C分数，是因为做假账（cooking the books）和欺诈（cheating）的英文都是以C开头。该分数有助于衡量一家公司试图蒙骗投资者的可能性。它有6个输入变量，每个输入变量都旨在捕捉一种常见

① 如果你想知道这一章的另一个标题（"在黑旗下扬帆远航"）的由来，那么请回忆一下第二十四章的标题——"与黑暗面为伍：海盗、间谍和空头"。——作者注

的收益操纵因素：

1. 净收入与经营现金流之间的差距持续扩大。一般来说，管理层在操纵现金流方面的灵活性远不如收益方面。收益涉及大量高度主观的估计，如坏账、养老金返还等。净收入和现金流之间差距的拉大很可能预示着费用的过度资本化。

2. 应收账款周转天数（DSO）持续增加。当然，这意味着应收账款的增速高于销售额的增速。这意味着企业可能在"填塞分销渠道"（通过在季末向分销商发送多余的库存来制造高销售额的假象以粉饰季度业绩）。

3. 存货周转天数（DSI）增加。存货增加可能意味着销售放缓，这可从来都不是一个好迹象。

4. 其他流动资产与收入比率增加。精明的首席财务官可能知道，投资者经常关注DSO和/或DSI，因此他们可能会利用这一包罗一切的数据来帮助隐藏他们不希望投资者关注的东西。

5. 固定资产（厂房和设备）折旧率下降。为了达成季度盈利目标，公司能够轻易改变对有用资产寿命的估计。

6. 总资产增长率较高。一些公司频繁实施收购，并以此来扭曲收益。因此，总资产增长率较高的公司会在该项上得到1分。

我们以简单的二进制（0或1）方式对这六个元素进行评分。因此，如果一家公司的DSI在持续增加，那么它将得1分。然后，再把这家公司在这六项上的得分相加便得到最终的C分数，其取值范围为0（无操纵收益迹象）到6（操纵收益迹象最明显）。

C分数是否有效

C分数只是我们分析一家公司是否做了假账的第一步。尽管如此，它似乎非常有效。图25-2和图25-3分别显示了美国股票和欧洲股票在1993—2003年期间的C分数得分情况（投资组合在6月份搭建，持有期为一年）。

在美国，C分数较高的股票的年均收益率比市场基准水平低8%左右，产生的年均收益率接近1.8%；在欧洲，C分数较高的股票的年均收益率比市场基准水平低5%左右，不过，这些股票的年均绝对收益率仍有8%左右。

当然，如果我们把C分数与一些估值指标结合起来一起使用的话，效果会

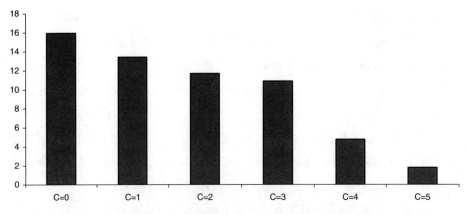

图25-2　根据C指数判断的表现——美国（1993—2003），
大盘年均收益率为10%

资料来源：法国兴业银行全球战略研究

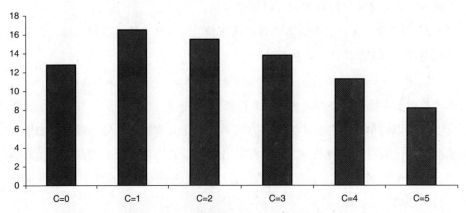

图25-3　根据C指数判断的表现——欧洲（1993—2003），
大盘年均收益率为13%

资料来源：法国兴业银行全球战略研究

更好。毕竟，经常出现的情况是，飞涨的股票（很可能股价昂贵）的发行公司去篡改收益以粉饰其高增长状态的动机会更强。然而，当这些公司的伎俩被"揭穿"时，它们的股票面临的惩罚就是股价一落千丈，跌到比廉价股票低出很多。

这一点已经为证据所证实。同时具有较高的C分数和大于2的市销率的股票的收益率都非常低。在美国，由这样的股票组成的投资组合的绝对收益率为–4%（股票年均收益率中值为–6%，其中54%的股票的绝对收益为负）。在欧洲，同时满足高的C分数和市销率大于2的股票组成的投资组合的年均绝对收益率为–4%（股票年均收益率中值为–10%，其中57%的股票的绝对收益为负）。

第二十六章

经营不利：关于基本面做空
和价值陷阱的思考

在前几章中，我曾指出，完美的做空对象存在四个特征：估值过高、基本面恶化、缺乏资本约束和不良的会计行为。然而，我却忽视了良好做空机会更经典的基本方面。我认为这些方面可以归为三类：糟糕的管理者、糟糕的公司和糟糕的战略。这三个类别显然并不相互排斥。对于那些无法做空或不愿做空的人来说，这些要素应该有助于他们对价值机会和价值陷阱进行区分。

● 悉尼·芬克斯坦在他的优秀著作《聪明的高管为何会失败》中，指出了管理不善的七个特点。我把它们称为"低效能经理的七个习惯"。本质上，糟糕的管理者认为自己是行业主宰者，认为自己与公司联系非常紧密（以致分不清个人与公司利益的界限），异常武断，无法容忍异议，喜欢当公司的代言人，拒绝承认任何问题都不仅仅是暂时的，而且总是毫不迟疑地照搬过去的成功战略。

● 许多常见的行为特征似乎是这些失败的根源。例如，过度自信、确认偏误、墨守成规和自利性偏差都与芬克斯坦所描述的习惯密切相关。或许，分析师要是能对他们所研究公司的管理者进行一下行为审计的话，他们将从中受益。

● 有趣的是，现在有相当多的证据表明，许多管理者与精神病患者有着一些共同特征（杀人和冲动控制问题除外）。在很多方面，糟糕的管理者不过是成功的精神病患者罢了。

● 芬克斯坦还为我们提供了一份问题清单，以帮助我们识别糟糕的公司。有些因素是显而易见的，例如过于复杂和/或不透明的账目。其他可能有用的问题包括"管理层是否忽视了警告"以及"新产品只是炒作吗"。大多数基本面分析师都认为这些方面是涵盖在其研究范围之内的，但我很少看到他们讨论这些问题。

● 最后，我们来看看企业常见的"战略"失败。令人惊讶的是，我们并未从历史中吸取什么教训。同样的错误似乎一次又一次地以企业失败的形式重演。保罗·卡罗尔和梅振家在他们有趣的著作《亿万美元的教训课》中指出了七个常见的战略错误，包括对协同效应的错觉、对金融工程的错用、令人泄气的行业"席卷"（接连的收购失败）、固守歧途、误断邻近市场，以及前景悲观的整合。

● 尽管企业破产和失败由来已久，但分析师似乎总是在有意避开"卖出"建议。例如，在整个2008年，只有不到6%的投资建议推荐卖出！这就更令人困惑了，因为分析师们一定本该清楚糟糕的管理者、糟糕的经营、糟糕的战略（会带来的后果）。

做空对象的分类

在前几章中，我从量化方面对好的做空对象进行了探索。我认为完美的做空对象应具备四个特征：估值过高、恶化的基本面、缺乏资本约束和不良的会计行为。

绿光资本的大卫·艾因霍恩对其做空投资组合的特征进行了如下描述：

> 这些股票的发行公司都存在着各种各样的重大问题：一些公司经营不利，或者在会计处理上耍花招；另一些公司有着不大可能达到的收益预期；还有一些公司的经营模式存在缺陷，不太可能长期存活下来。

布鲁斯·贝尔科维茨从一个略有不同的角度对这个领域进行了研究。他是一位只做多的基金经理。然而，我发现，贝尔科维茨在投资中最为注重的是对确认偏误的防范。他从不会去寻找那些会支持一项投资的信息，而是在积极寻找那些会"扼杀一家公司"的负面信息。他说：

　　我们会先观察很多公司，再检查其现金流，然后试图找到公司的致命弱点……我们会花很多时间去思考一家公司可能会面临的问题——无论是经济衰退、滞胀、利率飙升还是脏弹爆炸。我们会想尽一切办法去枪毙我们选出的最佳投资对象。如果这样做之后我们还没能否定它，那么也许我们真的找到了一家相当不错的公司。如果你投资的公司已经为艰难时刻做好了准备，尤其是其拥有已为艰难时刻精心设下了应对良计的管理层，那么你甚至会期待那些艰难时刻的到来，因为它们播下了成就伟大的种子。

在最近接受《杰出投资者文摘》的采访时，贝尔科维茨列出了一系列关于公司是"如何死亡以及如何被杀死"的方式。

　　公司的崩溃方式有：不挣钱，烧钱，负债过高，玩俄罗斯轮盘赌，管理层都是白痴，有一个糟糕的董事会，"失败的多元化经营"（de-worsify[①]），股票回购价格过高，违反一般公认会计原则（GAAP）。

吉姆·查诺斯是毫无争议的空头之王。在2005年接受《价值投资者洞察》的采访时，他概述了自己在寻找的四大类潜在的做空对象：

　　第一类，也是最赚钱的一类，是那些由盛及衰的公司。使我们取得最大成功的是债务融资型资产泡沫——不同于普通的资产泡沫——在这些泡沫中，未来到期要偿还的债务就像一颗定时炸弹，并且在破产或重组的过程中，债权人会优先于股东获得清偿。"债务融资"的区别很重要。这一区别阻止了我们在90年代去做空互联网股票——因为那是一个估值泡沫。

第二类做空机会源于：

　　技术过时。经济学家们最近经常谈到"创造性破坏"的好处。"创造性破坏"是指新技术和创新推动人类进步，并拉动GDP增长。但这些变化同时也会使所有行业变得过时……现在正在上演的就是一场由模拟世界向数字世界的转变。[②]

---

① de-worsify（使变得更糟）与diversify（使多元化）发音相似，这里是对错误的多元化经营的一种讽刺。——译者注

② 吉姆建议各位去阅读一下克莱顿·克里斯坦森（Clayton Christensen）的《创新者的窘境》（*The Innovator's Dilemma*）一书，这是一本关于创新的佳作。——作者注

查诺斯的第三类做空机会源于那些涉嫌有不良会计行为的公司。

> 小到简单地夸大收益……大到彻头彻尾的欺诈。我们将试图找出那些经济现实与企业会计报表明显不符的公司。

最后一个大类……

> 是消费者所追逐的一时风尚。当投资者……用近期经验对无限未来进行推断时，这显然就成了一次性的增长。人们总是过于乐观……20世纪80年代的椰菜娃娃，90年代初的诺迪克，尚品集团的乔治·福尔曼炙烤炉。

这些不同的描述之间有很高的重叠性。然而，在过去，我对商业模式缺陷/糟糕的管理者的关注较少，所以我现在要转向这个领域。

糟糕的管理者

考虑到我们这个行业对与公司管理者会面的热爱（当然，我对这一点仍持深深的怀疑态度），令人惊讶的是，关于糟糕管理本质的文章却极为稀少。

我最喜欢的一本关于企业失败的书是悉尼·芬克斯坦的《聪明的高管为何会失败》。芬克斯坦不像大多数"管理"书籍作者那样着重笔墨去描写成功，而是喜欢去探究企业的灾难。

芬克斯坦发现了一组糟糕管理者的特质。我把这些特质称为"低效能经理的七个习惯"。建议分析师们看看自己能从他们乐于会面的公司管理者们身上找到几个。

低效能经理的七个习惯

1. 他们把自己和其公司视为周围环境的主宰者，而不是对环境的发展做出反应。

2. 他们认为自己和公司是一体的，个人利益和公司利益之间没有明确的界限。

3. 他们似乎知道所有问题的答案，并且在处理具有挑战性的问题时往往雷厉风行，看得人头晕目眩。

4. 他们一定要确保所有人都百分之百地拥护自己，并且会毫不留情地铲除异己。

5. 他们是完美的公司代言人，并且常常把大部分精力投入到管理和发展公司的形象上。

6. 他们把令人生畏的困难看作是可以被消除或克服的暂时性障碍。

7. 他们总是毫不犹豫地重新启用最初让他们和其公司取得成功的战略和战术。

管理不利的行为学基础

在思考糟糕的管理者身上的特点时，我还开始思考他们之所以管理不利的根本原因。这使我试图去勾勒出管理不利的行为学基础，或者，换言之：什么样的偏差会导致管理者误入歧途？

I. 过度乐观和过度自信

也许，最常见的行为偏差当属过度乐观和过度自信了。我怀疑，企业管理者通常都两者兼而有之。我最喜欢的关于管理者过度乐观的佐证来自杜克大学的CFO调查。杜克大学在每个季度都对首席财务官进行一次问卷调查，询问他们对经济前景的乐观程度（0=异常悲观，100=异常乐观）。CFO们还会被问及对公司前景的乐观程度。

图26-1显示了所有管理者（无论好坏）最常见的错觉。管理者们对其公司的前景的乐观程度总是高于对整个经济前景的乐观程度。

并购（M&A）或许是证明企业管理者过度自信的最好例证。根据毕马威最新的全球并购双年度调查（2008年10月15日），93%的公司经理认为并购能增加价值，这很惊人。这肯定是我所见过的能够证明企业管理者的过度乐观和过度自信最为确凿的证据。

图26-2展示了管理者对并购业绩的主观判断和并购客观业绩的情况对比——在并购交易成交的两年内，在股市中业绩高于行业平均水平的并购公司的实际占比与企业管理者主观臆断的占比之间的对比。

奇怪的是，管理者的信念总是远远高于客观标准。例如，毕马威会计师事务所的最新调查显示，虽然93%的管理者认为他们的并购工作为企业增加了价值，但实际上只有不到30%的交易真正做到了。

这一数据还为我经常提到的另一种行为特征提供了证据：我们从错误中吸取教训的能力非常有限。你可能会认为，在过去10年左右的时间里，管理者或

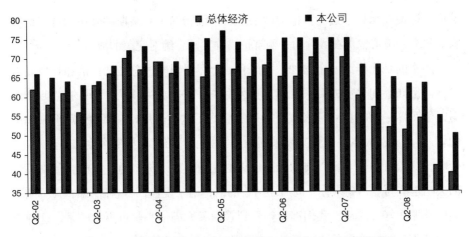

图26-1 杜克大学对CFO的调查：你对……有多乐观？

资料来源：法国兴业银行全球战略

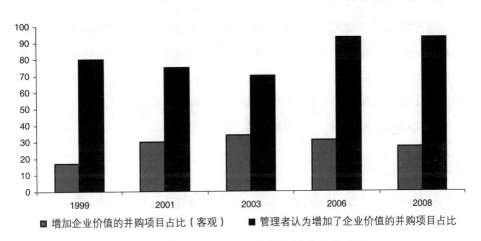

■ 增加企业价值的并购项目占比（客观）　■ 管理者认为增加了企业价值的并购项目占比

图26-2 客观或主观：成功的并购项目占比

资料来源：毕马威，法国兴业银行全球战略

许已经意识到自己该极其谨慎地对待并购交易。然而，事实远非如此。事实上，企业对并购价值的错觉似乎只增不减！

　　这表明，管理者根本不会对并购交易后企业的业绩做任何彻底的分析。即便他们做了，他们也会对结果视而不见！戴姆勒·克莱斯勒公司为我们提供了一个典型的未能客观衡量并购交易后企业业绩的例子。不管从何意义上来讲，那次并购都是失败的。它造成的损失大致相当于对克莱斯勒公司的总收购价。

然而，即使在承认了这些可怕的后果之后，戴姆勒·克莱斯勒公司的首席执行官于尔根·施雷普仍在继续为并购辩护，称其是"绝对完美的战略"。

不幸的是，作为一个物种，我们有一个坏习惯——总是把自信和技巧混为一谈。例如，如果你去看医生，并和医生说："医生，我得了严重的皮疹。"然后医生回答："别担心，我知道那是什么，吃了这些药片，一周后你就会好起来的。"这之后，大概率是你兴高采烈地回家去了。相反，如果医生回答说："上帝呀，这太可怕了。我以前从未见过你的这种病症。你知道这可能会传染吗？回去吃这些药片，如果你一周后还活着的话，请来复诊。"这样一来，你可能不会感觉那么好。同样，我们都希望看到管理者充满信心。可不幸的是，这种奇怪的光环效应却总会令管理者们自命不凡地高估自己的技能。

II. 确认偏误和偏颇吸收

管理者无异于常人，他们也会倾向于去寻找那些与自己观点一致的信息，而不是寻找那些表明他们错了的信息（即本章开头提到的"确认偏误"）。我们不仅会倾向于寻找那些支持我们观点的信息，我们还会倾向于把一些中性信息解读成支持我们观点的信息，我们甚至会在听到一些本应动摇我们的观点的信息时更加固执己见——这一过程被称为"偏颇吸收"。

III. 保守主义

管理者似乎经常受到保守性偏差——固执己见的习惯——的困扰。这通常在他们被沉没成本的概念驱使时出现。在一篇于1985年发表的关于沉没成本的经典心理学论文中，阿尔克斯和布鲁默向人们展示了一些能够证实沉没成本谬论的实验。例如，请思考以下问题：

作为一家航空公司的总裁，你已经在一个研究项目上投资了1000万美元。其目的是制造一架常规雷达无法探测到的飞机，换言之，就是一架隐形飞机。可当项目完成90%的时候，另一家公司已经对一种雷达无法探测到的飞机开展起营销工作。而且，很明显，他们的飞机比你们公司正在建造的飞机更快、更经济。问题是：你是否应该把最后10%的研发资金用于完成研发你的飞机？（图26-3）

现在请思考一下这个问题：

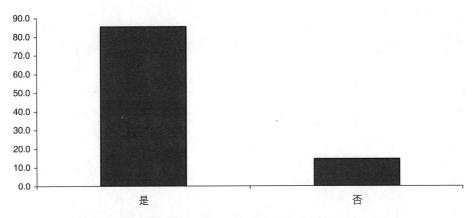

图26-3 你会选择投入最后10%的研发基金吗?（受试者占比，%）

资料来源：阿尔克斯和布鲁默（1985），法国兴业银行全球战略

作为一家飞机制造商的总裁，你收到了来自你公司一位员工的建议。他建议你将公司最后100万美元的研发资金用于开发一架隐形飞机。然而，另一家公司刚刚开始了对一款隐形飞机的营销。而且，很明显，他们的飞机比你们公司生产的飞机更快、更经济。问题是：你应该把公司最后100万美元的研发资金投入到这位员工提议的飞机上吗?（图26-4）

IV. 选择性偏差

管理者可能会陷入依据表象而不是实际发生的可能性去判断事务的陷阱。这种管理思维的典型特征是过度依赖简单的故事。对协同效应（下面会讨论）的期许就是选择性偏差在工作中的一个很好的例证。

V. 墨守成规和群体思维

独裁的管理风格通常是一场灾难。异议常常是被管理层低估的工具，但鲜有管理者会去寻求异议。更常见的情况是，管理者认为自己最了解情况，周围的人又都乐于巩固管理者的观点。

事实上，一些有力的证据表明，许多管理者与精神病患者有着许多共同特征（除了杀人倾向以外）——参见博德和弗里松在2005年发表的论文以及巴比

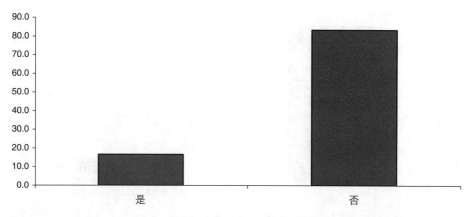

图26-4　你会选择投入最后100万美元的研发基金吗?（受试者占比，%）

资料来源：阿尔克斯和布鲁默（1985），法国兴业银行全球战略

亚克和黑尔在2006年发表的论文。《快公司》[①]根据该领域领军人物罗伯特·黑尔的研究成果，推出了一项快速而不讨喜的测试，目的是想看看你的经理到底是不是精神病患者。每道题，选择"是"计两分，选择"多少有点儿"或"也许"计一分，选择"否"计零分。

1. 他是否能说会道，外表迷人？

他是一个性格讨喜，巧舌如簧的人吗——有趣，有说服力，但也许有点儿过于圆滑，过于世故？他能在商务会议上假装自己是专家吗，即使他对这个话题真的知之甚少？他是个马屁精吗？有吸引力，但不真诚？他会讲一些有趣但不太可能的轶事来夸耀自己的过去？他能否说服他的同事在这周支持某个立场——然后在下周以同样的信念和说服力为另一个与此相悖的立场进行辩论？如果他是一位首席执行官，当在电视上接受主持人的采访时，他是否能通过兜圈子回避对问题的直接回答，并且在不发表任何实质性的言论的情况下就成功脱身？

分数：＿＿＿＿＿＿

2. 他是否有着极其强烈的自我价值感？

他吹牛吗？他傲慢吗？觉得自己高人一等？刚愎自用？他是否觉得自己凌驾于那些仅适用于"小人物"的规则之上？他表现得是否像是一切都在围绕着

_____

① 《快公司》（Fast Company）为与《财富》和《商业周刊》齐名的美国最具影响力的商业杂志之一。——译者注

他转？他是否会对自己的法律、财务或个人问题低调处理，说这些问题只是暂时的，或者干脆把责任推卸给别人？

分数：_____

3. 他是个病态的骗子吗？

他会粉饰自己的过去吗？例如，他声称自己出身寒门，白手起家，可实际情况是他成长于中产阶级家庭？即便很容易被拆穿，但他还是习惯性地说谎？当他的谎言被曝光时，他是否会因为觉得自己可以逃避责任而仍然表现得漫不经心？他喜欢说谎吗？他对自己的骗术感到自豪吗？很难分辨他到底是在故意撒谎，还是因过度自信而自欺欺人？

分数：_____

4. 他是谎言大师或操纵高手吗？

他会利用自己娴熟的说谎技能去欺骗或操纵别人，以攫取金钱、权力、地位和性吗？他善于"用"人吗？他是否参与过粉饰账目等不诚实的勾当？

分数：_____

5. 当他伤害别人的时候，他是否从不感到懊悔或内疚？

他只关心自己，而对自己给他人或社会造成的伤害漠不关心？他说他感觉很糟，但其实表里不一？即使他因证券欺诈等白领犯罪而锒铛入狱，但在出狱后，他还坚持说自己是无辜的？他会推卸责任吗？

分数：_____

6. 他是否性情淡漠？

他是否冷酷无情，甚至在身边的人去世、经受苦难或者病入膏肓时也会表现得无动于衷——比如，他会去医院探视病人或参加葬礼吗？在这些情况下，他是否只是为了影响在虚情假意地演戏，猫哭耗子假慈悲？他声称是你的朋友，但却很少或从不询问你的生活或情绪状态的细节？他是那种声称只有抱怨者和失败者才会感情用事的"铁腕高管"吗？

分数：_____

7. 他是否冷酷无情，缺乏同情心？

他不在乎别人过得好不好，或者别人的感受？他非常自私吗？他会残忍地嘲笑别人吗？他是否会在感情上或言语上对同事、"朋友"和家人肆意侮辱？他在解雇员工时从不考虑他们失业后的境况？他会从挪用公款或股票欺诈中获利，而丝毫不去考虑自己的此类行为会对股东或需要积蓄来过退休生活的养老金领取者造成的伤害?

分数：_____

8. 他是否从不为自己的行为承担责任?

他总是编造一些借口? 他会推诿责任? 如果他因为做假账或股票欺诈等公司犯罪而接受调查或审判，即使有确凿的证据对他不利，他还是会矢口否认自己有不当行为吗?

分数：_____

总分：_____

你可以按你上司得到的总分对他进行评价：1—4｜令人感到沮丧；5—7｜令人提心吊胆；8—12｜令人感到害怕；13—16｜令人毛骨悚然。

VI. 自利性偏差

管理权和所有权的分离常常给投资者带来严重的问题（代理人问题）。我们都容易产生自利性偏差（把自己放在首位的愿望），而这一偏差放大了那些代理人问题。管理者授予自己的期权次数显然让他们与股东的激励机制不同。查理·芒格曾说，"我认为，就对激励的力量的理解而言，我在同龄人中一直都能排在前5%，但我却一直都将它低估了"。

这让我恍然大悟，精明的分析师不会去听管理层的说辞，而是会去观察他们的行为。如果他们表现出过多以上描述的行为偏差，那么这些公司的管理质量就值得担忧。

糟糕的经营

除了列出了低效能经理的七个习惯外，芬克斯坦还列出了一份帮助人们识别糟糕公司的问题清单。

不必要的复杂性

1. 公司的组织结构是否错综复杂?

2. 公司是否把简单的问题复杂化?

3. 公司账务是否过于复杂、不透明或不规范?

4. 公司是否使用了复杂的或非标准的术语？

增速失控

5. 管理团队是否有足够的经验来应对增长？

6. 管理层是否忽略了一些小但有意义的细节？

7. 管理层现在是否忽视了可能导致日后问题的警示？

8. 这家公司因自身极其成功，或占据了行业的统治地位而固步自封、停滞不前？

9. 高管的意外离职是否意味着此公司存在某种深层次的问题？

注意力不集中的首席执行官

10. 关于CEO的背景和才能，我还有什么不知道的吗？

11. 首席执行官是否把过多的资金用在与公司利益无关的个人项目上？

12. 公司领导层是否因沉迷于金钱和贪婪而采取了一些令人生疑或不当的行动？

过度炒作

13. 围绕着公司新产品的大肆宣传是否只是炒作？

14. 围绕着公司并购的大肆渲染是否仅是炒作？

15. 围绕着公司前景的大肆渲染是否为无法兑现的炒作？

16. 最近在现有经营模式下遭受的重大失败是否意味着此公司存在更深层次的问题？

性格问题

17. 首席执行官和其他高管是否过于激进或过于自信，以至于我并不真正信任他们？

这份清单为人们识别一家公司的运营情况提供了良好的检验标准。以银行为例，看看你会从这17个问题中得到多少个警示——我估计至少能得到10个。

糟糕的战略

在看过糟糕的管理者和糟糕的经营之后，让我们再来关注一下糟糕的战略。当然，我们需要先了解一下什么是公司战略。

迈克尔·波特在他的代表作《竞争战略》中指出了企业战略的五种决定力量——替代品、供应商、潜在进入者、买家和竞争对手。遗憾的是，这些要素的排列组合无穷无尽，人们若在实践中去应用它们可能会踏入潜在的雷区。

值得庆幸的是，布鲁斯·格林沃德和贾德·卡恩在他们精彩的著作《企业战略博弈：揭开竞争优势的面纱》中简化了这个问题，并揭示了在研究一家公司的基本面动态时必须要提及的核心因素——进入壁垒。这就是沃伦·巴菲特所说的"经济护城河"。（"在商界，我所寻找的是那些由牢不可破的'护城河'保护着的经济'城堡'"）

如果没有进入壁垒，公司最终只会获得"正常利润"，即与资本成本相等的收益。但即便是在这种环境下，我们还是有可能找出一些行为不当的公司。在一个没有进入壁垒的世界里，总体重点在于运营效率（成本最低的生产者）。因此，找到一家（a）没有意识到自己处于一个没有进入壁垒的行业，或（b）没有专注于成为成本最低的生产者的公司，均可以为做空创造机会。

在对竞争优势进行分析时，格林沃德和卡恩为我们提供了一个简单的三阶段框架：

（1）确定公司所处的竞争环境。它究竟处于哪些市场中？它在每个市场中的竞争对手是谁？

（2）检验公司在各市场中是否有竞争优势。现有公司是否保持着稳定的市场份额？在一段相当长的时期内，它们的盈利能力是否很强？

（3）识别出所有竞争优势可能存在的属性。现有企业是否拥有专利技术或专属客户？它们是否从规模经济或监管障碍中受益？

这是一个优秀的战略思考框架，因为它把进入壁垒的真正关键放在了方法的核心位置。可尽管如此，我担心这种方法并不常用。相反，人们总是会把大量的时间和精力浪费在那些精英人士围坐在一起空谈"未来愿景"的"战略"上。

另一本关于企业失败的优秀著作《亿万美元的教训课》，也对战略决策的糟糟本质提出了一些真知灼见。作者保罗·卡罗尔和梅振家列举了六大类"战略性"错误，这些错误似乎是导致企业灾难的常见原因。

协同效应的幻觉

那么多收购或合并之所以会失败，部分原因在于管理者思维对协同效应的依赖。人们很容易高估协同效应的可获得性，如果管理者过于自信和过于乐观，那么这种情况则很可能发生。

证据表明，协同效应可能非常难以实现。毕马威2006年的调查显示，在30%通过并购得以增值的企业中，61%的企业在协同效应方面达到或超过了其预期目标。相比之下，70%未能实现增值的并购企业中，只有35%的企业实现了其预期的协同效应。

然而，尽管在实现协同效应方面存在这种不确定性，大约43%的预期协同价值已包含在收购价格中。也许更令人震惊的是，毕马威的调查显示，只有大约30%的公司在交易发生前对预期协同效应进行了稳健性分析！在2004年，克里斯托弗森等人从管理者的角度出发，对哪些协同效应似乎更容易实现进行了调研。预期收入协同效应是管理者最可能高估可实现收益的原因。克里斯托弗森等人发现，近70%的并购未能实现预期的收入协同效应。事实上，近四分之一的合并甚至没有达到预期收入协同效应的25%（图26-5）。

相比之下，管理者似乎更有能力去实现成本削减协同效应——只有8%的并购帮助企业实现的成本削减协同效应低于预期的50%。超过60%的并购帮助企业至少实现了其预期成本削减协同效应的90%。然而，四分之一的并购企业仍然将成本削减的效益规模高估了25%（图26-6）。

错误的金融工程

卡罗尔和梅振家在《亿万美元的教训课》中用"错误的金融工程"来指代企业合法但对财务或融资机制激进式使用的方式。但这些激进的方法有时的确会导致欺诈，因为它们让人上瘾。公司一旦开始使用这些方法，便无法停止。它们不得不变得越来越激进，直到越过法律的界线（被称为"道德滑坡"）。

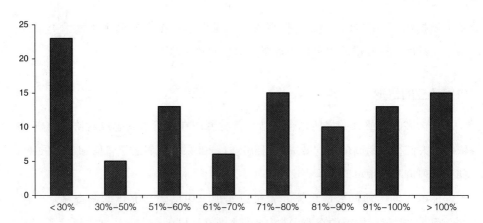

图26-5　实现预期收入协同效应的占比

资料来源：克里斯托弗森等人（2004），法国兴业银行全球战略

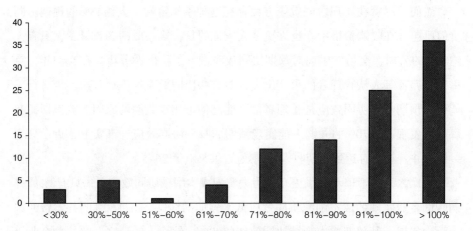

图26-6　实现预期成本削减协同效应的占比

资料来源：克里斯托弗森等人（2004），法国兴业银行全球战略

令人泄气的行业"席卷"

正如卡罗尔和梅振家所言：

令我们大为惊讶的是，我们发现有不计其数的公司在试图"席卷"一个行业：它们会收购数十家，甚至数百家乃至数千家的当地企业，并将它们转变为地区性或全国性的巨头。我们发现，许多未能如愿的企业最终走向了欺诈。成功的"席卷"难得一见！有时所谓的成功公

司，比如废物管理公司和车之国公司，在并购过程中也遇到了诸多棘手的问题，并且不得不放弃大部分其最初的"席卷"战略。

固守歧途

"固守歧途"只不过是上述保守性偏差的一种表现。卡罗尔和梅振家给出了伊士曼柯达公司这个完美的例子。他们指出，早在1981年，柯达公司就意识到数码摄影对胶卷、纸张和化学行业会构成重大威胁。尽管柯达公司知道世界将走向数字化，但它却认为可以利用数字技术来"增强"自身的传统业务，并继续在该业务上大举投资，结果把自己弄得不伦不类——它生产了一种需要胶卷的数码相机，销售惨淡！这是查诺斯提出的技术过时的一个典型例子。

误断邻近市场

卡罗尔和梅振家用"误断邻近市场"来形容布鲁斯·贝尔科维茨所说的"失败的多元化经营"。据我所知，这个词由彼得·林奇创造。尽管进军其他市场可能很诱人，但这种策略往往以失败告终。卡罗尔和梅振家给我们举了一个例子：一家大型水泥公司因为进军了包括割草机在内的一系列新市场而进入了破产程序。该公司为进军其他市场给出的理由是，公司生产的水泥用于住宅，而住宅都有草坪，所以公司应该开始销售割草机。

贝恩公司的数据显示，在进入所谓的"邻近市场"的行动中，有75%以失败告终。很多金融文献均对多元化经营提出了警示。2002年，麦金森等人探讨了焦点分散型并购和焦点集中型并购的表现。对于那些认为多元化经营是好事的人来说，这一结果令人不快（图26-7）。

麦金森等人通过对1977—1996年的并购数据进行分析后发现，焦点集中型并购能够带来较少的正向超额收益。与之相比，焦点分散型并购最终会让企业减损很多价值（三年间的异常收益率接近–20%）。

前景悲观的整合

卡罗尔和梅振家提出的最后一组常见的战略失误是关于成熟行业或衰退行业的。在这两种状况下，行业面临的利润池越来越小。这可能会引发一场整合浪潮，一家公司试图通过吞并整个行业中的其他公司来暂缓压力。遗憾的是，

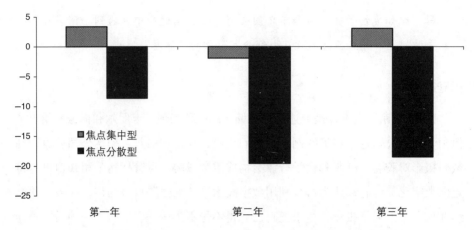

图26-7　焦点集中/分散的并购业绩（非正常收益率，%）

资料来源：麦金森等人（2002），法国兴业银行全球战略

这有时会导致一场逐底竞争。对此，卡罗尔和梅振家为我们举了一个例子：20世纪90年代末，在手机行业侵吞了传呼机行业半壁江山的前夕，传呼机公司开始通过并购来整合其行业。这在很多方面与我上面提到的自利性偏差有关。企业管理者不想让自己失业，因此他们倾向于让自己管理的企业做整合者而不是整合对象（尽管做后者可以让所有者获得现金返还）。

VALUE INVESTING

TOOLS AND TECHNIQUES
FOR INTELLIGENT INVESTMENT

第六部分

实时价值投资

第二十七章

为增长的希冀支付过高的价格：
新兴市场的泡沫

在投资者中，我见过最持久的"错误"可能就是为增长的希冀支付过高价格的习惯了。目前，这种行为在新兴市场中表现得最为明显。新兴市场的周期性调整收益达到了惊人的40倍！其价格走势似乎正遵循以往泡沫形成的模式。泡沫的存在已初见端倪，但投资者根本不想听到任何坏消息。相反，他们更愿意搬出投资中最危险的那四个字——"这次不同"。这样做从来没有过好下场！

● 投资者似乎正在争相追逐任何能给他们带来增长希望的投资机会。这一点在新兴市场的背景下表现得最为明显。我倾向于听从约翰·邓普顿爵士的建议："在别人绝望地抛售时买进，在别人贪婪地买入时卖出。"让我们来看一个新兴市场中的反面例证。

● 让我们从估值开始。新兴市场的交易价格明显高于发达市场。例如，新兴市场的市盈率（P/E）为22倍，而发达市场的市盈率为14倍。以我们最喜欢的估值指标——经周期调整的市盈率——来衡量，新兴市场为40倍！这达到了与发达市场在互联网热潮时期相同的水平。

● 事实上，新兴市场内部的价格走势与此前泡沫形成的价格走势模式极为相似。此外，那些追逐高额回报的投资者（共同基金买家）一直在向新兴市场注入大量现金。这对收益前景来说可不是个好兆头！

● 当然，看涨人士辩称，脱钩意味着"这次不同"。然而，分析师们一直在下调新兴市场的评级。我们知道，分析师通常缺乏独立思考的能力，因此，这大概反映了新兴市场中公司的整体增速实际上已经开始放缓。

● 即使抛开我对脱钩论的怀疑，还有一个投资者乐意忽视的不幸的实证。数据揭示了GDP增长率与股票收益率之间存在负相关的关系。增长最快的新兴市场的股票收益率通常最低，而最高的收益率通常是通过购买增速最慢的新兴市场的股票得以实现的。

● 增长的希冀就像塞壬之歌一样诱人。然而，对投资者来说，这往往同样很危险。希冀从来都不是一种投资策略。虽然"这次不同"的粗腔横调不绝于耳，但相信这个观点从来就没正确过！

罗杰爵士的不幸故事

在我们的行业（以及更普遍的生活）中，人们似乎总是缺乏批判性思维。下面这个奇怪的故事就是证明后者的一个很好的例子。

E. J. 瓦格纳在她那本引人入胜的《夏洛克·福尔摩斯的科学》一书中，讲述了罗杰·蒂奇伯恩爵士的真实故事。据报道，1854年，罗杰爵士在海上失踪。他的母亲不相信她在法国长大的爱子永远离开了人世。她不停地打听，收集着关于她儿子的一切消息。

罗杰爵士去世十二年之后，蒂奇伯恩夫人（罗杰爵士的母亲）的祈祷似乎得到了回应。她收到了一封来自澳大利亚的信（来自一名律师）。这位律师声称自己找到了她的儿子。他在信中解释说，罗杰爵士在遭遇海难后，最终漂往了澳大利亚。在奇迹般地生还后，他发誓一定要取得成功，并在那里经商。不幸的是，生意并不像他预想的那么好，他也不好意思去联系他的母亲。

然而，他最近看到了她在打听自己儿子消息的新闻，并对多年来这件事给她带来的担忧深表遗憾！信的结尾请她寄钱过去以作为罗杰爵士、他的妻子和孩子们的归程旅费。

蒂奇伯恩夫人听到这个消息很高兴，并寄钱过去以使家人重聚。当罗杰爵士到达英国时，蒂奇伯恩夫人热情地接待了自己失散多年的儿子，并给了他每年1000英镑的津贴。

然而，并不是所有的蒂奇伯恩家的人都相信这个陌生来客确实是真正的罗杰爵士。不管怎么说，罗杰爵士是一个身材苗条、身体柔软的人，而新来的这个人却极其肥胖（请浏览以下网址来查看对比照片：http://en.wikipedia. org/wiki/Tichborne Claimant）。虽然人们的体型会发生改变，但却很少看到文身消失的情况——罗杰爵士有一些文身，而新来客没有。眼睛的颜色也并不容易改变。罗杰爵士的眼睛是蓝色的，而新来客的眼睛是棕色的。他还比罗杰爵士高了一英寸，不会说法语（罗杰爵士会）；他身上还有个罗杰爵士没有的胎记！

不知为何，蒂奇伯恩夫人对所有这些证据均视而不见。直到她死后，她的家人才最终证明这个从澳大利亚来的人是个冒牌货。他最终因欺诈和作伪证而服刑10年。

新兴市场相当于投资界的罗杰爵士

为什么我要复述这个对证据熟视无睹的故事呢？其实，原因是我惊异于投资者目前在大宗商品市场和新兴市场可能也在做类似的事情。所以，就让我用相反的案例来对抗投资者目前对新兴市场表现出的强烈看涨情绪吧。

估值

让我们从新兴市场的估值开始考察。如图27-1和图27-2所示，无论我们使用的是市盈率（P/E）还是市净率（P/B），新兴市场股票都在以高于发达市场股票的估值进行交易。按照当前22倍的市盈率来计算，我们很难将新兴市场作为一种资产类别进行任何形式的估值。

如果我们使用我们喜爱的估值方法——周期调整市盈率，情况会变得更糟。如图27-3所示，新兴市场的市盈率有向40倍增长的趋势！这与发达市场在互联网热潮期间达到的估值水平相同。

泡沫的诞生

新兴市场需要引起警惕的方面不仅为估值，它还有一些典型的泡沫表现。例如，GMO公司的杰里米·格兰瑟姆在其最新评论中指出，泡沫往往"毫不含糊地宣告自己的存在，价格波动已很好地突破了（非趋势价格的）两个标准差（40年一遇的事件），我们认为这是担心泡沫发生的合理门槛"。

在这种衡量标准下，我们有了认为新兴市场存在泡沫的初步理由。图27-4

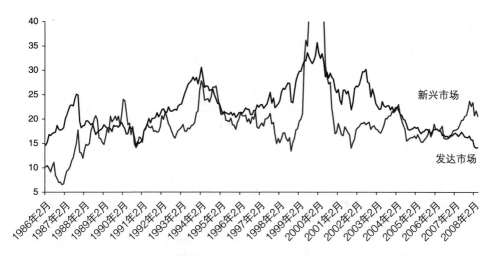

图27-1　随时间变化的新兴市场与发达市场的市盈率

资料来源：法国兴业银行股本研究

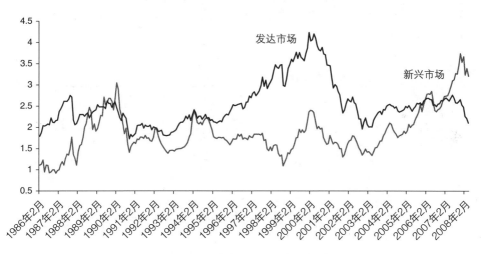

图27-2　新兴市场与发达市场的市净率

资料来源：法国兴业银行股本研究

显示了新兴市场的去趋势价格（以美元计价）。这些去趋势价格显然已经突破了
GMO使用的两个标准差的限制。

　　检验这一观点的另一种方法是，看看新兴市场的表现与我们之前的泡沫
指数相比如何。为了构建我们的泡沫指数，我们考察了包括19世纪40年代的
英国铁路股、南海泡沫、20世纪80年代末的日本、20世纪80年代的黄金以及

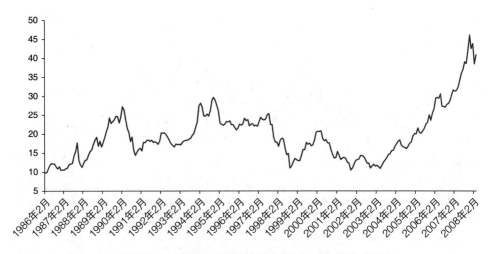

图27-3 根据周期调整的市盈率——新兴市场

资料来源：法国兴业银行股本研究

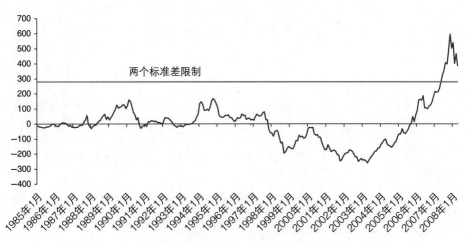

图27-4 新兴市场的去趋势价格——泡沫产生了吗

资料来源：法国兴业银行股本研究

1999/2000年的科技股泡沫在内的一系列先前泡沫的模式。

图27-5显示了历次泡沫和新兴市场价格走势的基本模式。这似乎再次有力地表明，新兴市场确实存在泡沫。

大众对新兴市场的追捧反映在此类基金在蓝领阶层的热销上。如图27-6所示，美国共同基金投资者正将大量资金投入新兴市场基金。而考虑到这些投资

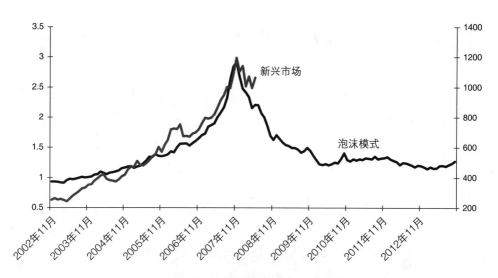

图27-5 新兴市场与泡沫指数

资料来源：法国兴业银行股本研究

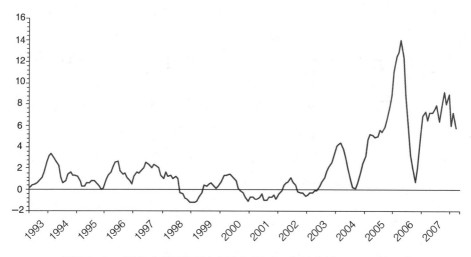

图27-6 新兴市场共同基金注入量（6个月合计，百万美元）

资料来源：法国兴业银行股本研究

者的总体时机把握能力，新兴市场的收益情况的确令人担忧！

脱钩和不断恶化的基本面

当然，所有这些分析都被忽略了，因为人们更愿意去相信一个简单而"引

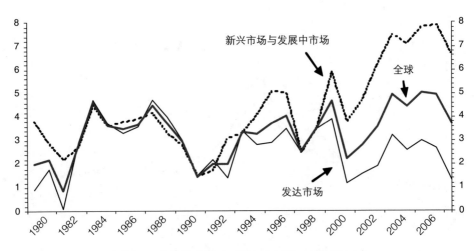

图27-7 新兴市场与发达市场的GDP增长率

资料来源：法国兴业银行股本研究

人注目"的故事：新兴市场与发达市场是脱钩的；中国等国家经济的高速增长足以抵消掉发达国家经济放缓的影响。

脱钩不太可能拯救发达市场。我们发现，新兴市场能够抵御住发达市场的消费主导型衰退这一说法难以令人信服。

如图27-7所示，至少可以说，新兴市场和发达市场的增长周期是紧密相连的。经济脱钩这一说法充其量只能算是苏格兰审判中的"证据不足"[①]。在我们看来，相信脱钩论似乎有些鲁莽，因为它是约翰·邓普顿爵士所说的投资中最危险的四个字——"这次不同"的完美例证！

此外，新兴市场的分析师正在下调他们的预期（如图27-8所示）。我们都知道，分析师通常缺乏独立思考能力，所以他们下调评级的行为很可能在告诉我们已经发生的事实。也就是说，新兴市场的增速已经开始放缓了！

从市场的角度来看，脱钩的概念似乎比经济实况更让人迷惑。图27-9显示了新兴市场相对于发达市场的36个月滚动贝塔值。贝塔值仍旧非常高。因此，在这一指标的衡量下，脱钩论完全只存在于神话之中。

---

① 在苏格兰刑法中，在有罪和无罪裁决之间还存在一类"证据不足"的裁决，它相当于宣告无罪。——译者注

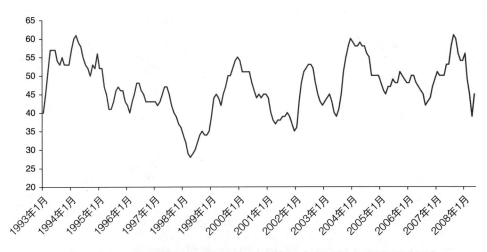

图27-8 分析师对每股收益的乐观预期（高估量占总量的比例）

资料来源：法国兴业银行股本研究

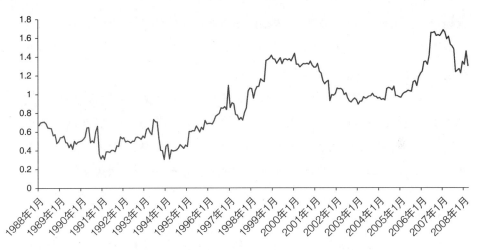

图27-9 新兴市场相对发达市场的36个月滚动贝塔值

资料来源：法国兴业银行股本研究

为增长支付过高的价格

　　暂且不论我们对脱钩的质疑，我们还发现，投资者所追逐的"增长"好像并不一定会带来回报。但脱钩论似乎依赖于经济增长率与股票收益率之间的正相关性。

　　然而，看一下新兴市场的数据，我们就会发现一幅可能会令许多投资者都

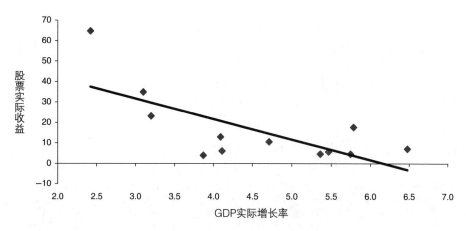

图27-10 新兴市场GDP实际增长率与股票实际收益（1988—2007）

资料来源：法国兴业银行股本研究

感到意外的图景。实际GDP增长率与股票收益率之间的关系事实上是负的。增长最快的新兴市场通常会带来最低的股票收益，而最高的收益率通常是通过购买增速放缓的新兴市场中的股票得以实现的！

对这一"奇怪"发现最好的解释是，投资者对待新兴市场就像对待股票一样，于是他们总是在为增长的希冀支付过高的价格。我们常常把看似显而易见的陈述当作真理。然而，只要稍微运用一下经验怀疑主义，我们就会发现，那些为了"增长潜力"而转向新兴市场的投资者可能会（再次）大失所望。

当心稀释

对于那些希望在新兴市场进行投资的投资者来说，最后一个警告是当心股权稀释的风险（尽管在发达市场，投资者目前似乎正在为此欢呼雀跃）。过去我们已经证明，对发达市场的投资者而言，股权稀释是个麻烦（请参阅《行为投资学》第四十五章）。

衡量稀释度的最好方法是看一下伯恩斯坦和阿诺特在2003年的论文中所提出的股票市值与价格之比。我们发现，在发达市场，这种稀释效应为年均2%—4%。图27-11显示了新兴市场整体的稀释指数（市值与价格之比）。这比发达市场的稀释效应要糟糕一个数量级，达到了年均13%左右！

因此，即使新兴市场的增长速度确实快于发达市场，但是我们必须提出这

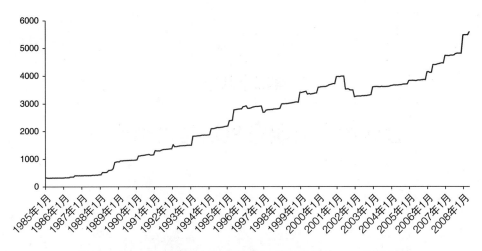

图27-11 稀释指数（市场总值与价格之比）——新兴市场

资料来源：法国兴业银行股本研究

样一个问题：股东们能从这样的增长中获益多少？要知道，其中相当一部分增长是由未上市公司所贡献的。当这些公司上市时，整个市场将经历稀释（根据斯比德尔等人在2005年的研究，这占到所发现的稀释的三分之一到一半）。其余部分则来自现有公司从投资者那里攫取的越来越多的现金。当投资者考虑在新兴市场进行投资时，这种程度的稀释是不容忽视的。

结论

新兴市场的价格走势和经周期调整的估值初步证明了泡沫的存在。与大多数泡沫一样，一个简单的故事似乎就像塞壬之歌一样迷惑着投资者。不幸的是，这样的故事很可能是极其危险的！也许我遇到过的投资者犯下的最持久的错误就是，他们总是在为增长的希冀支付过高的价格。转向提供增长希望的东西总是诱人的，但我们往往会忘记代表着转折点的滞后。当相关市场的估值倍数大幅上升时，这会变得愈加危险。

如果（以及一旦）新兴市场的泡沫破裂，投资者在退出时不太可能会特别挑剔。作为一种资产类别，新兴市场对我们来说似乎很脆弱。尽管"这次不同"的粗腔横调不绝于耳，但我们一定要记住，相信这种观点从未被证实是对的。

第二十八章

金融股：天赐良机还是价值陷阱

> 价值投资者通常是一个相对同质的群体。虽然每个人都在做自己的研究，但他们往往殊途同归。这是他们在寻找廉价股票时所使用的工具和技术的副产物。然而，价值投资者对金融股的看法却出现了诸多分歧。一些价值投资者认为，金融行业显然蕴藏着机会。另一些价值投资者则认为，在信贷泡沫还余波未散的情况下，去买入价值型金融股是鲁莽之举。对我们来说，考虑到经济长期低迷的风险，金融股的安全边际看上去还不够大。

● 我一直认为，做多大宗商品/新兴市场、做空金融股是市场上最热门的交易。我很愿意和市场主流背道而驰，去做空大宗商品和那些与新兴市场相关的股票。然而，我却不愿意做多金融股，因为那样做会带来更多问题。

● 以理查德·普泽纳为代表的一群价值投资者声称，金融股的价格便宜得出奇。普泽纳认为，目前的经济形势不会对金融股未来的盈利能力造成重大影响。正因如此，当前的形势是"一个典型的信贷周期，经济将自动走出低谷，这次危机无异于以往的此类危机，而且不会对幸存者的长期净资产收益率造成损害"。这对像我这样的逆向投资者来说很有吸引力。

● 然而，另一方面，以第一太平洋咨询公司的史蒂文·罗米克为代表的另一群价值投资者则认为，"在截至2006年的10年里，金融机构创造的利润率和资本回报率高得不切实际。'正常的'盈利能力和估值倍数将达不到那个时期的水平"。

● 说到底，一个人对金融股的看法往往取决于他对房地产/信贷泡沫破裂影响的看法。我的同事阿尔伯特·爱德华兹认为，经济陷入深度衰退的可能性非常高（我非常认同他的看法）。正如受人尊敬的基恩–马里·艾维拉德所言："有时候，重要的不是情况变得相当糟糕的概率有多低，而是如果这种情况发生，后果会怎样。"

● 考虑到这一点，我们建议投资者在投资金融股时寻求较大的安全边际。回顾1927年以来的这段时期，美国金融股的市净率平均为1.38倍，而当今的市净率为1.32倍——安全边际并不大！金融股的触底价格在其账面价值的0.5—0.7倍。

● 最重要的是，要记住账面价值也会缩水。在大萧条时期（1929—1933年），美国金融股的账面价值缩水了一半！目前，与峰值水平相比，金融股的账面价值下跌了约6%。我并不是说现在的情况将会像大萧条时期那样糟糕，我只是觉得我们是不是该停下来去思考一下。也许，我对如此之低的价格的坚持的确太贪心了，但如果价值投资不倡导安全第一的话，它还能倡导什么呢？

在过去6至12个月里，价值投资者对金融股的立场表现得泾渭分明，这是我前所未见的。根据我的经验，价值投资者在挖掘潜在价值机会时，往往殊途同归。这是他们在寻找廉价股票时倾向于使用的工具和技术的副产物。

然而，在过去的一年里，价值投资者间出现的巨大的分歧导致了一场近乎自相残杀的战争。一群价值投资者一路买进金融股，另一群价值投资者则一直在大举做空金融股。

当然，把所有金融股混为一谈有失公平，但这样做可以反映出价值土地上的巨大裂痕。从2008年初到目前为止，选择做空都是"正确的"。今年迄今为止，标准普尔500指数中的金融股平均下跌了约19%。事实上，被做空最多的金融股的收益率今年迄今已下跌了35%，被做空最少的金融股今年迄今仅下跌了9%（图28-1）。

当然，这些金融机构的管理层会继续告诉我们，危机已经结束，公司经营状况良好，不必恐慌。然而，这些家伙要么是对当前形势一无所知，要么就是

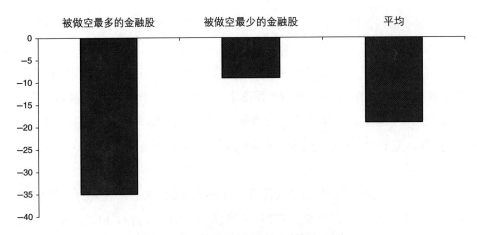

图28-1 金融股的表现（美国，%）

资料来源：法国兴业银行股本研究

彻头彻尾的骗子。让我们来看看最近的CEO评论集锦①吧，或者，约翰·塞恩，请你最好将目光投向图28-2和图28-3，然后再次告诉我，公司管理层提供的信息多么有用！

理查德·普泽纳是一个乐观地将金融股视为价值投资机遇的典型代表。他在第一季季报中写道：

传统投资思维中弥漫着一种新的担忧：最近几年的大规模杠杆化已经走得太远，而去杠杆化将成为全球金融体系的永久羁绊。这种观点认为，贝尔斯登只是这场愈演愈烈的浪潮中的受害者之一。这场浪潮已导致许多美国次级抵押贷款发放机构以及数家非美国金融机构破产，并将导致不计其数的其他机构倒闭。而那些幸存下来的公司的盈利能力也会遭受永久性的损害。

我们所面对的一个明显的问题是：在长期向不符合资格的个人提供宽松信贷的背景下，上述极端的前景可能成真吗？还是这只是一个典型的信贷周期，它会像以往的危机一样逐渐烟消云散，并且不会损害幸存者的长期净资产收益率（ROEs）？这两种情况到底哪种更符合逻辑呢？我们认为是后者。

---

① http://www.portfolio.com/news-markets/top-5/2008/07/30/Regrettable-Comments-by-Bank-CEOs?page=1——作者注

日期	评论
1月25日	"我并不认为我们是在负隅顽抗，我们已经为进入2008年做好了准备。"
4月3日	"我们有大量资金走向未来，并不需要回到股市进行融资。"
4月10日	美林证券的现金储备"足以应付可见的未来。"
4月22日	美林证券通过放债筹集了95亿美元。
5月7日	"目前我们还没有打算筹集任何更多的资金。"
7月18日	"我不认为我们想做蠢事，我们在产品售卖及售卖价格方面保持了良好的平衡。我们没有按照买入价抛售任何资产。"
7月28日	美林证券打算卖出85亿美元股票，并按照22%的折扣抛售CDO。

图28-2 美林证券CEO评论：2008

资料来源：美林证券

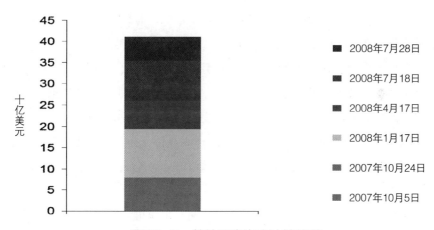

图28-3 美林证券资产注销情况

资料来源：经济数据（Economicdata）

事实上，普泽纳甚至成立了新的基金，专门为从他看到机遇的金融股中获利，同时他也在他经典的价值基金里购入了大量诸如房地美、房利美（或者它们被人们所熟知的名号：欺诈和虚伪）以及花旗集团这样的金融股。

最近在接受《价值投资者洞察》的采访时，第一太平洋咨询公司的史蒂文·罗米克很好地总结了后者的观点：

> 记者：您对金融服务类股票前景的悲观看法是否发生了变化？
>
> 罗米克：我们相信均值回归，所以在经济运行更为正常的环境下，当你在一个陷入困境的行业中发现了股票交易价格相对于其收益来说很便宜的上市公司时，对其进行投资是很有意义的。但这种策略最近却令许多优秀的投资者过早地将资金投入了金融股。我们的基本感觉是，在1997—2006年这10年里，金融机构创造的利润率和资本回报率高得不切实际。而就目前情况而言，"正常的"盈利能力和估值倍数将不会像那时那么高，因为监管加强了，杠杆率降低了（因此放贷的资本也减少了），融资成本提高了，承销标准更严格了，需求减少了，且高深莫测、利润奇高的产品也减少了。

我对这两种观点都甚为认同。我经常说，做多大宗商品、做空金融股是市场上最热门的交易，因此金融股对我这种逆向投资者来说的确很有吸引力。事实上，我对做空大宗商品的做法也完全没有任何意见。

不过，我发现金融股的交易价格目前还不够低，而且，我认为，泡沫完全消失的过程通常是漫长的——这一过程以年为单位，而不是月。

说到底，你对金融股的看法往往取决于你对房地产/信贷泡沫破裂影响的看法。如果你赞同阿尔伯特·爱德华的观点，认为这可能会引发一场严重的衰退，那么在目前投资金融股可能并不是一个好主意。

美联储新上任的高级信贷官员也对这种观点持支持态度。如图28-4和图28-5所示，信贷的需求和供给都在蒸发。政策制定者应该对市场供需双方的这种实质性萎缩给予足够的重视，因为这是流动性陷阱的特征之一。

特别要注意的是，信贷需求不足非常普遍，供应也是如此！这不仅仅是房地产市场的问题。显然，市场中对抵押贷款（包括商用和住宅）的需求是不足的，不仅如此，市场中对消费型贷款和企业贷款的需求也出现了严重不足。

然而，我从不相信基于预测去确定投资头寸的方法，因为预测充其量是个愚蠢的游戏而已。我始终铭记着受人尊敬的基恩-马里·艾维拉德的话："有时候，重要的不是情况变得相当糟糕的概率有多低，而是如果这种情况发生，后果会怎样。"换言之，实际上，重要的是期望价值，而不是概率，一个会让人付出巨大代价的远程事件也能让你感到心痛。

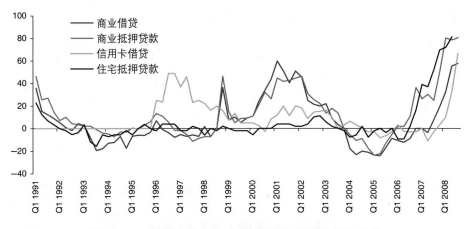

图28-4　供给方指标：各类贷款出现紧缩的百分比

资料来源：法国兴业银行股本研究

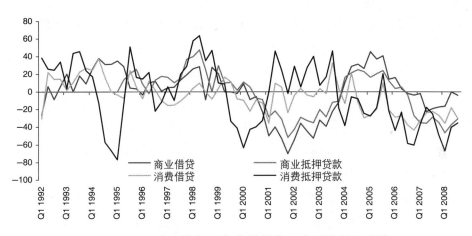

图28-5　需求方指标：各类贷款出现高需求的百分比

资料来源：法国兴业银行股本研究

因此，如果你打算投资一只金融股，请确保这只金融股有很大的安全边际。金融股目前是否能提供此类保护？我倾向于用股票市值与存款的比率这一指标（相当于无杠杆的资产负债表）来对银行进行估值。历史告诉我们，这一比率的触底水平往往在3%至4%之间（尽管银行在破产前也会根据这类指标进行交易——北岩银行就是个例子）。

如今，只有少数几家银行的这一指标低于4%，除两家外，其余都是日本

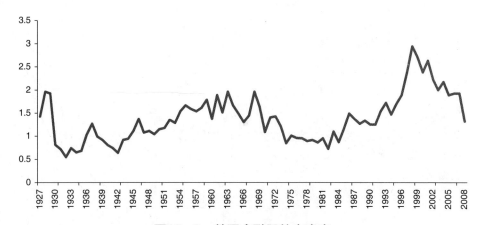

图28-6 美国金融股的市净率

资料来源：法国兴业银行股本研究

的银行。两家非日本银行为布拉德福德–宾利银行和国民城市银行。当然，这意味着做多廉价的日本银行、做空一些较昂贵的银行（尤其是汇丰、渣打银行和西班牙国家银行等新兴市场风险敞口较高的银行）都是很好的潜在价值投资机会。

为了对缺乏安全边际这一观点进行检验，我一直在潜心研究，最终整理出了一些1927年以来美国金融股的市净率（P/B）数据，如图28-6所示。自1927年以来，美国金融股的平均市净率约为1.38倍。如今，金融股的平均市净率为1.32倍——大致与市场平均水平持平，但并不廉价。

一般估值是账面价值的0.5至0.75倍时可以称之为廉价。在西方经历的最近一次信贷崩溃——大萧条期间，金融股的市净率从2倍降至0.5倍。

当然，这只是故事的一部分。账面价值也会下降。如图28-7所示，在大萧条期间，账面价值蒸发了一半！截至目前，在当前的危机中，账面价值下降了6%左右。我并不是说目前的情况像大萧条时期那样糟（让阿尔伯特来做这些古怪的声明吧），但的确值得我们停下来去思考。

归根结底，我认为考虑到所涉及的风险，安全边际还不够大。或许，我所坚持的低估值有些太贪婪了。然而，在我看来，这次更像是泡沫的破裂，而不像是正常的信贷周期。在这种情况下，投资对象最好有非常大的安全边际。正如塞斯·卡拉曼在其精彩的文章中所写的那样，"安全边际的设定要充分考虑到

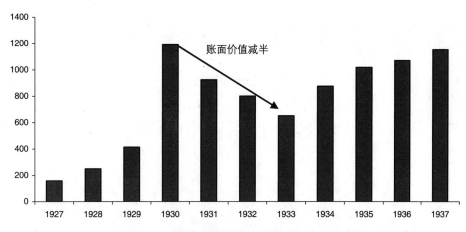

图28-7 美国金融股账面价值（百万美元）

资料来源：法国兴业银行股本研究

人为失误、运气不佳或剧烈的市场波动，所以证券的买入价格要设定得比其潜在价值低很多"。他还警示人们："资产在未来的缩水会对投资的时间框架以及实现潜在价值的催化剂产生巨大影响。"在通货紧缩的环境下，如果你不知道是否或何时能实现潜在价值，那么你可能根本不想参与其中。

第二十九章

债券：投机而非投资

我和阿尔伯特在投资方面很少有意见不同的时候。然而，在政府债券市场现状的问题上，我们却发生了分歧。在我看来，作为一个长期价值导向型投资者，债券根本没有任何投资价值。美国政府债券的价格已经反映出美国经济正在滑向日本式的长期通缩这一信息。然而，如果美联储能够成功地重新引入通胀（凯恩斯将其描述为"食利者的安乐死"[①]），那么债券根本就不具备避险功能。继续持有债券可能仅是一种投机行为，而不是投资行为。

● 在我看来，从原理上讲，政府债券估值相对很简单。我认为债券的价值由以下这三种成分之和组成：实际收益率、预期通胀和通胀风险溢价。市场告诉我们，10年期美国政府债券的实际收益率在2%左右。鉴于目前名义收益率也在2%左右，这意味着市场暗示未来10年的年均通货膨胀率将在0%左右。

● 这表明，市场认为美国将步日本后尘，陷入缓慢而痛苦的通缩。据债券远期曲线显示，市场预期10年期的国债在十年内的收益率将达到3%！对长期预期的调查则显示出另一幅图景——参与者认为，未来10年的年均通胀率将在2.5%左右。这意味着债券的定价将完全不同。而在正常情况下，美国政府债券

收益率的"公允价值"为4.5%—4.75%。

● 然而，我们所处的世界并不正常。美国的杠杆率居高不下。如果通缩站稳脚跟，那么债务通缩的动量将被释放，这将给经济带来一场旷世灾难。信贷泡沫的破裂会轻而易举地导致通缩海啸席卷整个体系。

● 日本在经历了长达7年的通货紧缩后才启动量化宽松政策；而美国在通货紧缩真正到来之前就已经开始行动了。伯南克明确指出，货币政策在零利率的限制下并不是一无是处。他在2000年与日本政策制定者的会晤中指出，即使利率为零，货币融通转移（靠印钞来抵消减税影响）、设置通胀目标和采取一些非常规的措施等都是可行的。

● 当一股不可抗拒的力量击中一个不可移动的物体时会发生什么？我不得而知，其他人也不知道。然而，政府债券市场显然选择了相信通货紧缩会到来。因此，如果美联储成功了，那么债券根本没有任何避险功能。随之而来的将是"食利者的安乐死"。

● 本杰明·格雷厄姆说："投资操作需要满足三个要求：经过彻底分析，能够保证本金安全以及确保获得令人满意的收益。而不满足这些要求的操作则是投机。"在当前的收益率水平上，债券根本无法提供令人满意的收益（甚至连本金的安全性都保证不了）。吉姆·格兰特说，债券很可能会带来"无回报风险"。持有债券仅是一种投机行为。在一个目光短浅的世界里，投机客或许还是有可乘之机的。然而，我是一个投资者，而不是投机客。所以政府债券在我的投资组合中并没有一席之地。

我和阿尔伯特并不经常发生分歧。事实上，在过去的八年里，我不记得发生过此类事件。其实，我甚至不确定我们目前是否真的存在严重分歧；这可能只是时间范围和投资方式的问题。

我倾向于以长期价值为导向的绝对收益投资者的视角来看待世界。阿尔伯特通常对动量驱动的短期头寸的容忍度更高。或许正是我们在方法上的差异，导致我们对持有政府债券的好处采取了不同的立场。为了支持自己的观点，我将在下面介绍一些基于价值的熊市案例。

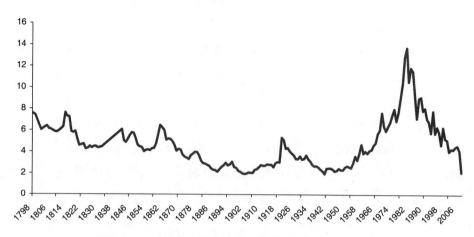

图29-1　美国10年期政府债券收益率——长期

资料来源：霍默和西勒（2005）

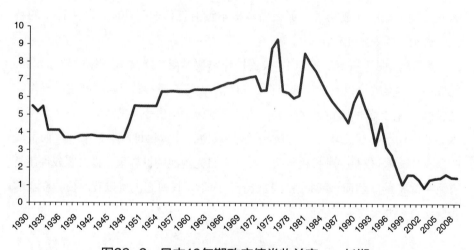

图29-2　日本10年期政府债券收益率——长期

资料来源：霍默和西勒（2005）

债券的长期前景

图29-1显示了美国10年期（或与之几乎等长的）政府债券的长期历史情况。从长期来看，收益率平均略高于4.5%。这一数字清楚地表明，20世纪70年代的通胀经历非常反常。然而，目前的收益率正在迅速接近历史低点。

当然，收益率接近历史低点并不一定是卖出信号。日本就是个例子。图29-2显示了日本10年期国债的长期情况。1995年，我在东京工作，记得当时我

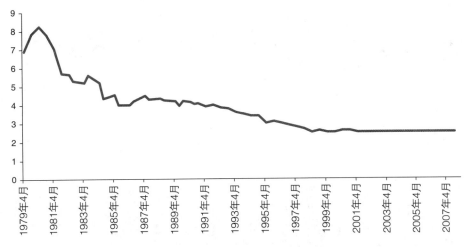

图29-3 专业预测者对10年期通胀的预测（年均，%）

资料来源：法国兴业银行股本研究

在想，收益率达到3%时，肯定不会再低了。当然，收益率继续接着减半，然后再减半。

债券的内在价值

人们应该如何对债券进行估值呢？对于政府债券持有者的收益，我总有一个简单的看法。我通常认为债券有三个组成部分：实际收益率、预期通胀和通胀风险溢价。

一般来说，实际收益率大致等于长期实际增长率（有效地在资本的边际成本和边际收益之间创造了一个均衡条件）。从经验上看，这可能是一个令人怀疑的假设，因为实际收益率和增长并不总是紧密相关，但两者大体上确实很相近。当然，多亏指数挂钩债券或通胀保值债券（TIPS[①]）的使用，使我们能够得知许多国家市场的实时实际收益率。在美国，10年期TIPS的收益率约为2%。

预期通胀是我们简单的债券估值方法的第二个组成部分。我们可以通过多种方式来对其进行评估。例如，专业预测者调查（这几乎是一个自相矛盾的说法）等调查要求受访者评估未来10年的预期通胀率。图29-3显示了根据这项

① 通货膨胀保值债券（Treasury Inflation-Protected Securities，TIPS）又称通胀保值债券，是美国财政部发行的与消费者价格指数（CPI）挂钩的债券，始于1997年。——译者注

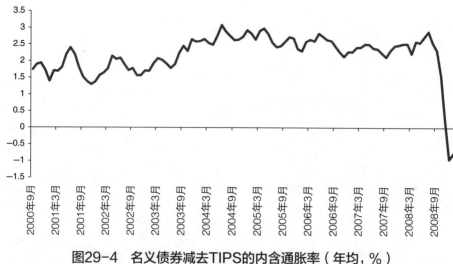

图29-4 名义债券减去TIPS的内含通胀率（年均，%）

资料来源：法国兴业银行股本研究

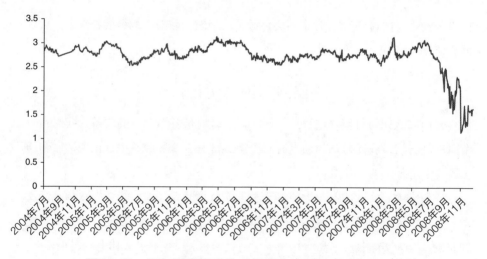

图29-5 10年期通胀互换工具的内含通胀率（年均，%）

资料来源：法国兴业银行股本研究

调查绘制出的未来10年的年均预期通货膨胀率情况。即便冒着听起来像美联储官方话术的危险，通胀预期仍然出人意料地牢牢锚定在年均2.5%的水平。

　　与之相比，市场在决定价格时的方式则完全不同（图29-4）。名义债券和通货膨胀保值债券之间的差值可以简单地衡量内含通货膨胀。由于这两类债券的

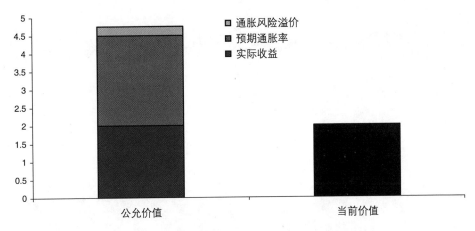

图29-6 债券基准的近似公允价值与实际收益

资料来源：法国兴业银行股本研究

收益率都接近2%，这意味着投资者认为未来10年期的通胀率为零！

另外，我们也可以使用通货膨胀掉期来洞察市场对通货膨胀的预期（图29-5）。这些工具显示，未来10年的通货膨胀率将略高于1.6%。值得注意的是，内含通胀率出现暴跌是最近的事情！

我们简单的债券估值方法的最后一个组成部分是通胀风险溢价。由于通货膨胀具有明显的不确定性，因此需要一定的风险溢价来补偿这种不确定性。尽管难以估计，但目前的学术研究表明，正常范围应在25到50个基点之间。

总体分析

图29-6显示了使用这种简单的债券估值方法得到的结果。在"正常"通胀率之下的"公允价值"将在4.75%左右，而目前略高于2%的收益率远低于"正常"条件下的公允价值。

我们发现，即使从债券远期曲线来看，市场认为10年后10年期债券的收益率也仅有3%（图29-7）。市场似乎确信，低收益率将会持续很长一段时间。

通货膨胀或通货紧缩

我以前曾多次提到过，我在关于通胀/通缩的这场辩论中一直感到左右为难。历史警示我们，信贷泡沫的破裂会给经济带来巨大的通缩冲击。美国经济将随

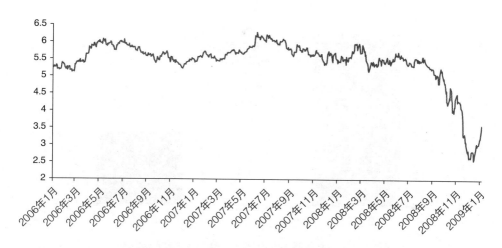

图29-7　10年期债券远期在未来十年的表现

资料来源：法国兴业银行股本研究

即面临巨大的债务负担，并且美国消费者在未来的四分之一世纪里也将不得不过着缩减开支的生活，债务通货紧缩的危险显而易见（图29-8）。

然而，美联储对通缩威胁的反应异常强烈。美联储采取了史无前例的定量和定性宽松政策。我们现在正处于一场开天辟地的货币实验中（图29-9）。

至于美联储是否成功地避免了通货膨胀，我当然不得而知。但伯南克[1]特别明确地表示了要遏制通货紧缩的决心。他将竭尽所能防止美国发生通货紧缩。在2000年向日本决策者发表的一次演讲中，伯南克明确指出，在高杠杆化的经济中，通货紧缩带来的威胁更大。他曾说，"与经典的金本位时代相比，在现代环境中，零通胀或温和通缩可能更为危险。与19世纪相比，现代经济更加依赖于信贷，特别是长期信贷"。

伯南克显然认为，即便在零利率的约束下，货币政策仍然有其用武之地。从本质上说，他的观点是以套利[2]为基础的，具体如下：

　　与其他形式的政府债务不同，货币的利息为零，期限为无限期。

　　货币当局可以随心所欲地发行货币。因此，如果价格水平真的独立于

---

① 伯南克（Ben Shalom Bernanke），美联储前主席。——译者注

② 斯蒂芬·罗斯（Stephen Ross）曾经说过，若要把一只鹦鹉变成一位博学的金融经济学家，只需要教它学会一个词：套利。在我看来，经济学家在排除解决方案时过于依赖套利假设了，并且乐此不疲。事实上，我在我的第一本书《行为金融学》的第二章中详细讲述了套利交易的失败之处（包括其前因后果，还举了番茄酱市场的例子）。——作者注

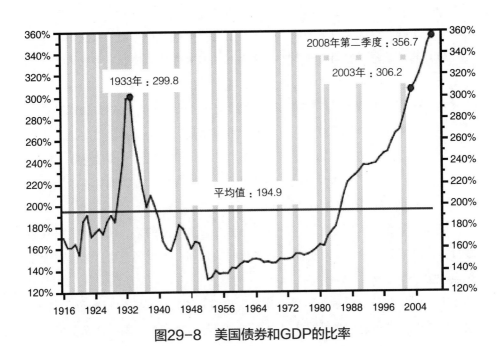

图29-8 美国债券和GDP的比率

资料来源：霍辛顿投资管理（Hoisington Investment Management）

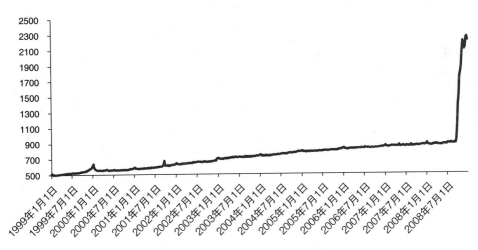

图29-9 美联储资产负债表不良表现（十亿美元）

资料来源：法国兴业银行股本研究

货币发行，那么货币当局就可以用其创造出来的货币去购买数量不定的商品和资产。在均衡状态下，这显然是不可能的。因此，即使名义利率为零，货币发行最终也必然会抬高价格水平。

在讲话中，他列出了一系列在零利率约束下可供货币当局选择的政策选项。第一项政策是激进的货币贬值——考虑到世界时局，这个选择显然更适用于日本，而不太适用于美国。如今，这种政策似乎有可能引发"以邻为壑"①效应，即竞争性货币贬值。当然，当大量海外投资者持有美国国债，而你不希望他们抛售时，这种政策则更加难以实施。

伯南克清单（尽管美国迄今没有对此做出回应）上的第二项政策是引入通胀目标，以帮助塑造公众对美联储通胀意愿的预期。他提到通胀目标会设置在3%—4%！

第三项政策是货币融通转移，其主要手段是通过印钞来实现减税。显然，这需要货币当局和财政当局彼此通力合作，但与日本情况不同，这在美国并不是个问题。

最后，伯南克认为应该实施非标准化的货币政策——有效的定量和定性宽松。他曾多次提到直接购买政府债券的可行性。

美联储也曾走过这条路——在第二次世界大战期间。正如悉尼·霍默和理查德·西勒在他们的代表作《利率史》中所写的那样，"财政部的战争筹款来自固定收益计划，联邦储备银行则负责通过购买各种证券以维持这一固定收益计划：三个月期国债收益率为3/8%，一年期债券收益率为7/8%，短期债券收益率为2%，长期债券收益率为2.25%，25至30年期债券收益率为2.5%"。

有趣的是，霍默和西勒指出，"当第二次世界大战结束时，一些人认为财政部不会一直提供2.5%那么高利率的国债，也许这种高利率会永远消失。因此，在战争结束的1945年，发行的最后一期利率为2.5%的国债的购买额接近200亿美元。财政部的确没再发行新债券。"但这导致收益率跌至了1.93%！不过，霍默和西勒指出，"这已经是长达26年的债券牛市的巅峰了"。

有一件事很清楚，如果美联储走这条路，你可不想成为最后一个持有债券的人。这就创造了一种类似于凯恩斯的选美比赛式的游戏，每个债券投资者都

---

① "以邻为壑"（beggar-thy-neighbor）效应是指一国采取的政策尽管对本国经济有利，但却会损害他国的经济。——译者注

在猜测债券投资者的猜测。沃伦·巴菲特曾把2000年的股市比作灰姑娘参加的那场舞会，"'灰姑娘们'都打算在午夜前的几秒钟离开。但有个问题：舞会中的钟表都没有指针！"

无论伯南克最终会采用哪套组合，他最具说服力的评论是他在与日本决策者进行会晤时的结束语："我认为，重点并不是罗斯福实施的特殊政策，而是他愿意去冒险尝试的勇气——简言之，我们要采取一切必要的措施去重振我们的国家。"

美国会步日本的后尘吗

尽管通缩在短期内几乎已成定局，但我并不认为美国会步日本的后尘，进入"迷失的通缩十年"。正如凯恩斯所言，"从某种意义上说，现有形势对我们的长期预期的形成产生了不成正比的影响；我们通常的做法是，依据目前的情况去不假思索地推测未来"。

我的朋友兼前同事彼得·塔斯克自1982年以来一直住在日本，几乎是个日本通。最近，他写了一篇关于美国和日本五大主要差异的文章。

首先，也是最明显的一点是，美国的政策反应比日本以往任何时候都要快得多、清晰得多。例如，日本央行直到2001年才开始实施量化宽松政策，而在此之前日本经济已经经历了长达7年的通缩！

其次，日本实际上没有任何可以借以效仿的模式，20世纪30年代的经历已年代久远，而日本不断蔓延的通缩与美国在20世纪30年代经历的物价滑坡又是两回事。

第三，主张削减财政支出的日本鹰派财政政策，阻碍了日本的经济复苏。实际发生的财政支出并不是由日本央行印钞来提供的资金，也没起到任何实质作用（还记得"不知道去往何方的铁路"吗）。新一任美国总统似乎不太可能出台财政紧缩政策。在这种情况下，再加之伯南克的主张，美国经济似乎可以成功地避免遭遇长期通缩。

第四，美国和日本之间存在着明显的社会和人口结构差异。日本人口的严重老龄化使通胀在政治上成了一个难以解决的问题。与日本相比，美国拥有更为有利的人口结构，这可能有助于使通胀政策成为一种更为可行的政治策略。

塔斯克提出的第五个关键区别似乎对美国不太有利（我在上文中也曾提到

过）。当日本陷入通货紧缩漩涡时，世界其他国家的平均表现却相当不错。美国面临的外部环境则要严峻得多，难以实现通货再膨胀^①。

结论

在我看来，收益率在2%左右的政府债券是不值得进行投资的。正如格雷厄姆所言："可以称得上投资的操作需要满足三个要求：经过彻底分析，能够保证本金安全和确保获得令人满意的收益。而不满足这些要求的操作则是投机。"抑或，正如凯恩斯所言，"投机一词指的是预测市场心理的活动，而企业一词指的是预测资产在整个生命周期的预期收益率的活动"。

在我看来，2%的名义收益率并不是一个令人满意的收益水平。市场价格似乎表明，美国注定要步日本后尘，进入一段漫长而痛苦的通缩时期。虽然这有可能成真，但这一预期已经反映在市场定价上了，因此购买政府债券并没有价值。即使收益率从2%跌至1%，投资者也只能获得约9%的收益率。

如果出现另一种情况，美联储成功地重新引入通胀（它会导致凯恩斯所生动描绘的"食利者的安乐死"），那么债券的价值显然会变得很低，因此其风险会非常高，而且是向投资者的单一方向倾斜的。吉姆·格兰特曾风趣地指出，最终，当提到政府债券时，我们会想到"无收益风险"，而不是我们现在通常所说的学术名词"无风险收益"。如果收益率从2%上升到4.5%，投资者将承受近20%的资本损失。

当然，购买债券可能有投机的理由。如果市场是短视的（几乎历来如此），那么糟糕的短期经济数据，加之严重通缩的到来，这一切很容易导致收益率进一步走低。因此，利用信息流或许是一种非常明智的做法，但尽管如此，这仍是一种"投机"的做法。然而，我是一个投资者，而不是一个投机客，因此政府债券在我的投资组合中并没有一席之地。

---

① 通货再膨胀是指在通货紧缩时期却存在着隐性通胀，物价普遍呈抗跌性，或一般物价水平虽然在下降，但幅度要远小于CPI的降幅，货币运行与物价运行完全呈背离状态。只要经济形势稍有回暖，隐性通胀就会向显性通胀转化。从本质上来说，通货再膨胀是政府为避免通货紧缩而刻意采取的措施，办法是通过刺激需求来稳定物价。——译者注

第三十章

资产甩卖、萧条和股利

> 我在构建投资组合时一直围绕着三个基本理念。首先是现金（作为通缩对冲工具），其次是深度价值机会（固定收益市场和股票市场中的），最后是廉价避险工具（如TIPS和黄金）。目前市场上出现了一个新的投资机会：股利互换。在欧洲、英国和日本，股利互换在现有环境中的市场表现甚至比大萧条时期还要差！股利互换的价格反映出，股利从高峰跌至低谷的跌幅超过60%，并且根本没有回升迹象！它们还可以起到对冲通胀的作用。在股利互换市场中我还是个新手，所以我担心自己可能会考虑不周，但对我来说这看上去的确像是一场资产甩卖。

- 最近，一位客户建议我从深度价值角度去看待股利互换。正如我经常说的，用小熊维尼的话来说，"我是一只头脑简单的熊，太长的词让我不知所措"。因此，我带着些许的惶恐，开始了对这些资产的研究。

- 然而，我感到喜出望外。股利互换相对很容易理解（至少看起来是这样）。实际上，这个市场允许投资者将股利与股票分开交易。因此，股利互换也可以为我们提供一些市场对未来股利走势的洞察信息。

- 人们对股利互换的前景并不看好。根据目前的定价，英国、欧洲和日本的股利预计将从峰值跌至谷底，跌幅超过60%。而就算是在大萧条时期，美国股利从峰值到谷底的跌幅仅为55%。

● 不仅股利预计将会暴跌（但不会超出可能的范围），并且这种市场定价预示着，股利几乎将永远处于低迷状态。比如，在接下来的三年里，欧洲的股利预计会下降66%，并且据市场预期，在接下来的四年里，股利的年均增长率仅为2%！在我看来，这未免太过悲观了。

● 此外，股利互换可能还可以被当作一种廉价的抗通胀保险。我经常提到，在有关通缩/通胀的辩论中，我一直饱受折磨。但如果美联储赢了，并成功地重新引入通胀，那么收益和股利（在名义上）可能会回升。

● 所有这些都引向这个问题：为什么股利互换的定价会如此？我能想到的唯一原因是，供给过剩导致卖家的甩卖行为，而这令价格跌入谷底。每当卖家被迫进行抛售或供需失衡时，一个深度价值投资的机会便诞生了。而最令我感到开心的事情，莫过于我赶上了一些人在亏本甩卖！

在2008年中的大部分时间里，我们都一直手持现金（或者在做空）。但在2008年年末的时候，市场中有两个领域开始出现了一些机遇。首先，股票市场和债券市场中同时出现了一些适于进行深度价值投资的机会。我们的观念是，每当市场中出现了被严重低估的价值投资机会，我们都将部署现金，慢慢建仓。

当然，如果能对未来判断准确，那么我们则能够在底部进仓。遗憾的是，我们并没有这样一项有用的技能。因此，在市场的低迷期，我们不得不在配置现金时采取缓慢而稳妥的方式，以应对自身的局限。这是我们一直以来的目标。

其次，我们一直都在寻找廉价的避险资产，以免我们为自己的无知付出惨痛代价。尤其是，我不得不承认我们已经被未来到底会经历通胀还是通缩的辩论弄得苦不堪言。因此，我已经开始尝试去寻觅一些在这两种宏观环境下都存在潜在获利机会的资产了。

在此类资产中，美国通货膨胀保值债券（US TIPS）首屈一指。因为，如果美联储赢得通缩之战，其实际收益率将相当可观；但即便美联储战败了，本金还是有所保障的。紧随其后的是黄金。对于黄金，我总是很谨慎，因为我一直不太清楚如何对其进行明确的估值。然而，在一个存在竞争性贬值和通胀风险的世界里，于我而言，将黄金作为一种不会贬值的货币来持有颇具意义。另外，如果全球市场均陷入通缩，那么接踵而来的将是金融的世界末日——在这种情况下，硬实体资产的持有者则可能会成为赢家。

股利互换：比大萧条时期还糟糕的定价

最近，一位客户向我推荐了一种特别的资产——股利互换。它既可以带来深度价值机会，也能够作为避险工具。我在很多场合提到，我最喜欢的一句话来自小熊维尼，"我是一只头脑简单的熊，太长的词让我不知所措"。因此，带着些许惶恐，我开启了对股利互换美妙世界的探索。

要是你对股利互换这种投资工具很了解，那么请原谅我的班门弄斧；要是你不太了解的话，那让我们一起从"五线谱"开始入门吧。投资银行和类似的机构最终会成为股利的多头，这是其创造这些结构性产品的直接结果。实际上，当你看到资本担保债券等产品的股市大涨时，这将被计作资本利得，从而导致发行者成为持有股利的多头一方。金融机构已开始用与普通利率互换相同的方式对这些股利进行互换了。

市场允许投资者进行独立于市场的股利交易。这让我们有机会对市场中隐含的未来股利路径一探究竟。对于美国以外的市场来说，情况并不乐观。如图30-1和图30-2所示，欧洲斯托克50指数（Stoxx50）、FTSE100指数和日经指数（Nikkei）目前的定价环境都比美国在大萧条时期所经历的环境还要糟糕。

欧洲的股利在2009年下降40%，2010年下降38%，2011年下降10%——从高峰到低谷的总跌幅为66%，而美国在大萧条期间的股利跌幅仅为55%！

总体而言，2011年的股利互换的定价的背景是，只有电信和公用事业公司支付与今天相同的股利，而石油和天然气股票只支付当前股利的50%！在我们看来，所有这一切似乎都表明，股利互换是一种能够反映出市场恐慌情绪（即能反映出经济萧条）的资产类别之一 ——与公司债券息差类似。

欧洲、英国和日本的股利预计将出现大幅下降（我认同这一点，但觉得跌幅有限），这种低迷状态预计将会永远持续！在接下来的三年里，欧洲股息预计下降66%，在接下来的四年里，欧洲股息的预期年增长率仅为2.2%！

英国的情况也与此类似：从峰值到谷底的跌幅为60%，然后在接下来的四年里年均增长率仅为1.7%！即使在大萧条时期，股利在触底后的年均增长率也超过了4%。（1937年，由于经济进一步恶化导致股利锐减——如果截至1936年末的话，股利在三年中的年均增长率在17%以上。）

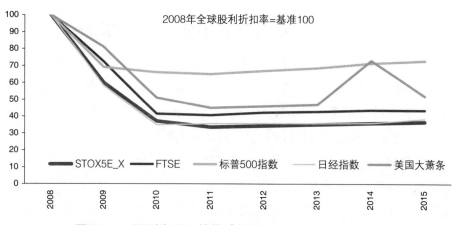

图30-1 股利水平及趋势（假设2008年为基准100）

资料来源：法国兴业银行全球战略研究

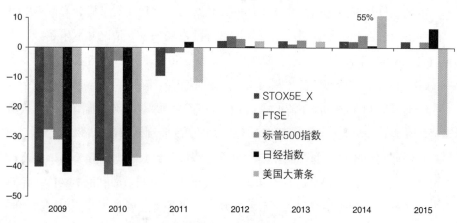

图30-2 股利年均增长率（内含）

资料来源：法国兴业银行全球战略研究

将股利作为通胀对冲工具

正如我上面提到的，股利互换的定价情况不仅比大萧条时期还要糟糕（股利互换不仅给我们带来了构建深度价值型投资组合的机会），并且还可能成为我们防范通胀卷土重来的潜在避险工具。

从理论上讲，收益和股利都是名义上的概念，因此应与通胀环境保持同步。

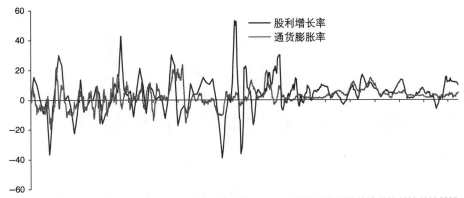

图30-3 美国的股利增长率与通货膨胀率

资料来源：法国兴业银行全球战略研究

如果美联储成功地引入通胀（这可能是个大胆的猜测），那么股利的名义价值应该也会上升（图30-3）。因此股利互换可能是另一种廉价的抗通胀利器。

走投无路的卖家和供给过剩

所有这些都引向这个问题：为什么股利互换的定价会是如此？我能想到的唯一解释是，这是一次资产甩卖——由于供给过剩，卖家不得不进行甩卖。当然，这是天赐良机。

只要能找到一个被迫抛售的卖家，我们就找到了一个绝好的机会。从本质上讲，被迫抛售的卖家在甩卖时是不计价值的。因此，由于我有比被迫抛售的卖家更长的时间期限（别忘了，我是一个长线投资者），那么我就可以利用他们对流动性的短期需求，并在此过程中获得一项潜在非常有吸引力的资产。

当然，我想提醒大家，我在这方面的确还是个新手，我相信有比我聪明得多的人在日复一日地处理这类资产。也许，我还遗漏了一些很明显的东西。如果我确有疏漏，我期待有人能给我发封邮件指出我的愚蠢之处；如果没有的话，那么在我看来，就股利互换目前的交易价格而言，这的确应该被视为资产甩卖。

第三十一章

经济周期、价值陷阱、安全边际和
盈利能力

有一些客户针对我最近所推荐的价值股提出了一些相似的质疑。他们指出，我推荐的投资对象中有一些是大宗商品相关/工业周期性股票，这些股票因周期性高收益而显得便宜（我们今年还曾多次对此做出警示）。格雷厄姆对此类问题早有察觉，他认为我们应该根据股票的平均收益（基于"5年、7年，最好是10年"的平均收益）而不是当前收益来对其进行评估。我们把此项标准加入到我们的深度价值筛选策略中，并据此选出了价值被市场严重低估的股票，其中包括9只标普500成分股和31只欧洲股票。

● 我所筛选出的一些股票可能就是我们所说的"虚幻价值股"——这些股票仅是看上去很廉价，但这仅仅是因为其周期性高收益即将土崩瓦解。在某种程度上，我不太担心这种情况。风险管理在实践中的精髓深植于"安全边际"概念之中，而安全边际为我们提供了一个缓冲，让我们能够免受令人失望的收益带来的不良影响。

● 例如，在1985年至2007年期间，平均而言，那些收益增长情况最差的价值型股票的收益率仍处于市场平均水平附近。其低廉的价格能有效消除收益滑坡带来的不良影响。相比之下，收益增长情况最差的成长型股票最终的年均收益率仅为2%。

● 然而，尽管安全边际是一种有效的保护措施，但若是能避开那些盈利状况堪忧的股票，获得良好的收益则会更有保障。事实上，本杰明·格雷厄姆早已注意到了价值投资者在遇到经济周期时所面临的风险。他敦促投资者在进行股票估值时参照平均收益，而不是当前收益。

● 我们基于平均收益而非仅仅一年的收益算出市盈率，并据此对格雷厄姆的建议进行了检验。结果表明，这种简单的调整成效显著。例如，自1985年以来，基于一年期历史收益的简单市盈率投资策略的投资表现已经超过市场2%—3%。然而，10年期格雷厄姆和多德市盈率投资策略的平均年均收益率要超出市场基准5%。

● 我们的测试揭示的另一个观察结果是，今年迄今为止，市场中的股票普遍都在下跌。所有股票被抛售的程度都几乎相同。价值股在此市场中也并没表现出任何抗跌属性，这种现象是很异常的。

● 格雷厄姆认为，投资者永远不应该为任何股票支付超过16倍于平均收益的价格。我们将这一点作为筛选深度价值股的一个额外标准，以帮助剔除那些表面上乔装成"价值股"的周期性高收益股票。我们在上周更新了我们的价值股筛选标准。结果表明，在这些市场上，一周的时间是很漫长的！上周，标普500指数中只有2只股票通过了我们的深度估值筛选，而本周则有9只通过了筛选（而且均满足格雷厄姆和多德市盈率选股策略的要求）。在欧洲市场中，通过筛选的股票数量已经从34只飙升到52只！其中，大约有31只股票都符合新设置的基于平均收益的市盈率标准。完整列表请见表31-3。

在我最近筛选出的一些价值股中，有一些股票被普遍认为是周期股（它们通常和工业或大宗商品相关）。鉴于我们对未来所持的悲观态度，以及对周期股和大宗商品所表现出的谨慎，这一点引起了许多人的关注。

我们之所以会筛选出此类股票主要有两个原因。首先，这些股票仅是处于利润周期峰值，其收益即将大幅缩水（实际上这是一种价值陷阱）。其次，发行这些股票的公司还未来得及去庆祝资产潜在价格的上涨（可以说，某些联合石油公司就是如此）。

在某种程度上，为了防范前者带来的灾难性后果，我们在买入这些廉价资产的过程中对安全边际给予了充分的重视。这是风险管理起效的一种方式！通

表31-1　按股票收益表现分类的年均收益率
（发达市场，1985—2007，%）

	最高增长率	2	3	4	最低增长率
价值股	19.8	21.6	17.7	15.9	11.9
2	20.6	18.0	13.7	11.0	10.9
3	17.8	14.0	11.6	9.87	8.10
4	15.7	10.5	8.55	6.67	6.12
成长股	7.90	5.04	4.42	2.77	2.18

资料来源：法国兴业银行股本研究

过购买价格已经下跌的股票，我们既能降低风险，又能增加获得收益的可能性。

表31-1展示了价值股是如何帮助我们避免不利结果的。该表显示了以估值和假设我们对未来收益做出完美预测为基础的各类股票的收益情况。这让我们能够根据价值股最终会面对的盈利环境来考察其表现。

通过追踪表的第一行，我们可以看到价值股的收益是如何随着盈利表现而变化的。奇怪的是，收益增长最多的最廉价的股票却能带来最好的收益。然而，当我们转向收益增长最低的价值型股票时，安全边际的保护作用就变得很明显了——这些股票仍然能够产生与市场水平相当的收益。

与之形成鲜明对比的是，成长股（表的最后一行）的情况表明，由于市场对高增长的预期已经包含在股价中了，所以此类股票缺乏内在的保护。那些收益增长最快、价格最高的股票平均只能实现8%左右的年均收益率（明显低于12%的市场年均收益率）。然而，这在那些收益增长最低的高价股面前也是小巫见大巫了——那些股票的年均收益率仅为2%。

如果你对此心存疑惑，那么请看图31-1。该图显示了价值股和成长股在各收益区间上的占比。市场在把握总体增长方向方面做得非常出色！在收益增长率最高的区间内，成长股的占比（44%）要远远高于价值股的占比（5%）。然而，鉴于此类股票一直收益平平，很明显，投资者一直在为成长支付过高的价格。

虽然安全边际能够帮助我们抵御收益下跌带来的风险，但我们显然最好还是通过避开那些盈利能力堪忧的股票以提高投资业绩。

那么，我们需要回答这样一个问题：我们应该如何剔除那些即将面临收益

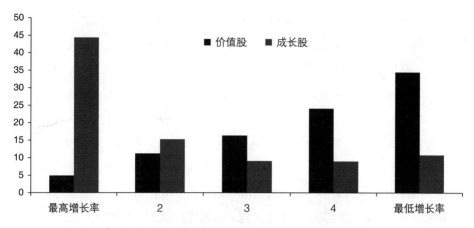

图31-1 股票在各收益区间内的分布（%）

资料来源：法国兴业银行全球战略研究

暴跌的价值陷阱呢？与以往一样，当我们试图思考关于投资的问题时，重温本杰明·格雷厄姆的话总会令人受益。他指出：

> 普通股的市场价格更多地由其当前收益而非其长期平均收益决定。这一事实在很大程度上解释了普通股价格的大幅波动，这些波动很大程度上（尽管并非总是如此）与好年景和坏年景之间的收益变化是同步的。很明显，股票市场非常不理性，它会根据公司财报中所显示的临时性利润变化而同步调整对公司的估值。

> 一个私营企业在繁荣时期的收入很可能是在萧条时期的两倍，但它的所有者永远不会考虑据此对其资本投资价值进行增减。这是普通企业准则与华尔街实践之间最重要的分界线之一。因为投机的大众投资者显然在这一点上态度有误，而这个错误却为理性的投资者创造出良好的投资机会：他们可以在收益偶尔临时性走低的时候以低价购入股票，并在反常繁荣时期以高价将其卖出。

> 显然，逆向思维和逆势而为都需要极大的勇气，而有些机会还可能需要等待数年，这需要极大的耐心。

格雷厄姆在进行投资时从不依赖于当前的收益，而是会选择另一个简单而强大的指标——盈利能力。格雷厄姆认为：

> 盈利能力的概念在投资理论中占有明确而重要的地位。盈利能力

体现在一段时期内显示出的实际收益上，在不出意外的情况下，人们对未来收益的合理预期会与此相近。对盈利能力的考量区间必须包括若干年，其原因是：首先，持续或重复的表现总是比一次性发生的情况更具有说服力；其次，长期的平均数据往往能够吸收和抵消商业周期造成的扭曲影响。

格雷厄姆建议，对盈利能力（或平均收益）的考量应该"不少于5年，最好是7年或10年"。当然，许多人反对使用历史收益的简单移动平均值去衡量盈利能力，因为这样做显然忽视了增长。然而，由于人们对增长的预测是出了名的不可靠，所以这样做或许没什么问题。格雷厄姆认为，分析师对未来收益和股利的预测……应该基于一些历史平均值，因为它们是对未来最好的衡量标准。注意，这句话说的不是增长率，而是历史平均水平！

盈利能力法的实证依据

这样一个看似简单的想法能提高价值策略的业绩吗？为了检验这一点，我们使用了1985年以来的全球发达市场数据。我们找到的答案彻底肯定了这一想法。

图31-2总结了我们的研究结果。该图显示了不同盈利计算期内的超额收益率（即减去市场收益率）。从简单的1年期动态市盈率角度来看，最廉价的股票的年均收益率超出市场基准2%～3%。相比之下，最昂贵的股票的年均收益率比市场基准低8%。因此，多空策略[①]的年均收益率约为11%。

当我们采用10年期移动平均收益率计算市盈率（PE）中的"收益"（E）时，最廉价的股票的平均年均收益率超过市场基准5%。最昂贵的股票的年均收益率比市场基准低7%。因此，多空策略的年均收益率约为13%。

图31-3显示了以10年盈利能力来衡量的十等分位数上的年均收益情况。年均收益率与格雷厄姆和多德市盈率之间的关系几乎是单调的。这张图揭示了投资格雷厄姆和多德市盈率奇高的股票是多么糟糕的选择。这种选择基本上会令投资者空手而归！选择这种股票只是在为炒股的乐趣买单。

在使用格雷厄姆和多德市盈率来改进我们的价值股筛选方法之前，让我们

---

① 多空策略（long short strategy）：在买进一部分资产的同时卖出另一部分资产，以达到控制风险的目的。——译者注

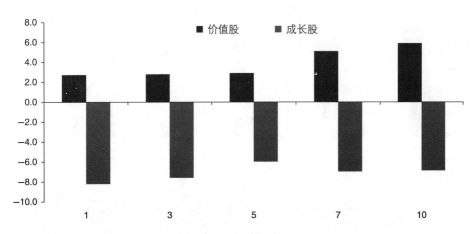

图31-2 收益区间对超额收益率的影响（年均，%，1985—2008）

资料来源：法国兴业银行全球战略研究

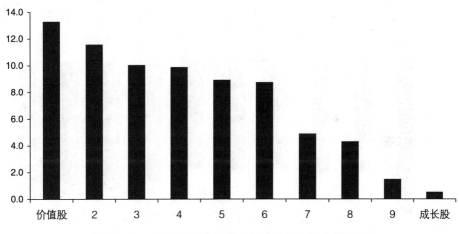

图31-3 格雷厄姆&多德10年期市盈率十等分点
（1985—2008，年均，%）

资料来源：法国兴业银行全球战略研究

再来看最后一张图。图31-4显示了样本期间内只做多的10年格雷厄姆和多德市盈率策略的表现。这清楚地表明，对于价值投资者来说，这段时期的确不好过。

图31-5显示了基于10年格雷厄姆和多德市盈率的十分位数上对应的今年截至目前的收益表现。售出行为是一视同仁的。廉价的股票和昂贵的股票（以及价格介于两者之间的所有股票）都受到了投资者平等的对待。

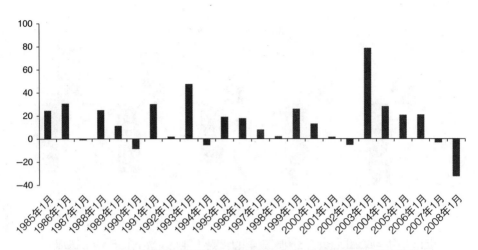

图31-4 只做多的格雷厄姆&多德市盈率策略随时间的变动情况，
%，收益率

资料来源：法国兴业银行全球战略研究

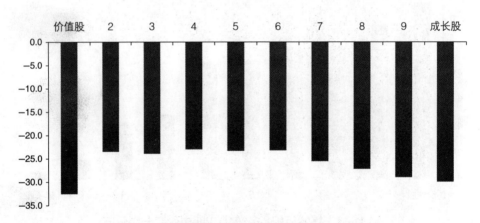

图31-5 10年期市盈率十等分点对应收益率，%

资料来源：法国兴业银行全球战略研究

格雷厄姆和多德市盈率在我们的选股策略中的应用

简单的周期性调整似乎能很好地提高基本价值策略的收益，对于多头来说，尤其如此。这种方法可以有效地帮助我们剔除那些使用价值策略筛选出的周期股，这些股票入选仅是因为其历史收益很高。

表31-2对使用格雷厄姆深度价值筛选法选出的欧洲股票和美国股票进行了

更新。另外，我们还增加了一列，用来显示格雷厄姆和多德市盈率。格雷厄姆和多德曾指出：

> 我们的观点的实质是，在任何情况下，必须对乘数设置某种适度的上限，以便使其保持在保守估值的范围内。我们建议将大约16倍于平均收益的股价设置为投资者买入普通股时所能支付的最高价格。

> 虽然这条规则在性质上看似武断，但实际上并非如此。投资的前提是投资对象具有能被证明的价值，而典型的普通股的价值只能通过现有的平均盈利能力来衡量。但是，若是某只股票的平均收益还不到其市场价格的6%，那么我们很难相信这样的盈利能力能够支撑如此之高的价格。

如果同时采用格雷厄姆和多德市盈率筛选法（收益率至少高于AAA级债券收益率的两倍，股息率至少为AAA级债券收益率的三分之二，并且债务总额小于有形资产账面价值的三分之二），以及格雷厄姆和多德建议的长期市盈率为16倍以内的限制，我们就可以看出在我们所筛选出的股票中哪些可能会容易遭遇盈利能力的崩溃。

表31-2和表31-3反映了市场的波动情况，时间更新到10月10日（星期五）收盘时。我们上次运行这种选股策略时，只有2只美国股票通过了筛选，而现在

表31-2　标准普尔500中通过格雷厄姆&多德筛选的股票（标准1、3和6）

公司名称	收益率（%）	股息率（%）	格雷厄姆&多德 10年期市盈率	市值（百万美元）
阿什兰石油公司	12.0	4.4	4.7	2988.1
美国嘉年华游轮集团公司	10.5	4.9	13.8	35013.6
雪佛龙公司	15.2	3.9	13.8	195100.2
康菲石油公司	15.0	3.9	10.9	142502.2
陶氏化学公司	12.3	6.7	11.4	37069.3
英格索兰	12.3	3.6	10.1	15350.7
马拉松石油公司	22.2	3.6	10.1	43210.6
诺可钢铁公司	16.1	7.9	14.6	17055.0
特索罗石油公司	48.6	4.2	4.8	6537.0

资料来源：法国兴业银行全球战略研究

有9只通过了筛选，并且其格雷厄姆和多德市盈率均不到16倍。通过筛选的股票数量增长是因为美国能源行业股票价格的暴跌。

在欧洲，过去一周的市场波动已经使通过我们的筛选的股票数量从34只增加到了52只！在这52只股票中，约有31只股票的格雷厄姆和多德市盈率不到16倍。我们在表中已对其做了突出标记。

表31-3　道琼斯欧洲斯托克600指数成分股中通过格雷厄姆&多德筛选的股票（标准1、3和6）

公司名称	收益率（%）	股息率（%）	格雷厄姆&多德10年期市盈率	市值（百万美元）
西班牙阿塞里诺克斯集团	12.3	3.6	11.7	6367.8
英美资源集团	14.2	4.0	11.2	82067.0
智利安托法加斯塔矿业集团	22.6	7.2	12.3	14083.7
比利时贝卡尔特集团	10.0	3.6	18.5	2663.4
澳大利亚必和必拓公司	14.3	3.8	18.3	212730.6
瑞典博利登矿业与金属集团公司	56.7	16.9	NA	3,437.4
英国石油公司	14.4	6.0	10.9	230903.4
意大利宝格丽珠宝公司	10.2	6.5	15.4	4179.8
英国巴宝莉时装公司	10.1	3.9	NA	3865.2
美国嘉年华游轮集团公司	11.8	5.8	NA	34394.8
德国汉莎航空股份公司	23.1	11.5	11.9	12160.4
意大利埃尼石油集团	19.8	9.4	8.1	133727.6
爱立信	15.2	5.6	15.4	37334.5
芬兰福特姆能源公司	10.7	8.3	21.3	39881.2
葡萄牙加尔普油气公司	11.7	4.0	NA	22262.6
法国苏伊士燃气集团	10.3	5.2	NA	57362.9
瑞士乔治费歇尔股份公司	23.2	10.0	8.7	2472.2
英国家悦采购集团	15.1	6.5	NA	4513.2
西班牙航空公司	27.7	13.6	5.7	4138.1
哈萨克铜业有限公司	45.3	6.1	NA	12498.2
英国科萨电器公司	12.6	14.3	NA	2511.4
芬兰凯斯科零售公司	15.9	9.7	12.1	5383.6

[续表]

公司名称	收益率（%）	股息率（%）	格雷厄姆&多德 10年期市盈率	市值（百万美元）
芬兰科尼国际集团	17.4	6.4	18.6	2014.0
荷兰皇家飞利浦电子公司	26.9	4.4	8.4	45891.3
德国曼集团	20.9	8.0	14.0	24505.2
芬兰内斯特石油公司	19.0	8.4	NA	9014.5
法国耐克森公司	16.2	4.4	NA	3205.1
芬兰诺基亚公司	15.9	4.5	14.3	148896.8
芬兰诺记轮胎	10.4	3.8	25.3	4342.9
北德精炼公司	21.6	5.2	14.9	1631.7
挪威海德鲁公司	26.1	5.4	9.2	17263.2
奥地利石油天然气集团	23.3	5.5	9.9	24168.8
挪威联合集团	18.7	5.1	9.4	19834.1
芬兰奥托昆普公司	44.1	15.0	5.7	5576.6
芬兰奥图泰公司	13.5	6.9	NA	2305.4
意大利帕玛拉特公司	28.0	11.6	NA	6416.7
英国柿子地产开发公司	37.4	13.9	4.7	4809.1
芬兰罗塔鲁基公司	28.0	16.9	8.4	6004.3
里德爱斯维尔出版集团	16.0	5.6	18.1	15880.6
西班牙雷普索尔公司	16.2	6.2	9.3	43451.9
荷兰皇家壳牌集团	21.9	6.2	8.3	260654.8
德国沙士基达公司	31.7	6.0	7.5	8409.9
瑞典斯堪斯卡公司	15.3	12.9	9.5	7898.5
瑞典斯凯孚公司	14.0	6.9	16.2	7712.5
挪威国家石油公司	12.5	7.7	12.5	99064.4
瑞士苏尔寿公司	10.9	3.7	26.6	4935.2
英国汤姆金斯公司	15.7	10.6	7.1	3151.8
法国道达尔公司	17.6	6.2	10.3	186178.8
比利时优美科公司	32.5	4.1	12.9	5959.9
法国瓦卢瑞克油气钢管制造公司	18.3	6.8	19.2	14205.2
德国瓦克化学公司	11.9	4.2	15.3	14219.5
芬兰瓦锡兰公司	12.3	19.1	11.6	7297.9

资料来源：法国兴业银行全球战略研究

第三十二章

通往剧变之路和价值创造

我们正行进在通往剧变的路上，这已成定局。沿途我们会碰到一些真正可靠的投资机会。BAA评级的公司债券目前的收益率已达到20世纪30年代以来的最高水平——正如本杰明·格雷厄姆所说，投资者"应该在大萧条时期购买"公司债券。而从总体来看，股票市场同样也涌现出一些价格合理的价值投资机会。从自下而上的角度来看，投资者可以以非常低廉的价格入股一些著名公司。但投资者可能会问，我现在行动会不会为时过早？答案几乎是肯定的。但正如杰里米·格兰瑟姆所指出的那样，"如果股票很有吸引力，而你却没买，结果错失良机，那么你不仅看起来像个傻瓜，你实则就是个傻瓜"。

● "前所未有"一词已成为目前这段时期使用频率最高的词汇。我们认为，此次市场波动率的飙升既非前所未有，也非不可预测。波动率飙升不是黑天鹅，市场在顶部时会失去理智，而跌到底部时又会失去勇气。然而，波动率具有一定程度的持久性。在大萧条时期，波动率呈爆炸式增长，在经济复苏之前，一直居高不下！

● 或许对投资者来说，唯一的安慰是，剧变之路的尽头是一个投资天堂——资产会毫无疑问地变得非常廉价。最近，固定收益也入选了深度价值投资组合。BAA评级债券的收益率情况反映出当前的投资环境与1930年的类似。优先担保债券的市场价格为其面值的50%到70%。

● 股市也为投资者提供了很多机会。即便从市场整体来看，股票也颇具吸引力。美国的格雷厄姆&多德市盈率为15倍，而自1871年以来的格雷厄姆&多德市盈率平均为18倍。英国的格雷厄姆&多德市盈率为12倍，而1927年以来该数值为16倍。市场还会继续下跌吗？当然。但从长远来看，股票还是很有吸引力的！

● 虽然现在的情况可能不同于20世纪30年代，但探究一下到底是什么因素将市场价格拉到历史最低点，还是很有裨益的。从目前情况看，在20世纪30年代的环境中，目前的收益（已公布的）将在当前水平基础上进一步减半。股票的本质是对长期现金流的一种求索权，而短期现金流在总体中的占比很小（其在典型的现金流折现估值法（DCF）中的占比不到10%），因此，如果市场真的步20世纪30年代的后尘，那么现在将会成为我们一生中绝无仅有的买入时机。

● 从自下而上的角度来看，这些机会甚至会显得更有吸引力。在欧洲和英国，近十分之一的股票通过了我们的增强版本·格雷厄姆筛选。在日本和亚洲，五分之一的股票通过了筛选！甚至连标准普尔500指数中都有15只成分股显示出了深度价值投资机会（完整列表参见表32–2至表32–6）。一些人认为，价值股在大萧条期间会表现得尤其糟糕。然而，据数据显示，价值股并没有表现得比其他类型的股票好或差，但其最终的反弹速度却要更快。

● 或许，现在是时候重新引入已故的投资大师鲍勃·柯比所提出的咖啡罐式投资组合的理念了——人们乐于把一篮子股票藏在床垫下，然后束之高阁。当然，这种方法需要很长时间才会见效。遗憾的是，机构投资者急于在所有投资期限内均获得收益，加之现代风险管理极度疯狂，这阻碍了多数投资者利用这些机会并发挥能力。

我们似乎正沿着通往剧变（泡沫破裂的最后阶段）的道路前行，势不可挡。这导致各类资产均遭到厌弃，其显著特征是资产价格异常低廉（对我而言，这简直是天堂）。在这种环境下，我的生存之道仿佛是，我会手举一个杠铃——杠铃的一端是市场先生处于抑郁期时送给我的一些深度价值投资对象，另一端则是现金。我这样做的目的是，每当我发现一些令人信服的投资机会时，就会把现金慢慢地移到深度价值投机对象那一端。安全起见，最近，我还购入了一些廉价的通胀保险（通过TIPS和黄金构建的）。鉴于我们所观察到的回旋趋势，我认为有必要重新引入这些元素。

波动性——不是史无前例，也并非不可预测

"史无前例"可能已经成为目前最为广泛使用的词汇。然而，近期波动性的飙升既不是史无前例的，也并非是不可预测的。如图32-1所示，历史波动性实则更高。波动率飙升并非"黑天鹅事件"，而是完全可以预测的——其原因是，极其昂贵的股市接受了现实对其过于乐观的假设的检验。实际上，这种波动源于市场先生已从得意时的忘乎所以变为失意时的垂头丧气。

同样值得注意的是，历史数据的波动性具有一定的持久性——也就是说，高波动性往往会带来更高的波动性。在大萧条时期，波动性呈爆炸式增长，并且一直居高不下，直到经济复苏后才开始下降。现在，即使是我的好朋友兼同事阿尔伯特·爱德华兹也不认为我们当前所处的困境会像20世纪30年代那么糟糕！他最近写道："许多人认为，这不能与大萧条相提并论，而我非常认同这一观点。即使颓势已经开始显现，但绝对不会变得那么糟。"但他也表示，这次经济衰退可能是"仅次于大萧条的"一次危机（参见2008年11月5日的《全球战略周刊》）。那些希望波动性迅速下降的人很可能会大失所望。

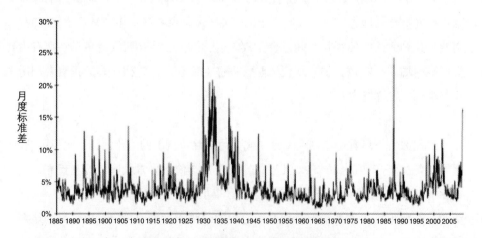

图32-1 波动性——是否会持续

资料来源：施韦特，法国兴业银行全球战略研究

价值创造I：债券市场

从我的角度来看，好消息是波动性越高，市场就越低迷，从而其所创造出的价值投资机会的规模也就越大。最近，公司债券和不良债务市场出现了大量的深度价值投资机会，这使价值投资者的投资组合变得更为丰富。在这方面比我更专业的朋友告诉我，购买面值为1美元的优先担保债券的价格目前为50至70美分。由于这些债券的所有者在企业破产时享有最高评级优先求偿权，因此按面值获得清偿的可能性极大。

公司债券的定价环境似乎与20世纪30年代时类似。BAA级债券与美国国债之间的息差达到了大萧条以来的最高水平，其目前峰值为550个基点，而在大萧条时期其峰值才略高于700个基点。这种利差水平印证了本·格雷厄姆的建议——"投资者应在萧条时期买入债券"（图32-2）。

目前的息差表明，公司债券市场的违约率达到了自大萧条以来的最高水平——这与上述阿尔伯特的观点一致（图32-3）。

价值创造II：股票市场

我倾向于采用经周期性调整的估值方法，如格雷厄姆和多德市盈率（当前

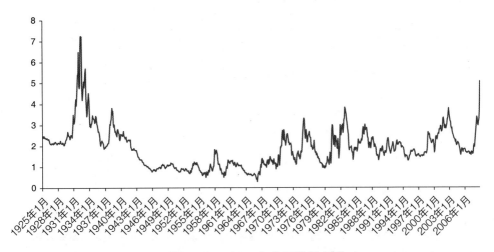

图32-2 BAA高出国债的部分

资料来源：法国兴业银行全球战略研究

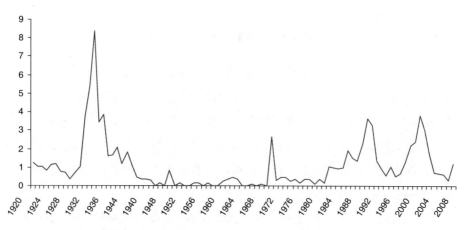

图32-3　不同信用等级债券的违约率（%）

资料来源：穆迪

图32-4　标普500的格雷厄姆&多德市盈率

资料来源：法国兴业银行全球战略研究

股价除以10年移动平均收益）。图32-4显示了美国的长期情况。调整的速度非常令人震惊。

标普500指数目前的格雷厄姆和多德市盈率为15.4倍。如果包含泡沫时期的话，其自1881年以来的平均值是18倍；如果排除泡沫时期的话，平均值降到16倍。因此，从总体上来看，美国股票目前同样也明显处于被低估的状态！我过去真的不敢相信自己会在未来写下这样的话！

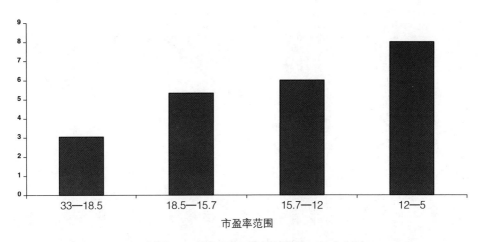

图32-5　10年期实际平均收益率和格雷厄姆&多德市盈率的对应关系

资料来源：法国兴业银行全球战略研究

我经常强调，虽然估值对短期收益来说的确无足轻重，但它却是决定长期收益的主要因素。图32-5显示了初始的格雷厄姆和多德市盈率所对应的10年期实际平均收益率。目前，市场的格雷厄姆和多德市盈率水平属于左数第三列的范围——其对应的实际收益率略高于平均水平，但目前的股价还称不上真正的廉价。

当然，这并不是说市场不会进一步走低了。我们应该永远记住艾萨克·牛顿的话："我能对天体的运动进行预测，但却无法对人们的疯狂进行预测。"如图32-5所示，我们现在看到的股价还没有到较低的估值水平。一般来说，当我们经历剧变时，这一指标为10倍左右，而鉴于10年平均每股收益为52美元，标准普尔500指数有可能将达到500左右的水平！

但若论起真正的萧条，在过去的130年里，当股价处于绝对最低估值水平时，格雷厄姆和多德市盈率仅为5倍（出现在大萧条时期的历史最低点）。这相当于标普500指数仅为260点！这不是预测，我敢肯定，在如今这个专业投资者夜以继日地寻找投资机会的世界里，股市几乎不可能陷入如此荒谬的境地（但永远别说永远）。

下面让我们来看一下如此之低的市场估值会有多么糟糕。图32-6显示了标准普尔500指数自1997年以来公布的每股收益情况。在我们现有数据的末尾，我还接续了20世纪30年代的盈利轨迹，以模拟若今后市场会进入大萧条的情况。

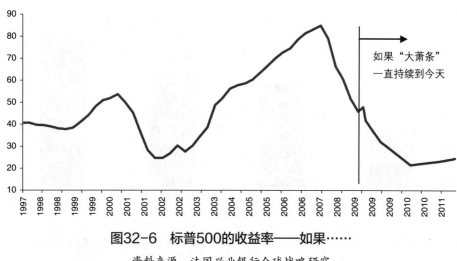

图32-6　标普500的收益率——如果……

资料来源：法国兴业银行全球战略研究

自2007年达到峰值以来，已公布的收益实际上已经减半（主要是因为受到金融股坏账冲销的影响）。如果我们将会步20世纪30年代的后尘，那么目前的收益水平还会进一步减半！而这可能会导致目光短浅的投资者产生终极恐慌。

当然，这种向极端情况发展的势态是非理性的（但并非没有可能性）。股票是一种长期的持久资产，实际上代表了股票所有者对未来长期现金流的一种求偿权。这一点可以从任何简单的现金流折现估值法（DCF）的计算公式中看出。我为标普500指数构建了一个非常简单的股利贴现模型（DDM）。

图32-7显示了前三年、后五年和长期的价值在总价值中的贡献率。最初三年的价值对总价值的贡献率为10%。后五年较之占比略大一些，约为15%。然而，长期的贡献是最大的，约占总价值的75%。

这个简单的测试足以表明，尽管收益在最初的几年减半了，但对长期投资者而言，这相对并不重要。遗憾的是，这种长期投资者在市场上已经变得越来越稀有。

图32-8是我非常喜欢的一张图，它显示了纽交所股票的平均持有期。短期投资者的表现总会让我感到很惊讶。他们的平均持有期只有7个月！论注意力持续时间，他们还不如我3岁的侄子。市场似乎患上了慢性的注意力缺陷多动症。当今的投资者似乎只看重短期的表现。

当然，美国并不是世界上唯一的股票市场。一些其他发达国家的市场能够

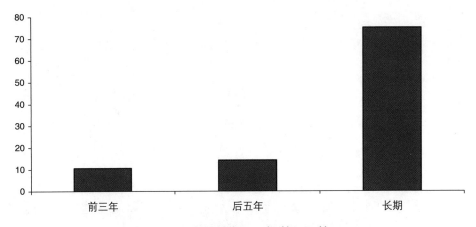

图32-7 价值贡献率——标普500的DDM

资料来源：法国兴业银行全球战略研究

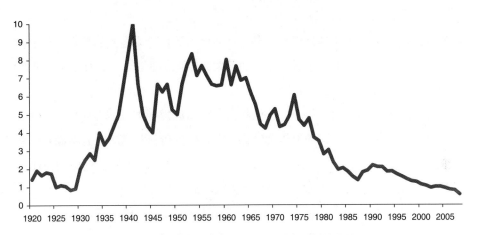

图32-8 纽约证券交易所股票平均持有期

资料来源：法国兴业银行全球战略研究

提供比美国市场更多的价值投资机会。例如，英国股市的格雷厄姆&多德市盈率为12倍（欧洲股市的市盈率与之相近）。因此，投资者在这些市场中更容易找到价值投资机会，并可能会获得更有吸引力的长期收益（图32-9）。

自下而上的视角

虽然从市场层面对估值进行探讨可能会很有趣，但从自下而上的角度进行分析通常更能帮助我们洞悉势态。原因很简单，正如塞斯·卡拉曼在其对格雷

图32-9　英国的格雷厄姆&多德市盈率

资料来源：法国兴业银行全球战略研究

厄姆和多德所著的《证券分析》一书（第六版）的评论中写到的那样，价值投资者"并不奢望整个市场中满是廉价的股票，于他们而言，有20或25只相关性较低的廉价证券就已经足够了"。

我以曾前多次写到，我倾向于借用本·格雷厄姆在去世前不久所设计的一种自下而上的估值法去评估价值投资对象。合格的价值投资对象必须满足以下标准：

1. 往绩收益率是AAA债券收益率的两倍以上。

2. 基于五年移动平均收益计算出的当前市盈率比历史峰值小40%以上。

3. 股利收益率大于等于AAA债券收益率的三分之二。

4. 价格小于有形账面价值的三分之二。

5. 价格小于净流动资产的三分之二。

6. 债务总额少于三分之二的有形账面价值。

7. 流动比率大于2。

8. 负债总额少于（或等于）净流动资产的2倍。

9. 10年期复合收益增长率至少为7%。

10. 最近10年，年收益率跌幅为5%或以上的年份不超过2年。

鉴于这些标准过于苛刻，我们在大盘股领域找不到任何一只符合上述全部标准的股票。在估值方面，格雷厄姆的首选标准是价格低于净流动资产的三分之二（即我们在第二十二章中探讨过的"纯净利"）。然而，就算仅基于这一个标准，我们还是未能在大盘股领域找到很多价值投资机会。

若未能找到符合"纯净利"标准的股票，格雷厄姆建议采用标准1、3和6进行进一步筛选。这三个标准综合起来可以确保股票价格低廉，向股东返还现金，且不背负债务（在当前的市场状况下，这一点非常重要）。

在本书第三十一章中，我在格雷厄姆所提出的这些标准的基础上额外添加了一个标准，并对其进行了详细的介绍。我要求格雷厄姆&多德市盈率小于16倍——其目的是剔除那些受周期性高收益驱动而产生价值幻觉的股票。

表32-1显示了在多个大型市场中符合各项标准的股票的占比。在美国，我们现在可以找到15只符合标准1、3和6的股票，并且其格雷厄姆&多德市盈率小于16倍。在欧洲和英国，几乎1/10的股票都符合这些标准。在日本和亚洲，这一比例升至1/5！这简直是价值投资者眼中的天堂。（表32-2和表32-3显示了符合这四项标准的全部股票名单）

在结束对这一问题的探讨之前，我还有另外一个观察结论需要说明。今年，

表32-1　通过格雷厄姆筛选标准的股票占比

标准	美国	欧洲	英国	日本	亚洲
往绩收益率>（2*AAA级公司债券平均收益率）	48	53	53	78	63
PE<40%×最高平均市盈率	9	10	17	5	12
股利率≥2/3×AAA级公司债券平均收益率	39	67	65	83	61
价格<2/3×有形资产账面价值	3	6	11	20	19
价格<2/3×净流动资产	1	0	3	0	0
债务总额<2/3×有形资产账面价值	38	39	43	69	73
流动比率>2	28	15	21	24	27
债务总额≤2×净流动资产	20	17	25	36	27
10年期年均复合增长收益率≥7%	69	67	49	68	78
最近10年，年收益率跌幅为5%或以上的年份不超过2年	5	8	15	6	11
符合标准1、3、6	4	14	12	47	33
同时符合标准1、3、6并且格雷厄姆&多德市盈率<16	4	9	8	20	17

资料来源：全球战略研究

表32-2　通过格雷厄姆&多德选股标准1、3和6且格雷厄姆&多德市盈率<16的标普500股票

公司名称	往绩收益率>（2×AAA级公司债券平均收益率）	股利率≥2/3×AAA级公司债券平均收益率	格雷厄姆&多德市盈率	市值（美元）
阿勒格尼技术公司	47.6	3.7	8.7	8777.1
美国嘉年华游轮集团公司	19.6	10.7	7.4	35013.6
雪佛龙公司	13.6	3.9	15.4	195100.2
康菲石油公司	17.3	4.5	9.4	142502.2
康明斯公司	20.8	3.4	14.1	12877.1
陶氏化学公司	18.0	9.8	7.7	37069.3
GAP公司	11.0	3.5	10.3	15619.5
伊利诺伊州工具工程公司	11.3	4.1	14.6	28381.4
英格索兰	20.6	6.0	6.0	15350.7
科磊半导体公司	15.9	3.8	10.6	9216.1
马拉松石油公司	29.0	4.9	7.7	43210.6
莫莱克斯公司	10.6	3.5	12.2	5024.5
纽科公司	19.4	9.6	12.1	17055.0
特索罗石油公司	59.7	5.9	3.9	6537.0
瓦莱罗能源公司	54.9	4.1	4.6	37582.3

资料来源：法国兴业银行全球战略研究

表32-3　通过格雷厄姆&多德筛选标准1、3和6且格雷厄姆&多德市盈率低于16的道琼斯欧洲斯托克600股票

公司名称	往绩收益率>（2×AAA级公司债券平均收益率）	股利率≥2/3×AAA级公司债券平均收益率	格雷厄姆&多德市盈率	市值（美元）
西班牙阿赛里诺克斯集团	12.4	3.6	11.6	6367.8
英美资源集团	19.1	5.4	8.3	82067.0
智利安托法加斯塔矿业集团	21.9	6.9	12.7	14083.7
比利时贝卡尔特集团	16.8	6.1	11.0	2663.4
澳大利亚必和必拓公司	18.2	4.9	14.5	212730.6
英国石油公司	11.7	4.9	13.4	230,903.4
意大利宝格丽珠宝公司	10.5	6.7	15.0	4179.8
英国工程业务集团	36.4	5.3	7.3	2619.6
德国汉莎航空公司	27.8	13.8	9.9	12160.4

[续表]

公司名称	往绩收益率>（2×AAA级公司债券平均收益率）	股利率≥2/3×AAA级公司债券平均收益率	格雷厄姆&多德市盈率	市值（美元）
意大利埃尼石油集团	16.4	7.8	9.9	133727.6
埃拉梅特	22.4	5.9	14.9	13062.3
瑞士乔治费歇尔股份公司	30.1	13.0	6.7	2472.2
西班牙航空公司	20.1	9.9	7.8	4138.1
芬兰凯斯科零售公司	14.7	8.9	13.1	5383.6
芬兰科尼国际集团	21.5	7.9	15.0	2014.0
荷兰皇家帝斯曼集团	13.8	7.0	5.7	7877.0
荷兰皇家飞利浦电子公司	33.9	5.6	6.6	45891.3
德国曼集团	28.8	11.0	10.2	24505.2
现代集团	16.1	4.0	15.2	4669.9
芬兰诺基亚公司	17.8	5.1	12.8	148896.8
芬兰诺记轮胎	16.6	6.0	15.9	4342.9
北德精炼公司	24.9	6.0	12.9	1631.7
挪威海德鲁公司	33.6	7.0	7.1	17263.2
奥地利石油天然气集团	30.2	7.1	7.6	24168.8
挪威联合集团	22.7	6.2	7.7	19834.1
芬兰奥托昆普公司	54.2	18.5	4.6	5576.6
英国柿子地产公司	61.0	22.7	2.9	4809.1
芬兰罗塔鲁基公司	33.4	20.2	7.1	6004.3
西班牙雷普索尔公司	19.2	7.4	7.8	43451.9
荷兰皇家壳牌集团	20.4	5.8	8.9	260654.8
德国沙士基达公司	39.7	7.5	6.0	8409.9
瑞典斯堪斯卡公司	17.2	14.5	8.4	7898.5
瑞典斯凯孚公司	16.6	8.3	13.7	7712.5
挪威国家石油公司	13.5	8.3	11.5	99064.4
瑞士集团	15.3	3.5	11.7	16151.1
英国汤姆金斯公司	21.9	14.7	5.1	3151.8
法国道达尔公司	15.6	5.5	11.6	186178.8
比利时优美科公司	50.7	6.3	8.3	5959.9
法国瓦卢瑞克油气钢管制造公司	26.5	9.8	13.3	14205.2
德国瓦克化学公司	13.2	4.7	13.8	14219.5
芬兰瓦锡兰公司	15.5	24.0	9.3	7297.9

资料来源：法国兴业银行全球战略研究

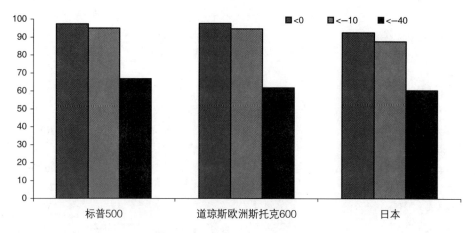

图32-10　表现欠佳的股票占比

资料来源：法国兴业银行全球战略研究

市场中出现了对所有类型股票的抛售。这使得价值投资者很难找到价值增值机会。例如，如图32-10所示，今年迄今为止，美国和欧洲市场中近98%的股票都出现了负收益。日本股市表现稍好一些，但也有92%的股票出现负收益！即使只看今年到目前为止下跌幅度超过40%的股票，我们发现在这三个市场中有60%到70%的股票都出现了如此之大的跌幅。在正常年份，大约30%的股票会出现负收益，20%左右的股票的下跌幅度会超过10%。这表明，我们现在所观察到的事件的本质是极为不寻常的。

图32-11进一步证明，无论什么类型的股票，均在被抛售。该图显示了最近一年来基于格雷厄姆&多德市盈率的全球股票以十分位数划分的表现。价值股遭受的损失比其他所有股票都要大，今年迄今已下跌了约56%。相比之下，最昂贵的股票下跌了48%。这种抛售的背后通常隐藏着一个被逼无奈的卖家（可能是公司因高杠杆过高而被迫退出）。每当我看到一个这种被逼无奈的卖家出现时，都会感到兴奋。毕竟，这种卖家是在不计价值地进行抛售，而这就为那些长期投资者创造了机会（这又回到了持有期限的问题上）。

人们常常会误认为，在大萧条期间，价值股所遭受的损失会比其他类型的股票或整体市场要严重得多。图32-12所展示的情况表明，这种想法的确很荒诞。

该图显示了各类股票从1929年的峰值期到1932年的低谷期的跌幅情况。我

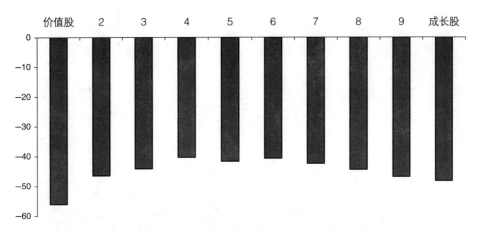

图32-11 格雷厄姆&多德市盈率十等分点对应股票的投资表现

资料来源：法国兴业银行全球战略研究

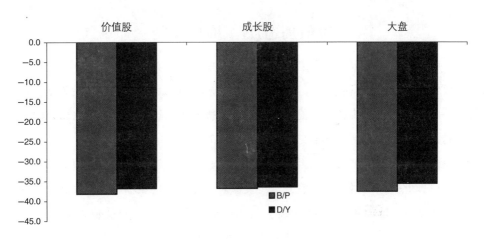

图32-12 绝对年均收益率，1929年至1932年谷底

资料来源：法国兴业银行全球战略研究

们只需粗略地一瞥就会发现，价值股并没有比成长股或整体市场表现得更好或更糟。虽然我们不能说投资价值股会在大萧条时期为我们带来绝对收益，但我们至少可以说，认为价值股在大萧条时期的表现比任何其他类型的投资都糟糕的看法是没有根据的。因此，在大萧条时期，所有类型的股票都在被抛售，这与我们现在所看到的情况相似。

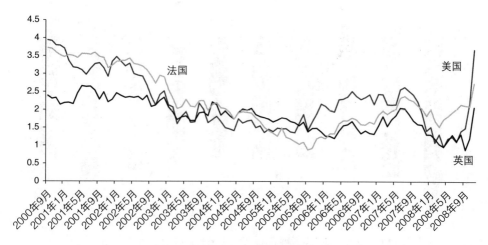

图32-13　实际收益率

资料来源：法国兴业银行全球战略研究

价值创造III：廉价保险

我在这种环境下的生存之道的最后一个要素是，为应对未知和不确定性寻找廉价保险。正如我提到的，我对当前有关通缩/通胀的辩论感到左右为难。很长一段时间以来，我和阿尔伯特一直在警示投资者，这次25年来首次出现的消费紧缩会引发大规模通缩冲击，而这是极为危险的。

然而，我不确定我们是否曾想象过，美联储竟会愿意在如此之短的时间里抑或以如此引人注目的方式使其资产负债表恶化。我仍然不确定美联储所采用的方法是否一定能导致大规模通胀，但可以确定的是，这一举动是危险的。

因此，我一直在寻找廉价的抗通胀资产工具。政府发行的指数挂钩债券是其中最为明显的一种工具。这些工具的收益率最近出现大幅上升——或许这是出于人们对流动性的需求的激增，但这却为富有耐心的长期投资者提供了绝佳的机会。同样值得注意的是，如图32-13所示，实际收益率的上升现象不仅仅发生在美国（尽管美国的实际收益率上升幅度最大，收益率也最高）。

结论：咖啡罐式投资组合的收益

通往剧变的路上正不断涌现出一些对投资者来说极具吸引力的机会。在公司债券市场等领域，这种环境会以诸多方式向我们提供千载难逢的机会。

从宏观角度而言，股票市场整体价格水平目前是低廉的，尽管现在的价格也许不是处于最终的底部，但无论如何也称得上低廉。对于那些关注长期收益的投资者来说，股票是一种相当具有吸引力的资产类别。从微观角度而言，个股的价格真的很低廉，投资者只要能勇敢地排除外界干扰，就能够买到一些优质的公司股票。然而，我们的这种能力却被某种行为以特别令人沮丧的方式阻碍了——机构投资者总是急迫地想在任何投资期限内均获得收益。投资者只关注短期收益，却对长期会出现的机会置若罔闻。

在我正要写完这一章的时候，一位朋友给我发来了吉姆·富勒顿（前资本集团董事长）于1974年发表的一次精彩演讲的演讲稿。该演讲的结尾引用了迪安·维特在1932年5月所说的一段话，我发现这段话用来描述目前的情景是非常贴切的。"有些人说，他们希望在前景变得更为明朗之前一直观望下去。但当前景再次变得明朗时，目前的廉价商品将不复存在。在市场完全恢复信心后，目前的价格还能一直保持吗？事实上，应该不会有人认为价格还会保持不变吧？"

或许，我们该重新引入已故的投资大师鲍勃·柯比所提出的咖啡罐式投资组合的理念了——投资者要将股票放入咖啡罐式的投资组合中，然后将其束之高阁——他将这一理念描述为"被动的主动"。柯比认为：

> 我怀疑这个概念可能不太会受到投资经理的欢迎，因为如果该策略被广泛采用的话，我们行业的结构将会从根本上发生剧变，并且那些通过从事资产管理来维持奢侈生活方式的人们的数量将大幅减少。

> "咖啡罐式投资组合"的概念源于旧时的西方，那时人们把他们宝贵的财产放在咖啡罐里，再放在床垫下。咖啡罐不涉及交易成本、管理成本或任何其他成本。这种策略的成功完全依赖于最初被放入咖啡罐的物品是什么，而对这些物品的选择则取决于投资者的智慧和远见……

> 如果优秀的基金经理什么都不做，结果又会如何呢？这一问题的答案存在于另一个问题之中。我们是交易员呢，还是真正的投资者呢？大多数优秀的基金经理在内心深处可能都是投资者。但金融信息服务公司科特龙、新闻服务以及每天产生大量投资结果的电脑使他们的行为像极了交易员。他们从谨慎地研究市场开始，试图在前景光明的行业中找出在长期会颇具吸引力的公司。然后，他们会根据每月的新闻

动态和形形色色的市场传言对这些股票每年进行两三次交易。

目前正是我们填充我们的咖啡罐的绝佳时间。

这一切似乎还不够，"市场先生"还为你提供了购买能够抵御通胀破坏的廉价保险的机会。有了所有这些天赐良机，我感到前所未有的乐观！我现在就行动会不会还为时过早？答案几乎是肯定的，但如果我能找到收益诱人的资产，而且我还有很长的投资期限，那么我疯了才会拒绝这样的机会。正如杰里米·格兰瑟姆在其第三季度的公开信中所言，"如果股票很有吸引力，而你却没买，结果错失良机，那么你不仅看起来像个傻瓜，你实则就是个傻瓜"。

表32-4 通过格雷厄姆&多德筛选标准1、3和6且格雷厄姆&多德市盈率低于16的成分股

公司名称	往绩收益率>（2×AAA级公司债券平均收益率）	股利率≥2/3×AAA级公司债券平均收益率	格雷厄姆&多德市盈率	市值（美元）
AGA厨具公司	28.5	16.9	3.6	819.0
英美资源集团	19.1	5.4	8.3	82067.0
英国太平洋集团	27.9	7.1	13.6	375.1
智利安托法加斯塔矿业集团	21.9	6.9	12.7	14083.7
澳大利亚必和必拓公司	18.2	4.9	14.5	212730.6
鲍维斯集团	24.0	11.6	5.0	1479.2
英国石油公司	11.7	4.9	13.4	230903.4
百力马船舶经纪公司	19.6	9.2	11.5	184.0
铸件公司	17.3	6.3	9.0	244.6
英国工程业务集团	36.4	5.3	7.3	2619.6
Computacenter PLC	23.7	10.3	3.3	597.9
Diploma PLC	10.5	6.7	12.1	310.8
多米诺印刷科技有限公司	12.5	6.1	12.9	758.7
格雷格斯公司	11.2	4.6	14.0	990.7
黑德勒姆集团	19.5	12.2	10.7	718.0
霍恩比公司	15.2	8.0	11.0	141.1
JD体育时装公司	20.9	3.6	12.7	340.6
科尔集团	17.1	4.8	9.1	699.9
千禧国敦酒店集团	29.0	7.2	7.0	2400.7
摩根辛达尔	20.1	8.2	10.1	889.2
柿子地产公司	61.0	22.7	2.9	4809.1
卡森氏公司	10.9	4.6	14.3	1634.2

[续表]

公司名称	往绩收益率>（2×AAA级公司债券平均收益率）	股利率≥2/3×AAA级公司债券平均收益率	格雷厄姆&多德市盈率	市值（美元）
荷兰皇家壳牌集团B股	16.8	4.8	11.5	257534.8
圣艾芙印刷公司	22.3	24.2	3.2	341.4
T. Clarke PLC	12.7	10.6	7.0	137.9
泰德贝克公司	12.3	5.6	13.1	400.5
汤姆金斯公司	21.9	14.7	5.1	3151.8

资料来源：法国兴业银行全球战略研究

表32-5　通过格雷厄姆&多德筛选标准1、3和6且格雷厄姆&多德市盈率低于16的MSCI日本成分股

公司名称	往绩收益率>（2×AAA级公司债券平均收益率）	股利率≥2/3×AAA级公司债券平均收益率	格雷厄姆&多德市盈率	市值（美元）
爱德万株式会社	8.4	4.6	10.3	4629.3
爱信精机株式会社	25.5	4.7	9.2	10490.6
阿尔卑斯电气株式会社	6.1	5.0	8.3	1761.7
旭硝子玻璃	13.0	3.5	14.3	15726.9
普利司通公司	10.4	1.6	15.2	13869.0
兄弟工业株式会社	17.2	3.8	10.8	2827.9
佳能公司	14.5	4.2	13.1	58623.6
西铁城时计株式会社	8.3	3.5	15.5	2931.1
大日本印刷株式会社	7.1	3.8	16.1	10510.3
大发工业株式会社	10.6	2.2	16.4	5111.3
第一三共制药	7.8	4.0	16.3	21216.0
大日本住友制药株式会社	8.2	2.3	16.4	3627.8
电气化学工业公司	6.7	4.9	12.7	1544.1
日本电装株式会社	21.1	3.8	9.8	26223.0
富士媒体控股株式会社	5.1	2.7	16.0	3392.3
富士胶片控股株式会社	9.6	1.6	14.7	17842.4
日立化成株式会社	17.7	3.7	9.7	3894.2
日立高新技术公司	13.4	2.1	14.8	2272.7
豪雅株式会社	15.0	5.2	12.5	10149.2
揖斐电株式会社	22.9	4.1	11.4	5789.6
伊藤园	5.7	2.7	15.5	1539.6
伊藤忠技术解决方案株式会社	9.9	3.4	13.6	1983.5

［续表］

公司名称	往绩收益率>（2×AAA级公司债券平均收益率）	股利率≥2/3×AAA级公司债券平均收益率	格雷厄姆&多德市盈率	市值（美元）
日本合成橡胶株式会社	15.8	3.4	13.5	5653.7
捷太格特株式会社	19.4	3.4	14.6	5232.2
株式会社钟化	13.3	3.9	9.6	2124.5
关西涂料株式会社	11.5	2.7	15.4	1725.3
京瓷株式会社	12.5	2.7	11.1	15886.5
万宝至马达株式会社	7.2	3.1	11.4	2304.4
牧田株式会社	19.6	5.9	14.0	4509.1
三菱瓦斯化学株式会社	25.9	4.8	9.7	3282.7
三菱丽阳株式会社	10.9	5.0	11.5	1829.5
三美电机株式会社	27.8	4.9	13.8	2760.7
村田制作所	11.4	3.3	12.4	10883.0
日本特殊陶业株式会社	12.1	3.2	12.6	2829.9
日本发条株式会社	23.5	3.9	12.1	1714.2
日本电气硝子株式会社	21.4	1.8	13.1	7682.9
新日本制铁公司	21.9	4.3	13.1	31840.7
日产化学工业株式会社	12.4	2.9	16.2	1891.3
日新日铁制钢株式会社	31.9	7.2	11.3	3131.5
日东电工株式会社	17.7	5.1	9.6	7026.6
NOK株式会社	21.7	2.9	7.8	3537.6
大隈株式会社	32.3	5.1	13.9	1780.4
欧姆龙株式会社	14.5	3.1	14.7	4542.4
恩瓦德控股株式会社	11.3	4.4	13.4	1535.5
理光株式会社	16.8	3.8	8.5	11832.8
罗姆株式会社	6.9	3.2	9.1	6774.3
积水化学工业株式会社	8.7	2.8	−185.0	3174.6
夏普公司	15.7	4.7	11.9	18680.2
神钢电机株式会社	18.8	6.1	7.1	1522.8
昭和壳牌石油株式会社	16.6	5.1	12.6	4175.2
索尼公司	20.2	1.4	12.0	39915.8
斯坦雷电气株式会社	14.6	2.7	15.3	4363.0
住友电气工业株式会社	16.3	2.9	14.8	9974.8
住友金属矿山株式会社	39.6	5.0	9.0	10766.2
铃谦株式会社	11.5	2.5	13.3	3776.1
武田药品株式会社	9.4	3.8	16.2	42142.9
东京电气化学工业株式会社	20.1	4.7	9.3	7610.7

［续表］

公司名称	往绩收益率>（2×AAA级公司债券平均收益率）	股利率≥2/3×AAA级公司债券平均收益率	格雷厄姆&多德市盈率	市值（美元）
蒂业技凯株式会社	15.6	4.0	10.0	2212.6
东海理化株式会社	29.0	5.9	7.0	2355.8
东京威力科创	24.3	5.1	12.9	10865.0
东京制铁株式会社	8.6	2.6	12.2	2018.3
凸版印刷株式会社	9.0	3.4	15.8	7608.6
丰田合成株式会社	20.7	4.0	11.3	4858.7
丰田纺织株式会社	32.0	5.1	9.4	5588.2
丰田自动织机公司	14.0	3.3	16.0	11052.3
牛尾电机株式会社	10.5	2.2	15.4	2563.5
雅马哈株式会社	24.9	6.5	12.9	3939.8
雅马哈发动机株式会社	27.8	4.6	6.7	6924.2
大和工业株式会社	26.1	2.5	9.9	2898.3

资料来源：法国兴业银行全球战略研究

表32-6　通过格雷厄姆&多德筛选标准1、3和6且格雷厄姆&多德市盈率低于16的MSCI亚洲成分股

公司名称	往绩收益率>（2×AAA级公司债券平均收益率）	股利率≥2/3×AAA级公司债券平均收益率	格雷厄姆&多德市盈率	市值（美元）
宏基公司	13.6	9.1	13.4	4710.8
日月光半导体集团	22.7	17.1	10.6	5248.9
Ambuja水泥公司	22.3	4.0	14.2	4810.5
阿内卡矿业公司	59.8	23.9	8.5	4524.6
亚洲水泥公司	15.5	10.7	15.8	3997.6
ASM太平洋科技有限公司	16.3	14.0	11.2	2872.5
华硕电脑公司	21.2	7.7	7.3	11199.3
布米能源	50.7	10.0	12.2	12152.6
长江实业有限公司	18.3	3.8	8.2	42824.3
招商局国际信息技术有限公司	12.5	5.4	16.3	14962.8
中华汽车公司	15.6	4.7	2.7	1043.6
中海发展股份有限公司	26.5	9.7	12.0	8785.1
中旅国际投资香港有限公司	12.1	6.5	11.3	3753.5
华人置业集团	72.1	7.2	4.7	4176.7
中国中信股份有限公司	82.9	23.6	3.0	12352.5

[续表]

公司名称	往绩收益率> （2×AAA级公司 债券平均收益率）	股利率≥2/3× AAA级公司债券 平均收益率	格雷厄姆& 多德市盈率	市值 （美元）
中国石油财务（香港）有限公司	12.2	5.2	11.4	3099.9
仁宝电脑工业股份有限公司	22.5	15.2	6.6	4179.4
中远太平洋有限公司	31.7	15.6	6.2	5987.0
韩国大林工程	49.8	8.4	4.6	6603.0
骏威汽车有限公司	18.9	7.0	9.0	4829.9
长荣海运公司	21.9	10.6	10.2	2769.5
丰兴钢铁股份有限公司	16.0	10.8	11.5	961.5
台湾化学纤维股份有限公司	17.4	14.1	12.1	14141.8
台湾塑胶工业股份有限公司	16.4	13.1	13.9	16071.8
台湾塔夫绸有限公司	25.0	18.3	11.7	1695.9
印度盖尔公司	12.0	3.6	13.2	8949.5
环球电信公司	13.6	10.2	14.8	5038.3
GS建设公司	17.5	3.7	11.8	8255.2
恒隆集团有限公司	28.9	3.6	10.4	5927.9
恒隆置业公司	24.3	5.0	12.0	13289.2
恒生银行有限公司	11.0	7.3	15.4	39442.5
恒基兆业地产有限公司	32.6	4.8	5.9	13381.1
鸿海精密工业股份有限公司	17.3	5.6	14.2	39189.5
合和实业有限公司	33.4	13.1	11.4	3169.7
希慎兴业有限公司	34.4	5.5	6.9	2959.8
韩国现代产业开发集团	20.2	3.9	12.2	7311.5
英业达公司	27.7	16.3	5.1	1407.6
江西铜业	37.0	7.9	8.3	7418.5
吉宝集团	15.9	7.0	16.1	14329.7
嘉里建设有限公司	41.9	8.1	6.9	11441.2
建滔化工集团	33.9	10.2	5.0	4986.2
韩国锌业公司	47.3	4.0	7.0	2444.9
光宝科技集团	16.6	14.3	6.5	3758.0
神通电脑	39.3	14.1	5.0	1408.2
南亚塑胶工业	19.4	16.8	11.1	20219.6
海皇轮船有限公司	55.8	14.6	3.4	4058.2
新创建集团有限公司	25.9	13.0	12.8	5369.8
印度油气公司	14.3	4.9	13.2	52286.1
东方海外（国际）有限公司	57.2	66.9	3.1	4629.8
巴基斯坦国家石油公司	30.6	8.8	8.7	1049.9

[续表]

公司名称	往绩收益率> （2×AAA级公司 债券平均收益率）	股利率≥2/3× AAA级公司债券 平均收益率	格雷厄姆& 多德市盈率	市值 （美元）
浦项制铁公司	16.7	3.6	10.0	46041.8
双龙润滑油公司	12.4	23.6	12.1	9412.3
胜科工业集团	14.6	7.4	13.4	7194.7
上海实业控股有限公司	15.0	6.1	9.8	4670.1
信德集团有限公司	28.7	8.8	7.5	3660.1
新加坡航空有限公司	16.7	9.9	9.0	13410.8
新加坡电讯有限公司	10.5	5.3	13.6	42760.0
信和置业	29.9	7.4	7.7	9697.5
上海石化	14.6	5.7	8.9	4440.5
韩国SK电信公司	10.7	4.4	13.1	21430.3
印度钢铁管理局公司	31.4	6.3	11.5	19008.6
新鸿基地产有限公司	21.4	4.9	9.6	34787.8
太古股份有限公司	40.1	7.5	6.7	20899.6
联强国际	11.1	6.9	14.4	2707.9
台积电	11.3	8.2	15.0	48935.9
东元电机股份有限公司	17.7	12.1	11.6	940.8
香港电视广播有限公司	11.9	7.4	13.6	2631.1
东和钢铁企业股份有限公司	22.0	14.5	12.8	1559.7
裕民航运	29.1	23.5	10.1	2344.5
联华电子	14.7	10.6	5.3	7773.9
华业集团	52.1	8.2	6.5	2502.2
Venture公司	25.8	13.6	6.1	2441.2
九龙仓集团	38.5	5.6	6.1	12822.1
兖州煤业股份有限公司	19.4	5.0	9.1	9749.7
裕元工业集团	12.7	6.3	9.8	4980.0
裕隆集团	16.8	4.7	4.6	1405.7
浙江沪杭甬高速公路有限公司	16.6	9.2	13.3	6949.8

资料来源：法国兴业银行全球战略研究

第三十三章

剧变和估值

> 长期以来，我们一直认为，去泡沫过程的最后阶段是剧变。这一阶段的特点是资产价格极其低廉。最近英国和欧洲股市的价格走势已接近剧变的水平（即10倍市盈率）。当然，廉价的市场总是可以变得更廉价，但对于长期投资者来说，这可能是一个很好的入市时机。从自下而上的角度来看，市场中的股票普遍都价格低廉，这是确切无疑的。目前通过我们深度价值策略筛选的股票均是绩优股——比如微软、英国石油、诺华和索尼，这一点是特别值得注意的！

- 剧变的标志无疑是低廉的资产价格。市场崩溃的速度意味着，我们正在迅速向通常与剧变相关的估值水平靠近。例如，英国和欧洲市场的格雷厄姆&多德市盈率为10倍（当前股价除以10年移动平均收益）。

- 当然，在短期内，投资者不该受到估值的约束。因为在短期内，廉价的股票总是会变得更廉价，而昂贵的股票总是会变得更昂贵。然而，对长期投资者而言，这些估值却的确令人信服。

- 过去，我经常被告知，我最喜欢的估值方法是不合时宜的，因为该方法未能捕捉到增长，往好里说是太简单，往坏里说是真愚蠢。然而，最近几周，投资者开始把矛头指向别处。他们没再提我使用的10年移动平均收益忽略了增长的问题，而是提出近年来的良好增长势头夸大了这一指标！也许这种焦点的转变是这个时代最好的标志！

● 自下而上的估值显示了类似的图景。60%—70%的股票在目前交易价格下的格雷厄姆&多德市盈率低于16倍（格雷厄姆认为，这应该是"投资者愿意为一项投资支付的最高价格"）。

● 格雷厄姆十分青睐一种更为严格的选股方法，即股票必须符合三项标准——股利至少为AAA级债券收益率的二倍，股利率至少为AAA级债券收益率的三分之二，并且债务总额小于有形账面价值的三分之二。在此之上，我还额外添加了一个约束条件，即格雷厄姆&多德市盈率必须小于16倍。在进行选股测试时，我发现如今通过筛选的股票数量比去年11月时的要少，这主要是由于股利的锐减。然而，这些入选的股票却都是一些优质股——微软、英国石油、诺华、索尼和SK电讯等均榜上有名。真正的深度价值"纯净利"筛选结果表明，对于那些喜欢冒险的人来说，日本小盘股几乎是世界上最廉价的资产。

● 我的选择仍然是将资金缓慢地配置到深度价值机会上。我们离剧变越近，我寻求配置的现金就越多。通往剧变之路是令人不快的，但其终点却是价值投资者的天堂。

我一直认为，任何去泡沫过程的最后阶段都是剧变。这种剧变的关键标志无疑是低廉的资产价格。剧变的另一个特征是，我们不好意思承认自己是金融从业者。在此基础上，我个人认为我们肯定离剧变越来越近了。几个星期前，我在英格兰北部乘坐出租车时，司机问我是做什么的，我绞尽脑汁才找到一个在那片区域里比银行家更能令社会认同的答案——这可着实不易，因为近日以来，人们对恋童癖者的印象都比银行家要好。

的确，目前市场瓦解的速度意味着，我们现在正迅速接近通常与市场剧变相关的估值水平。图33-1显示了我们长期以来最喜欢的估值指标——格雷厄姆&多德市盈率的变化情况。格雷厄姆&多德市盈率即当前股价与10年移动平均收益之比。

在目前的交易价格下，格雷厄姆&多德市盈率为13.6倍——这是我们自1986年以来见过的最低水平。该指标自1871年以来的平均值是18倍。因此，我们现在的价格一定比公允价值低，但还称不上廉价。我们对廉价的定义往往是格雷厄姆&多德市盈率为10倍左右。这意味着标普500指数在500点左右。在大萧条

图33-1　美国格雷厄姆&多德市盈率——标普500

资料来源：法国兴业银行全球战略研究

时期，估值出现历史低点，那时你可以以5倍于10年移动平均收益的价格买到标普500指数。

我曾多次指出，在短期内，投资者不该受到估值的约束。因为在短期内，廉价的股票总是会变得更廉价，而昂贵的股票总是会变得更昂贵。然而，估值却是决定长期收益的主要因素。

图33-2说明了这一点。该图显示了基于格雷厄姆&多德市盈率确定买点后随后十年所实现的实际收益率。我们所得到的收益率在左边第三列的范围内，高于平均水平（但还不算特别好）。这样的收益水平很可能是由瑞普·凡·温克尔[1]式的投资者实现的，因为他在买下这些股票后就忘了这码事，一忘就是10年。

在最近几周我与客户的会面中，我听到一些关于格雷厄姆&多德市盈率分母的有趣评论。过去曾有人告诉我说，我所使用的衡量指标未能捕捉到增长，使用10年移动平均收益的方法过于简单，甚至是愚蠢的。在去年，这样的评论逐渐消失了。取而代之的是，投资者认为10年移动平均收益实在太高了！如果真的存在什么划时代标志的话，投资者评论的这种转变绝对应该算是一个！

我认为10年移动平均收益没什么问题。毕竟，它包含了对收益产生破坏的

---

① 瑞普·凡·温克尔（Rip Van Winkle）为"美国文学之父"华盛顿·欧文的代表作之一《瑞普·凡·温克尔》中的人物，他喝了一种奇妙的饮料，倒头便睡，一睡就是20年。——译者注

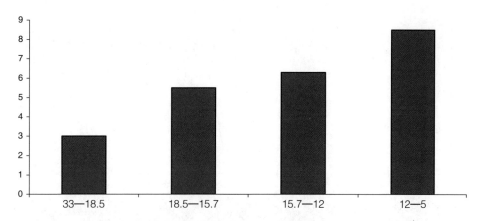

图33-2 根据买入格雷厄姆&多德市盈率得出的下一个十年实际收益率

资料来源：法国兴业银行全球战略研究

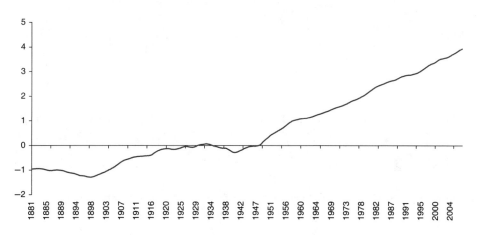

图33-3 标普500的10年期移动平均收益

资料来源：法国兴业银行全球战略研究

后泡沫时代，以及最近的繁荣（和萧条）时期。图33-3显示了计算格雷厄姆&多德市盈率时所使用的分母——10年期移动平均收益。在最近的一段时间里，我没有发现它有任何明显增长。因此，我认为这仍然是一个合理的方法。实际上，那些认为这种方法存在缺陷的人可能会犯我在2003年所犯的那种错误——在搭建好模型后，却又忽略了它们!

当然，美国并不是世界上唯一的股票市场——虽然美国还没有陷入剧变，但英国和欧洲似乎已经到达了剧变阶段。图33-4显示了英国市场的格雷厄姆&

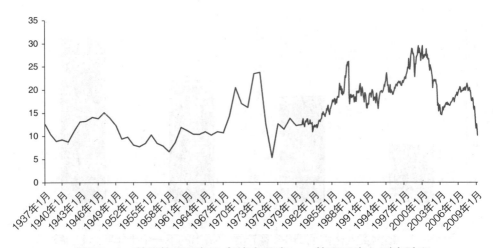

图33-4 英国格雷厄姆&多德市盈率——英国已步入剧变阶段

资料来源：法国兴业银行全球战略研究

图33-5 模拟欧洲历史格雷厄姆&多德市盈率

资料来源：法国兴业银行全球战略研究

多德市盈率；我们目前的交易价格是10年期移动平均收益的10倍。这一价格是英国股市自20世纪70年代中期以来最低的水平。当然，在20世纪70年代中期，英国发生了次级银行业危机，从而不得不求助于国际货币基金组织（IMF）寻求纾困（听起来有点儿耳熟，不是吗）。

欧洲的历史比美国或英国短得多。然而，为了让人们对当时的情况有所了解，让我们来看一下图33-5。该图显示了人为模拟的1982年以前的欧洲历史情况，这是将1982年后欧洲的平均折扣应用于美国的长期历史进行计算所得出的。

图中垂直黑线之后的部分是基于欧洲的真实数据所绘制的。

欧洲目前的格雷厄姆&多德市盈率为10倍，这是1982年以来的最低水平。与英国一样，欧洲也进入了剧变的领域。

自下而上的视角

我曾多次提及，自上而下的估值只能让你止步于此了。自下而上的视角或许能让我们洞见更多。当然，尽管有无数种自下而上的估值方法，但我却钟爱一种简单的方法，这种方法也很适合我。

例如，图33-6显示了基于目前交易价格计算出的格雷厄姆&多德市盈率低于16倍的股票在各市场中的占比情况。为什么是16倍？因为格雷厄姆认为，"这时的价格应该是投资者愿意为一项投资支付的最高水平"。

这通常能够印证自上而下的观点。在大多数市场中，格雷厄姆&多德市盈率低于16倍的股票的占比在60%到70%之间。因此，价值投资者应该也在其列。

股利消失问题

格雷厄姆在去世前不久推荐了一种更为严格的方法。他认为，股票的收益率至少应是AAA级债券收益率的两倍，股利率至少应是AAA级债券收益率的三分之二，债务总额应低于有形账面价值的三分之二。在此之上，我还额外添加

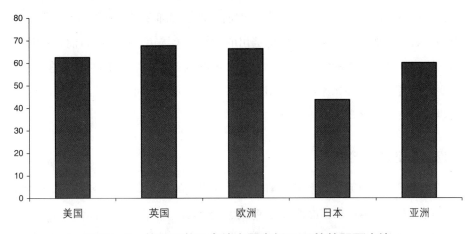

图33-6 格雷厄姆&多德市盈率低于16倍的股票占比

资料来源：法国兴业银行全球战略研究

表33-1 符合格雷厄姆选股标准的大盘股占比（%）

	当前	2008年11月
美国	2	4
欧洲	6	9
英国	6	8
亚洲	16	17
日本	20	20

资料来源：法国兴业银行全球战略研究

了一个约束条件，即格雷厄姆&多德市盈率必须小于16倍。

表33-1显示了通过这四项标准筛选的各国家/地区的大盘股在市场整体中的占比。尽管市场目前比2008年11月还要低迷，但自下而上选股策略所选出的投资机会实则更少。原因非常明显，股利发生了锐减。在我过去的筛选中，辉瑞和诺基亚等公司的股票就已经出现了股利减少的端倪，再之后便愈演愈烈。

品质与深度价值

也就是说，通过深度价值策略筛选的股票质量是令人印象深刻的。正常情况下，通过运行该筛选程序，我总会得到一张满是我闻所未闻的股票的列表（当然，这并不会阻止我购买这些股票）。然而，现在我却在列表中看到了一些我所熟知的名字。例如，在美国市场筛选出的微软，英国市场的英国石油，欧洲市场的诺华，日本市场的索尼，亚洲市场的SK电讯等等（详见表33-2）。这表明，只要投资者准备好在未来的几年闭上双眼，他们完全有可能构建出由深度价值股票组成的多元化全球投资组合。

小盘股和流动资产净值

对于那些仍对基于盈利的估值方式感到担忧的人来说，另一种选择是回归资产负债表法，本·格雷厄姆对此应该会很赞同。

格雷厄姆尤为钟爱"纯净利"，即：

最容易识别出廉价普通股的方式是，看股票市场价格在扣除所有之前的债务后是否仍低于其公司的流动资产净值。这将意味着买方将不用支付任何价格就可以拥有固定资产（建筑物、机械等），或任何可能存在的商誉。很少有公司的最终价值会低于其营运资本本身，尽管时不时也会出现例外。令人不可思议的是，在目前市场低迷的情况下，竟然有那么多公司的股票都符合这一条件。

很明显，这些股票的市场价格远远低于其发行企业作为私营企业的价值。没有任何所有者或多数股东会想要以低到荒唐的价格出售自己所拥有的资产……实际上，所有这些廉价股票都能够使投资者以诸多方式实现盈利，其年均收益率也要比大多数其他股票高得多。

格雷厄姆所提到的净营运资本指的是一家公司的流动资产与总负债的差值。当然，格雷厄姆并不满足于仅仅以低于流动资产净值的价格购买公司股票。他还要求更高的安全边际。他建议投资者买入价格低于流动资产净值三分之二的股票（这样做会进一步提高安全边际）。

在当前市场上，绝大多数纯净利都是小盘股。图33-7显示了通过纯净利测试的股票数量，我以前从未遇到过有如此之多的股票通过该测试的情况。

图33-8展示了"纯净利"股票的地域分布分解情况，我发现实际上有半数的"纯净利"股票都来自日本。这表明，日本小盘股可能是全球最廉价的资产类别之一！

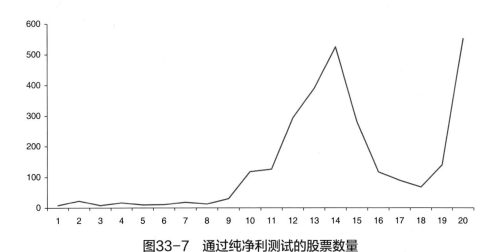

图33-7　通过纯净利测试的股票数量

资料来源：法国兴业银行全球战略研究

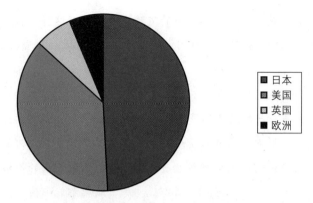

图33-8 通过纯净利测试的股票地域分布

资料来源：法国兴业银行全球战略研究

表33-2 符合格雷厄姆选股标准的股票

公司名称	往绩收益率>（2×AAA级公司债券平均收益率）	股利率≥2/3×AAA级公司债券平均收益率	市值（美元）	格雷厄姆&多德市盈率	地区
阿勒格尼技术公司	31.9	4.0	1916.9	8.6	美国
亚德诺半导体	9.7	4.2	5428.5	16.0	美国
嘉年华集团	16.0	8.8	16403.5	8.3	美国
康明斯公司	20.6	3.0	4188.5	11.8	美国
伊利诺斯工具公司	11.9	4.3	14210.3	13.9	美国
微软公司	11.8	3.0	143582.6	14.7	美国
罗致恒富公司	11.2	3.0	2326.4	14.9	美国
罗文公司	34.2	3.6	1368.5	7.2	美国
德州仪器公司	10.2	2.9	18318.6	13.7	美国
蒂芙尼	13.9	3.8	2344.0	11.0	美国
阿赛里诺克斯集团	14.6	4.3	2914.0	10.0	西班牙
贝卡尔特公司	19.8	7.2	957.1	9.5	比利时
英国石油公司	15.1	8.0	117959.7	10.4	英国
英国工程业务集团	22.9	5.3	977.1	11.3	英国
瑞士历峰集团	14.1	3.9	15845.1	10.7	瑞士
汉莎航空	30.4	15.1	5040.3	9.1	德国
埃尼公司	17.3	9.3	79816.0	7.6	意大利
西班牙航空	20.7	10.2	2191.5	7.7	西班牙
凯斯科公司	11.5	6.2	2082.1	11.3	芬兰
科尼集团	22.6	7.2	956.7	14.3	芬兰
荷兰皇家博斯卡利斯威斯敏斯特海事建筑公司	17.6	8.8	1640.2	13.9	荷兰

[续表]

公司名称	往绩收益率> （2×AAA级公司 债券平均收益率）	股利率≥2/3× AAA级公司债券 平均收益率	市值 （美元）	格雷厄姆& 多德市盈率	地区
曼集团	27.6	6.6	5967.4	9.1	德国
耐克森公司	11.2	7.1	1080.8	7.5	法国
诺记轮胎	12.7	4.5	1471.3	14.6	芬兰
诺华公司	9.8	5.0	82096.0	12.9	瑞士
奥地利石油天然气集团	24.2	5.3	7826.3	7.2	奥地利
挪威联合集团	21.3	5.8	5927.6	8.3	挪威
柿子地产	36.6	13.6	1450.1	4.7	英国
雷普索尔公司	22.4	8.6	18744.9	6.9	西班牙
荷兰皇家壳牌集团A股	18.9	7.3	133757.1	7.0	荷兰
萨尔茨吉特公司	34.7	6.6	3372.8	7.0	德国
斯堪斯卡集团	12.0	8.5	2883.6	9.1	瑞典
法国兴业银行	9.7	3.7	2376.0	15.3	法国
海德鲁铝业公司	12.5	4.0	52021.2	10.9	挪威
苏尔寿公司	23.5	6.9	1305.5	12.6	瑞士
斯沃琪集团	15.1	3.5	6372.8	12.3	瑞士
道达尔公司	16.9	6.6	111692.6	11.0	法国
瓦卢瑞克集团	33.0	12.2	4222.6	10.8	法国
瓦克化学公司	17.7	6.2	3116.5	10.5	德国
AGA厨具公司	27.8	16.5	76.6	3.7	英国
伙伴航空公司	16.2	7.7	58.0	12.6	英国
鲍维斯集团	19.1	9.2	658.8	6.4	英国
百力马船舶经纪公司	20.6	9.7	72.3	10.9	英国
铸件公司	21.8	7.9	79.0	7.1	英国
Computacenter PLC	17.6	7.6	282.6	4.8	英国
Diploma PLC	11.4	7.2	174.5	11.1	英国
格雷格斯公司	10.0	4.1	537.7	16.0	英国
黑德勒姆集团	18.2	11.3	238.7	11.6	英国
霍恩比公司	21.5	11.3	40.7	7.8	英国
科尔集团	15.0	4.2	464.0	10.5	英国
千禧国敦酒店集团	11.6	3.4	792.7	7.6	英国
雷尼绍公司	15.9	8.5	314.8	9.1	英国
荷兰皇家壳牌集团B股	17.5	6.8	127661.0	8.8	英国
圣艾芙印刷公司	32.0	34.8	70.5	2.3	英国
T. Clarke PLC	11.6	9.7	72.4	7.6	英国
泰德贝克	11.2	5.1	195.7	14.3	英国
宏基公司	12.0	8.0	3495.2	15.2	中国台湾
阿内卡矿业公司	46.4	18.6	954.2	11.0	印度尼西亚
太平洋科技有限公司	11.7	9.0	1122.7	10.6	中国香港

[续表]

公司名称	往绩收益率>（2×AAA级公司债券平均收益率）	股利率≥2/3×AAA级公司债券平均收益率	市值（美元）	格雷厄姆&多德市盈率	地区
华硕电脑公司	21.4	7.8	4048.4	7.5	中国台湾
布米能源	51.3	10.1	1245.6	12.4	印度尼西亚
长江实业有限公司	19.4	4.0	19062.2	7.8	中国香港
中油海运	22.8	8.3	1314.0	15.5	中国
香港中旅	10.2	5.5	807.5	14.0	中国香港
华人置业集团	41.1	4.1	2346.1	8.4	中国香港
中信泰富公司	63.4	18.1	3811.6	4.1	中国香港
中国（香港）石油有限公司	10.6	4.5	1511.1	13.4	中国香港
仁宝电脑公司	17.5	11.8	2268.9	8.7	中国台湾
中远海运（新加坡）	19.0	9.9	1040.2	14.2	新加坡
中远太平洋有限公司	26.7	13.2	1649.4	7.7	中国香港
骏威汽车有限公司	13.3	4.9	2,258.1	13.7	中国香港
长荣海运公司	28.1	13.5	1160.4	8.0	中国台湾
丰兴钢铁股份有限公司	14.6	9.8	549.2	13.4	中国台湾
台湾化学纤维股份有限公司	25.6	20.8	5550.9	8.4	中国台湾
台湾塑胶工业股份有限公司	18.0	14.4	7777.6	12.8	中国台湾
台湾塔夫绸有限公司	28.1	20.5	775.5	10.6	中国台湾
印度盖尔公司	11.1	3.4	3308.1	14.3	印度
恒隆集团有限公司	29.6	3.7	3611.6	10.9	中国香港
恒隆置业公司	22.0	4.6	8003.8	14.1	中国香港
恒生银行有限公司	11.7	7.7	21439.4	14.4	中国香港
恒基兆业地产有限公司	30.0	4.4	7249.8	6.6	中国香港
合和实业公司	32.0	12.5	2496.2	11.7	中国香港
希慎兴业有限公司	33.2	5.3	1594.3	7.0	中国香港
国际装卸终端服务	14.5	3.3	412.8	14.6	菲律宾
英业达公司	21.0	12.4	755.5	7.0	中国台湾
江西铜业	25.0	5.3	1086.6	13.5	中国
吉宝集团	16.8	8.5	4491.7	11.5	新加坡
嘉里建设有限公司	36.4	7.0	2715.3	8.7	中国香港
建滔化工集团	26.4	7.9	1391.9	6.8	中国香港
韩国电力公司	9.8	3.2	9,920.8	7.5	韩国
光宝科技集团	16.9	14.5	1316.4	6.4	中国台湾
神通电脑	31.3	11.2	560.2	6.5	中国台湾
香港地铁	16.3	2.7	12682.4	14.5	中国香港
南亚塑胶工业	24.7	21.3	7246.9	8.8	中国台湾
印度油气公司	14.3	4.9	28444.9	13.4	印度
东方海外（国际）有限公司	41.1	48.0	1451.9	4.5	中国香港
浦项制铁公司	15.1	3.2	17695.2	11.4	韩国

［续表］

公司名称	往绩收益率> （2×AAA级公司 债券平均收益率）	股利率≥2/3× AAA级公司债券 平均收益率	市值 （美元）	格雷厄姆& 多德市盈率	地区
泰国国家石油公司	15.2	5.8	8153.8	15.2	泰国
双龙润滑油公司	13.6	9.7	3808.3	11.1	韩国
胜科工业集团	14.4	5.3	2430.5	11.3	新加坡
塞萨果阿矿业	44.5	5.1	1223.9	10.2	印度
上海实业控股有限公司	11.0	4.4	2472.8	13.4	中国香港
新加坡航空有限公司	16.9	10.1	7774.6	8.9	新加坡
新加坡报业控股有限公司	10.6	10.6	2794.0	10.4	新加坡
新加坡电讯有限公司	9.9	5.0	25277.6	14.7	新加坡
信和置业	27.3	6.8	3778.6	8.8	中国香港
上海石化	13.5	5.3	799.1	10.2	中国
韩国SK电信公司	12.5	5.2	9808.8	11.3	韩国
印度钢铁管理局公司	26.0	5.2	6040.2	14.5	印度
新鸿基地产有限公司	18.7	4.3	20162.6	11.2	中国香港
太古股份有限公司	36.4	6.8	9348.0	7.4	中国香港
中兴保全科技	9.5	7.8	595.5	15.9	中国台湾
东元电机股份有限公司	15.7	10.8	521.6	13.5	中国台湾
香港电视广播有限公司	11.2	7.0	1524.3	15.2	中国香港
东和钢铁企业股份有限公司	22.6	15.0	603.9	12.8	中国台湾
裕民航运	24.3	19.5	1099.3	12.7	中国台湾
联华电子	13.3	9.6	2902.3	6.2	中国台湾
华业集团	11.1	4.5	862.9	5.6	新加坡
华新丽华公司	9.9	5.8	493.9	6.1	中国台湾
九龙仓集团	33.7	4.9	5849.8	7.4	中国香港
兖州煤业股份有限公司	15.8	4.1	1389.6	11.8	中国
裕元工业集团	14.8	6.0	3086.1	10.6	中国香港
裕隆集团	14.9	4.2	653.5	5.3	中国台湾
爱德万株式会社	7.5	4.1	2179.3	11.8	日本
爱信精机株式会社	21.0	3.9	4604.3	11.3	日本
味之素公司	6.5	2.5	4811.6	16.3	日本
阿尔卑斯电气株式会社	9.4	7.7	506.9	5.4	日本
旭化成株式会社	16.4	4.3	4485.8	15.2	日本
兄弟工业株式会社	15.9	3.6	1865.4	12.0	日本
西铁城时计株式会社	11.0	4.7	1343.9	12.2	日本
大日本印刷株式会社	8.4	4.5	5966.8	13.6	日本
大发工业株式会社	11.2	2.3	3265.4	16.2	日本
第一三共制药	8.7	4.5	11452.7	15.0	日本
大日本住友制药	8.6	2.4	3304.6	15.7	日本
电气化学株式会社	9.0	6.6	821.7	9.4	日本

［续表］

公司名称	往绩收益率>（2×AAA级公司债券平均收益率）	股利率≥2/3×AAA级公司债券平均收益率	市值（美元）	格雷厄姆&多德市盈率	地区
电装株式会社	16.4	2.9	16856.5	12.7	日本
富士媒体控股株式会社	6.1	3.2	2698.1	13.6	日本
富士胶片控股株式会社	11.8	2.0	9718.3	12.1	日本
日立化成株式会社	15.1	3.2	2088.0	11.9	日本
日立高新技术公司	17.0	2.6	1701.9	11.9	日本
伊藤园	6.7	3.1	1157.6	13.3	日本
伊藤忠技术解决方案株式会社	13.0	4.5	1233.6	10.7	日本
捷太格特株式会社	27.1	4.8	1723.0	11.0	日本
株式会社钟化	12.9	3.7	1702.1	9.8	日本
科乐美株式会社	10.1	4.1	2042.6	11.8	日本
京瓷株式会社	10.1	2.1	10900.6	13.4	日本
三菱瓦斯化学株式会社	24.3	4.5	1909.5	10.4	日本
三菱丽阳株式会社	13.9	6.4	1096.5	9.5	日本
三美电机株式会社	24.2	4.3	1095.3	16.2	日本
村田制作所	9.5	2.7	8214.8	14.8	日本
特殊陶业株式会社	13.3	3.6	1780.5	12.3	日本
日本发条株式会社	27.5	4.6	830.1	10.5	日本
新日本制铁公司	22.5	4.4	18037.7	13.0	日本
日产化学工业株式会社	13.5	3.2	1196.3	15.4	日本
日铁日新制钢株式会社	23.7	5.4	1534.7	15.3	日本
日东电工株式会社	16.3	4.7	3140.2	10.4	日本
NOK株式会社	23.0	3.1	1258.6	7.7	日本
欧姆龙株式会社	16.3	3.5	2548.2	13.3	日本
恩瓦德控股株式会社	14.3	5.6	888.6	10.8	日本
松下电器	10.7	4.3	4575.3	16.4	日本
理光株式会社	13.9	3.1	8318.2	10.5	日本
罗姆株式会社	6.1	2.8	5705.2	9.9	日本
夏普公司	12.4	3.7	8638.0	15.4	日本
岛村株式会社	11.2	2.3	1884.8	16.3	日本
神钢电机株式会社	9.7	3.1	1247.5	14.6	日本
索尼公司	21.2	1.4	17011.7	11.6	日本
斯坦雷电气株式会社	17.0	3.1	1909.3	13.7	日本
住友电气工业株式会社	15.5	2.7	6222.9	15.8	日本
住友重机械工业株式会社	28.4	4.0	1617.4	14.3	日本
住友金属矿山株式会社	26.0	3.3	5846.1	14.1	日本
武田药品株式会社	10.9	4.4	33021.6	13.9	日本
东京电气化学工业株式会社	17.8	4.2	4302.4	10.3	日本
蒂业技凯株式会社	12.6	3.3	1545.2	12.9	日本

[续表]

公司名称	往绩收益率> （2×AAA级公司 债券平均收益率）	股利率≥2/3× AAA级公司债券 平均收益率	市值 （美元）	格雷厄姆& 多德市盈率	地区
东京制铁株式会社	7.2	2.2	1531.8	14.9	日本
凸版印刷株式会社	10.6	4.0	4189.6	13.4	日本
丰田合成株式会社	19.0	3.7	1771.4	12.9	日本
丰田纺织株式会社	22.5	3.6	1817.7	13.3	日本
雅马哈株式会社	25.6	6.7	1534.1	12.5	日本
大和工业株式会社	25.4	2.4	1479.5	11.0	日本
横河电机	13.9	5.0	916.4	14.6	日本

资料来源：法国兴业银行全球战略研究

结论

追求价值是我投资信条的核心原则之一。无论是从自上而下还是自下而上的角度，我都碰到了一些真正令人难以置信的机会（尤其是在美国之外的市场中）。从自上而下的估值角度来看，英国和欧洲的估值水平都可以被认为是市场发生剧变的信号。

从自下而上的角度来看，多年以来，对于那些目光长远的人来说，要构建一个多元化的深度价值优质股组合着实不易。对于那些渴望冒险的人来说，日本小盘股目前来看的确是极为优质的价值投资之选。

第三十四章

在市场被低估时买入——
此时不买，更待何时

　　仅凭估值就做出购买股票的决定是否合理呢？为了对此进行评估，我研究了"价值"投资者在历史上购买格雷厄姆&多德市盈率为10倍的美国股票时所获得的收益情况。价值诅咒（在繁荣时期过早卖出，在萧条时期过早买入）得到了证实。在市场触底的4个月前，格雷厄姆&多德市盈率为10倍，投资者在买入股票后即蒙受了20%的损失。然而，人们平均只需要等待一年，市场就会回到买入股票时的水平。我必须承认，我无法精准捕捉到市场底部，除非运气非凡。但那又怎样，承受这点算得了什么？低位买入，保持耐心！

　　● 仅凭估值就做出购买股票的决定是否合理呢？从短期来看，估值并不应该成为一种约束。廉价的股票总会变得更廉价，而昂贵的股票总会变得更昂贵。然而，估值却是决定长期收益的主要因素。因此，鉴于英国和欧洲市场目前的估值处于剧变阶段的水平（格雷厄姆&多德市盈率为10倍），对于长线投资者来说，这是一个令人信服的投资理由。

　　● 更好的消息是，在市场价格较低时买入能够帮助有耐心的投资者避免市场下行风险。从历史上看，当投资者在估值处于最低的四分之一的水平买入股票时，以10年期限为跨度，他们从未出现过亏损。

　　● 然而，凯恩斯曾指出，长期投资"在今天是如此困难，以至于几乎是不可行的"。如今，绝大多数机构的基金经理似乎都受困于职业风险。为了衡量其所面临的职业风险的规模，我假想了一个在美国股市被低估时买入股票的"价值"投资者，并对其表现进行了研究。

● 我经常说，大熊市会导致格雷厄姆&多德市盈率跌到10倍左右。因此，我们令我们假想的投资者在市场达到这个水平时买入股票。结果表明，价值型基金经理的确受到了诅咒（过早地入场）——在市盈率突破10倍的水平后，市场又继续平均下跌了20%。然而，这一切都发生得极为迅速：平均而言，买入股票的行为总是发生在市场触底前的4个月。在我看来，这似乎是价值投资者不得不付出的一个小代价，因为我清楚地认识到，我并没有预测市场触底水平的能力。另外，你只需等待12个月，市场就会回到你买入股票时的水平。

● 为了进行稳健性检查，我们将基准市盈率从10倍改为13倍（廉价市场的上限）。该测试的结果与之前的相似。投资者过早地入场（在他们买入股票后，市场又平均下跌了17%），并且果不其然，触底时间平均延长到了9个月。并且，市场在17个月后才恢复到买入时的水平。

● 我们必须认识到，除非运气极佳，否则我们根本无法捕捉到触底时点。因此，我们应将估值视为一个良好的信号，它可以指示我们何时回归市场。请在市场被低估时买入——此时不买，更待何时？

我最近写道，英国和欧洲股市终于到了典型的剧变时期的估值水平，这种水平为长期投资者提供了令人信服的价值投资机会。像往常一样，在短期前景问题上，我仍然是个不可知论者。

我之前曾多次说过，在短期内，廉价的股票总会变得更廉价，而昂贵的股票总会变得更昂贵。然而，尽管估值对于短期而言无足轻重，但它却是长期收益的主要决定因素。

图34-1显示了在给定的条件市场估值下，实现不同的十年期实际收益率的概率分布情况。y轴表示实际收益率水平，x轴表示达到给定的收益率（或更高）的概率。

因此，当市场处于最便宜的那25%的区域时（即格雷厄姆&多德市盈率的范围在7—13倍之间时），那么你在未来十年获得10%或更高的年收益率的概率为52%。相比之下，如果你在股市的估值处于最高的那25%的区域时（即格雷厄

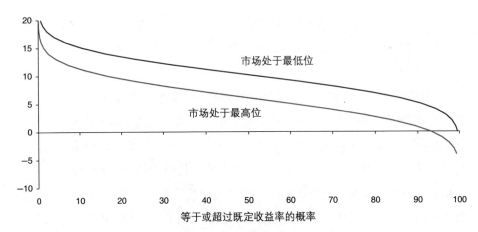

图34-1 实现10年期实际收益率的可能性
（基于美国1926—2008年的数据）

资料来源：法国兴业银行全球战略研究

姆&多德市盈率的范围在20—34倍之间时）买入股票的话，那么你获得10%或更高的年收益率的概率只有16%。

图34-1还强调，通过在市场处于估值最低的四分位时买入股票，长期投资者则能够免受下行风险的影响，从而得到保护。从历史上看，当投资者在估值最低的四分之一处买入股票时，他们在10年的时间跨度内从未出现过亏损。可悲的是，似乎很少有人再关心长期发展了。正如凯恩斯所言，基于真实长期预期的投资在今天是如此困难，几乎不可能实现。他肯定会比那些试图比大众更好地猜测大众行为的人更辛苦，冒更大的风险。

价值投资者的诅咒是显而易见的——我们将在繁荣时期过早卖出，在萧条时期过早买入。但在市场便宜的时候，购买股票可能会带来多大的职业风险呢？为了评估这一点，我回顾了一下，如果你开始以两种不同的估值水平购买股票，过去会发生什么。

我经常说，大熊市似乎会在市盈率为10倍左右时结束。因此，我想通过回顾历史去看看，要是在格雷厄姆&多德市盈率为10倍时买入美国股票，到底会发生什么。表34-1是对我的研究结果的一个总结。价值投资者仿佛总是受到诅咒，我们在市场在触底前买入了股票——在格雷厄姆&多德市盈率跌到10倍之后，市场平均又再次下跌了20%。这种下跌非常迅速，平均只在4个月中就发生

表34-1 在格雷厄姆&多德市盈率为10倍时买入

买入日期	买入至市场跌至谷底的下跌幅度（%）	买入至市场跌至谷底经历的时间（月）	市场恢复到买入水平所经历的时间（月）
1917年9月	-16	3	18
1931年10月	-53	8	21
1942年3月	-4	1	3
1982年3月	-1	4	6
平均	-19	4	12

资料来源：法国兴业银行全球战略研究

了！但这对我来说还不算为时过早。我当然希望只在最底部买入股票，但我知道这永远不可能发生（除非受到幸运之神的眷顾）。那么，投资者要有多大的耐心才能等到市场反弹到他们买入时的水平呢？平均而言，仅仅等上一年就行了。

当然，精明的读者会注意到上述观察的样本量很小（只有四个）。因此，我想从另一个角度来看一下这个问题，我决定看看如果你在市盈率跌至13倍（市场估值处于最低廉的那四分之一时的上限）时会发生什么。对价值经理的诅咒再次显现，在市盈率突破13倍的极限后，市场继续平均下跌了17%（表34-2）。不出所料，市场跌入低谷的时间被延长至平均9个月（这明显是因为使用较高的市盈率所致）。我认为，这仍称不上是一场灾难。那么投资者需要有多大的耐心呢？市场平均要经过17个月的时间才能恢复到我们假想的价值投资者买入时的价格水平。

正如塞斯·卡拉曼所说：

尽管人们总是倾向于在市场中择时，等待触底的那一刻（仿佛触底时会有明显标志一样），但多年来的事实证明，这种策略存在严重的缺陷。从历史上看，当市场处于底部或回升过程中时，交易量往往很少；而当市场开始走稳、经济开始复苏时，来自其他买家的竞争会变得更为激烈。此外，价格从底部反弹的速度可能是极其迅速的。因此，投资者应该在熊市的剧痛中投入资金，并且清楚地意识到，情况终会好转，但在此之前，它很可能会变得更糟。

表34-2　在格雷厄姆&多德市盈率为13倍时买入

买入日期	买入至市场跌至谷底的下跌幅度（%）	买入至市场跌至谷底经历的时间（月）	市场恢复到买入水平所经历的时间（月）
1884年4月	−16	10	20
1907年1月	−6	1	3
1913年5月	−14	20	13
1917年1月	−29	11	28
1931年8月	−66	10	24
1937年11月	−12	5	50
1941年2月	−20	15	8
1949年2月	−5	5	23
1974年8月	−12	5	5
1977年1月	−5	6	6
1981年5月	−17	13	17
1984年2月	−4	6	4
平均	−17	9	17

资料来源：法国兴业银行全球战略研究

第三十五章

通胀路线图及廉价保险之源

我曾多次提到，我一直徘徊于信贷泡沫破裂引发的通缩和政策应对带来的通胀压力之间，感到左右为难。欧文·费雪[1]坚持认为，债务-通缩螺旋[2]会以通胀结束。罗默认为，"终结大萧条的是贬值之后的货币快速扩张"。从前，伯南克提出了一系列可被视为通胀回归信号的政策（尽管他最近的言论似乎有些偏离这一主题）。我一直在试图构建一套廉价保单，这些保单要么能使我们在通胀和通缩情况下均可获益，要么能为我们提供防御通胀的保护。

● 相对而言，我和阿尔伯特都对通胀/通缩辩论持不可知论的态度。对我们而言，这两种观点各有千秋。面对这种不确定性，我决定回顾历史，去探究一下经济走出大萧条的历程给我们带来的启示。欧文·费雪（他因在1929年错误地预测新纪元即将到来而在金融界声名狼藉）研究了债务通缩的动态。他认

---

① 欧文·费雪（Irving Fisher）是一名美国经济学家、数学家，经济计量学的先驱，美国第一位数理经济学家，耶鲁大学教授。——译者注

② 债务-通缩螺旋理论是经济学家费雪提出的，其内容为：企业债务和存货的增加导致商品销售出现障碍，从而使银行信贷出现坏账可能性，因此，银行开始缩紧信贷，企业获得贷款就会变得困难，而导致进一步的销售困难。企业现金流出现中断后，银行会产生大量坏账，整个银行系统的流动性会减少，从而导致经济陷入通货紧缩，呈现螺旋式结构，而直到物价回升，企业利润提高，这一螺旋才会终结。——译者注

为，仅通过促进通货膨胀，萧条就总能被阻止或预防。

- 经济顾问委员会主席、20世纪30年代问题的专家克里斯蒂娜·罗默认为，正是货币贬值之后的快速货币扩张终结了大萧条。她的研究成果为费雪的观点提供了实证支持。在过去，伯南克已经制定了一套明确的政策选择，并且这些政策选择在零利率约束下也是可行的。不过，他最近又说，"除非金融市场和银行企稳，否则复苏不会发生"。这似乎与20世纪30年代的经历所带给我们的启示背道而驰。罗默指出，"实体经济的振兴改善了金融体系的健康状况"。

- 如果摆脱当前混乱局面在政治上最可接受的方法是通货膨胀，那么我们则需要考虑如何才能保护自己在财务上免受这种风险的影响。这段时间以来，我一直在建议一种"三要素策略"——用以对冲通缩的现金（也可以用于对价值机会进行资金部署）、深度价值机会（包括固定收益和股票），以及最后的一套廉价保单。

- 这些廉价保单或是能使我们在无论是通胀还是通缩的结果下均获赔，或者能够帮助我们对冲通胀卷土重来的风险。美国的TIPS和黄金就属于前者。TIPS暗含未来10年的年均通胀率仅为1%，这似乎很低。万一发生通货紧缩，我也能收回本金。作为可能仅存的硬通货，黄金在竞争性贬值的情况下表现良好。由于我们的金融体系很可能会发生内爆，黄金在通货紧缩的情况下的表现也是可圈可点的。

- 就抗通胀资产类别而言，我们有股利互换、通胀互换和精选的欧洲信用违约互换。前两项是针对通胀回归的廉价保护措施（这与投资组合中廉价的深度价值股票所起的作用相似）。第三项是用以对冲在经济衰退中因欧元区解体（类似于金本位制解体）而使固定汇率所蒙受的压力。如果某个国家公开表示考虑要退出欧元区，那么西班牙和葡萄牙的信用违约互换市场将会被引爆。

我和阿尔伯特在会议上经常指出，我们从未像现在这样对通胀/通缩前景感到如此不确定。我之前曾说过，我一直徘徊在信贷泡沫破裂的通缩影响和政策应对的通胀压力之间，感到左右为难。当我们读到通缩论者的观点时，我们会坐在那里点头表示认同；然后，当我们读到通胀回归支持者的观点时，我们同样觉得很有道理。双方似乎均持之有故，言之有理。

在这个问题上，我们保持着兼容并包的态度。阿尔伯特倾向于认为我们会以日本式结局收场，而我则倾向于认为结局会是通货再膨胀，但我们都没有笃定的信念。

费雪及其关于萧条的债务-通缩理论

面对这种不确定性，我决定去探究一下经济在历史上是如何走出萧条的。我的第一个观点是欧文·费雪在1933年发表的《大萧条的债务-通缩理论》[①]。费雪在1929年宣称，永续高股价的新纪元已经到来，而这一言论让他在金融界出尽了洋相。但在发出此种灾难性呼吁之后，他转而去研究大萧条的过程了。顺便提一下，他还偶然发明了罗勒德斯名片管理器。

在其债务-通缩理论中，费雪提出了造成经济衰退的"两个主要因素"，"即起初的过度负债和随后的通货紧缩……简言之，罪魁祸首是债务扰动和价格水平扰动"。他还进一步指出：

> 债务引发的通货紧缩继而会产生新的债务。每一美元未偿还的债务的价值都会变得高于一美元，如果起初的过度负债规模足够大，那么债务清偿的速度将无从跟上价格下跌的速度。在这种情况下，债务本身就无法得到清偿。尽管所欠美元的数量得以削减，但其速度可能远不及每一美元欠款的价值增加得快。

也就是说，债务-通缩螺旋很容易变得自我强化。

好消息是，费雪也非常清楚如何能够终结债务-通缩循环：

> 从经济上讲，只要将价格水平再通胀至现有债务人与债权人所签订的合约中的未偿债务的平均水平，这种萧条就能够被有效阻止或防止……我想强调……大萧条是可以通过通货再膨胀来治愈的，并且可以通过维持稳定来预防。

具有讽刺意味的是，费雪所指出的走出通缩之路或许只能由美联储来引领——而当初也正是美联储使我们陷入了这场混乱[②]。

---

① 《大萧条的债务-通缩理论》（*The Debt-deflation Theory of Great Depression*）刊发于《计量经济学》，请访问www.fraser.stlouisfed.org/docs/meltzer/fisdeb33.pdf获取具体内容。——作者注

② 参见比尔·弗莱克森斯坦（Bill Flecksenstein）的优秀著作《格林斯潘的泡沫》（Greenspan's Bubbles），或约翰·泰勒（John Taylor）颇富洞见的论文《金融危机与政策回应：关于问题出在哪里的实证分析》（*The Financial Crisis and The Policy Responses: An empirical analysis of what wrong*），获取该论文的网址为www.stanford.edu。——作者注

罗默从大萧条中总结出的启示

在阅读了以上费雪对20世纪30年代的分析之后，我偶然看到了美国经济顾问委员会主席克里斯蒂娜·罗默最近的一篇演讲稿。在该演讲稿中，罗默结合经济现状对大萧条给我们带来的六个教训进行了总结。

启示一：小规模财政扩张收效甚微

罗默在其1992年发表的一篇论文中指出，财政政策并不是令经济从大萧条中复苏的关键驱动力。这倒不是因为财政扩张本身的无效，而是因为所实施的财政刺激规模不大。罗默指出，"罗斯福在1933年上任时，实际GDP比正常趋势水平低30%以上……1934年，赤字增加了GDP的1.5%左右"。

启示二：即使利率接近于零，货币扩张也有助于治愈经济

罗默指出，推动货币扩张的实际上是财政部而不是美联储（这是金本位制度下固有的特点）。1933年4月，罗斯福暂停了黄金兑换，美元发生贬值。当美国以新的更高的价格重启黄金兑换时，黄金大量流入，这使财政部得以发行可与美联储票据互换的黄金凭证。罗默指出，"其结果是，在1933年至1936年之间，货币供应量（狭义上指货币和储备）每年均以近17%的速度在增长"。罗默认为，正是这种"货币贬值之后的快速货币扩张打破了通缩螺旋"——这是支持上述费雪假设的有力实证证据。

启示三：当心过早削减刺激措施

就实际增长而言，货币扩张似乎产生了显著的效果：美国在1934年的实际经济增长率为11%，1935年的实际增长率为9%，1936年的实际增长率为13%。这让当局误以为一切又都恢复了正常。因此，1937年，赤字被削减到了GDP的2.5%左右。货币政策也收紧了。罗默指出，"美联储在1936年和1937年之间分三步将存款准备金率提高了一倍"。她的结论是，1937年的错误转弯实际上使大萧条多延长了两年。

启示四：金融复苏和实体复苏是相辅相成的

罗默指出，实体经济和金融复苏是不可分割的。这与我们的分析相吻合，即银行并不是债务通缩环境中的真正问题根源，而是问题的表征。伯南克最近发言指出，"金融市场和银行不恢复稳定，经济就难以复苏"。由此看来，美国目前的政策似乎旨在"修复金融体系"。然而，这似乎是一种误解。罗默指出，"实体经济的振兴改善了金融体系的健康状况。银行逐渐从1933年的巨额亏损转变为1935年的大幅盈利，并且在此之后一直保持在高位，直到大萧条结束"。

投资者目前似乎对银行公布的利润感到相当兴奋。坦率地说，如果一家银行在这种环境下还没有盈利，那它注定将被市场抛弃。于银行而言，这种绝佳的盈利环境是前所未有的，尽管这并不意味着银行会因此而具备良好的偿付能力。如果你现在要开始创业，那么开设一家银行将是一个非常具有吸引力的选择。

然而，我们不能仅因历史上的事实与我们的见解相去甚远就无视历史——资产负债表就是个典型的例子。正如约翰·胡斯曼[①]所说：

> 上周，花旗集团公布了其今年头两个月的营业利润，投资者对此倍感兴奋，但这仅能表明，投资者可能并不完全理解"营业利润"这个词的含义。当潘伟迪[②]在停车场卖柠檬水时，花旗集团可能发生了火灾，而花旗会把卖柠檬水赚的钱计入营业利润，而火灾的事则会被计入资产负债表，由此可见，营业利润是无法反映资产负债表情况的。

启示五：全球性扩张政策共同分忧

鉴于当前出现的全球性衰退，罗默针对竞争性贬值的有效性提出了一个有趣的观点："20世纪30年代，在许多国家中……废除金本位并增加国内货币供给是促使经济复苏的首要因素，这些举措起到了降低全球（实际）利率的作用……而不仅仅是将扩张从一个国家转移到另一个国家。"

这是我和阿尔伯特最近一直在讨论的事情。我们一直在思考，竞争性贬值（就汇率而言，这显然最终会是一场零和博弈）对地方货币造成的影响是否

---

① 约翰·胡斯曼（John Hussman）为美国著名基金经理。——译者注
② 潘伟迪（Vikram Pandit）为花旗集团前首席执行官。——译者注

足以提高通胀预期，从而帮助各国实现通货再膨胀。罗默似乎对这一观点深表赞同。

启示六：大萧条终于结束了

对当前形势下的投资者来说，罗默所提出的大萧条给我们带来的最后一条启示或许是很有用的。她指出，大萧条终究还是结束了。具体内容如下：

> 尽管我们的财富遭受了毁灭性的损失，金融市场陷入混乱，人们严重丧失信心，美国人民甚至丧失了对资本主义的基本信念，但经济还是复苏了。实际上，1933年至1937年之间的经济增长是我们除战时以外所经历过的最高水平。如果美国没有在1937年经历由政策失误所致的可怕倒退，我们可能会像其他大多数国家一样……在第二次世界大战爆发前就已完全恢复了。

这提醒我们，当前这种认为持多悲观的态度都不为过的想法可能是不明智的。

伯南克和政策选择

最后一个值得关注的迹象来自伯南克在2000年与日本政策制定者会晤时所发表的一次讲话。正如我在本书第二十九章中所写的那样，伯南克清楚地认识到通货紧缩会对高杠杆经济造成更大的威胁，"与经典的金本位时代相比，在现代环境中，零通胀或温和通缩可能更加危险。与19世纪相比，现代经济更为倚重信贷，特别是长期信贷"。

伯南克显然认为，即便在零利率的约束下，货币政策仍然有其用武之地。从本质上说，他的观点是以套利为基础的，具体如下：

> 与其他形式的政府债务不同，货币的利息为零，期限为无限期。货币当局可以随心所欲地发行货币。因此，如果价格水平真的独立于货币发行，那么货币当局就可以用其创造出来的货币去购买数量不定的商品和资产。在均衡状态下，这显然是不可能的。因此，即使名义利率为零，货币发行最终也必然会抬高价格水平。

在讲话中，他列出了一系列在零利率约束下可供货币当局选择的政策选项。第一项政策是激进的货币贬值，这与罗默通过对大萧条结束的分析所得出的结论一致。伯南克列表上的第二项政策是引入通胀目标，以帮助塑造公众对美联储通胀意愿的预期。他提到通胀目标会设置在3%~4%的范围！

第三项政策是货币融通转移，其主要手段是通过印钞来实现减税的目的。显然，这需要货币当局和财政当局彼此通力合作，但与日本情况不同，这在美国并不是个问题。最后，伯南克认为应该实施非标准化的货币政策——有效的定量和定性宽松。伯南克曾多次提到直接购买政府债券的可行性——正如英国目前所做的那样。

这个清单为我们描绘了一幅政策选项的路线图。如果通缩压力会形成，并且当通缩压力形成时，我们应该会看到越来越多政策选项的出台。请注意，我们并不是在谈论对"修复系统"的尝试，即让泡沫再膨胀（这相当于给试图戒除毒瘾的海洛因成瘾者注射强效可卡因）。费雪的建议则与之相反，他提倡让通胀去侵蚀债务的实际价值；这是能使我们摆脱当前困境的疼痛最轻的方法。当局是否能制造出哪怕是轻微的通胀还不得而知，并且无论以何种方式，其制造通胀的实际能力也尚待观察。我可猜不到这种难以预见的事情。

投资的意义：廉价保险

霍华德·马克斯[①]最近建议，当前的投资决策必须注重"价值、生存能力和持久力"。这些因素也是我自去年10月底以来提出的"三要素策略"的核心。

第一个要素是现金。这是过去几年市场缺乏机会带来的结果，但除此之外，现金还能够对冲彻底的通货紧缩。第二个要素是债券和股票市场蕴含的巨大价值机遇。第三个要素是廉价保险的来源。投资组合中的这一要素背后的理念是，结果可能是多种多样的，因此我们需要通过购买廉价保险以做到未雨绸缪（尽管并非总会奏效，但这种做法在世界上许多国家的确都能带来回报）。当然，应该指出的是，购买廉价股票也包含了通胀对冲因素。

通货膨胀/通货紧缩保险I：TIPS

当我首次开始思考这个问题时，最先浮现在我脑海中的通胀/通缩保险来源是美国的通货膨胀保值债券（TIPS）。这些债券在本金上有一个通缩下限，因此，

---

① 霍华德·马克斯（Howard Marks）是华尔街投资大师，橡树资本董事长及联合创始人。——译者注

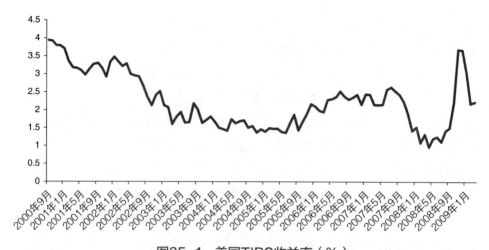

图35-1　美国TIPS收益率（％）

资料来源：法国兴业银行全球战略研究

一旦发生通缩，我便能收回现金——这意味着其实际收益率与通缩率相等。若是发生了通货膨胀，我在购买TIPS后所得到的收益率当然相当于其票息率与通胀率之和（购买新发行的TIPS可以避免累积通货膨胀问题）。

当我开始研究TIPS时，其收益率略高于3.5%（图35-1）。自那以后，TIPS的收益率一直在下降，这直接导致10年期TIPS的收益率自10月底以来被拉低到9%。10年期美国国债收益率目前为2.1%，而10年期名义债券收益率为3%。这意味着，市场预计未来10年美国的年通胀率仅为1%。在我看来，这是一个极低的水平。

通货膨胀/通货紧缩保险II：黄金

我在10月底所推荐的第二种通胀/通缩对冲工具是黄金。现在，对于黄金，我顾虑的原因有很多，尤其是它没有内在价值这一点：我仅能获悉黄金的开采成本，但无法对黄金进行真正意义上的估值。

然而，从保险的角度来看，黄金却有着一些很吸引人的特质。其中最明显的一个是，在一个充斥着竞争性贬值的世界里，黄金是唯一不会贬值的货币。因此，黄金能够为"以邻为壑"政策的回归提供一种有效的对冲。在发生长期严重通缩的情况下，我们的金融体系很可能会崩溃。因此，为了避免这一灾难性后果，持有货币替代品并不是一个坏主意。

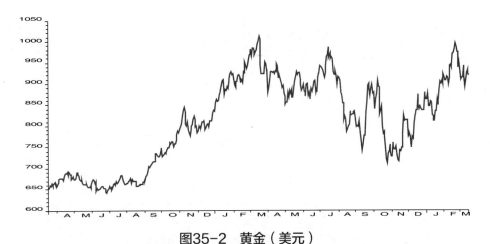

图35-2 黄金（美元）

资料来源：法国兴业银行全球战略研究

当然，最近黄金成了被热议的话题（这不足为奇，毕竟自10月底以来，黄金价格已经上涨了30%），这让我感到很紧张。尽管个人投资者和理智的对冲基金（如绿光、保尔森、第三点、伊顿公园和海曼）已纷纷将黄金列入其有意愿投资的魅力资产清单（如果依照资金电子转账记录来判断的话），但主流机构投资者对黄金却一直没什么信心（图35-2）。

通货膨胀保险I：股利互换

我曾在第三十章中指出，欧洲和英国的股利互换市场的定价正在消化股利下降所带来的结果，而此次的降幅将超过美国在大萧条时期的水平。此种定价意味着市场认为股利将永远都不会恢复到先前的水平。我对此感到很震惊，这未免过于悲观了吧。

此外，股利与通货膨胀的关系也相对密切。因此，股利互换看起来就像是一场价格极为低廉的资产清仓甩卖。如果我购买的是较长期限的互换，那么它们还能为我提供通货膨胀保险（与2月份的原始票据相比，其涨幅为7%左右）。虽然我一直都很钟爱股利互换，但我也会常常受到驳斥，而最常见的反驳理由则是交易对手风险。然而，欧洲股利互换（图35-3）未来会在交易所上市交易，这样一来，寻找交易对手显然就不再是个问题了。

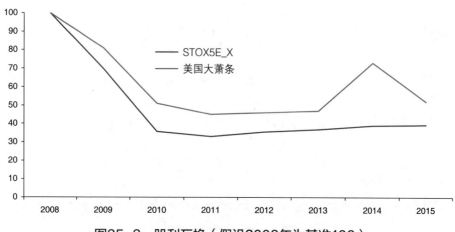

图35-3　股利互换（假设2008年为基准100）

资料来源：法国兴业银行全球战略研究

通货膨胀保险II：通货膨胀互换

第二种纯粹的通胀对冲来自通货膨胀互换市场。图35-4和图35-5显示了要构建10年期零息防CPI上涨互换所必需的零息固定利率。今年1月，当我首次开始关注美国市场时，这一利率仅为1.5%。如今，尽管涨幅不明显，但该数字已经上升到2.3%。

然而，全球最便宜的通货膨胀互换似乎是日本的通胀互换，其互换利率仅为-2.5%！尽管在长期互换交易中，交易对手风险显然还是一个重大的问题，但在我看来，美国和日本的通胀互换目前还是可以被当作一种极为廉价的通胀保险来购买。

欧元区解体保险：西班牙和葡萄牙的信用违约互换（CDS）[1]

保单的最后一个要素是关于欧元区解体风险的。欧元区是目前世界上唯一一个拥有类似金本位制度的地区。在竞争性贬值的世界里，欧元区能否承受住此种压力尚不明朗。正如阿尔伯特在我们与客户会面时所言，在这一问题上，政治上的权宜之计比经济中的实际情况起到更大的作用。

---

[1]　信用违约互换（Credit Default Swap，CDS）是国外债券市场中最常见的信用衍生产品，其实质是买卖双方就指定的信用事件在一定期限内进行风险互换的一个合约。它也是美国在2008年发生金融危机的根源。——译者注

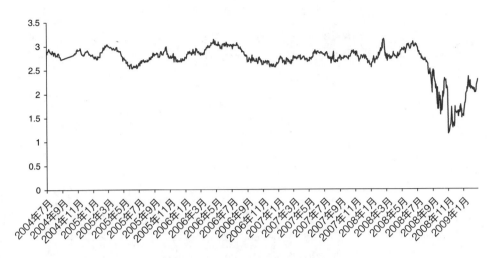

图35-4 美国10年期通胀互换

资料来源：法国兴业银行全球战略研究

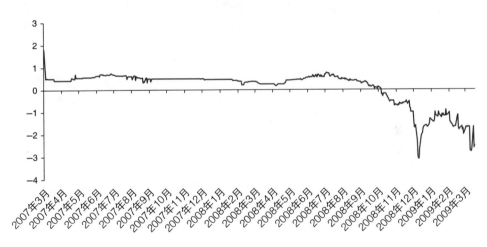

图35-5 日本10年期通胀互换

资料来源：法国兴业银行全球战略研究

为了防范这种风险（抑或甚至仅是为了不断提升对这种风险的认知），我们需要一种保险，而信用违约互换市场为我们提供了一种天然的保险（图35-6）。即使仅有一个国家公开表示会考虑退出欧元区，信用违约互换之间的息差便会急剧拉大。我很难相信葡萄牙和西班牙的CDS会低于英国的CDS——毕竟，英国有能力自行印制钞票，并且已经践行过了。

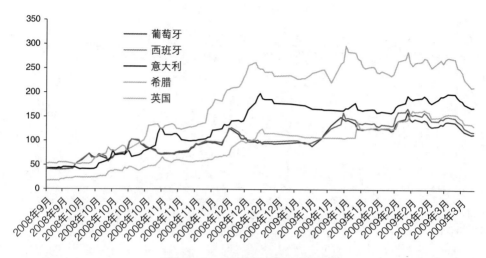

图35-6　5年期主权国家CDS

资料来源：法国兴业银行全球战略研究

第三十六章

价值投资者与铁杆看跌者：估值之争

我最近推出了一份看涨性投资推荐列表，其受众群体可被分为截然不同的两类：一类或许该被描述为价值投资者；另一类则可能是最典型的"铁杆看跌者"。第一类人能够理解为什么随着估值的下跌，我会变得越来越乐观。第二类人则倾向于认为，我的估值方法会令估值结果显得过于慷慨。他们特别指出，格雷厄姆&多德市盈率背后的10年收益被过分夸大了。我从自上而下和自下而上的角度分别进行了测试，但几乎没有发现任何支持这种指责的证据。

● 几年前，经常有人和我说，我使用格雷厄姆&多德市盈率对市场进行的估值使市场的价格看起来过于昂贵，因为其分母为10年平均收益，而这并未反映出长期的高增长率。然而，现在却总是有人告诉我，由于过去10年的收益被夸大了，我的估值方法使市场价格看上去过于廉价。我怀疑，人们在行为上发生的这种转变更多是由于市场心理所引起的，而并非估值。

● 为了检验"铁杆看跌者"的说辞，我决定对我钟爱的估值方法进行一次稳健性检查。最简单的检验方法是看过去10年的收益与趋势的背离程度。根据我们的测量，偏离标普500指数趋势（自1950年以来的估计趋势）的标准差为-1.4%。实际上，过去10年既经历过繁荣又经历过萧条，因此不出所料，格雷厄姆&多德市盈率的确中和了周期性的极端情况。

● 第二种用以检验格雷厄姆&多德方法稳健性的简单方法是使用较长的移动平均线来计算收益。当然，移动平均线越长，过去10年的权重就越小。因此，我们还构建了基于20年和30年移动平均收益的格雷厄姆&多德市盈率。通过将这些使用不同方法得到的当前的格雷厄姆&多德市盈率与其长期平均水平进行比较，我们发现其结果相差的范围不大。最乐观的方法显示出低估了5%，而最保守的方法则显示出高估了2%。实际上，所有结果均在美国市场的公允价值附近。

● 为了验证我们估值方法的合理性，我在最后又做了一个检验，即从自下而上的角度研究了正常化收益。为此，我取了过去10年的平均净资产收益率的均值和中值，然后将它们乘以当前账面价值。使用净资产收益率均值得出的标普500指数的每股收益约为50美元（这一结果与我们使用自上而下的衡量方法所得到的数字完全相同）；在该方法下，金融股的净资产收益率取值仅为1.2%！而使用净资产收益率中值法所得到的数字则要高得多，达到每股79美元。

● 当然，金融股不太可能像过去那样实现19%的净资产收益率。然而，即使我将未来预期净资产收益率在现有基础上减半，并假设账面价值会进一步缩水25%，我所得到的标普指数每股收益仍然为67美元。即使使用一个非常苛刻的假设，即我们不仅会看到金融股出现这种暴跌，还会目睹能源、材料、工业、非必需消费品、IT和电信板块的股票的净资产收益率也都发生减半，我最终得到的每股收益仍为48美元。我认为，这些测试的结果均表明，格雷厄姆&多德市盈率是一种有效而稳健的估值方法。

我认为，市场最近已被严重低估，牛市即将到来，熊市即将收尾，并据此给出了看涨性投资建议。结果表明，我和阿尔伯特的服务对象可以被分为截然不同的两类：一类或许该被描述为价值投资者。他们能够理解为什么随着估值的下跌，我会变得越来越乐观。另一类则可能是最典型的"铁杆看跌者"。他们不太能接受我受估值启发的立场转变。

后者一直在给我发电子邮件，诟病我的估值指标夸大了正常盈利规模，从而指出我看涨是错误的。而这与多年来我在会议中时不时被提醒的内容却是截然相反的——当时我经常被毫不含糊地告知，我的格雷厄姆&多德估值标准过于严苛，因为这些标准将增长排除在外了。我暗自怀疑，这一转变本身也许能

图36-1 标普500格雷厄姆&多德市盈率——有力或垃圾？

资料来源：法国兴业银行全球战略研究

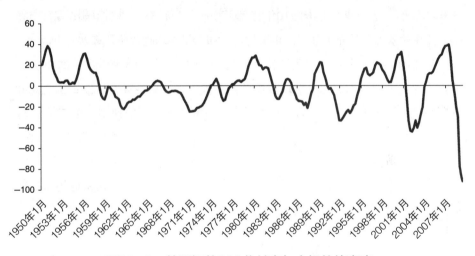

图36-2 美国标普500收益率与市场的偏离度

资料来源：法国兴业银行全球战略研究

够为我们提供相当多的关于当前市场心理的信息（图36-1）。

受到这种强烈质疑的启发，我一直在思考可行的测试方法，看看我所偏爱的格雷厄姆&多德市盈率法是否存在过度的偏差。铁杆看跌者核心论点的基本要义似乎是，过去10年的收益因杠杆的使用而大幅膨胀（在金融领域尤为如此）。

我非常赞同这种观点。毕竟，我曾多次使用图36-2等图表来表明，2007年的企业盈利处于异常高的周期性极端水平。然而，如果我们对过去10年进行回顾，则会发现趋势的平均偏差实际上为负的1.4%。也就是说，过去10年既经历了繁荣又经历了萧条，因此格雷厄姆&多德市盈率中和了周期性的极端情况，即从前的科技股萧条和当前的萧条抵消了信贷泡沫的异常高点。

对稳健性自上而下的检验

当格雷厄姆和多德在1934年撰写《证券分析》一书时，他们所处的环境与当今极为相似。实际上，他们之所以用"5年、7年甚至10年"的收益来计算市盈率是出于对商业周期的考量。

我们可以用类似的逻辑来看一下，当我们改变计算格雷厄姆&多德市盈率时所使用的移动平均收益的时间跨度时，估值情况是否也会发生显著变化。如果情况发生了巨大变化，那么该迹象表明我们最近10年的盈利水平极为不同寻常。图36-3显示了基于我们标准的10年移动平均收益所计算的格雷厄姆&多德市盈率，并在此基础上补充了基于20年平均收益和30年平均收益所计算出的市盈率。

只需浏览一下表36-1，我们就会发现，不同方法计算出的市盈率之间差别甚小。这有力地表明，10年平均收益并没有被明显高估，铁杆看跌者的看法并不成立。

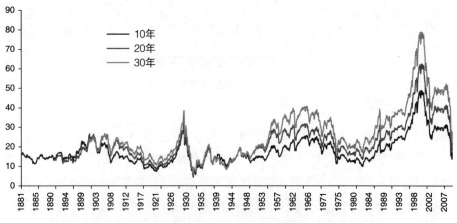

图36-3　不同时间的标普500格雷厄姆&多德市盈率

资料来源：法国兴业银行全球战略研究

表36-1　标普500不同的格雷厄姆&多德市盈率

	平均	当前
10年	18.0	17.0
20年	22.0	22.1
30年	27.0	27.6

资料来源：法国兴业银行全球战略研究

正常化收益：自下而上的视角

通常情况下，我发现从自下而上的视角对问题进行澄清是非常奏效的，所以我决定从这个视角来研究一下正常化收益①这一主题。我计算了过去10年标普500指数中每家公司净资产收益率（ROEs）的均值和中值。表36-2显示了不同板块净资产收益率的总体情况。

表36-2　标普500指数各成分股在过去10年内的ROE平均值和中值

	ROE中值	ROE平均值
能源	16.5	18.1
材料	14.1	10.8
工业	24.7	28.2
非必需消费品	18.7	5.7
必需消费品	30.4	188.7
健康护理	18.7	19.9
金融	18.2	1.2
IT	43.2	67.2
电信	22.4	-4.8
公共事业	11.9	12.0

资料来源：法国兴业银行全球战略研究

---

① 正常化收益（normalized earnings）是指剔除了周期性因素之后得到的收益。——译者注

表36-3 自下而上的名义收益预估

行业	使用EPS平均值	使用EPS中值
能源	11.9	13.1
材料	1.2	1.7
工业	6.9	7.1
非必需消费品	10.4	4.6
必需消费品	4.9	9.1
健康护理	9.0	10.0
金融	−10.2	18.6
IT	10.6	9.1
电信	2.2	2.6
公共事业	3.2	3.1
大盘EPS	50.1	79.0

资料来源：法国兴业银行全球战略研究

为了便于比较，我把这些收益都进行了转换，即将各公司收益均乘以其当前的账面价值，结果如表36-3所示。通过10年历史平均净资产收益率（结合当前账面价值）的情况，我们可以发现，标普500指数自下而上的正常化每股收益约为50美元（与我们使用10年期市场平均每股收益得出的数字完全相同）。值得注意的是，金融股的平均净资产收益率非常低，仅为1.2%（这主要是由于近期的次贷危机所致）。

然而，均值也许不能使我们得到最好的正态估计，因为它很容易被一些极端的观测值所扭曲。因此，我还使用了过去10年的净资产收益率中值。通过使用这种方法，我们得到的自下而上的正常化每股收益更高，达到了79美元。

当然，这是基于净资产收益率的中值和当前账面价值得出的，然而正如铁杆看跌者所指出的，这些假设本身存在很多问题。金融股似乎不太可能像过去10年那样实现近19%的净资产收益率。此外，使用当前的账面价值可能夸大了事实。我常说，账面价值可能是非常具有误导性的。如图36-4所示，在大萧条期间，金融股的账面价值实际上减少了一半。

到目前为止，在这场危机中，金融股的账面价值下跌了约25%。为了显示

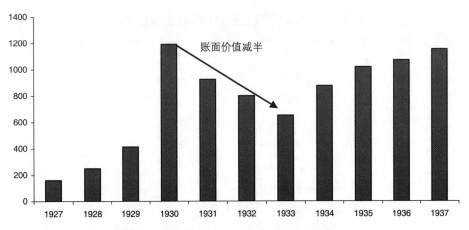

图36-4 美国金融：大萧条时期的账面价值

资料来源：法国兴业银行全球战略研究

金融股对我们正常的最低盈利的影响，我将其账面价值在当前水平基础上缩减了25%，并将其净资产收益率中值也削减了一半，调至略高于9%的水平。这导致我们的每股收益从79美元下降到67美元（仍然远高于我们在自上而下的测试中使用的50美元）。

仅对金融股吹毛求疵是不公平的。因此，我决定进行一个压力测试（这个术语最近被使用得有些过多了），即令能源、材料、工业、非必需消费品、IT和电信行业的净资产收益率的中值减半（但不同于金融股，我没有考虑其当前的账面价值），我承认这种做法可能确实有点儿武断。我之所以会选择这些行业，是因为它们似乎是特别容易受到美国消费者去杠杆和整体经济放缓影响的行业。

表36-4显示了此种场景的影响。正常化的自下而上的每股收益为50美元——巧合的是，这个数字与我们用自上而下的方法所测得的数字相同。

结论

尽管铁杆看跌者一直认为过去10年的收益被严重夸大，并对此表示担忧，但无论是从自上而下还是从自下而上的角度来看，我都未能找到任何支持此种看法的证据。

我在2003年受到了一次惨痛的教训，由此我学到了一个道理，即认为自己

表36-4　自下而上分析得到的名义EPS

行业	EPS
能源	6.6
材料	0.8
工业	3.6
非必需消费品	2.3
必需消费品	9.1
健康护理	10.0
金融	7.0
IT	4.6
电信	1.3
公共事业	3.1
大盘EPS	48.2

资料来源：法国兴业银行全球战略研究

知道的比模型多是一个非常糟糕的想法。我担心，那些认为格雷厄姆&多德市盈率等指标无效的人很可能会落入这一陷阱。我将继续使用此种方法，并据此来表达我对股市涨幅的看法。